管理学通用教材
MANAGEMENT

会计学
Accounting

主　编　沈　烈
副主编　张西萍　王昌锐

武汉大学出版社
WUHAN UNIVERSITY PRESS

管理学通用教材

编委会

主　编

张新国

副主编

张建民　熊圣绪　陈池波

编　委

张相文　曹　亮　张建民　郭守亭　刘新燕
陈志浩　陈　敏　黄兰萍　胡　川　冯忠铨
赵琛徽　刘仁军　李莺莉　王益松　张开华

总　序

经济全球化、新技术革命及过度竞争不仅改变了21世纪企业的生存基础，而且也给中国高等教育带来了新的发展机遇和挑战。在我国现行教育状况下，专业范围和专业训练过于狭窄，使得学生在进行综合思考和知识创新方面存在局限。虽然职能化和专业化在企业业务决策和管理中具有十分重要的作用，然而，面对日益复杂的市场竞争环境以及职业发展的更高需要，通才才是最好的专才。为此，有必要摒弃业已陈旧的人才培养模式、狭窄的课程设置和落后的教学内容，对工商管理类各专业的培养目标、培养模式、课程设置、教学内容和教学手段等进行一系列重大改革，以宽口径、厚基础、高素质、重能力为原则，把培养面向现代化、面向世界、面向未来、基础扎实、知识面宽、综合素质高、富有创新意识和开拓精神以及良好职业道德的高层次管理人才作为我们办学的重要使命。

教材建设作为本科教学的一项基本任务，体现着教学改革和教学水平的主要方面。为了将学生培养成应用型、融通性、开放式的通才型专才，我们精心挑选"国际贸易理论与实务"、"商品流通概论"、"电子商务"、"战略管理"、"人力资源管理"、"物流管理概论"、"管理科学概论"、"中国农业与农村经济"、"会计学"及"旅游学"等专业基础课作为管理类各专业通修课程，期望通过这一举措将本科教学改革和教育水平推进到一个新高度。

这套系列教材的鲜明特色主要表现在以下四个方面：

1. 系统性。这些课程选自管理类专业的专业基础课，较为全面地反映了管理类专业的知识体系与课程精华。企业——作为一个有机整体，决策的基本单元是企业本身，至于企业内部各职能部门——作为企业整体的一个不可分割的组成部分,其决策必须符合企业整体的生存与发展需要。鉴于大多数工商管理类专业属于职能性专业,故其在课程设置及课时安排上各有自己的不同侧重,其结果将不利于学生在今后职业生涯中全面发展。本套教材针对的这些课程则在很大程度上弥补了各专业在课程设置及培养目标上存在的先天性局限。

2. 专业性。基于企业的基本现实及企业管理的基本需要,一次性地将管理各主要专业的主要基础课程对管理各专业进行通识教育,不仅开阔了学生的专业视野,而且还为学生进一步学好各专业课程奠定了厚实的知识基础。这意味着,随着各个学科课程共性的进一步提高,各专业的特殊性不仅没有削弱,反而还会变得更具纵深性,各专业间的学习交流与互动变得更加切实可行。

3. 先进性。这些课程的教材编写者都是相关专业的教学科研骨干,对所选课程的体系和内容都进行了系统性更新,吸收了国内外最新理论成果。培根说"知识就是力量",但德鲁克说得更好:"分享的知识才有力量。"在科技发展日新月异、知识更新不断加速的今天,对最新的理论知识进行系统性分享的有效途径之一就是将之编入新版教材,只有这样,才能确保新的知识能得到更大范围及更高程度的及时传播、学习、吸收与运用。

4. 成熟性。本系列教材按照国际上各专业教材的通行标准和体系,结合中国的具体实际,在结构上进行了很好的取舍和调整,使得教材体系变得更加清晰,特点也更加突出。

本系列教材适用于我国全日制本专科学生相关课程教学及理论研究。因时间紧促及能力所限,一定还存在着这样那样的漏洞和错误,故而诚心恳求各位读者批评指正。本系列教材在组稿及撰写过程中,参考了国内外同行大量的研究资料、数据、图表和理论观点,在此,向各位作者及作品出版单位表示诚挚的感谢。本套系列教材在组稿、编写及出版过程中,得到了武汉大学出版社范绪泉博士的大力支持与帮助,没有他的辛勤劳动与汗水,这套系列教材很难这么快地问世。在此，我代表作者对他的敬业精神表示最真诚的敬意与谢意。

张新国
2008年3月于武汉

目 录

第一章 总论 1
第一节 会计的特点 1
第二节 会计的对象、职能与目标 5
第三节 会计核算的基本前提 8
第四节 会计要素 11
第五节 会计处理基础 24

第二章 会计信息生成过程与方法 28
第一节 会计信息生成过程 28
第二节 账户与复式记账 32
第三节 会计凭证 47
第四节 会计账簿 62
第五节 财产清查 75
第六节 编制财务报表 79

第三章 企业基本经济业务的核算（上） 87
第一节 资金筹集业务 87
第二节 采购业务 91
第三节 生产业务 97
第四节 销售业务 112

第四章 企业基本经济业务的核算（下） 127
第一节 对外投资业务 127
第二节 资产减值业务 142
第三节 营业外收支业务 151
第四节 税费业务 154

第五节 利润形成与分配业务 ………………………………… 169

第五章 资产负债表 …………………………………………… 180
第一节 资产负债表及其作用 ………………………………… 180
第二节 资产负债表列报的要求与格式 ……………………… 184
第三节 资产负债表的编制 …………………………………… 191

第六章 利润表 ………………………………………………… 215
第一节 利润表及其作用 ……………………………………… 215
第二节 利润表列报的要求与格式 …………………………… 218
第三节 利润表的编制方法 …………………………………… 224

第七章 现金流量表 …………………………………………… 238
第一节 现金流量表及其作用 ………………………………… 238
第二节 现金流量表的格式与列报方法 ……………………… 243
第三节 现金流量表附注 ……………………………………… 273

第八章 所有者权益变动表与报表附注 ……………………… 286
第一节 所有者权益变动表 …………………………………… 286
第二节 财务报表附注 ………………………………………… 289

第九章 会计规范与会计调整 ………………………………… 295
第一节 会计规范 ……………………………………………… 295
第二节 会计调整 ……………………………………………… 306

第十章 财务报表分析 ………………………………………… 326
第一节 财务报表分析的意义、内容与方法 ………………… 326
第二节 偿债能力分析 ………………………………………… 333
第三节 资产营运能力分析 …………………………………… 339
第四节 盈利能力分析 ………………………………………… 343
第五节 现金流量分析 ………………………………………… 346
第六节 财务报表的综合分析及应用 ………………………… 353

第一章 总 论

【教学目的与要求】 通过对本章的学习，应了解会计的历史发展过程；理解和掌握会计的定义、会计的特点；明确会计的职能、目标和对象；充分理解会计基本前提的含义和作用；掌握各会计要素的定义、特征、构成及各会计要素之间的相互关系。

【教学重点与难点】 本章的重点是会计的对象、职能、目标，会计要素的特征和各会计要素之间的相互关系。本章的难点是对会计要素的定义、特征及各要素间的相互关系的理解。

第一节 会计的特点

一、会计的产生与发展

会计是在社会生产实践中随着人们对经济活动进行管理的客观需要而产生和发展的。

会计从产生到现在经历了一个漫长的发展过程。可以大致分为古代会计、近代会计和现代会计三个阶段。

（一）古代会计阶段——大约从旧石器时代的中晚期到复式簿记诞生

生产活动是人类赖以生存和发展的基础，也是人类最基本的实践活动。生产活动是一个耗费着劳动同时创造着社会产品的过程。在旧石器时代的中晚期，人类的生产活动有了更进一步的发展，人们自然关心如何节约劳动，创造更多物质财富，并进行恰当分配的问题，进而很自然地产生了对劳动耗费和劳动成果进行简易记录、计算、比较和分析的需求，由此产生了原始的计量、计算和记录行为。追根溯源，这种原始的计量、计算和记录行为，尽管包含有统计的成分，但无疑也蕴含着会计思想，因此也就标志着会计的萌芽与产生。

据史料记载，我国"会计"一词最早出现在西周。当时在朝廷中设立

"大宰"、"司会"等专门管职,掌管朝廷的财务收支,定期对朝廷的收入和支出实行"月计"、"岁会",进行监督。《周礼·天官》篇中指出:"会计,以参互考日成,以月要考月成,以岁会考岁成。""日成"为十日成事之文书,相当于旬报。"月要"为一月成事之文书,相当于月报。"岁会"则是一年成事之文书,相当于年报。清代学者焦循在其《孟子正义》一书中对会计高度概括为:"零星算之为计,总和算之为会。"

在几千年的历史长河中,古代会计不断发展进步,其主要技术方法从原始记录和计算,譬如,"结绳记事"、"刻木记数",到单式簿记,再到初创形式的复式簿记的诞生,极大地推进了生产的发展,而且其职能作用也发生巨大变化,由最初只是生产职能的附带部分发展成为具有自身特点的独立的记录与管理工作。因此,古代会计阶段是人类会计发展史中非常重要的一页。

(二) 近代会计阶段——从复式簿记运用到20世纪40年代末期

近代会计是从复式记账法的运用开始的。中世纪,地中海沿岸一些城市是世界贸易的中心。其中,意大利的佛罗伦萨、热那亚、威尼斯等地的商业和金融业很繁荣。当时在佛罗伦萨的一些银行出现了单式的借贷记账法。随后,日益发展的商业和金融业要求不断改进并提高这种记账方法。为了适应实际需要,1494年,意大利数学家卢卡·帕乔利出版了《算术、几何、比及比例概要》一书,系统地介绍了借贷复式记账法。此书的问世是会计发展史上的一个重要里程碑,标志着近代会计的开端。

随后在经历了16~18世纪的缓慢发展过程之后,借助18世纪末到19世纪初的英国产业革命、工厂制度的确立,尤其是股份公司的出现,使会计进入了一个快速发展时期。由于股份公司的所有权和经营权相分离,公司的股东以及与公司有利益关系的社会团体及个人要求公司定期提供有关财务状况和经营成果的报告,同时要对公司提供的财务报告进行审查,对企业偿债能力进行评价,于是以查账为职业的特许会计师或注册会计师,以及其行业自律组织会计师协会等应运而生。在同一时期,由于各国税法、商法、公司法等法律的陆续颁布和不断完善,也大大促使了会计的发展,使成本会计、会计报表分析、审计等新内容相继产生并得到应用。至19世纪末20世纪初,随着世界经济发展的中心转移到美国,诸如标准成本、价值工程和"公认会计原则"等相继在这块热土上出现、得到运用并向世界传播,使会计的方法体系日趋成熟,形成了一门相对独立的科学。

(三) 现代会计阶段——20 世纪 50 年代到现在

20 世纪 50 年代至今，会计所面对的环境一直在快速地变化着，一是科学技术进步加快，生产力得到巨大发展；二是资本更加社会化，企业规模不断扩大，集团化成为企业运作的重要形式；三是经济与市场在世界范围内日益浸透与融合，国际分工协作常态化，跨国经营和跨国公司大量涌现；四是资本市场的日益发达、企业的利益相关者日趋多元，信息加工、传递及监管要求更高；等等。这一切使得会计获得空前的发展机遇与挑战，在磨合与冲突中获得巨大发展。

首先，为了提高经济效益，加强对经济活动过程的控制，企业管理当局对会计提出了更高的要求，不仅要求会计要事后记账、算账，更重要的是进行事前预测、决策、成本计算和分析，对经营过程实施全面控制，这使得会计在 20 世纪 50 年代进一步分化为两个领域，即财务会计和管理会计。1952 年，世界会计学会年会正式通过了"管理会计"这一名词。管理会计的形成与发展丰富了会计的内容，也标志着现代会计的开始。

其次，电子计算机在会计上的应用，不仅使会计由传统的手工操作，逐渐发展为电子数据处理系统，极大地提高了会计工作的及时性和准确性。而且，与迅速发展的 IT 技术、资源管理系统以及网络信息高速公路的结合，更使会计如虎添翼，实现了会计发展史上的辉煌跨越。

再次，伴随着知识经济时代的到来，环保理念的确立，社会责任意识的加强以及国际与各国法律规范体系的不断完善，知识资本、人力资源、环境治理和可持续发展等问题日渐受到重视，从而迎来了无形资产会计、宏观控制会计、微观控制会计、现代审计、人力资源会计、绿色会计、环境会计、所得税会计和社会责任会计等多个会计分支或领域的百花齐放、争奇斗艳的发展格局，极大地丰富了会计的内涵与外延。

最后，20 世纪 90 年代以来，由于世界政治多极化与经济全球化、一体化的趋势更加明显，国际资本市场的功能日益强大，资本国际流动频繁、贸易壁垒的减少和市场的相互依存度加深等，加速了会计国际化的进程。国际会计准则的建立与完善，以及各国会计规范积极与国际会计准则趋同的努力，极大地提高了各国会计信息的可比性，从而降低了国际资本市场投资与融资的风险与成本，也降低了国际贸易的交易风险与成本，有力地推动了世界经济的发展。

在世界会计取得骄人成就的同时，我国现代会计也取得令人称道的发展成果。尤其是中华人民共和国成立后，我国的会计发生了根本的变化，会计法律规范体系日臻完善。为了适应国家有计划地进行社会主义建设的需要，国家先后制定了多种统一的会计制度，为国民经济的恢复和发展起到了积极的作用。1978年我国实行改革开放政策后，既使国民经济得到了飞速发展，也使现代会计新的理论与方法被引进和广泛运用。我国于1985年颁布的《中华人民共和国会计法》，标志着我国会计工作进入了法制化的新时期。根据改革开放和市场经济发展的需要，我国还先后于1993年、1999年两次修订并完善了《中华人民共和国会计法》。1992年我国颁布了《企业会计准则》和《企业财务通则》，并从1993年7月1日开始实施，这是我国会计工作开始与国际惯例接轨的一个重大措施。2000年年底颁布的《企业会计制度》，实现了原有的会计核算模式重要突破。特别值得关注的是，2006年2月15日发布的，2007年1月1日正式实施的，由1项基本准则和38项具体会计准则组成的企业会计准则体系，全面实现了与国际会计准则的趋同，在我国会计发展史上具有里程碑意义，对我国政治经济生活产生的影响极其深远。

二、会计的含义及特点

会计的产生和发展过程表明：会计是适应生产活动发展的需要而产生的，并随着生产的发展而发展。经济越发展，会计越重要。但是，迄今为止，人们对会计的定义还没有一个完全统一的认识。会计本身是一个不断发展的过程，在不同时期会计的内涵和外延不尽相同，会计的定义也随之在不断充实和完善。

现阶段的会计可定义为：会计是以货币为主要计量单位，采用一系列的专门方法，对企业、行政事业单位的经济活动进行连续、系统、全面、综合的核算和监督，并在此基础上对经济活动进行分析、考核和检查，向有关各方提供决策有用会计信息的一种价值管理活动。

现阶段会计的主要特点有：

（一）以货币为主要计量单位

会计是对经济活动过程和结果的反映，需要运用实物量度、劳动量度和货币量度三种量度。但是，由于经济活动过程的复杂性和货币量度的综合功能，决定了会计对经济活动及其结果的反映是以货币度量为主要计量单位。

（二）以真实、合法的会计资料为依据

真实可靠的反映依赖真实可靠的会计原始经济信息资料的收集和对记录和

报告过程资料真实性的控制。因此，会计从取得或填制凭证开始，到账簿登记，再到会计报表的编制，严守有根有据、真凭实据的原则，确保各环节的会计资料信息的真实、合法与可靠。

（三）以综合、连续、系统、全面的核算和监督为保障

现代会计以综合、连续、系统、全面的核算和监督的方式确保其目标的实现。所谓综合性，表现在能够提供总括反映各项经济活动的价值指标；连续性就是要求对经济活动过程从始到终如实地加以反映，不允许发生任何间断；系统性表现在对各项经济活动既要进行不间断的相互联系的记录，又要进行必要的、科学的分类，提供与决策相关的会计信息；全面性就是对各项经济活动的来龙去脉都必须进行全面记录、计量，不允许任意取舍和遗漏。

（四）以采用专门的程序和方法为手段

会计对经济活动进行如实的核算和监督是借助其一系列独特的、专门的方法和程序实现的，譬如，填制和审核会计凭证、复式记账、设置和运用账户等。

（五）以价值管理活动为根本属性

会计的本质是会计本身所固有的、决定其性质和发展的根本属性。中外会计界对会计本质的认识有几种不同的观点，如管理工具论、信息系统论、管理活动论等。我们认为管理活动论的观点是对现代会计本质的科学归纳。会计是一种经济管理活动，其本身具有管理职能，是经济管理的核心，是核算和监督经济活动并使之达到一定目的的一种能动行为，是有组织、具有管理职能的一种价值管理活动。

第二节 会计的对象、职能与目标

一、会计的对象

会计的对象是指会计核算和监督的内容。由于会计是以货币为主要计量单位核算和监督各单位再生产过程发生的经济活动的，凡是特定单位能够以货币表现的经济活动（又称为资金运动）就是会计对象。

不论是工业制造企业、商品流通企业，还是行政、事业单位，都是社会再生产过程中的基层组织，其会计核算和监督的对象都是资金及其运动过程。只

是它们因社会职能分工有别，经济活动过程及其资金运动的具体轨迹和形式存在一定差异而已。但是其中工业制造企业的资金运动最具代表性。正因为如此，下面以工业制造企业为例简要分析其资金运动过程。

工业制造企业是按照经济核算原则，实行自主经营、自负盈亏，独立进行生产经营活动的经济实体。它的主要经济活动是生产、销售工业品并提供积累，以便扩大再生产。商品制造企业要进行正常的生产经营活动，必须拥有一定的物质基础，如厂房、建筑物、机器设备、材料物资等，将这些劳动资料、劳动对象和劳动者相结合后才能生产出劳动产品。可见，这些物质基础是进行生产经营活动的前提。而在市场经济条件下，这些物质又都属于商品，有商品就要有衡量商品价值的尺度，即商品价值一般等价物——货币。当各项财产物资用货币来计量其价值时就产生了一个概念——资金。资金是社会再生产过程中各项财产物资的货币表现以及货币本身。资金是随着商品制造企业经营活动的不断进行而不断运动的。资金的筹集与投入是企业资金运动的起点，也是企业进行生产经营活动的必备条件。资金进入企业后主要按照供应、生产和销售三个阶段进行运动。在供应过程中，企业用货币资金购买材料物资为生产过程做准备，资金从货币形态转化为储备资金形态。在生产过程中，劳动者要借助劳动工具对材料进行加工，使其改变原有的实物形态变成商品。与这个过程相伴，劳动工具（如机器、设备等）要发生磨损，形成折旧（或摊销）费用，劳动者要付出劳动，形成人工工资及其他费用等。可见，生产过程一方面是物化劳动和活劳动的耗费，另一方面又是商品使用价值和价值的形成过程。这一过程中企业的资金由储备资金依次转化为生产资金和成品资金。在销售过程中，主要是将商品售出取得收入，随着销售收入的取得，成品资金又转化为货币资金。我们把资金从货币形态开始依次经过储备资金、生产资金、成品资金最后又回到货币资金这一运动过程称为资金循环，周而复始的资金循环称为资金周转。企业的资金运动还包括按法定程序返回投资者的投资、偿还各种债务及向投资者分配利润等资金退出运动形式。

综上所述，工业制造企业资金运动包括资金的直线运动（如资金的投入和退出）和圆周运动（如资金在企业内部的循环与周转），其运动过程与结果所引起的各项资源的增减变化、各项成本费用的形成和支付、各项收入的发生与取得以及损益的实现和分配等构成了会计核算与监督的具体内容。

二、会计的职能

会计的职能是指会计作为一种价值管理活动在管理经济中客观上所具有的

功能。马克思所说的"过程的控制和观念总结",就是对会计职能的科学概括。随着经济的不断发展,经济关系的复杂化和管理水平的不断提高,会计职能的内涵也不断地得到充实,并开拓了新的领域。会计的职能主要包括会计核算、会计监督、会计预测、会计决策、会计控制和会计分析。其中会计核算和会计监督是会计的基本职能。

1. 会计的基本职能

(1) 会计的核算职能。

会计的核算职能是指通过确认、计量、记录和报告,从数量上连续、系统和完整的核算各单位已经发生或已经完成的各项经济活动,为信息使用者提供经济信息。它是会计最基础的工作。它为会计分析、会计预测、会计决策提供重要的依据。随着管理要求的提高,会计核算职能不仅仅是对经济活动进行事后的反映,还要对经济活动进行事前核算和事中核算。事前核算是对将要发生但尚未发生的未来的经济活动进行的记录和计算,也是编制财务计划的过程;事中核算是在经济活动过程中,对经济业务事项进行的记录和计算,它为会计控制提供依据。

(2) 会计的监督职能。

会计的监督职能是指会计要按照一定的目的和要求,对即将进行或已经进行的经济活动的合理性、合法性和效益性进行跟踪、观察与检查,并据以施加影响或控制,使之达到预期的目的。会计监督包括对经济活动进行事前、事中和事后的监督。会计事前监督是指会计在参与编制计划和预算时,根据有关的法规、政策和制度,对未来的经济活动进行审查。会计事中监督是指在日常会计工作中以计划、预算及有关法规、制度为标准,对发生的经济活动检查其合法性与合理性,掌握计划和预算的执行情况,及时发现有利或不利的差异,以便采取措施,促使企业达到或超过计划、预算的要求。会计事后监督是指对已经完成的经济活动进行检查和分析,查明完成或未完成计划的状态及原因,总结经验,发现问题,提出改进措施。

会计的核算职能和监督职能是密切结合、相辅相成的。核算是最基本的,是监督的基础,没有核算,监督就没有客观的依据;监督是在核算的过程中进行的,没有监督,核算对象的真实、合理、合法性就缺乏了保障,由此产生的会计信息也就失去应有的意义与价值。

2. 会计的其他职能

会计除了核算和监督两大基本职能外,还兼有预测、决策、控制、分析等职能。会计预测是指根据已有的会计信息和其他信息资料,对客观经济过程及其发展趋势进行的估计、判断和测算。会计决策是在会计预测的基础上,协助管理当局对未来一定时期经济活动可能采取的各种备选方案进行比较与选择的过程。会计控制是按照管理的目的和要求,通过对组织、指挥、协调企业的经济活动提供协助,对经济活动进行必要的干预,使其按照固定的轨道有序地进行。会计分析是以会计核算提供的信息资料为主要依据,结合计划、统计和其他资料,对经济活动的过程和财务成果进行比较分析、评价,总结经验、发现问题、找出原因、挖掘潜力和改进工作的过程。

三、会计的目标

会计的目标是指在一定的历史环境下,人们通过会计实践活动所要达到的境地或标准。会计目标取决于会计的本质及其所处的历史环境。会计目标决定会计工作整体筹划与安排,也是现代财务会计理论体系构建的起点。

会计理论界对会计目标的界定有不同观点,最有代表性的分别是"决策有用观"和"受托责任观"。"决策有用观"认为会计的目标是向信息使用者提供对其进行决策有用的会计信息。"受托责任观"认为会计的目标是完成和认定受托责任,而提供会计信息是为了判明受托人是否完成了受托责任,是否值得继续信任;提供会计信息是会计所具有的职能而非目标。

2006年2月我国财政部发布的《企业会计准则——基本准则》中所确定的会计目标是:"向财务会计报告使用者提供企业财务状况、经营成果和现金流量等有关的会计信息,反映企业管理层受托责任履行情况,有助于财务会计报告使用者作出经济决策。"显然,我国《企业会计准则——基本准则》所确立的会计目标兼顾了"决策有用观"和"受托责任观"。

第三节 会计核算的基本前提

会计基本前提亦称会计假设,是指为了保证会计工作的正常进行和会计信息的质量,对会计核算的空间、时间、期间和度量等方面的不确定因素所作的基本假定。会计总是在变化莫测的社会经济环境中进行的。为实现会计目标,完成会计任务,必须以客观现象为依据,对存在的不确定因素作出合乎逻辑的推理、判断或假定,由此产生了会计基本前提。会计基本前提是会计理论的支柱,是开展会计核算的必要条件。我国颁布的《企业会计准则——基本准则》中明确规定,企业在组织会计核算时,应以会计主体、持续经营、会计分期和货币计量作为会计基本前提。

一、会计主体

《企业会计准则——基本准则》第五条指出:"企业应当对其本身发生的交易或者事项进行会计确认、计量和报告。"这是对会计主体前提的描述。

会计主体是指会计所服务的特定单位或组织。会计主体必须具备三个条件:一是具有一定数量的经济资源;二是独立进行生产经营活动或其他活动;三是实行独立核算,并需要提供反映本主体经济情况的会计报表。会计主体这一前提的设定目的在于界定会计核算的空间范围,即明确会计人员为谁核算和核算哪些经济业务的问题。它要求会计人员应当正确区分本会计主体自身的经济活动和其他主体或个人的经济活动,只站在为之服务的特定主体的立场上来核算本主体自身所发生的各项经济业务,而不应核算其他主体或个人的经济业务。

会计主体可以是法人,如企业、事业单位,也可以是非法人,如合伙经营组织;可以是一个企业,也可以是企业的内部单位或企业中的一个特定部分,如企业的分公司或企业设立的事业部;可以是单一企业,也可以是几个企业组成的企业集团,如由母公司和若干个子公司组成的企业集团等。

二、持续经营

《企业会计准则——基本准则》第六条指出:"企业会计确认、计量和报告应当以持续经营为前提。"这是对持续经营前提的描述。

持续经营是指会计主体的生产经营活动将无限期地延续下去,在可以预见的未来不会因破产、清算、解散等而不复存在。而实际的情况是,因受到内外各种因素的影响,各会计主体的生存与发展要时刻面临多方面的威胁,谁也无法绝对保证未来的存在状态,所以"持续经营"只能是一种合理的假设而已。持续经营这一前提的设定目的在于界定会计核算的时间范围,为各会计主体选择会计政策、会计方法提供依据。会计上所使用的一系列处理方法都是建立在这一前提的基础上的。例如,在持续经营前提下,会计主体的资产和负债才有短期和长期之分;收入、费用的确认才能采用权责发生制;才有确立会计分期和配比、划分收益性支出和资本性支出、选择历史成本与现行成本的必要等。若会计主体即将破产、清算,则持续经营前提不成立,就应当改变会计核算的原则和方法,并在财务会计报告中作相应披露。

三、会计分期

《企业会计准则——基本准则》第七条指出："企业应当划分会计期间，分期结算账目和编制会计报告。会计期间分为年度和中期。中期是指短于一个完整的会计年度的报告期间。"这是对会计分期前提的描述。

会计分期是指将会计主体持续不断的生产经营活动分割为较短的等距的时间区间，并据以分期结算账目和编制财务会计报告。会计期间具体分为年度、半年度、季度和月度，后三者为会计中期。在我国，这些期间均按公历起讫日期确定。会计分期与持续经营紧密相关，互为补充，不可分离，因此，划分会计期间同样对会计核算程序与方法的确定具有重要意义。有了会计期间，才有本期与非本期的概念，才产生了收付实现制和权责发生制，才能将各期收入、费用进行合理配比，及时向各方面提供有关企业财务状况、经营成果和现金流量的信息。

四、货币计量

《企业会计准则——基本准则》第八条指出："企业会计应当以货币计量。"这是对货币计量前提的描述。

货币计量是指会计主体在会计核算中应以货币作为主要计量单位，记录、反映本主体的经济活动过程及结果。货币是商品的一般等价物，是衡量商品价值的共同尺度，具有价值尺度、流通手段、贮藏手段和支付手段的特点。而其他计量单位（如实物单位、时间单位等）只能从一个侧面反映企业的生产经营成果，无法进行综合比较和管理。所以，为全面反映会计主体的生产经营、业务收支等情况，会计核算应选择货币作为主要计量单位。我国有关会计法规规定，会计核算应以人民币作为记账本位币，业务收支以人民币以外的货币为主的企业，可以选定其中一种货币作为记账本位币，但是编报的财务会计报告应当折算为人民币。

货币计量还包含币值不变的假设。虽然货币本身的价值不可能不变，但当货币价值波动不大或前后波动能够被抵消时，在会计核算中可以不考虑这些波动因素，即认为币值是稳定的，但在发生恶性通货膨胀时，就需要用特殊的会计准则来处理有关的会计事项。

以上会计基本前提分别从空间、时间、计量手段和方法上规定了会计核算工作赖以存在的前提条件，是企业设计和选择会计方法的主要依据。会计只有在这些前提条件的基础上才能顺利进行工作，才能及时提供会计信息，充分发挥会计的作用。

第四节 会计要素

一、财务状况要素

会计要素也称财务报表要素,是指为了实现会计目标,根据交易或事项的经济特征,对会计对象的具体内容所作的基本分类。它既是财务报表最基本的组件,也是设置账户、进行会计确认、计量和记录的基础。

会计要素一共六个,分为财务状况要素和经营成果要素两大类。其中财务状况要素又称资产负债表要素,由资产、负债和所有者权益三大要素组成。

(一)资产

1. 资产的定义

资产是指企业过去的交易或者事项形成的,由企业拥有或者控制的,预期会给企业带来经济利益的资源,包括财产、债权和其他权利等。

2. 资产的基本特征

(1)预期会给企业带来经济利益的资源。

资产预期会给企业带来经济利益,是指资产直接或间接导致现金和现金等价物流入企业的潜力。这种潜力可以来自企业日常的生产经营活动,也可以是非日常生产经营活动;带来的经济利益可以是现金或者现金等价物,或者是可以转化为现金或者现金等价物的形式,抑或是可以减少现金或者现金等价物流出的形式。

资产预期能否会给企业带来经济利益是资产的重要特征。例如,企业采购的原材料、购置的固定资产等可以用于生产经营过程,制造商品或者提供劳务,对外出售后收回货款,货款即为企业获得的经济利益。如果某一项目预期不能给企业带来经济利益,那么就不能将其确认为企业的资产。

(2)由企业拥有或控制的资源。

资产作为一项资源,应当由企业拥有或者控制。其中所谓"拥有"是指企业享有某项资源的所有权。企业享有资产的所有权,通常表明企业能够排他性地从资产中获取经济利益。通常在判断资产是否存在时,所有权是考虑的首要因素。所谓"控制"是指在有些情况下,资产虽然不为企业所拥有,即企业并不拥有其所有权,但企业拥有某项资产的实际控制支配权,同样表明企业能够从资产中获取经济利益,符合会计对资产的定义。如果企业既不拥有也不控制资产所能带来的经济利益,那么就不能将其作为企业的资产予以确认。

(3) 由企业过去的交易或者事项形成的资源。

资产应当由企业过去的交易或者事项所形成,即形成资产的交易或事项已经发生。过去的交易或者事项包括购买、生产、建造行为或者其他交易或者事项。换句话说,只有过去的交易或者事项才能产生资产,企业预期在未来发生的交易或者事项不形成资产。例如,企业有购买某存货的意愿或计划,但是购买行为尚未发生,就不符合资产的定义,不能因此确认存货资产。

3. 资产的构成

资产按其流动性的不同可分为流动资产和非流动资产。

流动资产是指可以在一年或超过一年的一个营业周期内变现或耗用的资产。流动资产按其变现能力的大小,可分为库存现金、银行存款、交易性金融资产、应收账款、应收票据、其他应收款和存货等。

(1) 库存现金。

库存现金是指企业持有的现款。库存现金主要用于支付日常发生的小额、零星的费用或支出。

(2) 银行存款。

银行存款是指企业存入某一开户银行结算性账户的款项。企业的银行存款主要来自于投资者投入的货币资本、负债借款、销售商品的货款等。

(3) 交易性金融资产。

交易性金融资产是指企业为了近期内出售而持有的金融资产,如企业以赚取差价为目的从二级市场购入的股票、债券或基金等。

(4) 应收账款。

应收账款是指企业因为销售商品、提供劳务等而应该向客户收取但暂未收到的款项。应收账款是企业赊销行为的结果,是企业的一项主要债权。

(5) 应收票据。

应收票据是指在采用商业汇票结算方式的情况下,企业因销售商品、提供劳务等而收到的尚未兑现的商业汇票。应收票据也是企业的一项重要债权。

(6) 其他应收款。

其他应收款是指除上述应收账款、应收票据以外的其他各种应收及暂付款项,如应当收取的各种赔款和罚款、为职工垫付的各种款项、租入包装物押金等。

(7) 存货。

存货是指企业在日常生产经营过程中持有的准备出售或耗用的各种货物。包括各类材料、在产品、半成品、产成品或商品等。

非流动资产是指不能在一年或超过一年的一个营业周期内变现或耗用的资产。主要包括长期股权投资、固定资产、无形资产和投资性房地产等。

(1) 长期股权投资。

长期股权投资是指企业持有的具有长期性质的股权投资，如对子公司的投资、对合营企业的投资以及对联营企业的投资等。

(2) 固定资产。

固定资产是指企业为生产商品、提供劳务、出租或经营管理而持有的使用寿命超过一个会计年度的有形资产，如房屋、建筑物、机器、机械和运输工具等。一般而言，固定资产的使用周期较长，且其单项价值较高。

(3) 无形资产。

无形资产是指企业拥有或者控制的没有实物形态的可辨认非货币性资产。包括专利权、商标权、著作权、特许权和土地使用权等。

(4) 投资性房地产。

投资性房地产是指为赚取租金或资本保值，或两者兼有而持有的房地产。包括已出租的土地使用权、建筑物和持有并准备增值后转让的土地使用权等。

(二) 负债

1. 负债的定义

负债是指企业过去的交易或者事项形成的，预期会导致经济利益流出企业的现实义务。负债反映企业的债权人对企业资产的要求权，是企业承担的一种经济义务。

2. 负债的基本特征

(1) 企业承担的现实义务。

负债必须是企业承担的现时义务，即企业在现行条件下已承担的义务。那些由未来发生的交易或事项可能产生的义务，不属于现时义务。非现时义务则不能确认为会计上的负债。例如，企业购买原材料形成应付账款，向银行贷款形成借款，按照税法规定应当缴纳的税款等，均属于企业承担的现时义务。

(2) 预期会导致经济利益流出企业。

预期会导致经济利益流出企业是指企业在未来履行该义务时会导致经济利益的流出。如果不会导致企业经济利益流出的，那么就不符合负债的定义。在履行现时义务清偿负债时，导致经济利益流出企业的形式多种多样，例如，用现金偿还或以实物资产形式偿还，以提供劳务形式偿还，部分转移资产、部分提供劳务形式偿还，将负债转为资本等。

（3）由企业过去的交易或者事项形成。

负债应当由企业过去的交易或者事项所形成。换句话说，只有过去的交易或者事项才形成负债，企业将在未来发生的承诺、签订的合同等交易或者事项，不形成负债。例如，某企业向银行借款1 000万元形成负债。企业同时还与银行达成了三个月后借入2 000万元的借款意向书，则不形成企业的负债。

3. 负债的构成

负债按偿还时间的长短可以分为流动负债和非流动负债两类。

流动负债是指将在一年（含一年）或者超过一年的一个营业周期内偿还的债务，包括短期借款、应付账款、应付票据、应付职工薪酬、应交税费和其他应付款等。

（1）短期借款。

短期借款是指企业从银行或其他金融机构借入的期限在一年以下或超过一年的一个营业周期内的各种借款。

（2）应付账款。

应付账款是指企业因为购买材料或商品、接受劳务等而应付给供应单位的款项。

（3）应付票据。

应付票据是指企业因为购买材料或商品、接受劳务等而开出、承兑的商业汇票。包括银行承兑汇票和商业承兑汇票。

（4）应付职工薪酬。

职工薪酬是指企业为获得职工提供的服务而给予的各种形式的报酬以及其他相关支出，包括职工工资、奖金、津贴、补贴、福利费和社会保险等。应付职工薪酬是企业已经结算但未实际支付给员工的各种薪酬。

（5）应交税费。

应交税费是指企业按规定计算的、应交而实际未交的各种税款及费用。企业发生应税行为，就必须按税法规定缴纳税款及费用。企业应当交纳的税费主要包括增值税、所得税、消费税、营业税、城市建设维护税和矿产资源补偿费等。

（6）其他应付款。

其他应付款是指除上述应付款项以外，企业应付或暂收其他单位或个人的款项。如应付经营租入固定资产和包装物租金、存入保证金（如收到的包装物押金等)、暂收员工个人的款项等。

非流动负债是指偿还期在一年或者超过一年的一个营业周期以上的债务，包括长期借款、应付债券和长期应付款等。

(1) 长期借款。

长期借款是指企业从银行或其他金融机构借入的期限在一年以上或超过一年的一个营业周期以上的各项借款。

(2) 应付债券。

发行债券是企业筹集资金的重要渠道。企业发行的债券按偿还期长短可分为短期债券和长期债券。短期债券是指发行的一年期及一年期以下的债券，一年期以上的债券则为长期债券。应付债券是指企业为筹集长期资金而实际发行的长期债券。

(3) 长期应付款。

长期应付款是指除长期借款和应付债券以外的其他各种长期应付款项，如采用补偿贸易方式下引进国外设备价款、应付融资租入固定资产租赁费等。

(三) 所有者权益

1. 所有者权益的定义

所有者权益是指企业资产扣除负债后由所有者享有的剩余权益。公司的所有者权益又称为股东权益。所有者权益是所有者对企业资产的剩余索取权。它是企业资产中扣除债权人权益后应由所有者享有的部分，既可反映所有者投入资本的保值增值情况，又体现了保护债权人权益的理念。

2. 所有者权益的基本特征

所有者权益具有以下两大基本特征：其一，它与投资者参与企业决策和利益分配的权利相对应；其二，它具有与负债不同的求偿权利。

3. 所有者权益的构成

所有者权益包括所有者投入的资本、直接计入所有者权益的利得和损失以及留存收益等，通常由股本（或实收资本）、资本公积（含股本溢价或资本溢价、其他资本公积）、盈余公积和未分配利润构成。

所有者投入的资本是指所有者投入企业的资本部分，它既包括构成企业注册资本或者股本部分的金额，也包括投入资本超过注册资本或者股本部分的金额，即资本溢价或者股本溢价，前者构成了股本（或实收资本），后者则是资本公积的主要构成内容。

直接计入所有者权益的利得和损失是指不应计入当期损益、会导致所有者权益发生增减变动的、与所有者投入资本或者向所有者分配利润无关的利得或者损失。其中，利得是指由企业非日常活动所形成的、会导致所有者权益增加的、与所有者投入资本无关的经济利益的流入。损失是指由企业非日常活动所发生的、会导致所有者权益减少的、与向所有者分配利润无关的经济利益的流出。直接计入所有者权益的利得和损失也是资本公积的构成内容。

盈余公积是指从企业净利润中按规定提取的公积金。盈余公积是收益留存于企业的一种主要形式。盈余公积可分为法定盈余公积金、任意盈余公积金等。

未分配利润是指企业留待以后年度分配的利润。企业实现的净利润有两大分配去向：一部分支付给投资者，从而退出企业生产经营过程（最终流出企业）；另一部分留存于企业，继续参与生产经营过程。留存下来的部分叫"留存收益"，以盈余公积和未分配利润两种形式存在。

所有者权益体现的是所有者在企业中的剩余权益，因此，所有者权益的确认主要依赖于其他会计要素，尤其是资产和负债的确认；所有者权益金额的确定也主要取决于资产和负债的计量。

以上资产、负债和所有者权益是反映企业财务状况的会计要素，体现了资金运动过程中某一特定时点上的资产分布、权益结构状况，所以也称静态会计要素。

二、经营成果要素

经营成果要素又称利润表要素，由收入、费用和利润三要素组成。

（一）收入

1. 收入的定义

收入是指企业在日常活动中所形成的、会导致所有者权益增加的、与所有者投入资本无关的经济利益的总流入。

2. 收入的基本特征

（1）企业在日常活动中形成的总流入。

收入从企业的日常活动中产生，而不是从偶发的交易或事项中产生。日常活动是指企业为完成其经营目标所从事的经常性活动以及与之相关的活动。例如，工业制造企业制造并销售产品、商业企业销售商品、安装公司提供安装服务等，均属于企业的日常活动。明确界定日常活动是为了将收入与利得相区分，因为企业非日常活动中所形成的经济利益的流入不能确认为收入，而应当计入利得。例如，企业出售固定资产，不是企业的日常活动，因此出售固定资产而流入企业的经济利益不能确认为收入，而应当计入利得。

（2）与所有者投入资本无关的经济利益的总流入。

收入应当会导致经济利益的流入，从而导致资产的增加，例如，销售商品增加银行存款、应收账款等；也可能表现为企业负债的减少，如以商品或劳务抵偿债务；或者两者兼而有之，如商品销售的货款中部分抵偿债务，部分收取现金。但是在实务中，经济利益的流入有时是所有者投入资本的增加所导致的，所有者投入资本的增加不应当确认为收入，应当将其直接确认为所有者权益。

（3）会导致所有者权益的增加的总流入。

与收入相关的经济利益的流入应当会导致企业所有者权益的增加，不会导致所有者权益增加的经济利益的流入不符合收入的定义，不应确认为收入。例如，企业向银行借入款项，尽管也导致企业经济利益的流入，但该流入并不导致所有者权益的增加，反而使企业承担了一项现时义务。企业对于因借入款项所导致的经济利益的增加，不应将其确认为收入，而应当确认为一项负债。

3. 收入的构成

按企业经营业务的主次，收入可分为主营业务收入和其他业务收入。

（1）主营业务收入是指企业从事基本营业活动所取得的收入，如商品制造企业销售商品取得的收入。

（2）其他业务收入是指企业除基本业务以外从事其他营业性活动所取得的收入，如工业制造企业销售原材料的收入、出租固定资产和包装物的租金收入以及提供运输服务等非工业性劳务的收入等。

（二）费用

1. 费用的定义

费用是指企业在日常活动中发生的、会导致所有者权益减少的、与向所有者分配利润无关的经济利益的总流出。

2. 费用的基本特征

（1）企业在日常活动中形成的总流出。

费用必须是企业在其日常活动中所形成的，这些日常活动的界定与收入定义中涉及的日常活动的界定相一致。因日常活动所产生的费用通常包括消耗材料费用、人工费用、折旧费、无形资产摊销费等。将费用界定为日常活动中所形成的，目的是将其与损失相区分，企业非日常活动中所形成的经济利益的流出不能确认为费用，而应当计入损失。

（2）与向所有者分配利润无关的经济利益的总流出。

费用的发生应当会导致经济利益的流出，从而导致资产的减少或者负债的增加。其表现形式包括现金或者现金等价物的流出、存货、固定资产和无形资产的流出或者消耗等。企业向所有者分配利润也会导致经济利益的流出，而该经济利益的流出显然属于所有者权益的抵减项目，不应确认为费用。

（3）会导致所有者权益的减少的总流出。

与费用相关的经济利益的流出应当会导致企业所有者权益的减少，不会导致所有者权益减少的经济利益的流出不符合费用的定义，不应确认为费用。例如，企业用银行存款 500 万元购买生产用原材料，该购买行为尽管使企业经济利益流出了 500 万元，但该流出并不会导致所有者权益的减少，它使企业增加了另外一项资产（存货）。在这种情况下，就不应当将该经济利益的流出确认为费用。又如，企业用银行存款偿还了一笔应付账款 1 000 万元，该偿付行为尽管导致企业经济利益流出 1 000 万元，但是该流出没有导致企业所有者权益的减少而是使企业负债减少了，因此不应将该经济利益的流出作为费用予以确认。

3. 费用的构成

费用可分为损益性费用和成本性费用。

（1）损益性费用。

损益性费用包括应当从当期收入中扣除的营业成本、营业税金及附加和期间费用等。

营业成本是指已销售商品（或提供劳务）的取得成本。产品生产企业的已售产品的生产成本、商品流通企业的已售商品的实际采购成本，属于主要经营活动中形成的"营业成本"，亦被称为"主营业务成本"。而对外销售材料所耗用的材料实际成本，则属于次要经营活动形成的"营业成本"，被归类为"其他业务成本"。

营业税金及附加是指企业日常活动应当负担的各种税费，包括营业税、消费税、资源税和教育费附加等。

期间费用是指应直接计入当期损益的费用。主要包括管理费用、销售费用和财务费用。

管理费用是指为组织和管理整个企业的生产经营活动所发生的费用，如企业董事会和行政管理部门发生的工资、修理费、办公费、差旅费以及公司聘请中介机构费、业务招待费等。

销售费用是指在销售商品、提供劳务的过程中发生的各种费用，如企业在销售商品过程中发生的运输费、装卸费、包装费、保险费、展览费和广告费等。

财务费用是指企业为筹集生产经营所需资金而发生的费用，如短期借款的利息支出、支付给银行的手续费等。

(2) 成本性费用。

成本性费用的特点是，这些费用的发生导致了现金、存货或固定资产等被耗用，甚至会使得相关"经济利益"流出企业，但其目的并非是为了即刻取得收入，而是为了形成新的资产（包括存货、固定资产等）。成本性费用包括体现在不同对象上的成本，如材料（或商品）采购成本、产品生产成本等。

材料采购成本是指企业从外部购入原材料等所实际发生的全部支出，包括购入材料支付的买价和采购费用（如材料购入过程中的运输费、装卸费、保险费、运输途中的合理损耗、入库前的挑选整理费用等）。

产品生产成本是指在产品生产过程直至产品完工所发生的各种费用，包括生产产品直接耗用的材料、直接从事产品生产的员工的工资及福利以及产品应当负担的制造费用。制造费用是指企业的产品制造部门（如生产车间）为组织和管理产品的生产活动所发生的各种费用，如车间管理人员的工资及福利、车间固定资产折旧费、车间办公费和水电费等。

费用与成本既有联系又有区别。费用是和期间相联系的，而成本是和产品等具体对象相联系的；成本要有实物承担者，而费用一般没有实物承担者。但两者都反映资金的耗费，都意味着企业经济利益的减少，且与产品相联系的成本最终都要转化为与期间相联系的费用。

（三）利润

1. 利润的定义

利润是指企业在一定会计期间的经营成果。利润常常是评价企业管理层业绩的一项重要指标，也是投资者等财务报告使用者在进行决策时的重要参考。

2. 利润的构成

利润包括收入减去费用后的净额、直接计入当期利润的利得和损失等。其中，收入减去费用后的净额反映的是企业日常活动的业绩，即营业利润。营业利润具体是由主营业务收入加上其他业务收入，减去主营业务成本、其他业务成本、营业税金及附加、管理费用、销售费用、财务费用、资产减值损失和投资净损失（加净收益）构成。直接计入当期利润的利得和损失反映的是企业非日常活动的业绩。直接计入当期利润的利得和损失，是指应当计入当期损益、最终会引起所有者权益发生增减变动的、与所有者投入资本或者向所有者分配利润无关的利得或者损失，即营业外收入和营业外支出。企业应当严格区分收入和利得、费用和损失之间的区别，以更加全面地反映企业的经营业绩。

由于利润包括收入减去费用后的净额以及直接计入当期利润的利得和损失。因此，利润的确认主要依赖于收入和费用以及利得和损失的确认，其金额的确定也主要取决于收入、费用、利得和损失金额的计量。

收入、费用和利润这三个会计要素反映了企业一定会计期间最终的经营成果，也称动态会计要素。

上述企业会计要素及其具体构成的综合一览表，如表1-1所示。

三、会计等式

会计等式也称为会计方程式或者会计平衡式，它是利用数学等式对会计要素之间的内在经济联系所作出的概括和科学表达。

（一）静态会计等式

只要企业的生产经济活动没有停止，那么企业的资金也就会处在不停的运动之中。资金的运动，同其他事物的运动一样采取两种形态——相对静止状态和显著变动状态。

当资金处于相对静止状态时，一方面，资金作为运动中的价值，表现为具体的财产与物资，并按生产经营活动的各个不同阶段（供应、生产及销售）分化为各种不同形态。把分布在生产经营过程的不同阶段、具有不同形态的财产物资给予会计上的一个特定概念——资产，它代表着企业可以支配和运用的经济资源。另一方面，任何资产的取得，总有其来源及其所体现的所有者，企业所拥有的资产来源于投资者投入和债权人提供。投资者和债权人将其拥有的资金提供给企业使用，对于企业运用这些资金所获得的各项资产就相应地享有一种索取权，即"权益"。会计上将债权人拥有的相应权益称为负债，把投资者拥有的相应权益称为所有者权益。这样，当资金运动处于相对静止状态时，资金运动就表现为两个方面：一方面是资产，表明资金运用到何处，以什么形态存在；另一方面是负债和所有者权益（统称为权益），表明企业的资产来自何处。可见，一个企业的资产与权益是同一事物——"资金"的两个不同的方面，是对"资金"从两个不同的角度观察和分析的结果。一个企业有一定数额的资产，必然有相应数额的权益；反之，有一定数额的来源也就必然表现为相应数额的资产。所以，任何一个企业的所有资产与所有权益的总额在数量

表 1-1

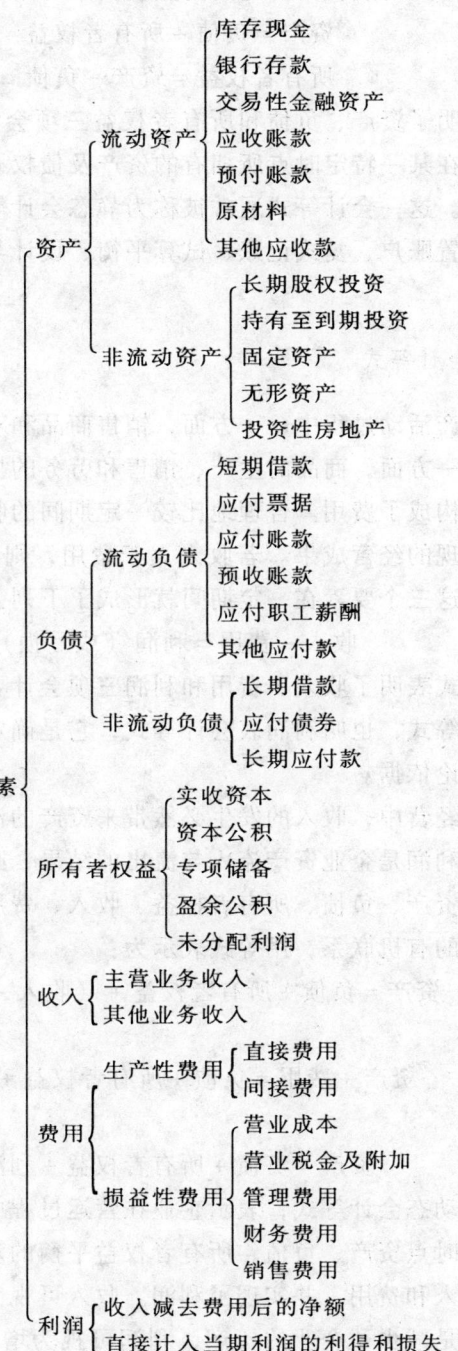

上必定相等。在某一时点,两者之间的数量关系可用下列公式表示:

$$资产 = 负债 + 所有者权益$$

或

$$所有者权益 = 资产 - 负债$$

这一等式表明了资产、负债和所有者权益三项会计要素之间的基本关系,反映了会计主体在某一特定时点所拥有的资产及债权人和投资者对企业资产要求权的基本状况。这一会计等式通常被称为静态会计等式,也叫资产负债表会计等式。它是设置账户、复式记账、试算平衡、设计与编制资产负债表的重要理论依据。

(二) 动态会计等式

企业在其生产活动过程中,一方面,销售商品和对外提供劳务,企业会相应赚取收入;另一方面,商品的生产、销售和劳务的提供,又要发生各种经济资源的耗费,就构成了费用。合理地比较一定期间的收入和费用,便可确定企业在该期间所实现的经营成果。若收入大于费用,则企业获得了利润;反之,则发生了亏损。这三个要素在一定期间就形成了下列公式所表示的数量关系:

$$收入 - 费用 = 利润(或亏损)$$

这一会计等式表明了收入、费用和利润三项会计要素之间的基本关系,通常称为动态会计等式,也叫利润表会计等式,它是确定经营成果,设计和编制利润表的重要理论依据。

在企业生产经营中,收入的发生必然带来资产的流入,费用的发生必然带来资产的流出;利润是企业资产流入与流出的结果,必然带来所有者权益的增加。因此,企业资产、负债、所有者权益、收入、费用和利润之间的数量关系存在着一种内在的有机联系,用等式表示为:

$$资产 = 负债 + 所有者权益 + (收入 - 费用)$$

或

$$资产 + 费用 = 负债 + 所有者权益 + 收入$$

或

$$资产 = 负债 + 所有者权益 + 利润$$

上述等式是动态会计等式,表示企业在营运过程中的增值情况。这一公式的意义是:在某时点资产、负债、所有者权益平衡的基础上,经过某一期间的经营,发生了收入和费用,并实现了利润。收入可视为是增加企业的资产,相反,费用可视为是减少了企业的资产,利润可视为增加了所有者权益。这样,资产、负债、所有者权益在新的时点上,又建立了一种新的平衡关系('表示与期初的数量不同）：

$$资产' = 负债' + 所有者权益'$$

（三）经济业务对会计等式的影响

经济业务也称为会计事项，是指企业在生产经营过程中发生的、能以货币计量的，并能引起会计要素发生变化的事项。企业在生产经营过程中会不断发生各种各样的经济业务。

经济业务的发生必然会使会计要素的有关项目发生增减变动，但不会影响会计等式的平衡关系。这是因为一个企业发生的经济业务虽然种类多、花样繁，但归纳起来不外乎以下几大类：

1. 引起等式两边会计要素同时增加的经济业务

经济业务发生后，引起会计等式两边会计要素同时发生变动，两边同增，增加的数额相等，所以不影响会计等式的平衡。

2. 引起等式两边会计要素同时减少的经济业务

经济业务发生后，引起会计等式两边会计要素同时发生变动，两边同减，减少的数额相等，所以不影响会计等式的平衡。

3. 引起等式左边会计要素发生增减的经济业务

经济业务发生后，只引起会计等式左边会计要素（或某一会计要素内部项目）发生变动，一个会计要素（项目）增加，另一个会计要素（项目）减少，增减的数额相等。这类经济业务最终不会引起会计等式的总额发生变动，所以也同样不影响会计等式的平衡。

4. 引起等式右边会计要素发生增减的经济业务

经济业务发生后，只引起会计等式右边会计要素（或某一会计要素内部项目）发生变动，一个会计要素（项目）增加，另一个会计要素（项目）减少，增减的数额相等。这类经济业务最终也不会引起会计等式的总额发生变动，所以同样也不会影响会计等式的平衡。

综上所述，虽然企业在生产经营过程中会发生各种各样的经济业务，然而对企业来说，任何经济业务要么会引起会计等式左右两边同时发生等额的同增同减变动，要么只引起会计等式一边的同时等额增减，所以永远都不会打破会计等式的平衡关系。这一特性奠定了会计方法、会计平衡和会计检查的重要理论基础。

第五节 会计处理基础

一、会计处理基础的概念

会计处理基础又称会计记账基础,简称会计基础,是指确定各会计期间的收入、费用和损益所采用的标准。为了进行会计分期核算,就需要分清本期收入、本期费用的界线,将本期收入与本期费用进行比较,才能正确确定本期的经营成果。而要确定本期收入和本期费用,就必须明确收入、费用的收支期和归属期。收入和费用的收支期是指收入实际收到和费用实际支付的会计期间,收入和费用的归属期是指应获得收入和应负担费用的会计期间。一般情况下,企业在本期收到的各种收入,就是本期应获得的收入;企业在本期支付的各项费用,就是本期应负担的费用。这时,收入、费用的收支期和应归属期相一致。但在商品经济条件下,进行商品交易既有钱货两清的现销交易,也有延期付款的赊销交易,有时还可以采取预收货款的销货方式。这些不同的商品交易方式,从销货单位看,就形成了现销、赊销和预销,从购货单位看,就形成了现购、赊购和预购,由此造成了收入、费用的收支期和归属期的不尽一致。因此,企业应选择适当的会计处理基础来正确确定各期的收入、费用和损益。会计处理基础主要有两种:一是收付实现制;二是权责发生制。

二、收付实现制

收付实现制也称现金制。它是以现金实际收到或实际付出为标准,来确认本期收入、本期费用的一种会计处理基础。在收付实现制下,凡是本期实际收到的收入和支出的费用,不管其是否应归属本期,都作为本期收入和本期费用处理;反之,凡本期未收到的收入和未支付的费用,即使应属于本期,也不能作为本期收入和本期费用。收付实现制的优点在于会计记录直观,核算手续简单。但采用收付实现制不能合理计算确定各会计期间的财务成果。例如,某企业1月初以银行存款支付租入大型销售设备的改良支出共18 000元,该设备的租期为18个月。这项改良支出从权责上看应归属于自1月起的连续18个月,即每月负担1 000元才合乎情理。但在收付实现制下,由于其实际支付期是1月份,所以应全部将其确认为1月份费用。这样处理的结果必然会使1月份费用多计17 000元,经营成果少计17 000元,而从2月份开始的连续17个月则相反,费用分别少计1 000元,经营成果分别多计1 000元。又如,某企业1月份出售商品一批，价值20 000元，货已发出，货款到下一个月才能收到。在收付实现制下，虽然此交易已完成，企业已取得向购货单位收取货款的权利，但由于本月并未实际收到货款，因而不能作为本期收入，待下月实际收到货款后作为下月收入处理，其结果必将使本月的经营收入少计20 000元，而下月则多计20 000元。正因为收付实现制会影响各期经营成果的正确性，所以这种会计基础主要适用于各级人民政府的财政会计、行政事业单位会计等。

三、权责发生制

权责发生制也称应计制，它是以权利或责任的发生与否为标准，来确认本期收入和本期费用的一种会计处理基础。在权责发生制下，凡属于本期的收入和应由本期负担的费用，不论其款项是否实际收到或实际支付，都应将其作为本期收入和本期费用；反之，凡不应归属本期的收入和不应由本期负担的费用，即使其款项在本期实际收到或实际支付，也不应将其作为本期收入和本期费用。仍按上例，该企业支付的租入设备的改良支出18 000元按归属期应该由租期内的18个月共同负担，每个月负担1 000元，而不应将其全部作为实际支付月份的费用。至于企业销售商品的20 000货款，由于此项交易在1月已经发生并完成，同时企业已取得向购货单位收取货款的权利，所以，这20 000元收入的归属期应为1月份，应将其作为1月份收入处理。显然采用权责发生制可以正确反映各个会计期间所实现的收入和应负担的费用，从而可以把各期收入与其相关的费用相配比，正确确定各期的财务成果。所以，我国《企业会计准则》明确规定，企业会计核算应当以权责发生制为会计处理基础。

【思考与练习】

一、思考题

1. 什么是会计？会计具有哪些主要特点？
2. 会计有哪些职能？其中最基本的职能是什么？
3. 什么是会计的目标？目前关于会计目标的两种主要观点是什么？
4. 会计的对象是什么？工业企业资金运动的特点是什么？
5. 会计核算有几大基本前提？确定各会计基本前提的目的何在？
6. 企业有几大会计要素？如何理解各会计要素的含义？
7. 企业会计要素各有哪些基本特征？其各自的具体构成是怎样的？

8. 企业会计要素之间存在什么样的内在经济联系?
9. 为什么经济业务的发生不会影响会计等式的平衡关系?
10. 什么是会计处理基础?权责发生制与收付实现制有哪些异同?

二、练习题

(一) 目的:练习会计要素的区分

资料:

项目名称	会计要素
(1) 银行存款	A 资产
(2) 盈余公积	
(3) 主营业务收入	B 负债
(4) 营业费用	
(5) 库存商品	C 所有制权益
(6) 应交税费	
(7) 应收账款	D 收入
(8) 应付账款	
(9) 库存现金	E 费用
(10) 财务费用	

要求:请判断上述 (1) 至 (10) 项的会计要素归属并连线。

(二) 目的:熟悉会计要素的内容

资料:三阳公司 2009 年年末的有关资料如下:

(1) 在用的厂房机器设备等价值 700 万元;(   )

(2) 上一年度未分配的利润 90 万元;(   )

(3) 短期持有的 W 上市公司股票 50 万元;(   )

(4) 存在开户银行——中国银行的结算户存款 300 万元;(   )

(5) 已经生产完工入库待售的产品 400 万元;(   )

(6) 预收 YY 公司购买本公司的产品货款 40 万元;(   )

(7) 库存原材料 200 万元;(   )

(8) 应付但尚未支付的职工薪酬 80 万元;(   )

(9) 欠交的各项税款 150 万元;(   )

(10) 购买甲公司商品未支付的货款 35 万元;(   )

(11) 采购员王五借支的差旅费 0.5 万元;(   )

（12）拥有的专利权价值 100 万元；（　　　　）

（13）向工商银行借入尚未归还的贷款 200 万元；（　　　　）

（14）三德公司欠付本公司销货款 70 万元；（　　　　）

（15）股东投入资本 800 万元；（　　　　）

要求：对上述各项进行分析，判断其各属于什么会计要素的什么项目，并将判断结果写在其后面的括号里。

（三）目的：练习经济业务对会计等式的影响

资料：三角公司某月发生如下经济业务：

经济业务	对会计等式的影响
（1）销售商品取得收入 10 万元；	A 会计等式左右方同时等额增加
（2）偿还银行长期借款 50 万元；	
（3）发生工资费用 8 万元但尚未支付；	B 会计等式左右方同时等额减少
（4）生产产品完工入库 15 万元；	
（5）从净利润中提取盈余公积 5 万元；	C 会计等式左方项目有增有减
（6）以银行存款购买机器 6 万元；	
（7）接受投资者投入资本 80 万元；	D 会计等式右方项目有增有减
（8）以银行存款购买办公用品 0.8 万元；	

要求：分析每项经济业务对会计等式的影响，并与相应的选项连线。

第二章　会计信息生成过程与方法

【教学目的与要求】 本章主要介绍会计信息的生成原理与会计核算基本方法。本章的教学目的在于使学生了解会计如何加工、整理原始资料，最终输出有用信息的过程；掌握会计核算的各项基本方法的意义、原理及应用。

【教学重点与难点】 本章的教学重点是会计循环原理、账户与复式记账、会计凭证、会计账簿和会计报表等。本章的教学难点是会计循环、账户与复式记账。

第一节　会计信息生成过程

一、会计信息及其生成原理

（一）会计信息的概念与特征

会计信息是按会计的方法与规则所揭示的特定主体的经济活动情况。企业会计信息包括企业的财务状况信息、业绩信息和现金流量信息等，其中财务状况信息是指反映企业在某特定时点资产、负债和所有者权益等的规模、结构与状况的信息，譬如，企业在某特定时点拥有的资产总额是多少，其中现金、应收账款、存货、固定资产、无形资产等各类资产的具体构成情况如何；企业拥有的负债总额是多少，其中短期借款、应付账款、应交税费、长期借款等各类负债的具体构成状况如何；企业拥有多少所有者权益（或称净资产），其中实收资本、资本公积、盈余公积、未分配利润等是如何构成的。业绩信息是指企业在一定会计期间所取得的经营成果与综合收益信息。其中经营成果反映企业在特定会计期间所取得的收入（如主营业务收入、其他业务收入等）和所发生的费用（如主营业务成本、营业税金及附加、其他业务成本、销售费用、管理费用、财务费用等），以及各项收入减去各项费用的差额（即利润）；综合收益反映企业特定会计期间所取得的除股东增资与减资以外的原因所引起所有者权益变动的所有项目与数额的信息。综合收益除包括经营成果外，还包括当期按会计准则的要求计入和未计入当期损益的各项利得和损失扣除所得税影响后的净额。现金流量信息是指反映企业在特定会计期间从事经营活动、投资活动和筹资活动所发生的现金流入、现金流出及现金净流量情况，譬如，企业从事产品生产与销售所产生的现金流量情况，企业购入和转让股票或债券所产生的现金流量情况，企业借款和还款所产生的现金流量情况等。从会计角度所揭示的企业经济活动情况，并不是企业经济活动的全部内容，而仅仅是企业经济活动中与价值运动或资金运动等相关的内容。与企业的价值变动或资本变动相关的经济活动，实际上是指企业的理财活动，因此，会计信息又被称为财务信息。与上一章所述的会计特点相联系，会计信息具有综合性、全面性、系统性与连续性等特征，是企业利益相关者（包括投资者、债权人、政府及其经济监管机构和企业管理层等）进行决策的重要参考与依据。

（二）会计信息生成原理

会计信息的基本生成原理或基本生成过程包括经济交易或事项的"采集"、分析经济交易或事项、记录经济交易或事项、期末账项调整、核对账簿记录、结算账簿记录和编制财务报表。

1. 经济交易或事项的"采集"

会计主体所开展的生产、经营及管理活动实际上是伴随着一系列对内或对外的、大大小小的、反反复复发生的交易或事项的发生的过程，如买卖、借贷、调配、控制或其他往来交易或事项等。这些交易或事项中具有完整的可核查的记录与内容，且可以通过货币计价结算的部分，即为经济交易或事项，亦称经济业务。"采集"发生的经济业务的信息是会计信息形成的源头。

2. 分析经济交易或事项

采集的经济业务及相关原始信息最初反映在发票、收据、领料单、验收入库单、工资单、折旧计算单等原始单据或凭证上。要依此生产、加工和输出有用的会计信息，需要运用会计规则对这些用以生产加工会计信息的"原材料"——即日常"采集"的记载经济交易或事项的原始凭证进行分析，以判断和决定是否应将相关的经济交易或事项纳入会计信息加工处理系统，其对哪些会计要素的哪一项目产生影响，应当记入什么账户，其导致的价值数量变化是多少。可见分析经济交易或事项是一个对企业经济活动进行识别、判断和衡量（即确认与计量）的过程。它是记录经济交易或事项的前提和基础。

3. 记录经济交易或事项

经过上述对经济交易或事项的初步分析与判断后,就应当在会计账簿中对经济交易或事项产生的影响加以记录。会计实务中,在将经济交易或事项记入相关账簿之前,先需要编制会计分录,标明经济交易或事项应当记入的账户名称、借贷方向及其金额。因此,对经济交易或事项的会计记录,包括分录记录和账簿记录两个具体环节。分录记录是账簿记录的基础。会计分录记录在实务中是通过编制与审核记账凭证完成的,提供的是单项经济交易或事项的详细信息,而账簿记录则将单项经济交易或事项信息按会计要素的具体项目进行汇总,以提供分门别类的、系统的、连续的财务活动信息。

4. 期末账项调整

为了正确计算期间损益,在期末结账前,应当按照权责发生制原则把那些应该由本期享有的收入或负担的费用计入到本期的损益中去,而不论这些收入与费用相关的现金是否已经实际收付。期末账项调整的收入与费用项目主要包括应计未付费用、应计未收收入、先付支出或费用的折旧与摊销、递延收入分配结转等。

5. 核对账簿记录

账簿记录资料是企业编制财务报表的直接依据。为了确保财务报表提供的会计信息的质量,企业必须在会计期末对各类账簿记录的正确性进行核查。核对账目的主要内容包括"账证核对"、"账账核对"和"账实核对"。若在核对过程中发现错账,则应采用规定的错账更正方法对原有会计记录进行调整、更正。

6. 结算账簿记录

结算账簿记录又称结账。结账实际上是在核对账簿记录的基础上对各个账簿所记录的经济活动情况进行分类总结,以为编制财务报表提供资料来源。在结账时,应当逐一计算各个账户的本期发生额及余额,包括总分类账户、明细账户等。

7. 编制财务报表

当各个账户(账簿)的本期发生额及余额计算确定以后,即可根据统一会计规则及会计信息使用者的要求对账簿记录中的各类信息进行筛选、浓缩、计算与分析,确定应当列入财务报表正表、补充资料及附注的内容与金额,完成财务报表编制,由此生成正式对外报送或公告的会计信息[①]。

[①] 有的企业,如上市公司、国有企业等,还必须经过注册会计师审计后才可正式对外报送或公告。

上述会计信息的生成原理，从信息系统的角度看实际上是一个原始信息输入、信息加工与转换以及会计信息的输出的过程；从会计方法运用的角度看实际上是一个会计确认（解决是不是的问题）、计量（解决是多少的问题）、记录（解决如何编制记账凭证和登记账簿进行分门别类而又相互关联地记载与储存的问题）和报告（解决如何按既定规则及使用者的需求浓缩、汇总并编制会计报表进行信息披露的问题）的过程。由于这一过程通常伴随着特定会计主体的每一个特定的会计期间连续不断、周而复始地进行，具有"循环"的特征，所以在会计上又称之为"会计循环"。一个完整的会计信息生成过程，即会计循环，可以框图的形式表现，如图 2-1 所示。

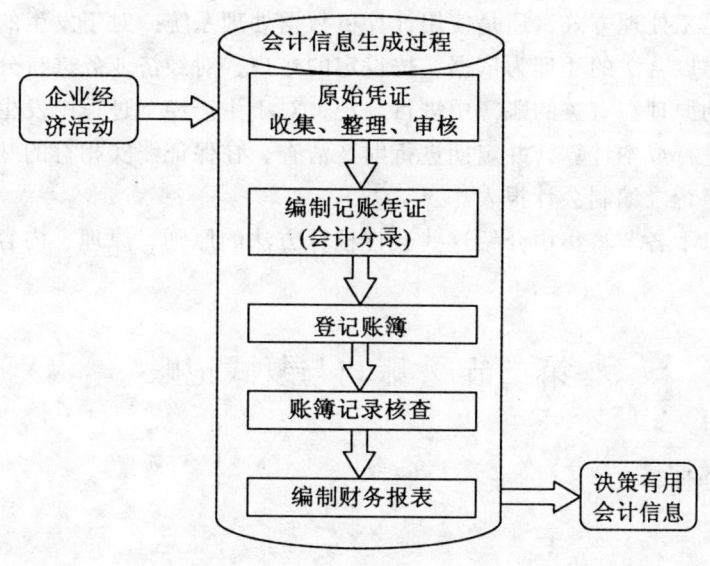

图 2-1　会计循环图示

二、会计核算的基本方法

会计的方法是用来核算和监督会计对象，完成会计任务、实现会计目标的手段。

由于会计对象的复杂多样，从而决定了核算、监督、检查、分析、预测、决策会计对象的手段不是单一的方法，而是由一个方法体系构成的。随着社会实践的发展、科学技术的进步以及管理要求的提高，会计方法体系也将不断地发展和完善。现阶段，会计方法体系包括会计核算方法、会计分析方法、会计检查方法、会计预测、决策和控制方法。它们既相互联系，又有相对的独立性。其中会计核算的方法是最基本的方法。这里仅简要说明会计核算各种方法的特点以及它们之间的相互联系。关于其他的会计方法将在后续有关课程教材中叙述。

会计核算方法是对会计对象及其具体内容进行连续、系统、全面、综合地分类、记录、计算、报告等所应用的方法。它主要包括设置账户、复式记账、填制和审核凭证、登记账簿、成本计算、财产清查和编制财务报表。

会计核算的这些专门方法是一个相互联系、密切配合、功能各异、不可或缺的完整体系，其中，填制和审核凭证是会计核算的最初环节；登记账簿是会计核算的中心环节；编制会计报表是会计核算的最终环节。在日常核算中，不论是采用手工处理方式，还是使用计算机数据处理系统，对于发生的各项经济业务，都要以合法的凭证为依据，按设定的账户，对经济业务进行分类，应用复式记账的原理在有关的账簿中进行登记，对于生产经营过程中发生的各项费用，应当进行成本计算，并定期进行财产清查，在保证账实相符的基础上，主要根据账簿记录编制会计报表。

本章以下各节将集中介绍这些会计核算方法的原则、原理、内容及相互关系。

第二节　账户与复式记账

一、会计科目

（一）会计科目的意义

前已述及，会计要素是对会计对象的基本分类，而这六项会计要素仍显得过于粗略，难以满足有关各方对会计信息的需要。为了分门别类地核算和监督各项经济业务的发生情况以及由此引起的各类会计要素增减变动的过程和结果，提供信息使用者所需要的各类会计信息，还必须对会计要素作进一步的分类。这种按一定标准对会计要素的具体内容作进一步分类的项目，就是会计科目。例如，为了核算和监督各项资产的增减变动，设置了"库存现金"、"银行存款"、"原材料"、"长期股权投资"、"固定资产"等会计科目；为了核算和监督负债和所有者权益的增减变动，设置了"短期借款"、"应付账款"、"长期借款"和"实收资本"、"资本公积"、"盈余公积"等会计科目；为了核算和监督收入、费用和利润的增减变动，设置了"主营业务收入"、"生产成本"、"本年利润"、"利润分配"等会计科目。

会计科目的设置，为全面、系统、分类地核算和监督各项经济业务的发生情况以及由此引起的会计要素各具体内容的增减变动创造了条件。

（二）会计科目的设置原则

在实际设置和使用会计科目的工作中，一般应在遵守国家有关规定的基础上遵循以下基本原则：

1. 必须结合会计要素的特点，全面反映会计要素的内容

会计科目作为对会计要素具体内容进行分类核算的项目，其设置应能够全面、系统地反映会计要素的全部内容，不能有任何遗漏。同时，会计科目的设置必须结合会计要素的特点。除各行各业的共性会计科目外，还应根据各行各业会计对象的特点设置相应的会计科目。

2. 必须满足会计目标的基本要求

企业会计核算资料应能满足各方会计信息使用者的需要，譬如，满足政府部门加强宏观调控的需要；满足投资人、债权人及有关方面对企业经营和财务状况作出准确判断的需要；满足企业内部加强经营管理的需要。因此，在设置会计科目时要兼顾对外报告信息和企业内部经营管理的需要，分别设置反映不同经济内容的会计科目，并根据需要提供数据的详细程度，分设总分类科目和明细分类科目。

3. 既要适应经济业务发展的需要，又要保持相对稳定

会计科目的设置要适应社会经济环境的变化和本单位业务发展的需要。例如，随着商业信用的发展，为了反映和监督商品交易中的延期付款或延期交货而形成的债权债务关系，核算中应单独设置"预收账款"和"预付账款"科目，即把预收、预付货款的核算从"应收账款"和"应付账款"科目中分离出来。但是，会计科目的设置应保持相对稳定，会计科目的稳定性主要表现在会计科目的名称、核算的内容等方面，以利于在一定范围内综合汇总和在不同时期对比分析。

4. 做到统一性与灵活性相结合

会计科目的统一性主要表现在两个方面：一是会计科目名称和代表的内容在纵向上的尽可能统一，即尽可能前后期保持一致；二是会计科目名称和代表的内容尽可能在横向上统一，即企业与企业、单位与单位间尽量一致。横向统一的有效途径是会计科目的设置应尽可能与统一的会计规范、财政、税务、统

计等有关指标或规定相衔接配合。所谓会计科目的灵活性,是指在保证提供统一核算指标的前提下,各单位可以根据本单位的具体情况和经济管理要求,对统一规定的会计科目作必要的增补或归并。

5. 简明适用,称谓规范

在设置会计科目时,对每一个科目的特定核算内容必须进行严格、明确地界定。会计科目的名称应与其核算的内容相一致,并要含义明确,通俗易懂。另外,会计科目的数量和粗细程度应根据企业规模的大小、业务的繁简和管理的需要而定。

(三)会计科目的分类

1. 按会计科目反映的经济内容分类

会计科目按其反映的经济内容的不同可具体分为:资产类科目、负债类科目、所有者权益类科目、成本类科目和损益类科目等,如表 2-1 所示。

表 2-1　　　　　　　　会计科目表(简化格式)

编号	名称	编号	名称
	一、资产类	1412	周转材料
1001	库存现金	1461	存货跌价准备
1002	银行存款	1521	持有至到期投资
1015	其他货币资金	1522	持有至到期投资减值准备
1101	交易性金融资产	1523	可供出售金融资产
1121	应收票据	1524	长期股权投资
1122	应收账款	1525	长期股权投资减值准备
1123	预付账款	1526	投资性房地产
1131	应收股利	1531	长期应收款
1132	应收利息	1541	未实现融资收益
1231	其他应收款	1601	固定资产
1241	坏账准备	1602	累计折旧
1401	材料采购	1603	固定资产减值准备
1402	在途物资	1604	在建工程
1403	原材料	1605	工程物资
1404	材料成本差异	1606	固定资产清理
1406	库存商品	1701	无形资产
1407	发出商品	1702	累计摊销
1410	商品进销差价	1703	无形资产减值准备
1411	委托加工物资	1711	商誉

编号	名称	编号	名称
1801	长期待摊费用	4101	盈余公积
1811	递延所得税资产	4103	本年利润
1901	待处理财产损益	4104	利润分配
	二、负债类	4201	库存股
2001	短期借款		四、成本类
2101	交易性金融负债	5001	生产成本
2201	应付票据	5101	制造费用
2202	应付账款	5201	劳务成本
2205	预收账款	5301	研发成本
2211	应付职工薪酬		五、损益类
2221	应交税费	6001	主营业务收入
2231	应付股利	6051	其他业务收入
2232	应付利息	6101	公允价值变动损益
2241	其他应付款	6111	投资收益
2411	预计负债	6301	营业外收入
2501	递延收益	6401	主营业务成本
2601	长期借款	6402	其他业务成本
2602	应付债券	6405	营业税金及附加
2801	长期应付款	6601	销售费用
2802	未确认融资费用	6602	管理费用
2811	专项应付款	6603	财务费用
2901	递延所得税负债	6701	资产减值损失
	三、所有者权益类	6711	营业外支出
4001	实收资本	6801	所得税费用
4002	资本公积	6901	以前年度损益调整

2. 按会计科目提供指标的详细程度分类

会计科目按其提供核算指标的详细程度可分为：总分类科目和明细分类科目。

（1）总分类科目。

总分类科目也称一级科目，是指对会计要素的具体内容进行总括分类、提供总括指标而设置的会计科目。为了保证会计信息横向可比的的需要，总分类科目原则上由国家统一规定。我国财政部 2006 年 10 月 30 日发布的《企业会计准则——应用指南》的附录对总分类科目进行了统一规定（如表 2-1 所示），并规定了相应的编号。

（2）明细分类科目。

明细分类科目是对总分类科目所反映的经济内容进行的详细分类，提供更加详细、具体指标而设置的会计科目。如在"应收账款"总分类科目下再按债务人名称设置明细科目以反映应收账款的具体对象。

为了适应需要，当总分类科目下设置的明细科目太多时，可在总分类科目和明细分类科目之间增设二级科目。二级科目所提供指标的详细程度介于总分类科目和明细科目之间。如在"原材料"总分类科目下，可按材料类别开设"原料及主要材料"、"辅助材料"、"燃料"等二级科目，再在"原料及主要材料"二级科目下，按材料的品种、规格设置明细分类科目。明细分类科目一般由各单位根据自身情况并结合信息使用者的需要自行设置。

由上可知，总分类科目是最高层次的会计科目，控制或统驭着二级科目和明细分类科目；二级科目是对总分类科目的补充说明，控制或统驭着明细分类科目，是介于总分类科目和明细分类科目之间起沟通作用的会计科目；明细分类科目是对二级科目或总分类科目进行更为详细的补充说明的会计科目。应当说明的是，并不是所有的总分类科目都需分设二级科目和明细分类科目，根据信息使用者所需不同信息的详细程度，有些只需设置总分类科目，有些只需设置总分类和明细分类科目，而不需要设置二级科目。

二、账户

（一）设置账户的意义

会计科目只是对会计要素的具体内容进行分类的项目名称，仅仅设置会计科目还不能进行具体的会计核算。为了能够分门别类地对各项经济业务的发生所引起的会计要素的增减变动情况及结果进行全面、连续、系统、综合地核算和监督，还必须根据规定的会计科目设置账户。

账户是根据会计科目设置的，具有一定格式和结构，用于分类核算和监督会计要素具体内容的增减变动情况和结果的一种工具。根据总分类科目设置总分类账户，根据明细分类科目设置明细分类账户，根据二级分类科目设置二级分类账户。设置账户是会计核算的主要方法。通过设置并登记账户，可以将各种经济业务的发生情况，以及由此而引起的各会计要素的增减变动及结果系统地、分门别类地进行核算和监督，进而向会计信息使用者提供各种会计信息，这对于实现会计目标具有重要意义。

(二) 账户的基本结构

设置账户是用来记录经济业务的发生，核算和监督会计要素的增减变动及其结果的。因此，账户应具有一定的结构。由于任何经济业务所引起的会计要素的变动不外乎增加和减少两种情况，为了完整、清晰地反映这种变动，账户必须分为左右两方，一方登记增加，另一方登记减少。同时，由于会计必须以特定期间为基础对经济活动及其结果进行总结计算，所以，账户还需要反映增减变动后的结果（即余额）。基于此，账户的基本结构分为记录资金项目"增加"、"减少"和"增减变动结果"（即余额）三个主要部分。

账户除基本结构的内容外，通常还包括账户的名称，即会计科目；日期和摘要；凭证号数，即账户记录的来源和依据等内容。常见的账户结构如表2-2所示。

表 2-2　　　　　　　　　　　　　　账户结构

年		凭证号数	摘要	左方	右方	余额
月	日					

表 2-2 列示的账户左右两方记录的主要内容是增加额和减少额。究竟哪一方记录增加额，哪一方记录减少额，取决于所采用的记账方法和账户所记录的经济内容。如果某账户在左方记录增加额，则在其右方记录减少额；反之，如果某账户在右方记录增加额，则在其左方记录减少额。增加额与减少额相抵后的差额，即为账户余额。账户的余额一般与记录增加额在同一方向。因此，在每个账户中所记录的金额，可以分为期初余额、本期增加额、本期减少额和期末余额。本期增加额和本期减少额是指在一定的会计期间内（如月度、季度或年度），账户在左右两方分别登记的增加金额合计和减少金额合计，也称为本期增加发生额和本期减少发生额。本期增加发生额和本期减少发生额相抵后的差额即为本期的期末余额。如果将本期的期末余额转入下一期，那么就是下

一期的期初余额。上述四项金额的关系可以用公式表示如下：

本期期末余额 = 期初余额 + 本期增加发生额 – 本期减少发生额

为了便于教学，在教科书中将账户的基本结构用简化格式 "T" 形来表示。"T" 形账户的形式如表 2-3 所示。

表 2-3

左方	账户名称（会计科目）	右方

（三）账户和会计科目的关系

在会计实际工作中，账户通常也叫会计科目，但是在会计学中，会计科目和账户是两个不同的概念，两者之间既有联系又有区别。

会计科目和账户的联系是：会计科目和账户都是对会计要素具体内容进行的分类，且两者分类的口径、范围、方法和结果完全一致；账户是根据会计科目开设的，会计科目是账户的名称，两者所反映的经济内容是完全相同的。

会计科目和账户的区别主要表现在：会计科目只表明某项经济内容，而账户不仅表明相同的经济内容，而且还有一定的结构格式，并通过其结构反映某项经济内容的增减变动情况，即会计科目仅仅是对会计要素具体内容进行分类的项目名称，而账户不仅说明反映的经济内容是什么，而且还具有一定的结构、格式，是系统核算、监督会计要素的具体内容的增减变化及结余情况的工具。设置账户是会计核算方法的相对独立的组成部分，而会计科目则不然。

三、复式记账

（一）记账方法的概念和种类

设置账户的主要目的是通过登记账户来记录经济业务的发生所引起的会计要素的具体内容的增减变动及其结果。为此，就需采用一定的记账方法。

所谓记账方法，就是根据一定的原理、记账符号、记账规则，采用一定的计量单位，利用文字和数字记录经济业务活动的一种专门方法。记账方法按记录方式的不同，可分为单式记账法和复式记账法两种：

1. 单式记账法

单式记账法是对发生的经济业务只在一个账户中进行单方面记录的一种记账方法。这种记账方法一般只记录现金的收付业务以及应收、应付款的结算业务，并且只在一个账户中进行记录。例如，用银行存款 20 000 元购买设备，在记账时，只记银行存款减少 20 000 元。至于固定资产增加 20 000 元则略而不记。

单式记账法记账手续简单，易学易懂。但单式记账法账户设置不完整，没有完整的账户体系，因此，不能全面反映企业所发生的经济业务的全部情况，不便于检查账簿记录的来龙去脉与正确性，也无法正确确定各期损益。随着经济业务日趋复杂和对会计信息要求的提高，单式记账法逐渐被淘汰，目前已很少采用。

2. 复式记账法

复式记账法是指对每一项经济业务，都以相等的金额同时在两个或两个以上的账户中相互联系地记录的一种记账方法。例如，企业以银行存款 50 000 元购入原材料。这项经济业务的发生，一方面使原材料增加了 50 000 元；另一方面使银行存款减少了 50 000 元。根据复式记账法的原理，以相等的金额在"原材料"和"银行存款"这两个相互联系的账户中进行登记，即一方面在"原材料"账户登记增加 50 000 元；另一方面在"银行存款"账户中登记减少 50 000 元。

相对于单式记账，复式记账是记账方法的巨大进步，其特点主要有：其一，能反映经济活动及其资金运动的基本规律，如实反映经济活动的来龙去脉。事物都是相互联系的，每项经济业务的发生，客观上会影响到两个或两个以上的不同方面的资金项目发生增减变动，而且增减变动的金额是相等的。复式记账方法恰恰就是适应了资金运动的这一规律性的客观要求，对发生的每一项经济业务，都在两个或两个以上的账户中进行相互联系的记录，从而能更完整、系统、正确地反映企业的财务状况和经营成果。其二，能建立完整的账户体系。账户体系的建立，为完整地记录每项经济业务所引起的多个方面的资金变化结果提供了条件。其三，能对特定期间的账户记录结果进行试算平衡检查，以确定账户记录的正确性。在复式记账法下，对每笔业务都做相互联系的记录，使账户间产生了相互核对、相互勾稽的关系。若有遗漏或差错，则可能导致会计等式的不平衡。所以，复式记账法可以通过账户间存在的相互关系进行试算平衡，这对于防止错误和检查错误具有重要作用。

复式记账法按采用的记账符号和记账规则的不同划分，可分为借贷记账法、增减记账法和收付记账法。其中，借贷记账法是目前世界上是最科学、最完善的复式记账法，也是运用最广泛的记账方法。我国《企业会计准则》规定"会计记账采用借贷记账法"。因此，本教材只介绍借贷记账法及其应用。

（二）借贷记账法

借贷记账法是以"借"和"贷"作为记账符号的一种复式记账方法。它大约产生于12世纪的意大利。后来陆续被世界大多数国家所采用。

借贷记账法的基本内容包括记账符号、账户结构、记账规则和试算平衡。

1. 记账符号

借贷记账法以"借"和"贷"作为记账符号，即用"借"和"贷"作为指明应记入某一账户的某一部分（方向）的符号。"借"和"贷"最初的含义与债权、债务确实挂钩，但后来逐步转化为抽象的记账符号，没有文字本身的确切语义。

2. 账户结构

在借贷记账法下，每个账户都分为左、右两方，账户的左方为借方，右方为贷方。至于账户哪一方用来登记增加额，哪一方用来登记减少额，要看账户的具体性质。

（1）资产类账户的结构。

资产类账户的结构是：借方登记资产的增加，贷方登记资产的减少。事物一般都是先有增加才有减少，因此，资产类账户的余额一般在借方。其账户结构如表2-4所示。

表2-4

借方	资产类账户		贷方
期初余额	×××		
本期增加额	×××	本期减少额	×××
本期发生额	×××	本期发生额	×××
期末余额	×××		

资产类账户借方"本期发生额"为本期借方登记金额的合计，贷方"本期发生额"为本期贷方登记金额的合计，在每一会计期末，将借、贷发生额相比较，其差额为"期末余额"，本期的期末余额结转下期，即为下期的"期初余额"。资产类账户期末余额的计算方法是：

借方期末余额＝借方期初余额＋借方本期发生额－贷方本期发生额

这里所说的"期"，是指会计分期，一般为月度、季度和年度。

（2）负债和所有者权益类账户的结构。

由于借贷记账法是以会计等式为理论依据，而资产与权益（负债和所有者权益）是同一事物（资金）的两个方面，两者既对立又统一。因此，负债和所有者权益类账户的结构与资产类账户的结构正好相反，其贷方登记增加额，借方登记减少额，余额一般在贷方。其账户结构如表2-5所示。

表2-5

借方		负债和所有者权益类账户	贷方
		期初余额	×××
本期减少额	×××	本期增加额	×××
本期发生额	×××	本期发生额	×××
		期末余额	×××

负债及所有者权益类账户期末余额的计算方法是：

贷方期末余额 = 贷方期初余额 + 贷方本期发生额 − 借方本期发生额

（3）成本类账户的结构。

成本类账户的结构与资产类账户的结构基本一致，在成本类账户中，"生产成本"账户与资产类账户完全一致。"制造费用"账户由于在会计期末要把汇集的各项费用按照一定的标准分配到"生产成本"账户中，所以"制造费用"账户期末一般没有余额。成本类账户的结构如表2-4所示。

（4）损益类账户的结构。

损益类账户按反映的具体内容不同，又可分为收入、收益类账户和费用、支出类账户。

收入、收益类账户的结构与负债类、所有者权益类的账户结构基本一致，借方记录减少数额或转出数额，贷方记录增加数额，但期末没有余额。这主要是因为到会计期末，需按规定把全部收入、收益转出到特定账户中去与费用、支出比较，以计算当期最后的财务成果。该类账户的基本结构如表2-6所示。

表2-6

借方		收入、收益类账户	贷方
本期减少	×××	本期增加	×××
本期发生额	×××	本期发生额	×××

费用、支出类账户的结构与资产类、成本类账户的结构基本一致，借方记录增加数额，贷方记录减少数额或转出数，期末也没有余额。同样是因为到会计期末，需要把全部费用、支出转出至特定账户与收入、收益比较，计算当期最后的财务成果。该类账户的基本结构如表2-7所示。

表2-7

借方		费用、支出类账户		贷方
本期增加	×××	本期减少		×××
本期发生额	×××	本期发生额		×××

综上所述，借贷记账法下各类账户的结构归纳总结如表2-8所示。

表2-8

借方	账　户	贷方
资产的增加		资产的减少
成本、费用的增加		成本、费用的减少
负债的减少		负债的增加
所有者权益的减少		所有者权益的增加
收入、收益的减少		收入、收益的增加

3. 记账规则

借贷记账法的记账规则是"有借必有贷，借贷必相等"。

会计主体每天发生着大量的经济业务。这些业务虽然千差万别、错综复杂，但归纳起来不外乎四种类型：

第一种类型：资产增加，负债或所有者权益同时等额增加。此种类型的经济业务一般是由资金进入企业所引起的，如收到投资者投入的资本、向银行取得借款以及购买材料尚未支付货款等，均属于此种类型。

【例2-1】企业收到投资者投入资本500 000元存入银行。

这笔经济业务发生后，涉及资产和所有者权益两个会计要素中的有关项目同时发生变化，一方面是所有者权益要素中的实际收到投资者缴入的资本增加了 500 000 元，应记入"实收资本"账户的贷方；另一方面是资产要素中的银行存款同时增加 500 000 元，应记入"银行存款"账户的借方。这笔经济业务的记录如下：

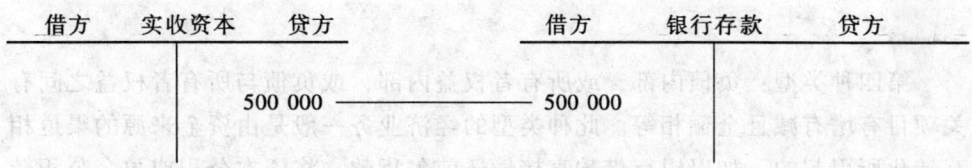

第二种类型：资产减少，负债或所有者权益类同时等额减少。此种类型的经济业务一般是由资金退出企业所引起的，如企业按照规定减资，以银行存款偿还银行借款和应付账款等，均属于此种类型。

【例 2-2】企业以银行存款 200 000 元偿还前欠供应单位货款。

这笔经济业务发生，涉及资产和负债两个会计要素中的有关项目同时发生变化，一方面是资产要素中的银行存款减少了 200 000 元，应记入"银行存款"账户的贷方；另一方面是负债要素中的应付账款减少了 200 000 元，应记入"应付账款"账户的借方。这笔经济业务的记录如下：

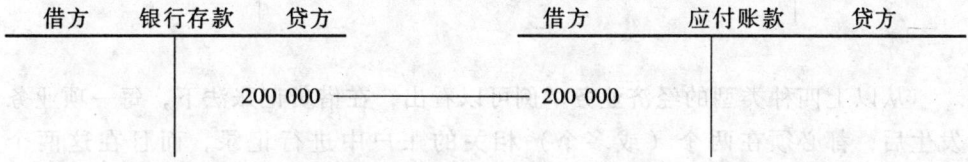

第三种类型：资产内部有关项目有增有减且金额相等。此种类型的经济业务一般是资金在企业内部周转所引起的，譬如，企业从银行提取现金、用银行存款购买原材料、产成品完工入库等，均属于此种类型。

【例 2-3】企业从银行提取现金 25 000 元。

这笔经济业务的发生，涉及资产中的两个项目同时发生变化，一方面是资产要素中的银行存款减少了 25 000 元，应记入"银行存款"账户的贷方；另一方面是资产要素中的库存现金增加了 25 000 元，应记入"库存现金"账户的借方。这笔经济业务的记录如下：

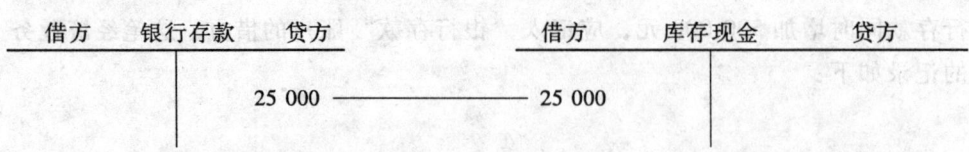

第四种类型：负债内部，或所有者权益内部，或负债与所有者权益之间有关项目有增有减且金额相等。此种类型的经济业务一般是由资金来源的渠道相互转化所引起的，如以银行借款直接偿还前欠货款、将资本公积或盈余公积转增资本金等，均属于此种类型。

【例2-4】企业向银行借款150 000元，直接偿还前欠货款。

这笔经济业务的发生，涉及负债中两个项目同时发生变化，一方面是负债要素中的银行借款增加了150 000元，应记入"短期借款"账户的贷方；另一方面是负债要素中的应付账款减少了150 000元，应记入"应付账款"的借方。这笔经济业务的记录如下：

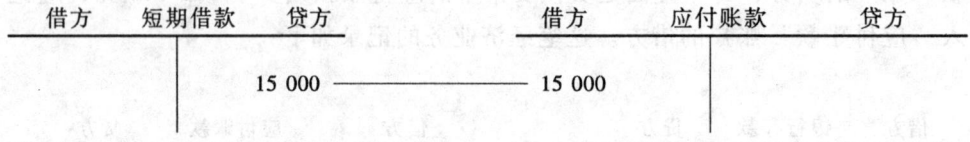

从以上四种类型的经济业务举例可以看出，在借贷记账法下，每一项业务发生后，都必须在两个（或多个）相关的账户中进行记录，而且在这两个（或多个）不同的账户中记录同一经济业务时，是在不同账户的不同方向（借方或贷方）同时进行记录，并且，记入账户借方的金额等于记入账户贷方的金额。因此，我们可以从中归纳概括出借贷记账法的记账规则是：有借必有贷，借贷必相等。

运用借贷记账法在账户中登记经济业务后，在有关账户之间就形成了应借、应贷的关系。账户之间应借、应贷的关系，称为账户的对应关系。存在对应关系的账户，成为对应账户。例如，企业收到投资者投资这项业务，要分别在"银行存款"账户的借方和"实收资本"账户的贷方进行登记，"银行存款"和"实收资本"这两个账户之间就发生了相互对应的关系，这两个账户就互为对应账户。

为了保证账户对应关系的正确性，便于正确地记账，在将经济业务记入账户之前，应先根据经济业务编制会计分录，然后根据会计分录登记有关账户。所谓会计分录，是指对每一项经济业务，按照复式记账的要求，分别列示其应借和应贷账户及其金额的一种记录。会计分录是登记账簿的依据，会计分录的正确与否，直接影响到账户记录的正确性，影响到会计信息的质量。运用借贷记账法编制会计分录，一般按以下步骤进行：

第一，根据经济业务的内容，判定每项经济业务涉及哪几个账户；

第二，确定所涉及的账户的性质；

第三，判断经济业务的发生引起这些账户的增减变动情况及增减变动金额；

第四，根据账户的性质和增减变动情况确定应记入账户的方向；

第五，根据会计分录的格式要求编制会计分录。

会计分录的格式一般是：上下排列、左右错开、先借后贷。现将上述举例的四项经济业务的会计分录列示如下：

【例2-1】借：银行存款　　　　　　　　　　　　　　500 000
　　　　　贷：实收资本　　　　　　　　　　　　　　500 000

【例2-2】借：应付账款　　　　　　　　　　　　　　200 000
　　　　　贷：银行存款　　　　　　　　　　　　　　200 000

【例2-3】借：库存现金　　　　　　　　　　　　　　25 000
　　　　　贷：银行存款　　　　　　　　　　　　　　25 000

【例2-4】借：应付账款　　　　　　　　　　　　　　150 000
　　　　　贷：短期借款　　　　　　　　　　　　　　150 000

会计分录有简单会计分录和复合会计分录两种，简单会计分录是只涉及一借一贷两个账户的会计分录，以上举例都是简单会计分录。复合会计分录是指涉及多个账户表现为一借多贷、一贷多借或多借多贷的会计分录。现举例说明复合会计分录的编制方法。

【例2-5】企业以银行存款310 000元归还已到期短期银行借款本金300 000元，已提未付银行借款利息10 000元。应编制复合会计分录如下：

　　借：短期借款　　　　　　　　　　　　　　　　　300 000
　　　　应付利息　　　　　　　　　　　　　　　　　 10 000
　　　　贷：银行存款　　　　　　　　　　　　　　　 310 000

4. 试算平衡

试算平衡是指为保证账务处理的正确性，依据会计等式和复式记账原理，对本期各账户的全部记录进行汇总和测算，以检查账户记录的正确性和完整性的一种方法。

在借贷记账法下，由于每一项经济业务都按照"有借必有贷，借贷必相等"的记账规则加以记录。这样，在一定期间内的经济业务都完整地记入有关账户后，全部账户的借方本期发生额合计数和全部账户的贷方本期发生额的合计数理应相等。由此得出发生额的试算平衡公式表示如下：

全部账户的借方本期发生额合计＝全部账户的贷方本期发生额合计

同样，由于每个账户的余额是根据一定期间该账户积累的发生额计算求得的，所以，所有账户的借方余额合计理应等于所有账户的贷方余额合计。由此得出余额的试算平衡公式表示如下：

全部账户的借方期初余额合计＝全部账户的贷方期初余额合计

全部账户的借方期末余额合计＝全部账户的贷方期末余额合计

综上所述，在运用借贷记账法登记经济业务时，无论是每项经济业务所涉及的有关账户的发生额，或是全部账户在一定期间内的累计发生额，还是全部账户的累计余额，其借贷双方都理应始终保持平衡，如果经试算后不平衡，则可以肯定账户的记录或计算有错误，应进一步查明原因，予以纠正。特别需要指出的是，试算不平衡，肯定有差错；试算如果是平衡的，却只能说明账户记录基本正确，并不能完全肯定记账没有错误，因为有些错误，如重记、漏记某项经济业务或借贷方向颠倒等，并不能通过试算平衡来发现。

实务中，试算平衡一般是在月末通过编制试算平衡表（其格式如表 2-9 所示）完成的。

表 2-9　　　　　　　　总分类账户本期发生额及余额试算平衡表

账户名称	期初余额		本期发生额		期末余额	
	借方	贷方	借方	贷方	借方	贷方
合　计						

第三节 会计凭证

一、会计凭证的意义

会计凭证是记录经济业务、明确经济责任、据以登记账簿的一种具有法律效力的书面证明文件。填制和审核会计凭证，是会计核算的起点和基础，也是对经济业务进行日常监督，保证会计信息正确、合理、合法的重要环节，是会计核算的一种专门方法。

为了如实地反映会计主体经济业务的发生情况，明确各项经济业务经办人的经济责任，在经济业务发生时，必须取得和填制有关会计凭证。例如，从银行提取一笔现金备用，需开具现金支票，在支票中应填明提取现金的用途、金额，加盖单位财务专用章及其他相关印章等，将现金支票的正联送交银行据以提取现金，存根联单位留下，作为从银行提取现金的会计凭证。这样，既能如实地反映该项经济业务的发生，又能明确经济责任，同时还能作为登记现金等账簿的依据。填制或取得的会计凭证必须经过严格的审核，只有经过审核无误的会计凭证才能作为经济业务已经发生或完成的证明和登记账簿的依据。

填制和严格审核会计凭证具有十分重要的意义。具体表现在：

1. 可以反映经济业务原貌并为登记账簿提供依据

会计凭证是经济业务的载体，每项经济业务的发生都将在会计凭证中加以反映，所以经济业务执行、完成情况的原始面貌都会在会计凭证中显示出来。这样，通过会计凭证的加工、整理和传递，既满足了会计核算客观性原则的要求，又为会计核算的进一步进行提供了真实、可靠的原始依据。

2. 可以加强经济责任制

会计凭证的填制包括经办人签名或盖章这一内容，目的在于要求有关人员对会计凭证所反映的经济业务的真实性、正确性和合法性负责，促使经办人员增强责任感，严格按照有关政策和制度办理经济业务，也便于在出现经济问题或纠纷时检查和分清责任，加强经济责任制。

3. 可以加强对经济业务的监督检查

通过对会计凭证的审核，可以检查经济业务是否符合国家有关政策、法令和制度，有无违法乱纪行为。例如，通过有关结算凭证的审核，检查是否符合银行结算纪律；通过有关成本核算凭证的审核，检查是否遵守了国家规定的成本开支范围等，从而充分发挥会计的监督作用，保护各会计主体所拥有资产的安全完整，维护投资者、债权人和有关各方的合法权益。

二、会计凭证的种类

会计凭证按照填制程序和用途进行分类，可分为原始凭证和记账凭证两大类。

（一）原始凭证

原始凭证是指在经济业务发生时取得或填制的，用以记录经济业务发生或完成情况，明确经济责任的书面证明。它是进行会计核算的原始资料和主要依据。

原始凭证可以按不同标准作进一步分类。

（1）原始凭证按来源不同，可分为外来原始凭证和自制原始凭证。

外来原始凭证是指在经济业务发生时，从其他单位或个人取得的原始凭证。如购买材料从外单位取得的发货票、从运输部门取得的运货单及支付款项时取得的收据等。

自制原始凭证是指本单位内部经办业务的部门和人员，在办理经济业务时自行填制的原始凭证。如在材料验收入库时填写的收料单、在领用材料时填写的领料单以及在销售产品时开出的发货票等。

（2）原始凭证按填制手续不同，可分为一次凭证、累计凭证和汇总凭证。

一次凭证是指在经济业务发生时一次填制完成，用以记录一项或若干项同类经济业务的原始凭证。如上述外来原始凭证都是一次凭证。一次凭证使用方便灵活，但数量较多，核算较麻烦。

累计凭证是指在一定时期内连续多次记载若干项不断重复发生的同类经济业务，填制手续多次完成的原始凭证，如限额领料单。在同类业务发生频繁的情况下，采用累计凭证，对减少核算工作量，提高管理水平具有一定的积极意义。

汇总原始凭证是指对一定时期内反映同类经济业务的若干张原始凭证加以综合、汇总而填制的原始凭证。如收料汇总表、发料汇总表、工资结算汇总表等。

（3）原始凭证按格式不同，可分为通用凭证和专用凭证。

通用凭证是指由有关部门统一印制，在一定范围内使用的具有统一格式和使用方法的原始凭证，如运输部门统一印制的车票等。

专用凭证是指由单位自行印制，仅在单位内部使用的原始凭证，如差旅费报销单、收料单、领料单等。

(二) 记账凭证

记账凭证是指根据审核无误后的原始凭证或原始凭证汇总表填制的，用来确定经济业务应记账户名称、方向和金额等内容，并作为记账依据的会计凭证。记账凭证可按以下标准分类：

(1) 按其反映经济业务的内容不同，可分为收款凭证、付款凭证和转账凭证。

收款凭证是指专门用来记载库存现金、银行存款收入业务的记账凭证。

付款凭证是指专门用来记载现金、银行存款付出业务的记账凭证。

转账凭证是指反映与现金、银行存款收、付无关的经济业务（转账业务）的记账凭证。

上述收款凭证、付款凭证和转账凭证，称为专用记账凭证。有些经济业务比较简单或收付款业务不多的单位，可以使用一种通用格式的记账凭证。这种记账凭证既可用于反映收付款业务，又可用于反映转账业务，其格式与转账凭证相似，称为通用记账凭证。

(2) 按其编制方法和汇总方式不同，可分为单一记账凭证、分类汇总记账凭证和综合汇总记账凭证。

单一记账凭证是指只包括一笔会计分录的记账凭证。如上述介绍的收款凭证、付款凭证和转账凭证等。

分类汇总记账凭证是指分别对收款凭证、付款凭证和转账凭证等单一记账凭证定期进行汇总而编制的记账凭证，如汇总收款凭证、汇总付款凭证和汇总转账凭证。

综合汇总记账凭证是指定期对全部单一记账凭证按照相同会计科目汇总编制的记账凭证，如科目汇总表或记账凭证汇总表。

三、原始凭证的填制和审核

(一) 原始凭证的基本内容

由于经济业务的内容和经济管理的要求不同，各种原始凭证的内容和格式也千差万别，但每一种原始凭证都必须客观、真实地记录经济业务发生或完成的情况，并能明确经济责任。因此，各种原始凭证都应具备以下基本内容：①原始凭证的名称；②填制凭证的日期和编号；③填制单位的名称或填制人姓名；④接受凭证单位名称；⑤经济业务内容；⑥数量、单价和金额；⑦经办人员的签名或盖章。

原始凭证除了包括上述基本内容以外，为了满足计划、统计等其他业务工作的需要，还可增加一些补充项目。例如，要注明与该笔经济业务有关的计划指标、预算项目、合同号码、结算方式、币别、汇率等。对于在国民经济一定范围内经常发生的同类经济业务，有关部门可以制定统一的凭证格式，如各专业银行统一印制的各种结算凭证等。

（二）原始凭证的填制要求

原始凭证是具有法律效力的证明文件，是进行会计核算的依据，必须认真填制。为了保证原始凭证能够正确地、及时地、清晰地反映各项经济业务的真实情况，原始凭证的填制必须符合下列要求：一是真实可靠。即原始凭证的填制必须与实际发生的经济业务完全相符，决不允许弄虚作假，营私舞弊。二是填制及时。即原始凭证应在经济业务发生时或完成后及时填制，不得拖延。三是内容完整。即原始凭证中有关项目必须逐项填写齐全，不得遗漏。四是规范清晰。即原始凭证各项目要填写清晰，特别是文字说明应字迹工整，简单明了。另外，原始凭证须用蓝色或黑色墨水书写。一式几联的原始凭证可用蓝、黑色圆珠笔复写（凭证本身具备复写纸功能的除外），但各联字迹必须清晰，易于辨认。凭证中的数字必须准确无误，大小写金额应相符。数字书写应规范，阿拉伯数字应单个书写，不得连笔。对填错的原始凭证，必须按规定的方法进行更正，不得随意涂改、刮擦、挖补。提交银行的各种结算凭证如果填写错误，应加盖"作废"戳记，重新填写。作废凭证应妥善保管，不得撕毁。五是责任明确。经办业务的单位和个人，一定要认真填写、审查原始凭证，确认无误后，要在原始凭证上指定位置签名或盖章，以便明确责任。

（三）原始凭证的填制方法

由于各种原始凭证的内容和格式千差万别，其具体填制的依据和方法也不完全相同。有的原始凭证是根据经济业务的执行和完成的实际情况直接填制的，如根据材料的实际领用情况填制领料单等；有的原始凭证是根据账簿记录对某项经济业务加以归类、整理而重新编制的，例如，在月末计算产品成本时，根据"制造费用"账户本月借方发生额，填制"制造费用分配表"，将本月发生的制造费用，按照一定的分配标准，摊配到有关产品成本中去；有的原始凭证则是根据若干张反映同类经济业务的原始凭证定期汇总填列的，如根据领料单定期汇总编制的领料凭证汇总表等。

按照原始凭证的填制要求，现分别举例说明一次凭证、累计凭证和汇总原始凭证的填制方法。

一次凭证手续简单，在经济业务发生时，一次即可填制完成。现以"增值税专用发票"、"收料单"为例进行说明。

对于企业发生的商品销售业务，应根据业务的实际情况填制"增值税专用发票"等原始凭证。在"增值税专用发票"中应填明日期，购货单位及销货单位的名称、地址，出售商品或劳务的种类、数量、单价、金额及增值税税率、税额等内容，并由有关人员签名盖章。具体格式及填制如表 2-10 所示。

企业购入的材料在验收入库时，应由仓库保管员或其他收料人根据发货票随货联及实际收到的材料等填写"收料单"。在此原始凭证中应填明收到材料的品种、规格、数量、单价和金额等内容，并签名盖章。具体格式及填制如表 2-11 所示。

表 2-10　　　　　××省（市、区）增值税专用发票

开票日期：2009 年 8 月 10 日　　　　　　　　　　　　　No. 060526

购货单位	名称	大华公司			纳税人登记号							（略）							
	地址、电话	（略）			开户银行及账号							（略）							
商品或劳务名称		计量单位	数量	单价	金额								税率(%)	税额						
					百	十	万	千	百	十	元	角	分		百	十	万	千	百	十	元	角	分
A 材料		公斤	600	10			¥	6	0	0	0	0	0	17			¥	1	0	2	0	0	0
合计							¥	6	0	0	0	0	0				¥	1	0	2	0	0	0
价税合计（大写）		柒千零佰贰拾零元零角零分																					
销货单位	名称	大兴公司			纳税人登记号							（略）							
	地址、电话	（略）			开户银行及账号							（略）							

第一联　存根联留存备查

收款人：×××　　　　　　　　　　　　　开票单位（未盖章无效）：

表 2-11　　　　　　　　　　　　　收料单

供应单位：新华公司　　　　　　　　　　　　　　　凭证编号：06644
发票编号：0900364　　　　2009 年 7 月 15 日　　　收料仓库：2 号库

材料类别	材料编号	材料名称及规格	计量单位	数量		金额			
				应收	实收	单价	买价	运杂费	合计
黑色	45690SL	乙材料	KG	500	500	20	1 000	100	1 100
备注：									

保管员：××　　　　　　　　　　　　　　　收料人：×××

累计凭证是相对于一次凭证而言的，它要求在一张凭证中连续、累计登记一定时期内经济业务的累计发生情况。如"限额领料单"即是反映一定时期内（一般为一个月）连续领用同一种材料的原始凭证，一般是由有关经办人员根据领用材料的实际情况填写的。"限额领料单"的具体格式及填制如表 2-12 所示。

表 2-12　　　　　　　　　　　　　限额领料单

领料单位：二车间　　　　　　　　　　　　　　　凭证编号：009
材料作用：生产丙产品　　　　2009 年 6 月　　　　发料仓库：2 号库

材料类别	材料编号	材料名称	材料规格	计量单位	全月领用限额	全月实领			备注
						数量	单价	金额	
型钢	518	圆钢	φ30mm	kg	4 000	3 800	100	380 000	

领料日期	请领		实发			退库		限额结余
	数量	领料部门负责人签章	数量	领料人签章	发料人签章	数量	退库单编号	
5	800	×××	800	×××	×××			3 200
11	400	×××	400	×××	×××			2 800
19	1 000	×××	1 000	×××	×××			1 800
25	800	×××	800	×××	×××			1 000
27	900	×××	900	×××	×××			100
30						100		200
合计	3 900		3 900			100		200

供应部门负责人：××　　　生产计划部门负责人：××　　　　　　　　仓库负责人：××

表中的领料限额由生产计划部门和供应部门根据生产情况和材料供应情况具体制定，一般根据当期产品计划产量和材料消耗定额计算。在每次领料时，应在单中填明请领数量，由领料单位负责人签章后，向材料仓库领料。仓库发料后，应将实发数量和发料后的限额结余填入限额领料单中，并由领料和发料双方签章。在月末时计算出实际领用数量和金额。

汇总原始凭证又称原始凭证汇总表，是将许多同类经济业务的原始凭证进行汇总编制而成的。其目的是简化核算手续，提高核算工作效率，为企业管理提供综合性指标。企业常用的"收料凭证汇总表"、"发料凭证汇总表"即为汇总原始凭证。一般是由有关经办人员根据"收料单"或"领料单"分别按验收入库材料的类别、收料地点和领用材料的类别、领用材料的用途定期归类汇总编制。其格式及填制方法分别如表 2-13 和表 2-14 所示。

表 2-13　　　　　　　　　　收料凭证汇总表
2009 年 6 月　　　　　　　　　　单位：元

收料地点	材料类别			合计
	原料及主要材料	辅助材料	燃料	
1 号仓库	9 800	4 700	5 000	19 500
2 号仓库	10 500	11 500	8 600	30 600
3 号仓库	12 300	2 800	9 800	24 900
合计	32 600	19 000	23 400	75 000

会计主管：××　　　记账：××　　　稽核：××　　　制单：××

（四）原始凭证的审核

为保证原始凭证的真实性、合法性和合理性，必须对其进行严格的审核。审核原始凭证是加强管理、保证会计核算质量的重要措施。原始凭证的审核主要从以下两个方面进行：

1. 政策性审核

政策性审核是以有关的方针、政策、法令、制度以及计划和合同等为依据，审查原始凭证所反映的经济业务是否真实、合法、合理。一是进行真实性审核。即审核原始凭证及所记载的经济业务是否真实，有无弄虚作假现象；二是进行合法性审核。即审核原始凭证所记载的经济业务是否符合有关财经纪律、法规、制度等的规定，有无违法乱纪行为；三是进行合理性审核。即审核经济业务的发生是否符合事先制订的计划、预算等的要求，有无不讲经济效益、脱离目标的现象，是否符合费用开支标准，有无铺张的行为。

表 2-14 发料凭证汇总表

2009 年 6 月　　　　　　　　　　　　　　　　单位：元

领料单位	领料用途		材料类别			合计
			原料及主要材料	辅助材料	燃料	
一车间	生产成本	直接材料	25 000	5 000		30 000
		燃料和动力			5 000	5 000
	制造费用	机物料	1 000	500		1 500
	小计		26 000	5 500	5 000	36 500
二车间	生产成本	直接材料	20 000	3 000		23 000
		燃料和动力			3 500	3 500
	制造费用	办公费		600		600
	小计		20 000	3 600	3 500	27 100
厂部行政部门	管理费用	办公费		10 000		10 000
	合计		46 000	19 100	8 500	73 600

会计主管：×× 　　记账：×× 　　稽核：×× 　　　　制单：××

2. 技术性审核

技术性审核是审核原始凭证的内容和填制手续是否符合规定的要求。主要审核以下几个方面：一是审核原始凭证的各构成要素是否齐全；二是审核各要素内容的填制是否正确、完整、清晰；三是审核各经办单位和人员签章是否齐全。对记载不准确、不完整的原始凭证予以退回，并要求按照国家统一的会计制度的规定更正、补充。

审核原始凭证是一项政策性、业务性很强，十分细致的工作，因此，对会计人员的素质要求较高。原始凭证经审核无误后，才能据以编制记账凭证。

四、记账凭证的填制和审核

（一）记账凭证的内容

原始凭证虽然反映了经济业务的具体内容，但其种类繁多、数量庞大、格式不一,且不能清楚地表明应记入的会计科目的名称和方向。因此,为了便于登记账簿,需要根据原始凭证反映的不同经济业务加以归类、整理,编制记账凭证。

各单位依据自身经济业务的特点,可设计、使用不同格式的记账凭证。但为了满足记账的基本要求,所有记账凭证都必须具备以下内容:①记账凭证的名称与填制单位的名称;②记账凭证的填制日期;③记账凭证的编号;④经济业务的内容摘要;⑤应借应贷账户名称和金额即会计分录;⑥过账备注;⑦所附原始凭证张数;⑧有关主管和经办人员签章。

(二) 记账凭证的填制要求

记账凭证的填制,是在对原始凭证进行整理、分类的基础上,借助复式记账方法,确定经济业务所涉及的账户名称、记账方向和金额即确定会计分录的工作,是会计核算的重要环节,是登记账簿账的直接依据。在填制记账凭证时,除严格遵守原始凭证填制的基本要求外还应遵循以下要求:一是依据规范。即记账凭证编制的依据,除用于调整、结账和更正错误的记账凭证可以根据有关账簿记录填制外,其余必须是根据经过审核无误的原始凭证填制。二是摘要简明。即记账凭证摘要的填写既要简明扼要又要充分说明经济业务的发生情况,这样便于了解经济业务的概况,对于查阅凭证、登记账簿都十分有利。三是编制正确。会计分录是记账凭证记载的重要内容,要求做到正确无误,即会计科目运用、记账方向的确定以及金额的计算均要正确无误。四是附件齐全。记账凭证的附件即原始凭证,要认真查对、整理并附在记账凭证的后面,同时在记账凭证上注明所附原始凭证的张数。除结账和更正错误的记账凭证外,记账凭证必须附有原始凭证并注明所附原始凭证的张数。如果原始凭证内容十分重要或数量过多需单独保存的,则要在摘要栏说明。五是连续编号。如果单位的各种经济业务都采用通用格式记账凭证,则凭证的编号可采用顺序编号法,即将所有的记账凭证按日期顺序编号。如果是将经济业务分类填制记账凭证的,如区分收款业务、付款业务、转账业务进行记账凭证填制的,记账凭证的编号则要采用按字顺序编号法。如对收款、付款、转账三类业务,分别按"收"、"付"、"转"字顺序编号,具体地可编号为:"收字第××号"、"付字第××号"、"转字第××号"。当一笔经济业务需填制一张以上记账凭证时,可采用分数编号法。如某项转账业务需填三张记账凭证,而该项业务本身属第30号转账业务,则填制的三张记账凭证的编号分别为"转字第30 1/3号"、"转字第30 2/3号"、"转字第30 3/3号"。到期末时,应在最后一张记账凭证的编号旁加注"全"字,以免凭证失散。六是责任明确。记账凭证的填制人员及有关负责人,应于记账凭证填制齐全、确认无误后,在凭证相应位置签章,以便明确责任。

(三)记账凭证填制的方法

1. 通用记账凭证的格式及填制方法

通用记账凭证是指适用于所有类别经济业务的记账凭证。这种记账凭证适用于货币资金收付款业务不多的单位。其格式如表2-15所示。

【例2-6】大华公司2009年6月5日向光明公司采购甲材料,取得"增值税专用发票",发票中列明甲材料数量为100吨,每吨单位售价3 000元,计300 000元,进项增值税税额为51 000元;另外取得对方代垫运费单据一张,列明甲材料运杂费1 000元。以上款项均未支付,甲材料已收到并验收入库。

根据记录该项经济业务的相关原始凭证(如发票、运杂费单据及收料单等),确定会计分录填入通用记账凭证中。其中,凭证中的时间按填制凭证的日期填写;右上方的凭证编号按经济业务发生的顺序依次编号;会计科目的书写应按借方科目在上、贷方科目在下的顺序排列;借贷金额应相等。其具体填制如表2-15所示。

2. 专用记账凭证的格式及填制方法

对于货币资金收付款业务比较频繁的单位,可将经济业务按与货币资金是否有关分为收款业务、付款业务及转账业务,那么相应地就需填制收款凭证、付款凭证和转账凭证。具体格式如表2-16、表2-17、表2-18所示。

(1)收款凭证。

收款凭证是根据现金、银行存款收款业务编制的原始凭证填制的。凭证左上方"借方科目"处应填写"现金"或"银行存款"科目;日期填写记账凭证的填制日期;右上方凭证字号应按"收字第×号"顺序编写;"摘要"填写对所记录的经济业务的简要说明;贷方科目即"现金"或"银行存款"的对应科目;金额栏中填写贷方科目的金额,贷方金额合计也即借方科目的金额;"过账备注"栏应注明根据该凭证计入账簿的页码或以"√"表示已经过账;附件张数即所附原始凭证张数。

【例2-7】大华公司2009年6月10日收到汉光公司原欠商品货款550 000元存入银行。假设该项业务为本期第六笔收款业务。收款凭证具体填制如表2-16所示。

表 2-15 通用记账凭证

2009年6月8日
凭证编号:第×号
附件 3 张

摘要	会计科目		借方金额								贷方金额								过账 备注
	总账科目	明细科目	百	十	万	千	百	十	元	角	分	百	十	万	千	百	十	元	角	分	
采购材料 款未付	原材料	甲材料		3	0	1	0	0	0	0	0										
	应交税费	应交增值税			5	1	0	0	0	0	0										
	应付账款	光明公司											3	5	2	0	0	0	0	0	
合计			¥	3	5	2	0	0	0	0	0	¥	3	5	2	0	0	0	0	0	

会计主管:×× 记账:×× 稽核:×× 出纳:×× 制单:××

表 2-16　　　　　　　　　　　收款凭证　　　　　　　出纳编号：025-1
借方科目：银行存款　　　　　2007 年 6 月 10 日　　　凭证编号：收字第 6 号

摘要	贷方科目		金额									过账备注
	总账科目	明细科目	千	百	十	万	千	百	十	元	角	分
收回汉光公司前欠货款	应收账款	汉光公司			5	5	0	0	0	0	0	0	
	合计		¥		5	5	0	0	0	0	0	0	

附件 1 张

会计主管：××　　记账：××　　出纳：××　　稽核：××　　制单：××

（2）付款凭证。

付款凭证是根据现金、银行存款付款业务编制的原始凭证填制的。凭证左上方"贷方科目"处应填写"现金"或"银行存款"科目；凭证字号应按"付字第×号"顺序编写；金额栏中应借方科目金额，借方金额之和即为贷方科目金额。

【例 2-8】某企业 2009 年 6 月 12 日以现金支付业务员张明预借差旅费 1 000元。假设该业务为本期第五项付款业务，付款凭证具体填制如表 2-17 所示。

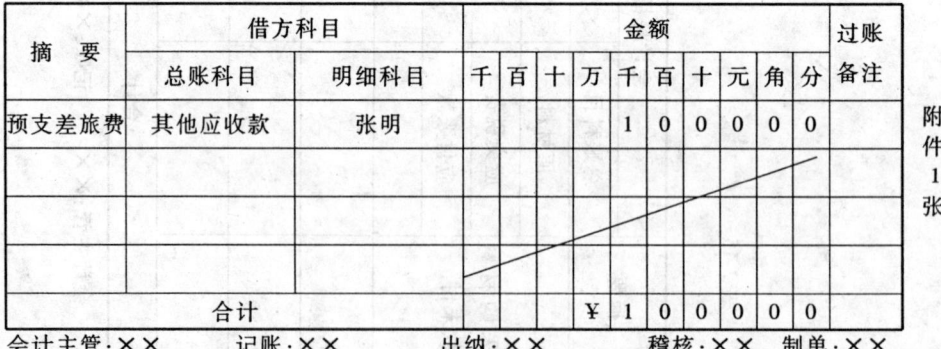

表 2-17　　　　　　　　　　　付款凭证　　　　　　　出纳编号：026-4
贷方科目：库存现金　　　　　2009 年 6 月 12 日　　　凭证编号：字付第 5 号

摘要	借方科目		金额									过账备注
	总账科目	明细科目	千	百	十	万	千	百	十	元	角	分
预支差旅费	其他应收款	张明					1	0	0	0	0	0	
	合计					¥	1	0	0	0	0	0	

附件 1 张

会计主管：××　　记账：××　　出纳：××　　稽核：××　　制单：××

在填制收款凭证和付款凭证时，对于现金和银行存款之间相互划转的业务即从银行提取现金或将现金存入银行的业务,一般只编制付款凭证,不编收款凭证。如对于从银行提取现金的业务,则只需编制银行存款付款凭证,不编现金收款凭证。因为银行存款付款凭证既能反映银行存款的付出,又能反映现金的收入,如果再编制现金收款凭证,则很容易造成重复记账。

另外,出纳员根据收、付款记账凭证收、付款项后,应在收款凭证上加盖"收讫"戳记,在付款凭证上加盖"付讫"戳记,以免重收或重付。

(3) 转账凭证。

转账凭证是根据转账业务的原始凭证及有关账簿记录填制的。它的格式与收、付款凭证的主要区别是:不设主体科目栏,在填制转账凭证时,某项业务涉及的会计科目全部登在会计科目栏内,用借方金额和贷方金额来确定科目的借贷关系。因此,在填写金额时,注意借方科目的金额填入"借方金额"栏,贷方科目的金额填入"贷方金额"栏;在会计科目中,一般按照先借后贷的顺序填写会计科目;金额栏中明细科目金额之和即为总账科目金额,借方金额合计等于贷方金额合计;凭证字号按转账业务顺序填写"转字第×号"。

【例 2-9】大华公司 2009 年 6 月末结转已入库甲、乙产品的生产成本。甲产品成本为 60 000 元,乙产品成本为 40 000 元,原始凭证为甲、乙产品"完工入库单"两张。假设该笔业务为第 37 号转账业务,转账凭证具体填制如表 2-18 所示。

(四) 记账凭证的审核

记账凭证是登账的直接依据,为了保证账簿记录的正确性,记账凭证填制完毕后,必须进行认真审核,只有审核无误的记账凭证,才能据以记账。记账凭证审核的内容主要有:

(1) 所付原始凭证是否完整,记账凭证内容与原始凭证记载的内容是否一致。

(2) 记账凭证中会计分录是否正确。

(3) 记账凭证中各项内容是否填写齐全、正确,有关人员是否签名盖章。

(4) 数字大、小写书写是否规范。

(5) 有无涂改、伪造记账凭证现象。

在记账凭证的审核中,若发现差错或遗漏,则应按规定及时更正或补充;若已登记入账,则要按规定方法进行更正;对伪造、涂改记账凭证等现象,应严厉制止并纠正。

表2-18

转账凭证

2009年6月30日　　　　凭证编号：转字第37号

摘要	会计科目		借方金额	贷方金额	过账	备注
	总账科目	明细科目	千百十万千百十元角分	千百十万千百十元角分		
结转入库甲、乙产品	库存商品	甲产品	6 0 0 0 0 0 0		√	
	库存商品	乙产品	4 0 0 0 0 0 0		√	
产品生产成本	生产成本	甲产品		6 0 0 0 0 0 0	√	
	生产成本	乙产品		4 0 0 0 0 0 0	√	
合计			¥1 0 0 0 0 0 0 0	¥1 0 0 0 0 0 0 0		

附件2张

会计主管：×× 　　记账：×× 　　稽核：×× 　　制单：××

60

五、会计凭证的传递和保管

（一）会计凭证的传递

会计凭证的传递是指从原始凭证的填制或取得开始，经过审核、整理，到记账凭证的填制、审核、整理、记账、装订，再到归档、保管，在本单位内部有关部门和人员之间，按照规定的路线、时间进行传递、处理的程序。

正确及时组织会计凭证的传递，对于及时传递经济业务信息、有效组织经济活动、提高会计工作质量、实行会计监督具有重要意义。通过会计凭证的传递，能够及时、真实地反映和监督各项经济业务的发生和完成情况，为经济管理提供可靠的经济信息，同时也有利于提高工作效率；通过会计凭证的传递，便于有关部门和个人分工协作，相互牵制，加强岗位责任制，实行会计监督。

会计凭证的传递主要包括传递路线、传递时间和传递手续三个方面的内容。

首先要设计简捷的传递路线。各单位应结合不同经济业务的发生情况及单位内部机构组织和人员分工情况，设计每种会计凭证的联次及流程，保证会计凭证沿着最简捷、最合理的路线传递。

其次要确定合理的传递时间。根据会计凭证的传递程序，规定凭证在每个环节上的停留时间。在不影响会计工作质量的前提下，尽量节约凭证传递时间，切忌拖延和积压会计凭证。

最后要制定严密的交接手续。会计凭证在各有关部门和人员之间进行传递，就需要办理凭证交接手续。应制定完备、严密的凭证交接手续，即凭证的签收、交接制度。这样，一方面，有利于加强岗位责任制；另一方面，便于保证会计凭证的安全完整。

（二）会计凭证的保管

会计凭证是各项经济活动的历史记录，是重要的经济档案。为了便于及时查阅和利用，各种会计凭证在办理好各项业务手续并据以记账后，应有会计部门加以整理、归类，并送交档案部门妥善保管。

会计凭证应定期装订成册，防止失散，凭证封面应注明单位、凭证张数、起止号码、年度、月份等内容，当原始凭证较多时可单独装订，但应在凭证封面注明。会计凭证装订后要在装订线上加贴封签，以防失散和任意拆装，会计主管或指定装订人员要在装订线封签处签名或盖章。装订完成后的会计凭证应指定专人负责保管，年度终了后，应移档案室登记归档并严格调阅制度。会计凭证一般不得外借。当因特殊情况需要就地调阅时，须经有关领导批准后方可，但不可拆散原卷册，并应办理有关手续，如登记调阅档案名称、调阅日期、调阅人等。

各种会计凭证应按会计档案保管的有关规定，保存一定的年限，以便检查单位的经济活动情况。对一般的会计凭证应分别规定保管期限，对重要的会计凭证，如涉及外事和重要业务资料，必须长期保存。会计凭证保管期满后，应按规定进行销毁。销毁时，须开列清单，报经批准后由财会部门和档案部门会同销毁，并在销毁清单上签章，以便明确责任。

我国《会计法》规定，隐匿或者故意销毁依法应当保存的会计凭证，者或授意、指使、强令会计机构、会计人员及其他人员隐匿、故意销毁依法应当保存的会计凭证者，应当承担相应的法律责任。

第四节 会计账簿

一、会计账簿的意义

会计账簿，简称账簿，是由若干具有一定格式、互有联系的账页组成，用来序时、分类记录和反映各项经济业务的簿籍。

各单位发生的经济业务虽然已通过会计凭证得以反映，但会计凭证所记录的只是个别、零散的经济业务，不能连续、系统地反映某一类经济活动的整体情况。为了满足会计信息使用者的需要，必须把分散在凭证上的资料按一定程序登记到有关账簿中去。因而就有必要设置并登记账簿。

设置和登记账簿，是对经济信息进行加工整理的一种专门方法，是会计核算工作的重要环节。科学地设置和准确地登记账簿，对保证会计报表的准确性和编报工作的及时性，以及加强经济核算，改善和提高经济管理等方面都有着十分重要的意义，主要表现在以下几个方面：

1. 能够全面、系统地归纳和整理会计信息

会计凭证虽然对每项经济业务做了详细的记录，但这种会计信息资料比较零星、分散，不能连续、系统、全面地反映和监督一定时期内各类及全部经济活动的情况，不能满足经营管理上的需要。通过设置和登记账簿，对会计凭证所反映的经济业务，既可序时，又可分类地进行核算。这样，通过账簿提供的资料，可以系统、全面地反映企业单位在一定时期内每一类经济业务和所有经济业务的发生和完成情况，为企事业单位日常经营管理提供会计信息。

2. 能为考核和分析企业经营情况提供重要依据

通过账簿的设置和登记，可以正确地计算一定时期内企业的财务收支、费用成本和财务成果，并将其与计划、预算相比较，从而可考核和分析各项计划、预算的完成情况，并从中找出差距与存在的问题，为今后加强经营管理、制订合理的生产经营计划、提高经济效益提供决策依据。

3. 能为定期编制会计报表提供数据资料

账簿是定期编制会计报表的基础。会计报表中的各项数据资料有的是根据账簿记录直接填列，有的是根据账簿记录计算分析后填列。因此，账簿工作的好坏将直接影响会计报表和会计信息的质量。

4. 能够作为重要的经济档案

记账人员在记账后，必须按照会计制度的规定将已登记的账簿归类存档，因此，账簿既是会计档案的重要资料，也是经济档案和经济史料的重要组成部分。

二、会计账簿的种类

会计账簿的种类多种多样，不同的账簿，其用途、形式、内容和登记方法都各不相同。为了更好地了解和正确地运用账簿，有必要对账簿进行分类。在实际工作中，账簿通常按以下标准分类：

（一）账簿按用途分类

账簿按用途不同可分为序时账、分类账和备查账三类：

（1）序时账。

序时账也称日记账，是按照经济业务发生或完成时间的先后顺序逐日逐笔进行登记的账簿。日记账又可分为普通日记账和特种日记账。普通日记账是把每天发生的经济业务所编制的会计分录全部按照时间顺序逐笔登记入账。特种日记账就是仅将性质相同、发生频率高、易发生舞弊行为而需要经常查核的经济业务，按照时间顺序逐笔登记的日记账，如库存现金日记账和银行日记账，其主要的作用在于加强对货币资金的监督和控制。

（2）分类账。

分类账是对各项经济业务按照总分类账户和明细分类账户进行分类核算和监督的账簿。分类账按照反映内容的详细程度不同，可分为总分类账和明细分类账两种。总分类账是按照一级会计科目设置的，用以分类核算和监督各项资产、负债、所有者权益、费用、成本和收入等总括性核算资料，简称总账。明细分类账是按照二级或二级以下科目设置的，详细记录某一类经济业务增减变化及其结果的账簿,简称明细账。

(3) 备查账。

也称辅助账,是对日记账和分类账未能记载或记载不全面,而在经营管理中又必须掌握其信息数据的经济事项,进行补充记录而设置并登记的辅助性账簿。它可以为经营管理提供必要的参考资料。备查账的设置可根据企业管理的实际需要而定,一般没有固定格式。

(二) 账簿按外表形式分类

账簿按外表形式的不同可以分为订本账、活页账和卡片账。

(1) 订本账。

订本账是在启用前固定装订成册并预先按顺序固定编号的账簿。订本账一般用于库存现金日记账、银行存款日记账和总分类账的登记。它的优点是可以防止账页的散失和非法抽换,能够很好地起到控制作用;缺点是不便于会计人员分工协作记账和会计电算化的应用,也不能根据记账的需要增减账页。

(2) 活页账。

活页账是把零散的账页装在账夹内,可以随时增添或取出账页的账簿。这种账簿的优点是可以根据需要增添或重新排列账页,并且可以组织同时分工记账;缺点是账页容易丢失和被抽换。采用活页账,平时应按账页顺序编号,由相关的记账人员在账簿使用记录上做好记载,并签名盖章,明确经济责任,并在会计期末装订成册。装订完毕后,应按照实际账页顺序数进行编号,并加目录。这种账簿主要用于一般的明细分类账。

(3) 卡片账。

卡片账是根据核算和管理的特殊需要,采用分散卡片的形式,用专门格式和栏次记录相关指标和内容的一种账簿。这种账簿主要用于"固定资产明细账"和"低值易耗品明细账"等需要特殊管理的项目,这种账一般用卡片箱装置,可以随取随放,它实际上是一种特殊的活页账。卡片账除具有一般活页账的优点外,还具有不需每年更换、可以跨年度使用、便于分类汇总、根据管理的需要灵活移动等特点。

(三) 账簿按账页格式分类

账簿按账页格式的不同可分为三栏式、多栏式和数量金额式等。

(1) 三栏式。

三栏式账簿是由三栏式账页组成的账簿。三栏式账页一般采用"借方"、

"贷方"和"余额"三栏作为基本结构,分别用于反映某项资金的增加、减少和结余情况。三栏式账适用于只需要进行金额核算的经济业务。库存现金日记账、银行存款日记账、总分类账和部分明细账(结算类账户等)可以采用三栏式的账簿。

(2)多栏式。

多栏式账簿是由多栏式账页组成的账簿。账页上设有借方和贷方两个基本金额栏,在借方和贷方基本栏下再分设若干专栏。主要用于需要进行分项目反映的经济业务,如收入、成本、费用等明细账通常采用这种格式。

(3)数量金额式。

数量金额式账簿是由数量金额式账页组成的账簿。其基本结构也采用"借方(收入)"、"贷方(发出)"和"余额(结存)"三栏,但是在每栏下面再分别设置"数量"、"单价"和"金额"三小栏。该种账簿适用于既需要进行金额核算又需要进行数量核算的经济业务。如"原材料"、"库存商品"等明细账通常采用这种格式。

现将会计账簿的具体种类综合展示如图 2-2 所示。

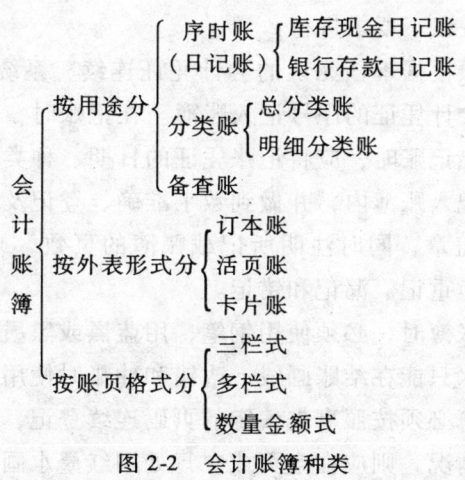

图 2-2　会计账簿种类

三、会计账簿的设置原则和登记规则

(一)账簿的设置原则

会计账簿的设置,包括确定账簿的种类,设计账页的格式、内容和规定账

簿登记的方法等。各单位应根据经济业务的特点和管理的需要来设置账簿。具体地说，设置账簿应遵守以下基本原则：

（1）设置账簿要能保证系统、全面地核算和监督经济活动情况，满足经济管理的需要，为经济管理提供总括和详细的核算资料。

（2）设置账簿要能保证各账簿之间既要有明确的分工，又要互相衔接、补充和制约。

（3）账簿的格式应简便适用，便于登记、查找、更正错误和保管。

（4）设置账簿要遵循内部控制原则，既要保证会计工作的合理分工，又要注意会计工作各岗位的职责分离，以保证会计信息的真实性和完整性，企业资产的安全完整性。

（二）账簿的登记规则

登记账簿是会计核算的重要基础工作和中心环节，账簿登记是否正确、完整，关系到企业整个会计核算的质量。为了向会计信息使用者提供正确可靠的会计资料，必须认真负责地做好记账工作，为此，在登记账簿时，必须按照记账规则的要求登记账簿。

登记账簿必须按以下要求进行：

第一，账簿必须根据审核无误的会计凭证连续、系统地登记，不能错记、漏记和重记，并将会计凭证的序号记入账簿。在记账时，必须使用会计科目的全称，不得简化。在记账时，应将记账凭证的日期、种类、编号、业务的内容摘要和金额等逐项记入账簿内，并做到数字准确、登记及时。在记账后，要在记账凭证上签名或盖章，同时注明所记载账簿的页数，或画"√"号，表示已登记入账，以避免重记、漏记和错记。

第二，在登记账簿时，必须使用钢笔，用蓝黑或黑墨水登记，不能使用圆珠笔和铅笔，红墨水只能在结账画线、改错和冲账时使用，以防篡改。

第三，各种账簿必须按照事先编定的页码连续登记，不能隔页、跳行，如果不慎发生类似的情况，则应在空页或空行处用红墨水画对角的叉线，并注明此页或此行空白，而且要加盖印鉴，不得任意撕毁或抽换账页。

第四，在登账时或登账后，如果发现差错，则应根据错误的具体情况，按照更正错账的方法进行更正，不得刮擦、挖补、涂改和用褪色药水更改字迹，应保持账簿和字迹清晰、整洁。

第五，摘要栏的文字应简明扼要，并采用标准的简化汉字，不能使用不规范的汉字；金额栏的数字应该采用阿拉伯数字，并且对齐位数，注意"0"不能省略和连写；数字和文字一般应书写在行距下方的1/2处，为更正错误留有余地。

第六，每登满一页账页，应该在该页的最后一行加计本页的发生额及余额，在摘要栏中注明"过次页"，并在下一页的首行记入上页的发生额和余额，在摘要栏内注明"承前页"，以便对账和结账。

四、账簿的格式和登记方法

（一）日记账的格式与登记方法

1. 库存现金日记账的格式与登记

库存现金日记账的格式主要有三栏式和多栏式。这里重点介绍三栏式库存现金日记账的格式及登记方法。

三栏式库存现金日记账，现金的收入和支出在同一张账页上，各个对方科目不分别设专栏反映。它的基本结构为"收入"、"付出"和"结余"三栏或者"借方"、"贷方"和"余额"三栏，其格式如表2-19所示。

表2-19　　　　　　　　　库存现金日记账　　　　　　　　第　　页

200×年		凭证		摘要	对方科目	借方	贷方	余　额
月	日	种类	号数					

库存现金日记账是由出纳人员根据审核无误的现金收款、付款凭证按经济业务发生的时间顺序序时逐笔登记的。而对于从银行提取现金的业务，由于只填制银行存款付款凭证，不填制现金收款凭证，因而现金的收入数，应根据银行存款付款凭证登记。在登记时，要填明业务日期、凭证号数、摘要、对方科目、收入或支出金额，每日账要每日清，不得数日合并登记。出纳人员在每日业务终了，应将收、付款项逐笔登记，并结出余额，同实存现金相核对，借以检查每日现金的收、付、存情况及库存现金限额的执行情况。

具体登记方法如下：

（1）日期栏：指记账凭证的日期，应与现金实际收付日期一致。

（2）凭证栏：指登记入账的收付款凭证的种类和编号，如"现金收（付）

款凭证"简写为"现收（付）"，"银行存款收（付）款凭证"简写为"银收（付）"。凭证栏还应登记凭证的编号数，以便于查账和核对。

（3）摘要栏：摘要说明登记入账的经济业务的内容。文字要简练，但要能说明问题。

（4）对方科目栏：指现金收入的来源科目或支出的用途科目。如从银行提取现金，其来源科目（即对方科目）为"银行存款"，其作用在于了解经济业务的来龙去脉。

（5）借方、贷方栏：指现金实际收付的金额。每日终了，应分别计算现金收入和付出的合计数，结出余额，同时将余额与出纳员的库存现金核对，即通常说的"日清"。如账实不符，应查明原因，并记录备案。月终同样要计算现金收、付和结存的合计数，通常称为"月结"。

2. 银行日记账的格式与登记

银行存款日记账格式有三栏式和多栏式两种，基本结构与现金日记账类似。由于银行存款的收付，都是根据特定的结算凭证进行的，为了反映结算凭证的种类、号数，特设有"结算凭证种类、号数"栏。三栏式银行存款日记账的格式如表 2-20 所示。

表 2-20　　　　　　　银行存款日记账　　　　　　　第　页

200×年		凭证		摘要	结算凭证		对方科目	收入	支出	结余
月	日	种类	号数		种类	号数				
				合　计						

银行存款日记账，是由出纳人员根据银行存款收款凭证、银行存款付款凭证和现金付款凭证（记录将现金存入银行业务）按经济业务发生时间的先后顺序，逐日逐笔进行登记的。银行存款日记账的"借方栏"一般根据银行存款收款凭证登记，"贷方栏"一般根据银行存款付款凭证登记。但对于现金存入银行或从本单位其他存款户转入本存款户的银行存款的业务，规定只编制现金付款凭证或其他存款户的银行存款付款凭证，不再填制收款凭证，所以，对于将现金送存银行或从本单位其他存款户转入本存款户的银行存款收入数额，应根据现金付款凭证或本单位其他存款户的银行存款付款凭证登记银行存款日记账的借方栏。每次收付银行存款后，应随时结出银行存款的余额，至少将每

日收付款项逐笔登记完毕后，计算出每日银行存款收入和支出的合计数及账面余额，以便定期同银行送来的对账单核对，并随时检查、监督各种款项收付，避免因超过实有余额的付款而出现透支。

为了坚持内部牵制原则，实行钱、账分管，出纳人员不得负责登记现金日记账和银行存款日记账以外的任何账簿。出纳人员登记现金日记账和银行存款日记账后，应把各种收付款凭证交由会计人员据以登记总分类账及有关的明细分类账。通过"现金"和"银行存款"总账与日记账的定期核对，达到控制现金日记账、银行存款日记账的目的。

（二）分类账的格式与登记方法

分类账簿是对各项经济业务按照账户进行分类登记的一种账簿，在会计核算中，分类账簿主要作用是：系统地归纳、综合同类经济业务，提供资产、负债和所有者权益、费用、收入等总括或明细资料，为编制会计报表做好基础准备。分类账簿按照其提供的各会计要素指标的详略程度可分为总分类账簿和明细分类账簿。按照会计制度的规定，每一会计主体都应设置这两种分类账。

1. 总分类账的格式与登记

总分类账是根据一级会计科目设置的，提供总括核算资料的账簿。总分类账的设置应按照会计科目的编号顺序，为每个一级会计科目开设账户。总分类账一般采用三栏式的订本账。其格式如表2-21所示。

表2-21　　　　　　　　　三栏式总分类账　　　　　　　　　第　页

200×年		凭证		摘要	借方	贷方	借/贷	余额
月	日	种类	号数					
				合　计				

三栏式总分类账登记的依据和方法可视企业会计核算形式的不同而有所区别。具体地说，总分类账可以按记账凭证逐笔进行登记，也可按汇总记账凭证进行登记，还可按科目汇总表在月末时汇总登记。下面仅以记账凭证会计核算形式下总分类账的登记为例说明总分类账的登记程序：

（1）按照记账凭证的顺序编号，依次登记记账凭证中会计分录所涉及的相关总分类账户。一般情况下,先过入借方账户,再过入贷方账户。

(2) 记账日期、凭证种类及编号、借方金额以及贷方金额各栏,均应根据记账凭证的内容誊抄一遍,总分类账摘要栏中的内容应与记账凭证上注明的摘要基本一致。每笔账过完了应在记账凭证上的"过账"栏内作相应的过账标记,一般用"√"表示。

(3) 结算并登记余额栏。账户的余额在计算并填入相应的栏次后,还应指明余额的借贷方向。若账户余额为零,则在余额的"借或贷"栏内填"平"字,并在余额栏内作标记。现金和银行存款总账的余额应定期与现金日记账和银行存款日记账核对相符,其他总账的余额在会计期末必须与之所属的明细账核对相符。

2. 明细分类账的格式与登记

明细分类账,也称明细账。它是根据经营管理需要,按照某些一级会计科目下的二级或明细科目设置的,用来分类连续地记录和反映经济活动详细情况的账簿。明细分类账是总账的必要补充,也是编制会计报表的重要依据。为了保证明细分类账簿切实起到补充和详细说明总分类账的作用,明细分类明账应与其相应的总账平行登记。明细分类账是出于管理需要而设置的,不同的管理要求对明细账所需要记录和反映的内容也不一样,因而明细分类账簿的格式也多种多样。最常见的明细分类账格式包括三栏式、数量金额式和多栏式三种。

(1) 三栏式明细账。

三栏式明细账的结构与总分类账的结构基本相同,只设有借方、贷方和余额三个金额栏,这种格式只适用于那些只要求核算金额的明细账,如"应收账款"、"应付账款"、"其他应收款"、"其他应付款"等明细账的核算。其格式如表2-22所示。

表2-22　　　　　　　　　三栏式明细分类账

二级或明细账户:　　　　　　　　　　　　　　　　　　　　　第　页

200×年		凭证号数	摘要	借方	贷方	借/贷	余额
月	日						
			合　计				

（2）数量金额式明细账。

数量金额式明细账设有借方、贷方和结存三大栏，每一栏下又分别设置数量、单价和金额栏，主要适用于既要进行金额核算，又要进行数量核算的经济内容，如"原材料"、"库存商品"等账户的明细核算。其格式如表 2-23 所示。

表 2-23　　　　　　　　　　数量金额式明细分类账

类别：　　　计划单价：　　　最高储量：　　　存放地点：　　　第　页
品名规格：　　材料代码：　　　最低储量：　　　编　号：　　　　计量单位：

20××年		凭证号数	摘要	借方			贷方			结存		
月	日			数量	单价	金额	数量	单价	金额	数量	单价	金额
			合　计									

（3）多栏式明细账。

多栏式明细分类账，是根据经济内容的特点和经营管理的需要，在一张账页内按有关明细科目或明细项目分设若干专栏，用以在同一张账页上集中反映各有关明细科目或明细项目的核算资料。它主要适用于费用、成本、收入和利润等内容的明细核算。按明细分类账登记的具体内容不同，多栏式明细分类账页又分为借方多栏、贷方多栏和借贷方均多栏三种格式。下面仅列示借方多栏明细账，如表 2-24 所示

表 2-24　　　　　　　　　　管理费用明细账　　　　　　　　　　第　页

20××年		凭证号数	摘要	应借账户								合计
月	日			工资薪酬	福利费	差旅费	折旧费	修理费	办公费	水电费	其他	

明细分类账应根据记账凭证及所附的原始凭证登记。在登记时，可以根据这些凭证逐笔或逐日登记，或定期汇总登记。一般来说，固定资产、债权债务

等明细分类账应当逐笔登记；商品、材料物资明细账可以逐笔登记，也可以逐日汇总登记；业务收入、费用开支等明细分类账可以逐笔登记，也可以逐日或定期汇总登记。各种明细分类账在每次登记完毕后，都应结算出余额。为了便于检查和核对账目，在明细分类账的摘要栏内，必须将有关经济业务的简要内容填写清楚。

（三）备查账簿的格式和登记

备查账是指对某些在序时账簿和分类账簿中未能记载或记载不全的经济业务进行补充登记的账簿。如"应收票据备查簿"、"出租出借包装物备查簿"等。设置和登记备查账簿，可以对某些经济业务的内容提供必要的参考资料。企业应根据统一会计规范的要求，结合管理需要和满足填报会计报表附注的需要，规范备查账簿的设置和登记工作。设置内容应科学、完整，设置格式应简洁、明了，可采用订本式或活页式等形式。在登记管理上，应建立相应的责任制度，明确何时登记、谁登记、谁保管、谁配合、谁检查，做到责任分明。为保证账簿的安全、完整，在使用时，应按顺序编号并装订成册，注意妥善保管，以防账页丢失。

五、错账的更正

账簿记录如发生错误，不得随意涂改、刮擦、挖补，要根据不同情况，采用不同的更正方法。

（一）画线更正法

在填制凭证、登记账簿过程中，当发现文字或数字记错时，可采用画线更正法进行更正。即先在错误的文字数字上画一红线，然后在画线上方填写正确的记录。在画线时，如果是文字错误，则可只划销错误部分；如果是数字上错误，则应将全部数字划销，不得只划销错误数字。在划销时，必须注意使原来的错误字迹仍可辨认。更正后，经办人应在画线的一端盖章，以示负责。

（二）红字更正法

在记账以后，如果发现由于记账凭证错误（账户名称、方向、金额任何一项错误）而导致账簿记录错误，则可采用红字更正法。所谓红字更正法，即先用红字填制一张与原错误完全相同的记账凭证，据用红字登记入账，冲销原有的错误记录；同时，再用蓝字填制一张正确的记账凭证，注明"订正×

年×月×号凭证",据以登记入账,这样就把原来的差错更正过来。如大华公司购进原材料10 000元,货款已用银行存款付讫。记账人员在编制记账凭证时,误做如下分录,并以据此登记入账:

借:原材料　　　　　　　　　　　　　　　　　　　　10 000
　　贷:应付账款　　　　　　　　　　　　　　　　　　　　10 000

发现上述错误后,可按以下步骤更正:
用红字填制一张与原错误分录相同的记账凭证,并据以记账。

借:原材料　　　　　　　　　　　　　　　　　　　　10 000
　　贷:应付账款　　　　　　　　　　　　　　　　　　　　10 000

再用蓝字填制一张正确记账凭证,并据以记账。

借:原材料　　　　　　　　　　　　　　　　　　　　10 000
　　贷:银行存款　　　　　　　　　　　　　　　　　　　　10 000

另外,当记账凭证的科目并无错误,只是金额错误,且所记金额大于应填的金额时,也可按照正确数字与错误数字的差额用红字金额填制一张记账凭证,据以登记入账,以冲销多记部分。在账簿摘要栏注明"注销×年×月×号凭证多记金额"。当上例实际金额为10 000元,记账人员填制记账凭证时,误将金额记为100 000元,并已入账。发现错误后,可按多记金额90 000元用红字编制相同凭证并据以记账。

(三) 补充登记法

在记账以后,当发现记账凭证和账簿记录中会计科目正确,只是金额错误,且填写的金额小于实际金额时,可采用补充登记法进行更正。在更正时,可将少记数额填制一张记账凭证补充登记入账,并在摘要栏注明"补充×年×月×日×号凭证少记金额"。如上例中,记账人员编制记账凭证时误将金额列为1 000元并已入账。在更正时,应将少记的9 000元用蓝字填制一张相同的记账凭证,并登记入账以补充登记。

六、对账和结账

(一) 对账

对账是指为了保证账簿记录的正确性而进行的有关账项的核对工作。对账的具体内容包括:

1. 账证核对

账证核对是将账簿记录同会计凭证相核对，以保证账证相符。账证核对要将总账与记账凭证或汇总记账凭证相互核对，将日记账、明细分类账与记账凭证及所附原始凭证相互核对。核对的内容主要涉及账簿记录的经济业务的时间、凭证字号、内容、记账方向和金额等是否与作为记账依据的会计凭证完全一致。

2. 账账核对

账账核对是将不同账簿进行相互核对，以保证账账相符。账簿体系中所存的各种账簿间的相互联系、相互制约的内部牵制关系是账账核对的客观依据。账账核对包括：总账与明细账核对、总账与日记账核对以及全部账户的期初借方余额合计数与贷方余额合计数、本期借方发生额合计数和贷方发生额合计数、期末借方余额和贷方余额合计数的试算平衡等。

3. 账实核对

账实核对即各种财产物资的账面余额与实有数额之间的核对。主要包括：现金日记账的账面余额与实际库存数额应核对相符；银行存款日记账的账面余额应与银行对账单核对相符；各种应收、应付款项明细账余额应与有关债权、债务单位相互核对相符；各项财产物资明细账余额与财产物资的实有数额核对相符。

企业通过上述对账所发现的差错或问题，应按规定的程序、规则和职权范围进行纠正、处理或上报。

（二）结账

结账是会计期末对账簿记录所做的结束工作，也就是把一定时间内所发生的经济业务在全部登记入账的基础上，计算出各种账簿记录的本期发生额和期末余额，以便根据账簿记录，编制会计报表。结账工作是否正确、及时，直接关系到核算资料的正确性和会计报表编制的及时性。

在结账时，首先要查明本期所发生的经济业务是否已经全部入账；属于本期的应计收入和应计成本、费用是否都已调整入账；有关费用、成本、收入和成果等账项是否均已结转等。

结账按照结算的时期不同，主要有月结、季结和年结三种。在月末结账时，应该结出本月借、贷双方的月内发生额和期末余额，在摘要栏内注明"本期发生额和期末余额"，同时，在"本期发生额和期末余额"行的上、下端各画一条红线，表示账簿已经结束；在年度结账时，应将四个季度的借、贷双方季结数加以汇总，在摘要栏内注明"本年发生额及年末余额"，并在数字下端画双红线，表示本年度账簿记录已经结束。在年度结账后，各账户的年末余额应转入下年度的新账簿。

第五节 财产清查

一、财产清查的意义

财产清查是通过对货币资金、实物资产和往来款项的盘点和核对，确定其实存数，并与其账面结存数核对，借以查明账存数与实存数是否相符的一种会计核算方法。

根据新的《会计法》第三章第二十五条的规定，公司、企业必须根据实际发生的经济业务事项，按照国家统一会计制度的规定进行确认、计量和记录，即对于各项财产的增减变动和结存情况，都必须完成填制会计凭证，登记会计账簿、编制财务报告等一系列会计程序。因此，从理论上讲，会计账簿上所记载的财产的增减和结存数额，应当和实际的财产变动和结存数额相一致。但在实际的工作中，由于诸多的主观和客观因素的影响，账簿所记录的财产的变动情况往往与实际的变动情况不符，例如，财产物资在运输、交接和库存的过程中可能发生自然损耗、计量或检验的不准确，或由于水灾、火灾、风灾和地震等自然灾害而发生损失；随着国际经济环境的复杂化和竞争的激烈化，由于汇率的变动、政策的调整、产品的更新换代等这些外部因素，企业的财产也有可能发生价值的贬值；同时，企业的相关工作人员可能存在营私舞弊、贪污、盗窃等不道德行为或不法行为，这些都会造成财产的人为损失。因此，为了保证会计账簿记录的真实可靠，确保企业财产的完整无损，进一步建立健全财产物资的管理制度，各单位必须运用财产清查这一行之有效的会计核算方法。财产清查的意义和作用主要表现在以下几个方面：

1. 确保会计核算资料真实可靠

在新准则中的会计信息质量要求中，可靠性是最为重要的，也是其他会计信息质量要求的基础，因此，为了避免会计信息在确认、计量、记录和报告的过程中受各种因素影响而失真，进而导致信息使用者的错误理解和决策，就应该通过财产清查来检查账实是否相符，如果不符则查明原因，以便调整账簿记录，保证账簿记录的真实性和正确性，为编制财务报表提供可靠的资料。

2. 改善经营管理，提高经济效益

随着企业的逐步扩大，横向和纵向的划分增多，会计核算的难度也大幅提升进而降低了会计核算的准确度，因此适时地进行财产清查，可以进一步查明各项财产的储备和利用情况，如果有闲置、积压的财产，则应加以利用或进行有效的处理，以督促各单位加强财产的管理，充分挖掘各项财产的潜力，提高利用率，有效地使用资金，进而提高企业的整体经济效益。

3. 保护所有者财产的安全与完整

《会计法》规定了企业在会计核算过程中应遵循的法律依据，但会计核算是否顺利有效地进行就需要通过财产清查来检验，这样就可以查明各项财产是否完整。如果发现问题，则应及时查明原因，根据情况处理，若是人为因素造成的损失，则应当追究其经济或法律责任，这样就可以建立健全企业内部管理制度，保证各项财产的安全与完整。

4. 维护国家财经纪律

通过国家指定部门对各企业的财产清查，可以查明该企业有无拖欠、偷税漏税等违反财经纪律的情况，并查明原因，采取相应措施，促使企业严格遵守财经纪律。

财产清查按照不同的分类标准可以作不同的划分。按财产清查的对象和范围分类，分为全面清查和局部清查。所谓全面清查，是指对某企业的所有的财产物资、货币资金和各种债权债务进行全面盘点和核对。所谓局部清查，是指针对特定的需要对企业的一部分财产进行的清查。财产清查按照财产清查的时间分类，可分为定期清查与不定期清查。定期清查是指根据财产管理制度的规定或者预先计划安排的时间对财产所进行的清查。不定期清查是指根据实际需要对财产物资所进行的临时性清查。财产按照财产清查的执行主体分类，可分为内部清查与外部清查。内部清查是指本单位的相关人员对本单位的财产物资进行的清查。外部清查是指外部的相关部门或人员根据法律制度的规定对某单位所进行的财产清查。

二、财产清查的方法

不同的财产物资，其清查的方法也有所不同。

（一）货币资金的清查

货币资金是企业财产物资的重要组成部分，也是流动性最强的资产，根据其存放地点和用途的不同，货币资金分为现金、银行存款及其他货币资金。

1. 现金的清查

对现金进行清查的基本方法是实地盘点法，即对现金进行实地盘点，将所得到的实际盘存数与"库存现金日记账"和"库存现金"总账中的账面余额进行比较，来核对实际现金数额和账面是否相符。在现金清查时，如出现现金长余或短缺，应填写"现金盘点报告单"，它是重要的原始凭证，同时起到"盘存单"和"实存账存对比表"的作用，该表填制完后需要盘点人和出纳员同时签章方能生效。

2. 银行存款的清查

银行存款清查主要就是通过企业的"银行存款日记账"与开户银行的"银行对账单"的核对来实现。

银行存款清查的基本过程为：企业首先应当把到清查日为止的所有通过银行存款的经济业务登记入账，及时查清和更正错账和漏账；其次与银行的"银行对账单"逐笔进行核对；如果发现"银行存款日记账"与银行"银行对账单"的余额不一致，就要先检查是否存在未达账项，如果不存在未达账项或者未达账项调整后余额仍有差异，那么就要详细检查原因，检查是否有不符合规定的凭证入账等，并进行相应的处理。

当"银行存款日记账"与"银行对账单"的余额不一致时，多数情况下是未达账项所造成的。所谓未达账项是指由于企业与银行取得凭证的时间不同，导致记账的时间不一致而造成的款项，也就是一方接到结算凭证已经入账，而另一方由于时间的原因未收到结算凭证所以尚未入账。未达账项主要有两大类：其一是企业已经入账，银行尚未入账。具体包括企业已经收款入账，银行尚未收款入账的款项；企业已经付款入账，银行尚未付款入账的款项。其二是银行已经入账，企业尚未入账。具体包括银行已经收款入账，企业尚未收款入账的款项；银行已经付款入账，企业尚未付款入账的款项。

上述任何一种未达款项的存在，都会导致企业的"银行存款日记账"与"银行对账单"的余额不一致，这时企业就要编制"银行存款余额调节表"进行调整。其编制原理是：以"银行存款日记账"与"银行对账单"的调整前的余额为基础，分别加减对方已入账己方未入账的未达账项，然后得出双方调整后的余额。如果调整后双方的余额相一致，则说明双方调整前的不一致仅仅是未达账项所致。如果调整后的余额仍不一致，则说明其中一方或双方存在错误或问题，需要进一步追查并处理。需要注意的是："银行存款余额调节表"只是一种银行存款清查的手段，它只起到对账的作用，并不能作为调节账面余额的原始凭证，而"银行存款日记账"的登记还是应该在收到有关原始凭证后再进行。

（二）实物资产的清查

实物资产是指具有实物形态的各种资产，包括各类原材料、在产品、半成品、库存商品、周转材料、委托代销商品和固定资产等。由于各种实物资产的形态、体积、重量、堆放方式等不同，采用的清查方法也有所不同。常用的方法有：

1. 实地盘点法

实地盘点是指通过点数、过磅、量尺等方法来确定财产物资的实有数额。这种方法一般适用于机器设备、包装好的原材料、在产品和库存商品等。这种清查方法得到的数字往往准确可靠，清查质量较高，但工作量很大。

2. 技术推算法

技术推算是指利用技术方法推算财产物资的实存数额。如量方计尺等推算存货的数额。其优点在于工作量较小，但不精确，比较适用于散装的、成堆的煤炭、砂石、化肥、饲料之类的存货。

3. 抽样盘存法

抽样盘存法是指采用一定数量样品的方式对实物资产的实有数额进行估算确定的一种方法。这种方法比较适用于数量多、重量和体积比较均衡的实物资产的清查。

4. 函证核对法

函证核对是指通过向对方单位发函方式来确定实物资产的实存数额的一种方法。这种方法适用于委托外单位加工或保管的实物资产的清查。

对于各项财产物资的盘点结果应逐一如实地登记在"盘存单"（如表2-25所示）上，并由盘点人和保管人员同时签章方能生效。"盘存单"是记录存货实存数额的书面证明，也是财产清查工作的原始凭证。

在盘点完毕后，将"盘存单"中所记录的存货的实存数额与账面结存余额核对，如果发现存在账实不符的情况，则应根据"盘存单"和相关账簿记录来填制"实存账存对比表"（如表2-26所示），该表是财产清查的重要报告，根据该表显示的盘盈数或盘亏数，来分析查找原因，并调整账面记录，明确经济责任。

（三）往来款项的清查

往来款项的清查一般采用"函证核对法"，即通过电函、信函、或面询等方式与业务往来单位核对账目的方法。在清查时，清查单位应在其各种往来款项记录准确的基础上，按照每一个业务往来单位编制"往来款项对账单"，寄发或派人送交业务往来单位进行核对。经对方核对相符后，在回联上加盖公章寄回表示已经核对；当对方核对不符时，对方应在回联单上注明情况，或另外抄一份对账单退回本企业。当发生不符的情况时，企业应进一步查明原因，再进行核对，直到相符为止。

表 2-25　　　　　　　　　　盘　存　单
　　　　　　　　　　　　　　年　月　日

财产类别：　　　　　　存放地点：　　　　　　编号：

序号	名称	规格	计量单位	实存数量	单价	金额	备注

盘点人签章：　　　　　　　　　　　　　　　　保管人签章：

表 2-26　　　　　　　　　　实存账存对比表
　　　　　　　　　　　　　　年　月　日

财产类别：

编号	名称	规格型号	计量单位	单价	实存		账存		实存与账存对比				备注
					数量	金额	数量	金额	盘盈		盘亏		
									数量	金额	数量	金额	
合计金额													

盘点人签章：　　　　　会计签章：　　　　　单位负责人签章：

第六节　编制财务报表

一、编制财务报表的意义

财务报表是以账簿记录为主要资料依据，运用表格和统一的货币计量单位总括地综合地反映会计主体财务状况、经营成果及现金流量信息的报告文件。

在日常会计核算中，各会计主体通过设置和登记会计账簿，已将发生的各项经济业务进行了全面、连续、系统、综合地记录和计算。但是，会计账簿提供的核算资料数据太多，而且比较分散，不能集中、概括地反映各会计主体的财务状况和经营成果等信息，亦不便于需求者对会计信息的合理使用。为此，有必要定期将会计账簿提供的日常核算资料加以分类整理、汇总，按照一定的表格形式编制财务报表，总括、综合地反映各会计主体经济活动的全貌，为有关各方进行管理和决策提供有用的会计信息。

财务报表是提供会计资料信息的重要手段，是会计核算体系中一个非常重要的组成部分。其重要的意义可归纳为以下几个方面：

（1）对于编制单位本身来说，通过阅读和分析财务报表，可以使管理当局和经营管理人员从资产、负债、所有者权益，以及收入、费用和利润等各会计要素之间的复杂联系中，掌握本单位经济活动、财务收支和财务成果的全面情况，分析、检查发生的经济活动是否符合制度规定；从报表的指标体系分析中，寻找本单位在生产经营活动中存在的问题，以便正确地规划未来，进行经营理财决策，进一步挖掘提高经济效益的潜力。

（2）对于与企业有利害关系的外部信息使用者来说，通过阅读和分析财务报表，可以了解和评估企业管理当局的业绩、受托资源的经营责任，以及受托责任的履行情况，完整、深刻地认识和掌握会计主体的财务状况和经营成果，有助于投资人、债权人及公众对不同企业的经营业绩或财务实力进行比较和预测，使其确定投资或贷款的方向，其结果将促进社会资源流向高收益的行业或企业，达到最佳配置。

（3）对于财政、税务、银行和审计部门来说，通过阅读和分析财务报表，可以了解企业的筹资运用是否合理；税收、利润计划的完成、解缴情况；借款的归还及信贷纪律的执行情况；财经政策、法令及纪律的遵守情况等，充分发挥各职能、监管部门的作用。

（4）对于整个宏观经济调控来说，财务报表是进行国民经济核算的基础资料。通过财务报表，可以为编制宏观经济计划提供依据，便于了解和掌握国民经济的发展速度，进行重大的经济决策，从而确保社会主义市场经济的健康、有效运行。

二、财务报表的种类

企业财务报表可按不同的标志划分为不同的类别。

(一) 按照财务报表所反映的经济内容分类

按财务报表反映的经济内容不同,可分为静态报表和动态报表。静态报表指综合反映企业某一特定日期资产、负债和所有者权益状况的报表,如资产负债表;动态报表是指综合反映企业一定时期的经营成果、现金流量和所有者权益构成情况的报表,如利润表、现金流量表和使用者权益变更表。

(二) 按编报时间分类

按财务报表编报时间的不同,可分为月份报表、季度报表和年度报表。其中,月份报表、季度报表又称为中期报表。

(三) 按编制单位和编报范围分类

按财务报表编制单位和编报范围的不同,可分为基层财务会计报表和汇总财务会计报表。基层财务会计报表是由实行独立核算的基层单位编制的报告;汇总财务会计报表是上级主管部门根据所属单位的基层财务会计报告和本部门的会计资料汇总编制的报告。汇总财务会计报表通常按行政隶属关系逐级汇总,以反映某一部门、行业或地区的总括情况。

(四) 按母子公司之间的关系分类

财务会计报表按母子公司之间的关系可分为合并财务会计报表和个别财务会计报表。合并财务会计报表是由企业集团中对其他单位拥有控制权的母公司编制的综合反映企业集团整体经营成果,财务状况及其变动情况的报告。合并财务会计报表所包含的内容和报表指标与基层财务会计报表相同,只是其指标的数值中既包含母公司的情况,又包含其所属子公司或分支机构的情况。个别财务会计报表是由单位编制的单独反映本单位自身经营成果、财务状况及变动情况的报告。

(五) 按服务对象分类

按财务报表服务对象的不同,可分为内部报表和外部报表。内部报表是指为适应企业内部经营管理需要而编制的不对外公布的会计报表,它一般不需要规定统一的格式,也没有统一的指标体系;外部报表则是指企业向外提供的会计报表,主要供投资者、债权人、政府部门和社会公众等有关方面使用,它通常有统一的格式和规定的指标体系。

三、财务报表编制的基本要求

为了充分发挥财务报表的作用,最大限度地满足各会计信息使用者的需要,实现编制会计报表的基本目的,会计主体在编制单位报表时必须符合以下要求:

(一)真实可靠、数字准确

财务报表必须如实反映企业的财务状况、经营成果和现金流量情况,使会计报表各项目的数据建立在真实可靠的基础之上。因此,会计报表必须根据核实无误的账簿资料为依据,并按照国家统一规定的编制基础、编制依据、编制原则和方法编制,不得以任何方式弄虚作假。要对报表中各项会计要素进行合理的确认和计量,不得随意改变会计要素的确认和计量标准,做到数字真实、计量准确。

(二)相关可比

财务会计报表所提供的信息必须与报表使用者进行决策所需要的信息相关,并且便于报表使用者在不同企业之间及同一企业前后各期之间进行比较。因此,在编制财务报表时,其编制基础、编制依据、编制原则和方法应保持前后会计期间的一致性,不得随意变动。在情况发生变化而必须变更会计政策和会计方法时,应当及时变更并在财务报表中说明变更原因和变更后的影响。

(三)全面完整

财务会计报表应当全面披露企业的财务状况、经营成果和现金流量情况,完整地反映企业财务活动的过程和结果,以满足各有关方面对财务会计信息资料的需要。为了保证财务报表的全面完整,企业在编制财务报表时,应当按照有关准则、制度规定的种类、格式和内容填写,特别是对于企业某些重要的事项,应当按照要求在会计报表附注中说明,不得漏编漏报。另外,各报表之间、项目之间凡有对应关系的数字,应当相互一致,做到表表相符。报表中本期与上期的有关数字应当相互衔接。

(四)编报及时

财务报表所提供的资料具有很强的时效性。只有及时编制和报送会计报表才能为使用者提供决策所需的信息资料。否则,即使会计报表的编制非常真实可靠、全面完整且具有相关可比性，但由于编报不及时，也可能失去其应有的价值。因此，企业应当依据法律、行政法规和国家统一的会计制度有关财务会计报告提供期限的规定，及时编制并对外提供财务会计报表。

有关财务报表编制的具体方法将在本教材的第五章至第八章中具体介绍。

【思考与练习】

一、思考题

1. 会计信息生成的过程是怎样的？为什么说它是一个"循环"？
2. 会计核算的基本方法有哪些？为什么说它们是一个完整的体系？
3. 什么是会计科目？设置运用会计科目的意义和原则是什么？
4. 为什么要设置运用账户？它与会计科目的联系与区别是什么？
5. 什么是复式记账？它较单式记账有何不同和意义？
6. 什么是借贷记账法？借贷记账法的主要内容是什么？
7. 借贷记账法下的账户结构是怎样的？账户的借方是否一定登记增加数？
8. 借贷记账法的记账规则是什么？它的理论依据是什么？
9. 借贷记账法下的试算平衡公式有哪些？试算平衡了是否意味着无差错？
10. 什么是会计凭证？它有哪些种类？各自的基本内容和作用是什么？
11. 为什么要审核会计凭证？如何审核原始凭证和记账凭证？
12. 为什么要设置运用账簿？账簿的种类、格式、适用范围及登记方法是怎样的？
13. 对账的目的和方法是什么？
14. 错账产生的原因有哪些？如何更正错账？
15. 为什么要进行财产清查？财产清查的主要方法有哪些？
16. 为什么要编制和报送财务报表？其种类和编制要求有哪些？

二、练习题

（一）目的：练习会计科目的分类

资料：某企业设置了以下会计科目：

固定资产	其他应付款	营业外收入
累计折旧	短期借款	交易性金融资产
原材料	应交税费	应付账款
银行存款	生产成本	制造费用
所得税费用	实收资本	财务费用

应收账款　　　　　管理费用　　　　　　主营业务收入
应收票据　　　　　材料采购　　　　　　本年利润
要求：按经济内容对上述会计科目进行分类。

(二) 目的：练习借贷记账法下的账户的结构
资料：

账户类别	账户用途	借方反映的内容	贷方反映的内容	余额计算
资产账户				
权益账户				
收入账户				
费用账户				

要求：总结并填列完成上表中的各个项目。

(三) 目的：练习账户期初余额、本期发生额及期末余额的关系
资料：五星公司 2009 年 12 月 31 日有关账户的资料如下：

账户名称	期初余额		本期发生额		期末余额	
	借方	贷方	借方	贷方	借方	贷方
银行存款	400 000		220 000	10 000	( )	
库存现金	60 000		( )	80 000	90 000	
应付账款		80 000	70 000	60 000		( )
短期借款		45 000	( )	10 000		30 000
应收账款	( )		30 000	50 000	20 000	
实收资本		350 000	——	( )		620 000
其他应收款		25 000	25 000	——		( )

要求：根据账户期初余额，本期发生额和期末余额的内在关系，计算填列上表中的空缺部分（即括号部分）。

（四）目的：练习应用借贷记账法编制会计分录、登记账户和试算平衡。

资料：MM公司2009年5月1日有关账户余额如下：

账户余额表   单位：元

资产		负债和所有者权益	
账户名称	金额	账户名称	金额
库存现金	5 000	短期借款	165 000
银行存款	200 000	应付票据	45 000
应收账款	80 000	其他应付款	12 000
其他应收款	6 000	应交税费	28 000
原材料	150 000	应付股利	220 000
生产成本	30 000	实收资本	1 000 000
库存商品	124 000	资本公积	125 000
固定资产	850 000	盈余公积	55 000
长期股权投资	205 000		
资产合计	1 650 000	权益合计	1 650 000

该公司5月份发生如下经济业务：

（1）以银行存款30 500元偿还短期借款。（2）产品生产领用原材料126 000元。（3）以银行存款30 000元支付前欠A公司货款。（4）购买专利权一项，价款108 000元尚未支付。（5）从现金35 000元存入银行。（6）以银行存款缴纳应交税费28 000元。（7）以银行存款发放职工薪酬200 000元。（8）收到B公司前欠本公司货款100 000元。

要求：

（1）根据月初资料开设账户（"T"形账户），登记期初余额；

（2）根据本月发生的经济业务，运用借贷记账法编制会计分录；

（3）根据会计分录登记有关账户；

（4）结算每个账户的本月发生额和月末余额；

(5) 根据全部账户的月初余额、本月发生额和月末余额编制试算平衡表，试算平衡。

(五) 目的：练习错账更正

资料：某企业 5 月查账时发现下列错账：

(1) 从银行提取现金 3 500 元，会计凭证无误，在登记账簿时将金额记为 5 300 元。

(2) 用银行存款偿还短期借款 4 000 元，在查账时发现凭证与账簿中科目无误，但金额均记为 40 000 元。

(3) 以银行存款 70 000 元支付前欠 B 公司货款，在查账时发现凭证与账簿均记为借记原材料 70 000 元，贷记银行存款 70 000 元。

(4) 生产领用材料 100 000 元，在查账时发现凭证与账簿的应记科目与方向无误，但金额均为 10 000 元。

要求：请按正确的方法更正以上错账。

第三章 企业基本经济业务的核算（上）

【教学目的要求】本章主要介绍企业资金筹集业务、采购业务、生产业务和销售业务的相关内容的计算和基本会计处理方法。通过本章教学，要使学生明确采购材料成本的构成、固定资产入账价值的确定、发出材料的计价方法及收入的确认原则，掌握资金筹集、采购、生产和销售等基本经济业务的账务处理方法。

【教学重点和难点】本章的重点是资金筹集、采购、生产和销售等基本经济业务的会计处理方法。本章的难点是固定资产折旧和劳务收入的核算。

第一节 资金筹集业务

筹集资金是企业生产经营的首要环节。企业可以通过不同的来源渠道筹集所需资金，主要包括投资者投入、向银行及其他金融机构借入、发行公司债券等。

一、接受投资者投入资本

我国《公司法》规定，投资者可以用货币出资，也可以用实物、知识产权、土地使用权等非货币性资产作价出资。企业在收到投资者投入企业的资本后，应根据有关原始凭证（如投资清单、银行通知单等），分别以不同的出资方式借记"银行存款"、"原材料"、"无形资产"、"固定资产"等账户，贷记"实收资本"（或"股本"）、"资本公积"等账户。

"实收资本"（或"股本"）账户属于所有者权益类账户。该账户的贷方记录企业实际收到的投资者投入的注册资本（或股本）金，借方记录企业退回给投资者的注册资本（或股本）金，贷方余额表示企业现有的注册资本（或股本）金实有数额。

"资本公积"账户属于所有者权益类账户。该账户的贷方记录从不同渠道取得的资本公积，如资本溢价或股本溢价，以及其他按规定记入所有者权益的利得等,借方记录将资本公积转为实收资本(或股本)等原因减少的资本公积数额,贷方余额表示企业现有的资本公积实有数。

【例3-1】丙有限责任公司是由a、b、c三人共同投资设立的,注册资本为5 000 000元,a、b、c持股比例分别为50%、25%和25%。丙有限责任公司已如期收到各投资者一次缴足的款项并存入银行。

该项经济业务一方面使丙有限责任公司的银行存款增加5 000 000元,应记入"银行存款"账户的借方;另一方面使丙有限责任公司接受投资者投入的资本增加5 000 000元,应记入"实收资本"账户的贷方,其会计分录为:

借:银行存款 5 000 000
　　贷:实收资本——a 2 500 000
　　　　　　——b 1 250 000
　　　　　　——c 1 250 000

【例3-2】甲股份有限公司发行股票40 000 000股,每股面值1元,每股发行价6元。股票已发行成功,股款240 000 000元已收到,存入银行,假设不考虑发行过程中的税费等因素。

该项经济业务一方面使甲股份有限公司的银行存款增加240 000 000元,应记入"银行存款"账户的借方;另一方面使甲股份有限公司的股本增加40 000 000元(根据相关规定,股本金额等于每股面值与股份总额的乘积),应记入"股本"账户的贷方。另外,股票发行价格超出股票面值的溢价收入部分(即股票溢价或资本溢价)200 000 000元,属于资本公积金,应记入"资本公积"账户的贷方,其会计分录为:

借:银行存款 240 000 000
　　贷:股本 40 000 000
　　　　资本公积 200 000 000

二、对外借款

企业在生产经营过程中,为了弥补生产周转资金的不足,可以向银行或其他金融机构借款,以保证生产经营周转的需要。企业向银行或其他金融机构借入款项必须按规定办理手续,支付利息,到期偿还。借入资金按其偿还期的长短可分为短期借款和长期借款两种。借入资金的核算包括取得借款、分期计提或支付利息和归还借款三个主要内容。

(一) 设置的主要账户

1. "短期借款"账户

"短期借款"是负债类账户,用以核算和监督短期借款的借入和归还情况。该账户贷方登记取得的借款数额,即短期借款本金的增加;借方登记归还的借款数额,即短期借款本金的减少;期末余额在贷方,表示尚未归还的借款本金余额。"短期借款"账户应按借款种类设明细账,进行明细分类核算。

2. "长期借款"账户

"长期借款"是负债类账户,用以核算和监督长期借款的借入和归还情况。该账户核算的基本内容及结构如下:贷方登记取得的借款数额,即长期借款本金的增加;借方登记归还的借款数额,即长期借款本金的减少;期末余额在贷方,表示尚未归还的借款本金余额。"长期借款"账户应按借款种类和单位设置明细账,进行明细分类核算。

3. "财务费用"账户

"财务费用"是指企业在筹集资金等财务活动中发生的费用,如借款利息、银行手续费等。为核算和监督企业财务费用的发生情况,应设置"财务费用"账户,该账户属于损益类账户,借方登记发生的各种财务费用;贷方登记应冲减财务费用的利息收入以及期末结转"本年利润"账户的财务费用数额,结转后本账户应无余额。"财务费用"账户应按费用项目设置明细账,进行明细分类核算。

4. "应付利息"账户

"应付利息"是负债类账户,用来核算和监督企业按照合同约定应支付的分期应付利息。该账户核算的基本内容及结构如下:贷方登记按规定方法计算确定的分期应付未付利息;借方登记实际支付的利息;期末余额在贷方,反映企业应付未付的利息。"应付利息"账户应按债权人设置明细账,进行明细分类核算。

(二) 账务处理方法

【例3-3】甲股份有限公司向银行借入期限为六个月的生产周转借款150 000元,借款本金到期一次归还,利息分月预提,按季支付。款项已收到存入企业银行存款户中。

该项经济业务的发生,一方面使企业的银行存款增加150 000元,应记入"银行存款"账户的借方;另一方面企业向银行取得的期限为六个月的借款增加 150 000 元，应记入"短期借款"账户的贷方，其会计分录为：

借：银行存款　　　　　　　　　　　　　　　　　　150 000
　　贷：短期借款　　　　　　　　　　　　　　　　　　150 000

【例 3-4】计提本期应负担的短期借款利息 1 500 元（尚未实际支付）。

企业应支付的短期借款利息一般是集中与银行进行结算，可分期支付，也可在借款到期时一次性支付。但利息费用应按权责发生制的原则由使用借款的各个月份共同负担。因此，企业应在平时预先将各月应负担的利息费用计入当期财务费用，所以该项经济业务的发生一方面使本月利息费用增加 1 500 元，应记入"财务费用"账户的借方；另一方面使本月应付利息增加了 1 500 元，应记入"应付利息"账户的贷方，其会计分录为：

借：财务费用　　　　　　　　　　　　　　　　　　1 500
　　贷：应付利息　　　　　　　　　　　　　　　　　　1 500

【例 3-5】甲股份有限公司向银行借入期限为三年的借款 500 000 元，款已收到存入银行。

该项经济业务发生一方面使企业的银行存款增加 500 000 元，应记入"银行存款"账户的借方；另一方面企业向银行借入的期限为三年的借款增加 500 000 元，应记入"长期借款"账户的贷方，其会计分录为：

借：银行存款　　　　　　　　　　　　　　　　　　500 000
　　贷：长期借款　　　　　　　　　　　　　　　　　　500 000

【例 3-6】计提本期应负担的分期付息的长期借款利息 6 500 元（尚未实际支付）。

按照会计准则的规定，长期借款的利息费用一般要按期计算提取计入当期损益（财务费用），符合条件的应予以资本化，计入生产或建造资产的成本。假定本例应负担的利息费用不符合资本化条件。另外，分期付息的长期借款的应付利息应通过"应付利息"账户核算。该项经济业务的发生，一方面会使利息费用增加 6 500 元，应记入"财务费用"账户的借方；另一方面，企业应支付的长期借款利息增加 6 500 元，应记入"应付利息"账户的贷方，其会计分录为：

借：财务费用　　　　　　　　　　　　　　　　　　6 500
　　贷：应付利息　　　　　　　　　　　　　　　　　　6 500

【例 3-7】以银行存款偿还一笔到期的短期借款，本金为 100 000 元，已计提未支付利息 1 650 元。

该项经济业务发生一方面引起企业银行存款减少 101 650 元，应记入"银行存款"账户的贷方；另一方面使企业应偿还的短期借款本金和利息共减少101 650元，应分别记入"短期借款"和"应付利息"账户的借方，会计分录为：

  借：短期借款   100 000
    应付利息   1 650
    贷：银行存款   101 650

【例 3-8】 企业用银行存款偿还到期的长期借款本金300 000元，应付利息5 000元。

该项经济业务发生一方面使企业的银行存款减少305 000元，应记入"银行存款"账户的贷方；另一方面使企业的长期借款本金及应付利息同时减少，应分别记入"长期借款"、"应付利息"账户的借方，其会计分录为：

  借：长期借款   300 000
    应付利息   5 000
    贷：银行存款   305 000

第二节 采 购 业 务

一、采购材料

（一）涉及的主要内容

材料采购业务是产品制造业发生的主要经济业务。供应过程是企业经营过程的第一个阶段。在供应过程中，企业一方面从供货单位购进各种材料物资，以满足生产经营的需要；另一方面要支付材料的买价和各种采购费用，与供货单位进行货款的结算。购买材料所支付的买价和采购费用是材料采购成本的主要构成内容。买价是指企业在采购材料物资时，按发票价格支付的货款。采购费用是指企业在采购材料过程中发生的各项费用，具体包括运杂费（运输费及杂费）、装卸费、保险费、包装费、仓储费、运输途中的合理损耗、入库前的挑选整理费用及按规定计入材料采购成本中的各种税金等。对于发生的材料采购业务，会计部门一方面要反映各种款项的实际支付情况以及因采购材料而引起的库存材料物资的增加；另一方面应将采购材料支付的买价和发生的采购费用按照购入材料的种类加以归集，计算各种材料实际采购成本。在归集费用时，凡能分清是为采购哪种材料所支付的费用，应直接记入该种材料的采购成本；凡不能分清的，应采用合理的分配标准（如可按采购材料的重量或买价的比例）将费用分配记入各种材料的采购成本中。另外，在材料采购业务中，企业还涉及增值税进项税额的计算与处理问题。

按照我国会计准则的规定，企业的材料可以按照实际成本计价组织收发核算，也可以按照计划成本计价组织收发核算，而且材料的内容也较多，包括原材料、包装物、低值易耗品等，受篇幅所限，本节主要介绍原材料按照实际成本计价组织的收发核算。

（二）设置运用的主要账户

为加强对材料采购业务的管理，计算确定材料的采购成本，核算和监督库存材料的增减变动和结存情况以及企业因采购材料而与供应单位发生的款项结算关系，材料采购业务的核算应设置以下主要账户。

1．"在途物资"账户

"在途物资"是资产类账户，用以核算和监督企业外购材料物资支付的买价和采购费用，计算确定材料物资的实际采购成本。该账户的借方登记购入材料物资的买价和采购费用；贷方登记已验收入库材料物资的实际采购成本；期末如有借方余额，表示尚未验收入库材料物资的实际采购成本。"在途物资"账户应按采购材料物资的品种、规格或类别设置明细账，进行明细分类核算。

2．"原材料"账户

"原材料"是资产类账户，用以核算和监督企业库存材料的增减变动和结存情况。该账户的借方登记已验收入库材料的实际成本；贷方登记发出材料的实际成本；期末余额在借方，表示库存材料的实际成本。"原材料"账户应按材料的品种设置明细账，进行明细分类核算。

3．"应付账款"账户

"应付账款"是负债类账户，用以核算和监督企业因采购材料物资和接受劳务而与供应单位发生的结算债务的增减变动情况。该账户贷方登记应付供应单位的款项；借方登记已偿还供应单位的款项；期末余额在贷方，表示尚未偿还的应付账款。"应付账款"账户应按供应单位设置明细账，进行明细分类核算。

4．"应交税费"账户

"应交税费"是负债类账户，用来核算和监督企业按税法规定应缴纳的各种税费的预计与实际缴纳情况。其贷方登记计算出的各种应交未交税费的增加；借方登记实际缴纳的各种税费；期末余额方向不固定，如果在贷方，则表示未交税费的结余数;如果在借方,则表示多交或尚未抵扣的税费。"应交税费"账户应按应交的税费项目设置明细账,进行明细分类核算。

在材料采购业务中设置"应交税费"账户主要是为了核算增值税。增值税是对在我国境内销售货物或者提供劳务以及进口货物的单位和个人,就其应税货物或劳务的增值额或组成计税价格计征的一种流转税。由于增值税是对商品生产或流通各个环节的新增价值或商品附加值进行征税,所以称之为增值税。它是一种价外税,就一般纳税人而言,一般采取两段征税法,分为增值税进项税额和销项税额。当期销项税额减去当期进项税额即为当期应纳税额。其中销项税额是指纳税人销售货物或应税劳务,按照销售额和规定的税率计算并向购买方收取的增值税税额,通常记入"应交税费"账户的贷方;进项税是指纳税人购进货物或接受应税劳务所支付或负担的增值税税额,通常记入"应交税费"账户的借方。

(三)采购材料业务的账务处理

【例3-9】甲股份有限公司系一般纳税人,2009年6月4日向安泰公司购入甲材料1 000吨,单价1 500元,取得的增值税专用发票上注明的不含增值税买价共计150 000元,增值税25 500元,另发生采购费共计8 000元,甲材料尚未到达,上述款项尚未支付。

该项材料采购业务发生的买价和运输费是材料采购成本的构成内容,应记入甲材料的实际采购成本中,由于该材料尚未运达验收,应记入"在途物资"账户的借方。增值税应记入"应交税费"账户的借方。由于上述款项尚未支付,引起企业应付账款的增加,应记入"应付账款"账户的贷方,其会计分录为:

借:在途物资——甲材料　　　　　　　　　　　　　　158 000
　　应交税费——应交增值税(进项税额)　　　　　　　25 500
　　贷:应付账款——安泰公司　　　　　　　　　　　　183 500

【例3-10】2009年6月10日上述甲材料到达并验收入库。

应将甲材料采购成本158 000元由"在途物资"账户的贷方转入"原材料"账户的借方,以反映库存甲材料的增加,其会计分录为:

借:原材料——甲材料　　　　　　　　　　　　　　　158 000
　　贷:在途物资——甲材料　　　　　　　　　　　　　158 000

【例3-11】甲股份有限公司向中信公司采购乙、丙两种材料,乙材料数量100吨,单价1 400元,计买价140 000元,丙材料数量150吨,单价2 000

元，计买价300 000元，增值税专用发票上注明的增值税共74 800元。上述款项以银行存款付讫，材料尚未到达。

上述采购材料支付的买价是材料采购成本的构成内容，应将其分别计入乙、丙两材料的采购成本中，即记入"在途物资"账户的借方，增值税应记入"应交税费"账户的借方，由于上述买价及增值税已由银行存款支付，应记入"银行存款"账户的贷方，因此其会计分录为：

借：在途物资——乙材料   140 000
　　　　　　——丙材料   300 000
　　应交税费——应交增值税（进项税额）   74 800
　贷：银行存款   514 800

【例3-12】续上例，用银行存款支付上述乙、丙材料共同发生的采购费20 000元，按乙、丙材料重量比例进行分配。

上述采购材料支付的采购费用属于材料采购成本的构成内容，应将其计入乙、丙两材料的采购成本中。但由于该采购费用是为乙、丙两种材料共同发生的，属于共同费用，应选择一定的标准在乙、丙两材料之间进行分配，由乙、丙材料分别承担。分配的标准可选择所采购材料的重量、体积、买价等。本例按乙、丙两材料的重量为分配标准，具体分配过程如下：

$$采购费分配率 = \frac{采购费用}{乙丙材料重量之和} = \frac{20\ 000}{100+150} = 80（元/吨）$$

乙材料应负担采购费 = 100 吨 × 80 元/吨 = 8 000（元）
丙材料应负担采购费 = 150 吨 × 80 元/吨 = 12 000（元）

根据分配结果将其分别记入乙、丙材料的采购成本中，即"在途物资"账户的借方。由于上述采购费已用银行存款支付，应记入"银行存款"账户的贷方，其会计分录为：

借：在途物资——乙材料   8 000
　　　　　　——丙材料   12 000
　贷：银行存款   20 000

【例3-13】续上例，上述乙、丙材料已到达并验收入库，计算并结转其实际采购成本。

乙材料采购成本 = 买价 + 运输费 = 140 000 + 8 000 = 148 000（元）
丙材料采购成本 = 买价 + 运输费 = 300 000 + 12 000 = 312 000（元）

应将乙、丙材料的采购成本由"在途物资"账户的贷方转入"原材料"账户的借方，以反映库存材料的增加，其会计分录为：

借：原材料——乙材料　　　　　　　　　　　　　　148 000
　　　　　——丙材料　　　　　　　　　　　　　　312 000
　　贷：在途物资——乙材料　　　　　　　　　　　　148 000
　　　　　　　——丙材料　　　　　　　　　　　　312 000

【例3-14】甲股份有限公司以银行存款归还前欠安泰公司的购料款183 500元。

该项经济业务一方面使企业前欠应付账款减少，应记入"应付账款"账户借方；另一方面引起企业银行存款减少，应记入"银行存款"账户贷方，其会计分录为：

借：应付账款——安泰公司　　　　　　　　　　　　183 500
　　贷：银行存款　　　　　　　　　　　　　　　　　183 500

材料也可以按计划成本核算。在材料采用计划成本核算时，材料的收发及结存，无论是总分类核算还是明细分类核算，均按照计划成本计价，材料实际成本和计划成本的差异，通过"材料成本差异"账户核算，并在会计期末计算材料成本差异率和发出材料应负担的差异额，以调整确定发出材料的实际成本。

二、购买固定资产

企业外购的固定资产，应按实际支付的购买价款、相关税费（不含符合规定可抵扣增值税销项税额的进项税额）、使固定资产达到预定可使用状态前所发生的可归属于该项资产的运输费、装卸费、安装费和专业人员服务费等，作为固定资产的取得成本。外购固定资产的核算，一般需设置"固定资产"、"在建工程"、"应交税费"等账户。

"固定资产"账户是资产类账户，用来核算企业持有的固定资产原价的增减变动及其结余情况。该账户的借方登记固定资产原价的增加，贷方登记固定资产原价的减少，期末余额在借方，表示期末固定资产的账面原价。企业应当设置"固定资产登记簿"和"固定资产卡片"，按固定资产类别、使用部门和每项固定资产进行明细核算。

"在建工程"账户是资产类账户，用来核算企业为进行固定资产建造、安装、技术改造等工程而发生的全部支出，并据以计算确定各该工程成本。该账户的借方登记各项工程的实际支出，贷方登记完工工程转出的成本，期末余额在借方，表示未完工程的成本。"在建工程"账户应按具体工程项目设置明细账，进行明细核算。

企业购买的固定资产，有的购买完成之后当即可投入使用，也就是当即达到预定可使用状态，因而可以立即形成固定资产，而有的固定资产购买后，需要经过安装、调试才可达到预定可使用状态。这两种情况在核算上是有区别的，下面分别举例介绍。

【例3-15】甲股份有限公司为生产应税产品购入一台不需要安装的设备，取得的增值税专用发票上注明的设备买价为100 000元，增值税税额为17 000元，支付采购费用800元。款项已全部用银行存款付讫。

购买的设备是不需要安装的，购买完成之后就意味着达到了预定可使用状态，在购买中发生的全部支出（买价和采购费）构成了该设备的取得成本，因此，该项经济业务的发生使公司的固定资产增加，应按其实际成本计入"固定资产"账户的借方。由于款项已全部支付，应记入"银行存款"账户的贷方，支付的增值税应记入"应交税费"账户的借方。会计分录为：

借：固定资产 100 800
　　应交税费——应交增值税（进项税额） 17 000
　贷：银行存款 117 800

【例3-16】甲股份有限公司为生产应税产品购入需要安装的机器设备一台，取得的增值税专用发票上注明的价款及增值税税额分别为80 000元及13 600元，相关采购费用共5 000元，货款及采购费用已以存款付讫。安装事宜由某安装公司进行，甲股份有限公司用银行存款支付5 200元安装费。

由于企业购入的设备是需要安装的，所支付的买价、包装费、运输费以及发生的安装费等均应通过"在建工程"科目核算，待安装完毕达到预定可使用状态时，再由"在建工程"科目转入"固定资产"科目。因此，在该经济业务发生后，应按实际支付的价款（买价、采购费和安装费）记入"在建工程"账户借方和"银行存款"账户的贷方，支付的增值税应记入"应交税费"账户的借方，其会计分录为：

在支付设备价款、税金及采购费时：
借：在建工程 85 000
　　应交税费——应交增值税（进项税额） 13 600
　贷：银行存款 98 600

在支付安装费时：
借：在建工程 5 200
　贷：银行存款 5 200

【例3-17】续上例，上述设备安装完毕达到预计可使用状态，结转固定资产成本。

在设备安装完成达到预定可使用状态时,按其实际成本(买价、采购费和安装费)借记"固定资产"账户,贷记"在建工程"账户,其会计分录为:

借:固定资产 90 200
  贷:在建工程 90 200

第三节 生产业务

生产业务是产品制造企业在生产过程中发生的主要经济业务,主要涉及领用材料、结算和支付工资、计算和计提福利费、计提固定资产折旧以及其他费用等。生产业务核算的主要内容为:核算和监督各项费用的发生,正确进行生产费用的归集和分配,计算产品生产总成本和单位成本,考核生产资金定额和成本计划的执行情况,促使企业不断降低生产成本,提高经济效益。

一、领用材料

企业常常因为产品生产、生产周转和设备维修保养而领用库存材料。该业务发生后,会计部门应采用相应方法确定发出材料的成本,并按照领用材料的用途、部门的不同进行材料费用的归集和分配,将发生的材料费用分别计入有关成本、费用账户。

(一)领用材料成本的确定

在按实际成本计价进行材料核算时,企业可选择采用个别计价法、先进先出法、月末一次加权平均法、移动加权平均法等方法确定发出材料的实际成本。

1. 个别计价法

个别计价法是当材料的实物流转与成本流转相一致时,通过逐一辨认各批发出材料和期末材料所属的购进批别,分别按照购入时所确定的单位成本计算各批发出材料和结存材料的成本的方法。其优点是成本计算准确,符合实际情况。但其使用有一定局限性。如果材料种类及数量多且价格经常变动,则采用此法较为麻烦,工作量大。所以,个别计价法通常只适用于种类及数量较少且单位价值较高的材料。

【例3-18】甲股份有限公司A材料有关资料如下：

1月1日：结存A材料500公斤，每公斤实际成本50元；

1月10日：购入A材料600公斤，每公斤实际成本60元；

1月18日：购入A材料600公斤，每公斤实际成本70元；

1月23日：购入A材料200公斤，每公斤实际成本80元；

1月11日：发出A材料800公斤；

1月20日：发出A材料700公斤。

经核查，1月11日发出的800公斤中属于1月1日和1月18日购进的各400公斤，1月20日发出的700公斤中属于1月10日购进的500公斤，属于1月23日购进的200公斤，则按个别计价法：

1月发出A材料实际成本 = 400×50 + 400×70 + 500×60 + 200×80
$$= 94\,000（元）$$

1月末A材料实际成本 = 100×50 + 100×60 + 200×70 = 25 000（元）

2. 先进先出法

先进先出法是以先取得的材料先发出为假设前提并据以确定发出材料成本的一种方法。其优点是可以随时结转材料发出成本。但如果材料收发业务较多且其单价不稳定，则工作量较大。

【例3-19】若沿用例3-18的资料，则在先进先出法下计算确定的本月发出和月末结存A材料的成本如下：

1月11日发出材料成本 = 500×50 + 300×60 = 43 000（元）

1月20日发出材料成本 = 300×60 + 400×70 = 46 000（元）

1月末库存材料成本 = 200×70 + 200×80 = 30 000（元）

3. 月末一次加权平均法

月末一次加权平均法是指以本月月初结存和本月取得材料的数量作为权数，去除本月月初结存和本月取得材料的成本，计算出材料的加权平均单位成本，以此为基础计算本月发出材料的成本和期末结存材料的成本的方法。采用此法只需要在月末一次计算加权平均单价，有利于简化成本计算工作，但由于平时无法从账上提供发出和结存材料的成本，不利于材料成本的日常管理和控制。

【例3-20】若沿用例3-18的资料，则在月末一次加权平均法下计算确定的本月发出和月末结存A材料的成本如下：

A 材料平均单位成本 =（25 000 + 36 000 + 42 000 + 16 000）/（500 + 600 + 600 + 200）= 62.63（元）

月末结存 A 材料成本 = 400 × 62.63 = 25 052（元）

本月发出 A 材料成本 = 25 000 + 94 000 − 25 052 = 93 948（元）

4. 移动加权平均法

移动加权平均法是指以每次取得材料的成本加上原有库存材料的成本，除以每次取得材料数量加上原有库存材料的数量，据以计算出加权平均成本，作为下次进货前计算各次发出材料成本依据的一种方法。采用此法能够及时反映存货的结存情况，计算结果比较客观。但由于每次进货都要计算一次平均单价，计算工作量较大。该方法具体运用同月末一次加权平均法基本相同，故不再举例说明。

（二）领用材料业务的账务处理

由于企业材料的日常领发业务频繁，为了简化日常核算工作，平时一般只登记材料明细分类账，反映各种材料的收发和结存金额，月末根据实际成本计价的发料凭证，按领用部门和用途，汇总编制"发料汇总表"，据以登记总分类账，进行材料发出的总分类核算。

根据"发料汇总表"，借记"生产成本"、"制造费用"、"销售费用"、"管理费用"、"在建工程"等账户，贷记"原材料"等账户。

"生产成本"是成本类账户，用以归集和分配产品生产过程中发生的各项费用，计算确定产品的生产成本。该账户的借方登记应记入产品生产成本的各项费用；贷方登记完工入库产成品的生产成本；期末若有借方余额，则表示尚未完工的在产品的成本。"生产成本"账户可按成本计算对象（如产品的品种等）设明细账，进行明细分类核算。

"制造费用"是成本类账户，用以归集和分配各生产车间（分厂）为组织和管理生产而发生的各项间接费用。该账户借方登记实际发生的各项制造费用；贷方登记期末应分配转入产品生产成本的费用；期末一般无余额。"制造费用"账户应按不同的生产车间（分厂）设置明细账，进行明细分类核算。

"管理费用"是损益类账户，用以核算和监督企业（公司）行政管理部门为管理和组织生产经营活动而发生的各项费用。该账户借方登记实际发生的各项管理费用，贷方登记期末结转到"本年利润"的数额，期末结转后应无余额。"管理费用"账户应按费用项目设置明细账，进行明细分类核算。

"销售费用"账户的性质与结构见本章第四节的相关介绍。

【例3-21】甲股份有限公司某月发出材料汇总表如表3-1所示。

表3-1　　　　　　　　　　材料发出汇总表

项目	甲材料		乙材料		丙材料		合计	
	数量（吨）	金额（元）	数量（吨）	金额（元）	数量（吨）	金额（元）	数量（吨）	金额（元）
制造A产品耗用	50	79 000	40	59 200	80	166 400		304 600
制造B产品耗用	60	94 800	50	74 000	70	145 600		314 400
小计	110	173 800	90	133 200	150	312 000		619 000
车间一般耗用	5	7 900						7 900
管理部门领用	—	—	5	7 400	—	—		7 400
合计	115	181 700	95	140 600	150	312 000		634 300

该项经济业务一方面使企业库存原材料减少634 300元，应记入"原材料"账户的贷方；另一方面使企业耗用的材料费用增加634 300元，应分别记入有关成本、费用账户的借方，其中直接用于产品生产的，记入"生产成本"账户；车间一般耗用的，记入"制造费用"账户；企业管理部门领用的，记入"管理费用"账户，其会计分录为：

借：生产成本——A产品　　　　　　　　　　　　　　304 600
　　　　　　——B产品　　　　　　　　　　　　　　314 400
　　制造费用　　　　　　　　　　　　　　　　　　　7 900
　　管理费用　　　　　　　　　　　　　　　　　　　7 400
　　贷：原材料——甲材料　　　　　　　　　　　　　181 700
　　　　　　　——乙材料　　　　　　　　　　　　　140 600
　　　　　　　——丙材料　　　　　　　　　　　　　312 000

二、职工薪酬

所谓职工薪酬是指企业为获得职工提供的服务而给予各种形式的报酬以及其他相关支出,主要包括职工工资、奖金、津贴和补贴、福利费、各种保险费、工会经费、职工教育费、非货币福利及辞退福利等。职工薪酬作为企业的一项支出,在实际发生时根据职工提供服务的受益对象的不同,分别形成企业的费用成本或应计入有关资产的成本:应由生产产品、提供劳务负担的职工薪酬,计入产品成本或劳务成本;应由在建工程、无形资产负担的职工薪酬,计入建造固定资产成本或无形资产研发支出;其他的职工薪酬一般计入当期损益。

在对职工薪酬进行会计核算时,应根据工资结算汇总表或按月编制的职工薪酬分配表登记有关成本、费用账户及专设的"应付职工薪酬"账户。"应付职工薪酬"是负债类账户,用以核算和监督企业应付职工各种薪酬总额与实际发放情况。该账户贷方登记应计入成本、费用的应付职工薪酬;借方登记实际已经支付的职工薪酬;期末如有贷方余额,表示应付而未付的职工薪酬。"应付职工薪酬"账户可以按照"工资"、"职工福利"、"社会保险费"等进行明细核算。

【例3-22】甲股份有限公司某月应付职工工资总额103 000元,工资费用分配汇总表列示:制造A产品工人工资32 000元;制造B产品工人工资48 000元;车间管理人员工资8 000元;企业管理人员工资15 000元。

该项经济业务一方面使企业应付职工工资增加103 000元,应记入"应付职工薪酬"账户的贷方;另一方面使企业耗用的人工费用增加103 000元,应分别记入有关成本、费用账户的借方,其中:生产工人工资应记入"生产成本"账户;车间管理人员工资应记入"制造费用"账户;企业管理人员工资应记入"管理费用"账户,其会计分录为:

借:生产成本——A商品　　　　　　　　　　　　　32 000
　　　　　——B商品　　　　　　　　　　　　　　48 000
　　制造费用　　　　　　　　　　　　　　　　　　8 000
　　管理费用　　　　　　　　　　　　　　　　　　15 000
　　贷:应付职工薪酬——工资　　　　　　　　　　103 000

【例3-23】续上例,从银行提取现金103 000元,准备发放工资。

该项经济业务一方面使企业的库存现金增加103 000元,应记入"库存现金"账户的借方;另一方面使企业的银行存款减少103 000元,应记入"银行

存款"账户的贷方,其会计分录为:

  借:库存现金   103 000
    贷:银行存款   103 000

【例3-24】续上例,以库存现金103 000元发放工资。

  该项经济业务一方面使企业的库存现金减少103 000元,应记入"库存现金"账户的贷方;另一方面使应付职工工资减少103 000元,应记入"应付职工薪酬"账户的借方,其会计分录为:

  借:应付职工薪酬——工资   103 000
    贷:库存现金   103 000

【例3-25】续上例,甲股份有限公司按职工工资总额的一定比例计提提取职工福利费(假定比例为10%)、社会保险费(如医疗保险、养老保险、失业保险等,假定比例为18%)、住房公积金(假定比例为10%)、工会经费(假定比例为2%)和职工教育费(假定比例为2%)。具体计提数额和应列支渠道如下:

  应计提职工福利费:$103\,000 \times 10\% = 10\,300$(元)
  应计提社会保险费:$103\,000 \times 18\% = 18\,540$(元)
  应计提住房公积金:$103\,000 \times 10\% = 10\,300$(元)
  应计提工会经费:$103\,000 \times 2\% = 2\,060$(元)
  应计提职工教育费:$103\,000 \times 2\% = 2\,060$(元)
  A产品应负担数额:$32\,000 \times 42\% = 13\,440$(元)
  B产品应负担数额:$48\,000 \times 42\% = 20\,160$(元)
  生产车间应负担数额:$8\,000 \times 42\% = 3\,360$(元)
  企业管理部门应负担数额:$15\,000 \times 42\% = 6\,300$(元)

  该项经济业务一方面使企业应付的职工薪酬(如职工福利费、社会保险费、住房公积金、工会经费和职工教育费等)增加43 260元,应记入"应付职工薪酬"账户的贷方;另一方面使生产经营过程中耗用的人工费用也增加43 260元,应分别计入有关成本、费用账户的借方,其中:属于生产A、B产品生产工人工资的相应比例计提的记入"生产成本"账户;属于车间管理人员工资相应比例计提的记入"制造费用"账户;属于企业管理人员的工资相应比例计提的记入"管理费用"账户,其会计分录为:

  借:生产成本——A商品   13 440
      ——B商品   20 160
    制造费用   3 360

　　　　管理费用　　　　　　　　　　　　　　　　　　6 300
　　　　　贷：应付职工薪酬——职工福利费　　　　　　10 300
　　　　　　　　　　　　——社会保险费　　　　　　　18 540
　　　　　　　　　　　　——住房公积金　　　　　　　10 300
　　　　　　　　　　　　——工会经费　　　　　　　　 2 060
　　　　　　　　　　　　——职工教育费　　　　　　　 2 060

上例计提的社会保险费、住房公积金及工会经费在实际上交给保险机构、住房公积金管理机构，或拨付工会组织时，借记"应付职工薪酬（社会保险费、住房公积金、工会经费）"账户，贷记"银行存款"等账户；在实际使用计提的职工福利费和职工教育费时，借记"应付职工薪酬（职工福利费、职工教育费）"账户，贷记"银行存款"等账户；"应付职工薪酬"下属的"职工福利费"和"职工教育费"两个明细账户年末不得留有余额，当年计提的职工福利费和职工教育费如果有结余，则应在年末按原计提途径冲回，举例略。

三、固定资产折旧

（一）固定资产折旧的定义及影响因素

1. 固定资产折旧的定义

折旧是指在固定资产的使用寿命内，按照确定的方法对应计折旧额进行的系统分摊。应计折旧额是指应当计提折旧的固定资产的原价扣除其预计净残值后的余额。如果已对固定资产计提减值准备，还应当扣除已计提的固定资产减值准备的累计金额。

2. 影响固定资产折旧的因素

影响固定资产折旧的因素主要有以下几个方面：

（1）固定资产原价，即固定资产的初始取得成本（或入账价值）。

（2）预计净残值，即假定固定资产预计使用寿命已满并处于使用寿命终了时的预期状态，企业目前从该项资产处置中获得的扣除预计处置费用后的金额。

（3）固定资产减值准备，即固定资产已计提的固定资产减值准备累计金额。固定资产计提减值准备后，应当在剩余使用寿命内根据调整后的固定资产账面价值（固定资产账面余额扣减累计折旧和累计减值准备后的金额）和预计净残值重新计算确定折旧率和折旧额。

(4) 固定资产的使用寿命，即企业使用固定资产的预计期间，或者该固定资产所能生产产品或提供劳务的数量。

(二) 固定资产折旧计提范围

企业应当对所有的固定资产计提折旧，但是，已提足折旧仍继续使用的固定资产和单独计价入账的土地除外。在确定计提折旧的范围时还应注意以下几点：

(1) 固定资产应当按月计提折旧，并根据用途计入相关资产的成本或者当期损益。当月增加的固定资产，当月不计提折旧，从下月起计提折旧；当月减少的固定资产，当月仍计提折旧，从下月起不计提折旧。

(2) 固定资产提足折旧后，不论能否继续使用，均不再计提折旧，提前报废的固定资产也不再补提折旧。所谓提足折旧是指已经提足该项固定资产的应计折旧额。

(3) 已达到预定可使用状态但尚未办理竣工决算的固定资产，应当按照估计价值确定其成本，并计提折旧；待办理竣工决算后再按实际成本调整原来的暂估价值，但不需要调整原已计提的折旧额。

(三) 固定资产折旧方法

企业应当根据与固定资产有关的经济利益的预期实现方式，合理选择折旧方法。可选用的折旧方法包括年限平均法、工作量法、双倍余额递减法和年数总和法等。企业选用不同的固定资产折旧方法，将影响固定资产使用寿命期间内不同时期的折旧费用，因此，固定资产的折旧方法一经确定，不得随意变更。

1. 年限平均法

年限平均法又称直线法，是指将固定资产的应计折旧额均衡地分摊到固定资产预计使用寿命内的一种方法。采用这种方法计算的每期折旧额均相等。计算公式如下：

$$年折旧率 = \frac{1-预计净残值率}{预计使用寿命（年）} \times 100\%$$

$$月折旧率 = 年折旧率 \div 12$$

$$月折旧额 = 固定资产原价 \times 月折旧率$$

【例 3-26】甲股份有限公司的一栋楼房原价为 1 000 000 元，预计净残值率为 2%，预计使用寿命为 40 年，假设该公司没有对该楼房计提减值准备。

则该楼房的月折旧额计算如下：

年折旧额 = 1 000 000 × （1 - 2%）/40 = 24 500（元）

月折旧额 = 24 500 ÷ 12 = 2 041.67（元）

2. 工作量法

工作量法是根据实际工作量计算每期应提折旧额的一种方法。计算公式如下：

单位工作量折旧额 = 固定资产原价 × （1 - 预计净残值率）/预计总工作量

某项固定资产月折旧额 = 该项固定资产当月实际工作量 × 单位工作量折旧额

【例3-27】甲股份有限公司的一台机器设备原价为800 000元，预计生产产品产量为4 000 000个，预计净残值率为5%，本月生产产品10 000件；假设该公司没有对该机器设备计提减值准备。则该台机器设备的本月折旧额计算如下：

单个产量折旧额 = 800 000 × （1 - 5%）/4000 000 = 0.19（元/件）

本月折旧额 = 10 000 × 0.19 = 1 900（元）

3. 双倍余额递减法

双倍余额递减法是指在不考虑固定资产预计净残值的情况下，根据每期期初固定资产原价减去累计折旧后的余额和双倍的直线法折旧率计算固定资产折旧的一种方法。计算公式如下：

年折旧率 = 2/预计使用寿命（年）× 100%

月折旧率 = 年折旧率 ÷ 12

月折旧额 = 每月月初固定资产账面净值 × 月折旧率

由于每年年初固定资产净值没有扣除预计净残值，因此，在应用这种方法计算折旧额时，应避免使固定资产的账面折余价值降低到其预计净残值以下，其避免的方法是对实行双倍余额递减法计算折旧的固定资产，应在其折旧年限到期前两年内，将固定资产净值扣除预计净残值后的余额平均摊销。

【例3-28】甲股份有限公司某项设备原价为1 200 000元，预计使用寿命为五年，预计净残值率为4%。假设该公司没有对该机器设备计提减值准备。该公司按双倍余额递减法计算折旧，则每年折旧额计算如下：

年折旧率 = 2/5 × 100% = 40%

第一年应提的折旧额 = 1 200 000 × 40% = 480 000（元）

第二年应提的折旧额 = （1 200 000 - 480 000）× 40% = 288 000（元）

第三年应提的折旧额 = （1 200 000 - 480 000 - 288 000）× 40% = 172 800（元）

从第四年起改按年限平均法（直线法）计提折旧：

第四、五年应提折旧额

= （1 200 000 - 480 000 - 288 000 - 172 800 - 1 200 000 × 4%）÷ 2

= 105 600（元）

4. 年数总和法

年数总和法，又称年限合计法，是将固定资产的原价减去预计净残值的余额乘以一个以固定资产尚可使用寿命为分子、以预计使用寿命逐年的年数之和为分母的逐年递减的分数计算每年的折旧额。计算公式如下：

年折旧率 = 尚可使用年限/预计使用寿命的年数总和 × 100%

月折旧率 = 年折旧率 ÷ 12

月折旧额 =（固定资产原价 - 预计净残值）× 月折旧率

【例3-29】某数控机床原价为1 080 000元，预计使用年限为四年，净残值为原价的6%，采用年数总和法计算的各年折旧额如表3-2所示。

表3-2　　　　　　　　　　折旧的计算表　　　　　　　金额单位：元

年份	尚可使用年限	原价-净残值	年折旧率	每年折旧额	累计折旧
第一年	4	1 015 200	4/10	406 080	406 080
第二年	3	1 015 200	3/10	304 560	710 640
第三年	2	1 015 200	2/10	203 040	913 680
第四年	1	1 015 200	1/10	101 520	1 015 200

双倍余额递减法与年数总和都属于加速折旧法，其特点是在固定的资产使用的早期多提折旧，后期少提折旧，其递减的速度逐年加快，从而相对加快折旧的速度，目的是使固定资产成本在估计使用寿命内加快得到补偿，特别适合技术更新速度快的高新技术行业。

（四）固定资产折旧的账务处理

固定资产应当按月计提折旧，计提的折旧应通过"累计折旧"科目核算，并根据谁受益，谁承担的原则，计入相关资产的成本或者当期损益。一般情况下，企业基本生产车间所使用的固定资产，其计提的折旧应计入制造费用；管理部门所使用的固定资产，其计提的折旧应计入管理费用；销售部门所使用的固定资产，其计提的折旧应计入销售费用；自行建造固定资产过程中使用的固定资产，其计提的折旧应计入在建工程成本；经营租出的固定资产，其计提的折旧额应计入其他业务成本。

企业固定资产价值的增加和减少,是通过设置"固定资产"账户来核算的。该账户的借方登记固定资产的增加,贷方登记固定资产的减少,期末借方余额表示企业期末持有的固定资产的原始价值总额。由于固定资产的减少客观上存在两种不同的情况:一是因固定资产实物形态的减少(如出售、毁损、报废等)而使得企业固定资产价值减少;二是固定资产实物形态不变但其价值减少(如折旧原因形成的减少)。基于此,在会计上,通过设置"累计折旧"账户来专门记录企业累计提取的固定资产折旧数,该账户贷方登记企业提取的固定资产折旧,借方登记因固定资产退出企业而对其已提累计折旧的冲销数,贷方余额表示期末持有固定资产的累积折旧总额。同一会计期末,"固定资产"账户的期末借方余额与"累计折旧"账户的期末贷方余额之间的差额,即为固定资产的净值。由于"累计折旧"账户期末余额所代表的累计折旧数额,总是以"抵减"的方式来调整"固定资产"账户期末余额所代表的固定资产原始价值数量,以求得固定资产的净值,因此,"累计折旧"账户在会计实务中被称为"固定资产"账户的"抵减调整账户"。同时,会计上还根据"固定资产原始价值－累计折旧＝固定资产净值"的原理,利用"固定资产"账户与"累计折旧"账户的"抵减"关系,来完整地反映固定资产的变动及其净值。

【例3-30】甲股份有限公司经计算汇总,本期应计提固定资产折旧25 260元,其中:车间使用固定资产折旧16 260元,公司管理部门使用固定资产折旧9 000元。

该项经济业务一方面使固定资产折旧增加,应记入"累计折旧"账户的贷方;另一方面折旧费作为生产经营过程中的一项耗费,应分别记入有关成本、费用账户的借方,其中,生产车间固定资产折旧应记入"制造费用"账户;企业管理部门固定资产折旧应记入"管理费用"账户,其会计分录为:

借:制造费用　　　　　　　　　　　　　　　　　　16 260
　　管理费用　　　　　　　　　　　　　　　　　　　9 000
　　贷:累计折旧　　　　　　　　　　　　　　　　　25 260

四、制造费用的归集与分配

(一)制造费用的归集

制造费用是产品制造企业为了生产产品和提供劳务而发生的各种间接费

用，譬如，基本生产车间管理人员的工资及福利费、车间用固定资产的折旧费、车间生产使用的水电费、办公费、运输费和劳动保护费等。在生产多种产品的企业里，制造费用在发生时一般无法直接判断其应归属的成本核算对象，因而不能直接计入所生产的产品成本中，必须将发生的各项费用先在专门设置的"制造费用"账户中予以归集、汇总，然后于期末选用一定的标准（如生产工人工资、产品生产工时等）在各种产品之间进行分配，以便准确地确定各种产品应负担的制造费用。

【例 3-31】甲股份有限公司以银行存款支付生产车间办公费 1 200 元、水电费 1 300 元。

该项经济业务一方面使制造费用增加 2 500 元，应记入"制造费用"账户；另一方面企业用银行存款支付上述费用，应记入"银行存款"账户的贷方，其会计分录为：

借：制造费用——办公费　　　　　　　　　　　　　　1 200
　　　　　　——水电费　　　　　　　　　　　　　　1 300
　　贷：银行存款　　　　　　　　　　　　　　　　　2 500

【例 3-32】甲股份有限公司用银行存款支付车间劳动保护费 1 500 元。

该项经济业务的发生，一方面使制造费用增加了 1 500 元，应记入"制造费用"账户的借方；另一方面使企业的银行存款减少 1 500 元，应记入"银行存款"账户的贷方，其会计分录为：

借：制造费用——劳动保护费　　　　　　　　　　　　1 500
　　贷：银行存款　　　　　　　　　　　　　　　　　1 500

【例 3-33】甲股份有限公司用银行存款支付车间租入固定资产的租金 1 000 元。

该项经济业务一方面使企业银行存款减少 1 000 元，应记入"银行存款"账户的贷方；另一方面使生产车间应负担的租金支出增加 1 000 元，应记入"制造费用"账户的借方，其会计分录为：

借：制造费用——租金支出　　　　　　　　　　　　　1 000
　　贷：银行存款　　　　　　　　　　　　　　　　　1 000

【例 3-34】甲股份有限公司用银行存款支付车间保险费 1 000 元。

该项经济业务一方面使车间的保险费增加了 1 000 元，应记入"制造费用"账户的借方；另一方面使企业的银行存款减少了 1 000 元，应记入"银行存款"账户的贷方，其会计分录为：

借：制造费用——保险费　　　　　　　　　　　　　　　　　　1 000
　　贷：银行存款　　　　　　　　　　　　　　　　　　　　　　　1 000

（二）制造费用的分配

会计核算部门应在期末将归集的制造费用总额按一定的标准在生产的产品之间进行分配，以便计算出生产成本。制造费用的分配标准有多种，如按产品的生产工时、机器工时、生产工人工资等。

【例3-35】甲股份有限公司期末将本期发生的制造费用41 520元（系例3-21至例3-34涉及的制造费用的合计）分配转入产品的生产成本。

假设本例按产品生产工人工资（见前例3-22）为标准进行分配，分配过程如下：

$$制造费用分配率 = \frac{制造费用总额}{生产工人工资合计} = \frac{41\ 520}{32\ 000 + 48\ 000} = 0.519（元）$$

A 商品应负担制造费用 = 32 000 × 0.519 = 16 608（元）
B 商品应负担制造费用 = 48 000 × 0.519 = 24 912（元）

根据分配结果，将 A、B 产品应负担的制造费用记入"生产成本"账户的借方，同时，将已分配结转的制造费用记入"制造费用"账户的贷方，会计分录为：

借：生产成本——A 产品　　　　　　　　　　　　　　　　　16 608
　　　　　　——B 产品　　　　　　　　　　　　　　　　　24 912
　　贷：制造费用　　　　　　　　　　　　　　　　　　　　　41 520

五、完工产品成本的计算与结转

成本计算是会计核算的主要内容之一。进行产品成本的计算就是将企业生产过程中为制造产品所发生的各项费用按照所生产产品的品种、类别等（即成本计算对象）进行归集和分配，以便及时反映各种产品的总成本和单位成本。

企业应按成本计算对象设置生产成本总分类账及所属明细分类账，用来归集应计入产品成本的各项费用。产品在生产过程中发生的各项费用归集、分配完成后，到了会计期末，如果该产品全部完工，则归集、分配的生产费用总额就是该产品的生产总成本，除以其完工数量即可计算出产品的单位成本；如果该产品全部没有完工，则归集、分配的生产费用总额为其期末在产品成本；如果该产品有一部分完工，另一部分未完工，则需将归集、分配的生产费用总额采用适当的方法在完工产品和期末在产品之间进行分配，以分别计算出完工产品和期末在产品的成本。产品在完工验收入库时，会计核算部门应根据成本计算结果编制"完工产品成本计算单"，并将完工产品成本由"生产成本"账户结转记入"库存商品"账户。

"库存商品"属于资产类账户，用以核算和监督企业库存商品实际成本的增减变动及其结存情况。该账户借方登记验收入库的商品的实际成本；贷方登记发出商品的实际成本；期末余额在借方，表示库存商品的实际成本。"库存商品"账户应按商品的种类、品种和规格设置明细账，进行明细分类核算。

【例3-36】甲股份有限公司期末计算并结转完工入库A、B产品的实际生产成本。

在前面所举例题中，已将A、B产品在生产过程中耗用的直接材料、直接人工和制造费用分别归集、分配到"生产成本"账户中去了，根据归集、分配的结果可登记A、B两产品的"生产成本明细账"，如表3-3、表3-4所示。

表3-3　　　　　　　　　　　生产成本明细账
商品名称：A产品　　　　　　　　　　　　　　　　　　　　　　单位：元

2000年		凭证字号	摘要	借方（成本项目）				贷方	余额
月	日			直接材料	直接人工	制造费用	合计		
略	略	略	期初余额						0
			生产领用材料	304 600			304 600		304 600
			生产工人工资		32 000		32 000		336 600
			生产工人福利费等		13 440		4 480		341 080
			分配转入制造费用			16 608	16 608		357 688
			生产费用合计	304 600	45 440	16 608	366 648		366 648
			结转完工产品成本（100件）					366 648	0
			期末在产品成本						0

表3-4　　　　　　　　　　　　生产成本明细账
商品名称：B产品　　　　　　　　　　　　　　　　　　　　　　　　单位：元

2000年		凭证字号	摘要	借方（成本项目）				贷方	余额
月	日			直接材料	直接人工	制造费用	合计		
略	略	略	期初余额						0
			生产领用材料	314 400			314 400		314 400
			生产工人工资		48 000		48 000		362 400
			生产工人福利费等		20 160	6 720			369 120
			分配转入制造费用			24 912	24 912		394 042
			生产费用合计	314 400	68 160	24 912	407 472		407 472
			结转完工产品成本（120件）					407 472	0
			期末在产品成本						0

本例假设 A、B 两种产品期末全部完工，其中 A 产品完工数量为 100 件，B 产品完工数量为 120 件。根据以上资料，编制"完工产品成本计算单"，如表 3-5 所示。

表3-5　　　　　　　　　　　完工产品成本计算单　　　　　　　　　　单位：元

成本项目	A产品（100件）		B产品（120件）	
	总成本	单位成本	总成本	单位成本
直接材料	304 600	3 046	314 400	2 620
直接人工	45 440	454.4	68 160	568
制造费用	16 608	166.08	24 912	207.6
产品生产成本	366 648	3 666.48	407 472	3 395.6

产品在完工入库后，应进行成本结转，即将完工产品生产成本由"生产成本"账户的贷方转入"库存商品"账户的借方，会计分录为：

借：库存商品——A 产品　　　　　　　　　　　　　　　　366 648
　　　　　　——B 产品　　　　　　　　　　　　　　　　407 472
　　贷：生产成本——A 产品　　　　　　　　　　　　　　　　366 648
　　　　　　——B 产品　　　　　　　　　　　　　　　　407 472

第四节　销售业务

销售业务是企业在销售过程中发生的主要经济业务。在销售过程中，企业要将商品及时地销售出去并收回货款以补偿在商品上的资金耗费。因此，销售过程是资金周转中的重要过程。企业在销售过程中除了发生销售商品、自制半成品以及提供工业性劳务的业务，即主营销售业务外，还可能发生其他销售业务，如销售材料、出租固定资产、包装物等。

一、商品销售

（一）商品销售收入的确认

正确地确认商品销售收入是销售业务核算的关键，在《企业会计准则——收入》中明确规定，企业应在以下五项条件同时具备时确认商品销售收入。

1. 企业已将商品所有权上的主要风险和报酬转移给购货方

企业已将商品所有权上的主要风险和报酬转移给购货方，是指与商品所有权有关的主要风险和报酬同时转移。与商品所有权有关的风险，是指商品可能发生减值或毁损等形成的损失；与商品所有权有关的报酬，是指商品价值增值或通过使用商品等形成的经济利益。如果一项商品发生的任何损失都不需要本企业来承担，带来的经济利益也不归属本企业所有，那么就意味着这项商品所有权上的主要风险和报酬已经转移给购货方，即商品的销售实际上已经基本实现了。

判断企业是否已将商品所有权上的主要风险和报酬转移给购货方，应当关注交易的实质而不是形式，并结合所有权凭证的转移或实物的交付进行判断。

（1）通常情况下，转移商品所有权凭证并交付实物后，商品所有权上的主要风险和报酬随之转移，如大多数零售商品。一般情况下，销售方已开具销售发票并已将其与提货单等所有权凭证交给购买方的同时，即意味着将商品所有权上的风险和报酬转移给了购买方。

(2) 某些情况下，转移商品所有权凭证但并未交付实物，商品所有权上的主要风险和报酬随之转移，企业只保留了次要风险和报酬，如交款提货方式销售商品。在这种情况下应运用实质重于形式的原则进行判断。

2. 企业既没有保留通常与所有权相联系的继续管理权，也没有对已售出的商品实施有效控制

譬如某房地产企业 A 将尚待开发的土地销售给 B 企业，合同规定由 A 企业开发这片土地，开发的土地出售后，利润由 A、B 两企业按一定比例分配。该项交易的实质并非销售土地，而是 A、B 两企业共同对该项土地的开发进行投资，并共享利润。这说明，A 企业仍保留了与该土地所有权相联系的继续管理权，并对已出售的土地继续实施控制。A 企业在出售土地时，不能确认收入。但如果企业对出售的商品仅保留了与所有权无关的管理权，则不受本条件的限制。譬如，某房地产企业将开发的房地产出售后，保留了对该房地产的物业管理权。企业提供的物业管理应视为一个单独的劳务合同，有关收入应确认为劳务收入。因此，该房地产的物业管理权与房地产的所有权无关，房地产销售成立。

3. 与经济交易相关的经济利益很可能流入企业

相关的经济利益很可能流入企业，是指销售商品价款收回的可能性大于不能收回的可能性。

企业在确定销售商品价款能否收回时，应当结合以前和买方交往的直接经验、政府的有关政策、其他方面取得的信息等因素，进行综合判断。譬如，企业根据以前与买方交往的直接经验判断买方信誉较差，或在销售时得知买方在另一项交易中发生了巨额亏损，资金周转十分困难，或在出口商品时不能肯定进口企业所在国政府是否允许将款项汇出等。在这些情况下，企业应推迟确认收入，直至这些不确定因素消除。

企业在确定销售商品价款收回的可能性时，应当进行定性分析。如果确定销售商品价款收回的可能性大于不能收回的可能性，则即可认为销售商品价款很可能流入企业。通常情况下，企业销售的商品符合合同或协议要求，已将发票账单交付买方，买方承诺付款，就表明销售商品价款收回的可能性大于不能收回的可能性。如果企业判断销售商品价款不是很可能流入企业，则应当提供确凿的证据。

4. 收入的金额能够可靠地计量

收入的金额能够可靠地计量，是指收入的金额能够合理地估计。收入的金额不能够合理估计就无法确认收入。企业在销售商品时，商品销售价格通常已

经确定。但是,由于销售商品过程中某些不确定因素的影响,也有可能存在商品销售价格发生变动的情况。在这种情况下,新的商品销售价格未确定前通常不应确认销售商品收入。

5. 相关的已发生或将发生的成本能够可靠地计量

一般情况下,销售商品收入在满足其他确认条件时,相关的已发生或将发生的成本通常能够合理地估计,如库存商品的成本、商品运输费用等。但不排除存在相关的已发生或将发生的成本不能够合理地估计情形,如甲公司与乙公司签订协议,约定甲公司生产并向乙公司销售某型号机床。限于自身生产能力不足,甲公司将该重型机床的某一主要部件外包给丙公司生产。甲公司与乙公司签订的协议约定,丙公司生产该主要部件发生的成本经甲公司认定后,然后由甲公司按其认定成本金额的110%支付给丙公司的款项。假定甲公司本身负责的部件生产任务和丙公司负责的部件生产任务均已完成,并由甲公司组装后运抵乙公司,乙公司验收合格后及时支付了货款。但是,由于丙公司尚未将由其负责的部件相关的成本资料交付甲公司认定,甲公司无法确定交付乙公司某型号机床的成本,因此,甲公司在收到货款时,本条件不完全具备,不应确认为收入,而应将收到的货款确认为一项负债。

(二)商品销售的账务处理

本节主要介绍销售收入及销售成本的基本账务处理,有关销售税费的处理在下章具体介绍。

【例3-37】甲股份有限公司向光明公司销售A商品50件,每件售价5 000元,计货款250 000元,增值税42 500元,上述款项已收到并存入银行。

该项经济业务一方面使银行存款增加292 500元,应记入"银行存款"账户的借方;另一方面使商品销售收入增加250 000元,应记入"主营业务收入"账户的贷方,同时,增值税的销项税额42 500元应记入"应交税费"账户的贷方,其会计分录为:

借:银行存款　　　　　　　　　　　　　　　　　　　292 500
　　贷:主营业务收入——A商品　　　　　　　　　　　250 000
　　　　应交税费——应交增值税(销项税额)　　　　　42 500

"主营业务收入"账户是损益类账户,用以核算和监督企业因销售商品、提供劳务等主营业务所实现的收入。该账户核算的主要内容和基本结构如下:贷方登记企业销售商品、提供劳务实现的收入;借方主要登记期末应转入"本年利润"账户的数额;期末结转后本账户应无余额。"主营业务收入"账户应按销售商品的类别或品种设置明细账,进行明细分类核算。

【例 3-38】 甲股份有限公司向兴亚公司销售 B 商品 100 件,每件售价 4 500 元,计货款 450 000 元,增值税 76 500 元,上述款项尚未收到。

该项经济业务一方面使商品销售收入增加 450 000 元,应记入"主营业务收入"账户的贷方,增值税销项税额 76 500 元,应记入"应交税费"账户的贷方;另一方面由于款项尚未实际收到,引起企业应收账款增加 526 500 元,应记入"应收账款"账户的借方,其会计分录为:

借:应收账款——兴亚公司　　　　　　　　　　　　526 500
　　贷:主营业务收入——B 商品　　　　　　　　　　450 000
　　　　应交税费——应交增值税(销项税额)　　　　76 500

【例 3-39】 续上例,期末结转本期已销售商品的生产成本。

本期销售的商品不一定都是本期生产的,而不同会计期间生产的同一种商品的单位生产成本可能不相同。因此,要计算本期销售商品的生产成本,就必须采用相应的方法,如可采用先进先出法、加权平均法等(这些方法在前面发出材料成本的计算时已作具体介绍),本例假定已销售的 A 商品生产成本为 178 844 元,已销售的 B 商品生产成本为 328 360 元。该项经济业务一方面引起已销售商品生产成本的增加,应将其记入"主营业务成本"账户的借方;另一方面引起库存商品的减少,因此,应将其记入"库存商品"账户的贷方,其会计分录为:

借:主营业务成本 ——A 商品　　　　　　　　　　178 844
　　　　　　　　　——B 商品　　　　　　　　　　328 360
　　贷:库存商品——A 商品　　　　　　　　　　　　178 844
　　　　　　　　——B 商品　　　　　　　　　　　　328 360

"主营业务成本"账户是损益类账户,用以核算和监督企业已销售商品、提供劳务等主营业务的实际成本。该账户的借方登记已销售商品、提供劳务的实际成本;贷方主要登记期末转入"本年利润"账户的数额;期末结转后本账户应无余额。"主营业务成本"账户也应按商品类别或品种设置明细账,进行明细分类核算。

二、其他销售

企业在日常活动中还可能发生对外销售材料、包装物等其他销售业务。其他销售业务收入的确认和计量原则比照商品销售,其实现的收入作为其他业务收入处理,结转的相关成本作为其他业务成本处理。

"其他业务收入"账户是损益类账户,用以核算和监督企业主营业务以外的其他业务活动所实现的收入,如材料销售收入、出租固定资产、无形资产、包装物的租金收入等。该账户贷方登记取得的其他业务收入;借方登记期末转入"本年利润"账户的数额;在期末结转后,本账户应无余额。"其他业务收入"账户应按其他业务的类别设置明细账,进行明细分类核算。

"其他业务成本"账户是损益类账户,用以核算和监督企业主营业务以外的其他业务活动所发生的支出,包括销售材料的成本、出租固定资产的折旧额、出租无形资产的摊销额等。该账户借方登记企业发生的其他业务支出数;贷方登记期末转入"本年利润"账户的数额;期末结转后本账户应无余额。"其他业务成本"账户应按其他业务的类别设置明细账,进行明细分类核算。

【例3-40】甲股份有限公司出售多余甲材料一批,货款5 000元,增值税850元,款项收到并存入银行。出售甲材料的成本为4 500元。

该项经济业务一方面使银行存款增加5 850元,应记入"银行存款"账户的借方;另一方面引起材料销售收入增加5 000元,应记入"其他业务收入"账户的贷方,增值税销项税850元,应记入"应交税费"账户的贷方,其会计分录为:

借:银行存款　　　　　　　　　　　　　　　　　　　　　5 850
　　贷:其他业务收入——材料销售　　　　　　　　　　　　5 000
　　　　应交税费——应交增值税(销项税额)　　　　　　　　850

一方面,企业出售材料后会引起库存原材料的减少,所以,应按其成本记入"原材料"账户的贷方;另一方面,该项业务的发生表明已销售材料的实际成本增加,应记入"其他业务成本"账户的借方,其会计分录为:

借:其他业务成本——材料销售　　　　　　　　　　　　　4 500
　　贷:原材料——甲材料　　　　　　　　　　　　　　　　4 500

【例3-41】甲股份有限公司按约定收到三阳公司以经营租赁方式租借的固定资产的租金10 000元存入银行。

该项经济业务一方面使银行存款增加10 000元,应记入"银行存款"账户的借方;另一方面引起租金收入增加10 000元,应记入"其他业务收入"账户的贷方,其会计分录为:

借:银行存款　　　　　　　　　　　　　　　　　　　　　10 000
　　贷:其他业务收入——租金收入　　　　　　　　　　　　10 000

三、劳务提供

企业提供劳务的种类很多,如旅游、运输(包括交通运输、民航运输等)、饮食、广告、美容美发、照相、咨询、代理、培训、产品安装等。

企业对外提供劳务,如属于企业的主营业务,所实现的收入应作为主营业务收入处理,结转的相关成本应作为主营业务成本处理;如果属于主营业务以外的其他经营活动,则所实现的收入应作为其他业务收入处理,结转的相关成本应作为其他业务成本处理。企业对外提供劳务发生的支出一般先通过"劳务成本"账户予以归集,待确认为费用时,再由"劳务成本"账户转入"主营业务成本"或"其他业务成本"账户。其基本的会计核算可区别以下两种情况:

(一)提供劳务交易结果能够可靠估计

1. 提供劳务交易结果能够可靠估计的条件

(1)收入的金额能够可靠地计量。

收入的金额能够可靠地计量,是指提供劳务收入的总额能够合理地估计。通常情况下,企业应当按照从接受劳务方已收或应收的合同或协议价款确定提供劳务收入总额。随着劳务的不断提供,可能会根据实际情况增加或减少已收或应收的合同或协议价款,此时,企业应及时调整提供劳务收入总额。

(2)相关的经济利益很可能流入企业。

相关的经济利益很可能流入企业,是指提供劳务收入总额收回的可能性大于不能收回的可能性。企业在确定提供劳务收入总额收回的可能性时,应当进行定性分析。如果确定提供劳务收入总额收回的可能性大于不能收回的可能性,则即可认为提供劳务收入总额很可能流入企业。通常情况下,企业提供的劳务符合合同或协议要求,接受劳务方承诺付款,就表明提供劳务收入总额收回的可能性大于不能收回的可能性。如果企业判断提供劳务收入总额不是很可能流入企业,则应当提供确凿证据。

(3)交易的完工进度能够可靠地确定。

交易的完工进度能够可靠地确定,是指交易的完工进度能够合理地估计。企业确定提供劳务交易的完工进度,可以选用下列方法:

①已完工作的测量。这是一种比较专业的测量方法,由专业测量师对已经提供的劳务进行测量,并按一定方法计算确定提供劳务交易的完工程度。

②已经提供的劳务占应提供劳务总量的比例。这种方法主要以劳务量为标准确定提供劳务交易的完工程度。

③已经发生的成本占估计总成本的比例。这种方法主要以成本为标准确定提供劳务交易的完工程度。估计总成本包括已发生的和将发生的劳务成本。

(4) 交易中已发生和将发生的成本能够可靠地计量。

交易中已发生和将发生的成本能够可靠地计量,是指交易中已经发生和将要发生的成本能够合理地估计。企业应当建立完善的内部成本核算制度和有效的内部财务预算及报告制度,准确地提供每期发生的成本,并对完成剩余劳务将要发生的成本作出科学、合理的估计。同时应随着劳务的不断提供或外部情况的不断变化,随时对将要发生的成本进行修订。

2. 企业在资产负债表日提供劳务交易的结果能够可靠估计的未完成劳务,应当采用完工百分比法确认提供劳务收入

完工百分比法是指按照提供劳务交易的完工进度确认收入和费用的方法。在这种方法下,确认的提供劳务收入金额能够提供各个会计期间关于提供劳务交易及其业绩的有用信息。

企业应当在资产负债表日按照提供劳务收入总额乘以完工进度扣除以前会计期间累计已确认提供劳务收入后的金额,确认当期提供劳务收入;同时,按照提供劳务估计总成本乘以完工进度扣除以前会计期间累计已确认劳务成本后的金额,结转当期劳务成本,其计算公式如下:

本期确认的收入 = 劳务总收入 × 本期末止劳务的完工进度 − 以前期间已确认的收入

本期确认的费用 = 劳务总成本 × 本期末止劳务的完工进度 − 以前期间已确认的费用

在采用完工百分比法确认提供劳务收入的情况下,企业应按计算确定的提供劳务收入金额,借记"应收账款"、"银行存款"等账户,贷记"主营业务收入"(或"其他业务收入")账户。在结转提供劳务成本时,借记"主营业务成本"(或"其他业务成本")账户,贷记"劳务成本"账户。

【例3-42】甲股份有限公司提供一项劳务,采用已经发生的成本占估计总成本的百分比法确认收入和费用。合同总收入30万元,初始估计总成本20万元。有关资料如表3-6所示。

表3-6　　　　　　　　　　　　　　　　　　　　　　　　　　单位:元

年度	本年已发生成本	估计将要发生成本
2007	80 000	120 000
2008	70 000	64 300
2009	80 000	0

假定不考虑各种税费。要求：计算 2007 年、2008 年和 2009 年应确认的收入和费用。

（1）2007 年完工程度 = 80 000／（80 000 + 120 000）= 40%

2007 年确认收入 = 300 000 × 40% − 0 = 120 000（元）

2007 年确认费用 = 200 000 × 40% − 0 = 80 000（元）

（2）2008 年完工程度 =（80 000 + 70 000）／（80 000 + 70 000 + 64 300）= 70%

2008 年确认收入 = 300 000 × 70% − 120 000 = 90 000（元）

2008 年确认费用 =（80 000 + 70 000 + 64 300）× 70% − 80 000 = 70 000（元）

（3）2009 年完工程度 = 100%

2009 年确认收入 = 300 000 − 120 000 − 90 000 = 90 000（元）

2009 年确认费用 =（80 000 + 70 000 + 80 000）− 80 000 − 70 000 = 80 000（元）

【例3-43】 甲股份有限公司于 2007 年 4 月 1 日与乙公司签订一项咨询合同（咨询业务亦属该公司的主营业务），并于当日生效。合同约定，咨询期为两年，咨询费为 30 万元；乙公司分三次等额支付咨询费，第一次在项目开始时支付，第二次在项目中期支付，第三次在项目结束时支付。甲公司估计咨询劳务总成本为 18 万元（均为咨询人员薪酬）。假定甲公司按时间比例确定完工进度（已经提供的劳务占应提供劳务总量的比例），按年度编制财务报表，不考虑其他因素。甲公司各年度发生的劳务成本资料如表 3-7 所示。

表 3-7　　　　　　　　　　　**各年度发生的劳务成本**　　　　　　　　　　单位：元

年度	本年已发生成本	估计将要发生成本
2007	70 000	120 000
2008	90 000	64 300
2009	20 000	0

甲公司的账务处理如下：

（1）2007 年度的会计处理。

①在实际发生劳务成本时：

借：劳务成本 70 000
　　贷：应付职工薪酬 70 000
②在预收劳务款项时：
借：银行存款 100 000
　　贷：预收账款 100 000
③在本年按九个月确认提供劳务收入并结转劳务成本时：
提供劳务的完工进度 = 9÷24 = 37.5%
确认提供劳务收入 = 300 000 × 37.5% − 0 = 112 500（元）
结转提供劳务成本 = 180 000 × 37.5% − 0 = 67 500（元）
借：预收账款 112 500
　　贷：主营业务收入 112 500
借：主营业务成本 67 500
　　贷：劳务成本 67 500
（2）2008年度的会计处理。
①在实际发生劳务成本时：
借：劳务成本 90 000
　　贷：应付职工薪酬 90 000
②在预收劳务款项时：
借：银行存款 100 000
　　贷：预收账款 100 000
③在确认提供劳务收入并结转劳务成本时：
提供劳务的完工进度 = 21÷24 = 87.5%
确认提供劳务收入 = 300 000 × 87.5% − 112 500 = 150 000（元）
结转提供劳务成本 = 180 000 × 87.5% − 67 500 = 90 000（元）
借：预收账款 150 000
　　贷：主营业务收入 150 000
借：主营业务成本 90 000
　　贷：劳务成本 90 000
（3）2009年度的会计处理。
①在实际发生劳务成本时：
借：劳务成本 20 000
　　贷：应付职工薪酬 20 000
②在预收劳务款项时：

借：银行存款　　　　　　　　　　　　　　　　100 000
　　贷：预收账款　　　　　　　　　　　　　　　　100 000
③在确认提供劳务收入并结转劳务成本时：
借：预收账款　　　　　　　　　　　　　　　　　37 500
　　贷：主营业务收入　　　　　　　　　　　　　　37 500
借：主营业务成本　　　　　　　　　　　　　　　22 500
　　贷：劳务成本　　　　　　　　　　　　　　　　22 500

3. 企业在同一会计年度内开工并完成的劳务，应当在完成劳务时确认收入

收入确认的金额为合同或协议总金额，确认标准和条件可参照商品销售收入的确认原则。

【例3-44】甲股份有限公司为K公司安装一批生产设备，合同规定劳务总金额为200 000元，工期两个月，于2009年10月20日开工，12月20日结束。公司于12月20日安装完毕，设备试运行的状况良好。K公司按合同规定以支票支付了劳务费200 000元。在安装过程中，公司发生工资费用50 000元，材料等其他耗费30 500元。

甲股份有限公司的会计分录为：

安装过程中发生的安装费用，在发生时通过劳务成本科目归集：
借：劳务成本　　　　　　　　　　　　　　　　　80 500
　　贷：应付职工薪酬　　　　　　　　　　　　　　50 000
　　　　原材料等科目　　　　　　　　　　　　　　30 500
在12月20日劳务完成，确认收入，结转成本时：
借：银行存款　　　　　　　　　　　　　　　　　200 000
　　贷：主营业务收入（或其他业务收入）　　　　　200 000
借：主营业务成本（或其他业务成本）　　　　　　80 500
　　贷：劳务成本　　　　　　　　　　　　　　　　80 500

（二）提供劳务交易结果不能可靠估计

在资产负债表日，如果提供劳务交易的结果不能可靠地估计，即当不能满足上述条件中的任何一条时，则企业应当在资产负债表日分别以下三种情况对劳务收入进行确认和计量：

（1）已发生的劳务成本预期可以补偿，应按已经发生的劳务成本金额确认收入并按相同的金额结转成本。

（2）已发生的劳务成本预期不能全部补偿，应按能得到补偿的劳务成本金额确认收入，并按已经发生的劳务成本结转成本。

（3）已发生的劳务成本预计全部不能得到补偿，不应当确认收入，但应当将已经发生的劳务成本作为当期费用。

【例3-45】甲股份有限公司于2009年12月1日受托为乙公司提供管理咨询服务，服务期限三个月，双方签订的合同服务费总金额210 000元，每月末结算一次，每次结算70 000元。至2009年12月31日，甲公司已发生成本50 000元。

若甲公司在2009年12月31日得知乙公司财务发生困难，咨询费能否收回没有把握，且乙公司2009年12月31日只支付了50 000元服务费，则甲公司的会计分录为：

在发生成本时：

借：劳务成本　　　　　　　　　　　　　　　　　50 000
　　贷：银行存款　　　　　　　　　　　　　　　　　50 000

12月31日确认收入，结转成本：

借：银行存款　　　　　　　　　　　　　　　　　50 000
　　贷：主营业务收入　　　　　　　　　　　　　　　50 000
借：主营业务成本　　　　　　　　　　　　　　　　50 000
　　贷：劳务成本　　　　　　　　　　　　　　　　　50 000

若乙公司2007年12月31日只支付了20 000元服务费，则甲公司的会计分录为：

在发生成本时：

借：劳务成本　　　　　　　　　　　　　　　　　50 000
　　贷：银行存款　　　　　　　　　　　　　　　　　50 000

12月31日确认收入，结转成本：

借：银行存款　　　　　　　　　　　　　　　　　20 000
　　贷：主营业务收入　　　　　　　　　　　　　　　20 000
借：主营业务成本　　　　　　　　　　　　　　　　50 000
　　贷：劳务成本　　　　　　　　　　　　　　　　　50 000

【思考与练习】

一、思考题

1. 购进材料的实际采购成本是如何确定的？

2. 发出材料成本的计价方法主要有哪几种？各自的基本原理是什么？有何优点和不足？

3. 如何确定购买固定资产的原始价值？

4. 影响固定资产折旧的因素主要有哪些？

5. 说明固定资产折旧的计提范围。

6. 说明固定资产账户和累计折旧账户的关系，并解释要设置累计折旧账户的原因。

7. 商品销售收入的确认条件是什么？

8. 说明完工百分比法的概念、适用范围及具体运用。

二、练习题

（一）目的：练习资金筹集业务的核算

资料：宏发公司200×年×月发生下列筹资业务：

（1）收到某单位投资300 000元，存入银行。

（2）从银行借入款项100 000元，期限半年，年利率为6%，利息按季结算。

（3）计算提取上述借款本月应负担的利息。

（4）收到某外商投入设备一台，价值250 000元，双方协议按230 000元入账。

（5）用银行存款偿还已到期的长期借款，本金350 000元，应付利息25 000元。

（6）收到某个人投入专利权一项，原价150 000元，双方协议按160 000元入账。

要求：根据上述资料编制会计分录。

（二）目的：练习采购业务的核算。

资料：宏发公司200×年×月发生下列采购业务：

（1）向兴亚公司购进下列材料，款项以银行存款支付（增值税税率17%）。

甲材料	1 600公斤	单价10元	计16 000元
乙材料	800公斤	单价16元	计12 800元
合计			28 800元

（2）以银行存款支付上述材料运费480元；以现金支付运达仓库的装卸费

240元（上述费用按材料重量比例分配）。

（3）上述材料验收入库，计算并结转实际采购成本。

（4）从星达公司购入丙材料1 000公斤，单价12元，增值税税率17%，款项尚未支付。

（5）用现金支付购入丙材料的运杂费400元。

（6）用银行存款支付原欠星达公司的款项。

（7）上述丙材料验收入库，计算并结转实际采购成本。

（8）为生产应税产品购入需要安装的机器设备一台，取得的增值税专用发票上注明的价款100 000元，增值税税额17 000元，运杂费共8 000元，货款及运杂费已付讫。安装事宜由某安装公司进行，用银行存款支付6 000元安装费。

（9）上述设备安装完毕达到预定可使用状态，结转其成本。

要求：（1）分别计算甲、乙、丙三种材料的总成本和单位成本。

（2）根据上述资料编制会计分录。

（三）目的：练习存货的计价方法

资料：光明公司200×年×月A材料收入、发出和结存资料如下：

（1）1日结存100件，单位成本8元。

（2）5日购进100件，单位成本9元。

（3）10日发出50件。

（4）15日购进350件，单位成本11元。

（5）20日发出400件。

（6）25日购进50件，单位成本12元。

（7）31日结存150件。

要求：根据上述资料分别采用先进先出法、加权平均法和移动平均法计算发出材料和结存材料的实际成本。

（四）目的：练习固定资产折旧的计算。

资料：光明公司2009年12月购入一不需安装的设备，买价117万元，运杂费2万元，预计净残值率5%，预计使用五年。

要求：分别采用年限平均法、双倍余额递减法和年数总和法计算该设备各年的折旧额。

第三章 企业基本经济业务的核算（上）

（五）目的：练习生产过程核算和产品生产成本的计算。

资料：宏发公司200×年×月发生下列经济业务：

（1）本月仓库发出材料及用途如下：

用途	甲材料	乙材料	合计
A产品	3 000	4 125	7 125
B产品	5 000	3 225	8 225
车间一般耗用	200	300	500
合计	8 200	7 650	15 850

（2）本月应付职工薪酬50 000元，其中，生产A产品生产工人工资25 000元；B产品生产工人工资15 000元；车间管理人员工资3 000元。公司管理人员工资7 000元。

（3）按工资总额的14%计提福利费。

（4）从银行提取现金50 000元，备发工资。

（5）以现金发放工资。

（6）用银行存款支付本月水电费3 680元。其中公司管理负担1 200元，车间负担2 480元。

（7）以现金支付车间劳动保护费1 000元。

（8）计提本月固定资产折旧费4 620元，其中车间固定资产折旧3 600元，公司管理固定资产折旧1 020元。

（9）月末，汇总当月制造费用，按A、B产品的生产工人工资比例进行分配。

（10）本月投产A、B产品各10台，已全部完工，计算并结转A、B产品生产成本。

要求：（1）计算A、B产品的生产总成本和单位成本。

（2）根据上述资料编制会计分录。

（六）目的：练习销售业务的核算

资料：宏发工厂200×年×月发生下列有关产品销售业务：

（1）向华龙公司销售A产品30件，单价1 000元/每件，增值税税率17%，款项尚未收到。

（2）向乐凯公司销售 B 产品 50 件，单价 600 元／每件，增值税税率 17%，款项已收存入银行。

（3）用银行存款支付销售产品广告费 5 000 元。

（4）月末结转本月销售 A、B 产品的销售成本，A 产品的单位成本 700 元，B 产品的单位成本 380 元。

（5）月末计算并结转本月销售税金 7 500 元，其中，城市维护建设税 5 150 元，教育费附加 2 350 元。

（6）向星达公司出售甲材料 100 公斤，每公斤售价 12 元，增值税税率 17%，款已收。甲材料每公斤成本 8 元。

要求：根据上述资料编制会计分录。

第四章 企业基本经济业务的核算（下）

【教学目的与要求】本章主要介绍对外投资、资产减值、营业外收支、税费及利润形成与分配等业务的确认与计量。通过本章的教学，要努力使学生了解企业对外投资、资产减值、利得和损失、税费义务的意义与种类，掌握其基本业务的确认与计量方法，掌握利润形成与分配的相关规定与会计处理方法。

【教学重点与难点】本章的重点是对外投资、资产减值、营业外收支、税费及利润形成与分配等业务的确认与计量；本章的难点是对外投资、资产减值、流转税及所得税的会计处理。

第一节 对外投资业务

一、交易性投资

交易性投资主要是指企业为了近期内出售而取得和持有的金融资产①，例如，企业以投机赚取差价为目的从二级市场购入的股票、债券和基金等。

为核算这类资产的增减、变动以及对当期损益的影响，企业应设置运用"交易性金融资产"、"应收股利"或"应收利息"、"公允价值变动损益"及"投资收益"等账户。前三个账户属于资产类账户，后两个则为损益类账户。企业应当按照交易性金融资产的类别和品种，在"交易性金融资产"账户下分别设置"成本"、"公允价值变动"两个明细账户进行核算。

企业在购入该资产时，应按其购入时的公允价值借记"交易性金融资产（成本）"账户，贷记"银行存款"等账户，购入时支付的交易费用（如佣金、印花税等）不构成该项资产的入账价值，直接借记"投资收益"账户；

---

① 企业集中管理的近期将采用短期获利方式了结的可辨认金融工具组合的一部分的金融资产，以及不作为套期工具且公允价值变动大于零的金融衍生工具也属于交易性金融资产，但这些目前并不多见。

在购入时实付价款中如包含有已宣告发放但尚未领取的现金股利或已到付息期尚未领取的债券利息,应当单独借记"应收股利"或"应收利息"账户,亦不构成该项资产的入账价值;持有期间被投资单位宣告发放的现金股利,或在资产负债表日按分期付息一次还本债券的票面利率计算的到期利息,借记"应收股利"或"应收利息"账户,贷记"投资收益"账户。在实际收到现金股利或债券利息时,借记"银行存款"账户,贷记"应收股利"或"应收利息"账户;期末(资产负债表日),应将该资产期末公允价值与其账面价值对比,若前者大于后者,则应将其差额借记"交易性金融资产(公允价值变动)"账户,贷记"公允价值变动损益"账户;反之,则借记"公允价值变动损益"账户,贷记"交易性金融资产(公允价值变动)"账户。在处置该资产时,按实际收到的价款借记"银行存款"等账户,按处置部分的账面价值贷记"交易性金融资产"账户,按借贷的差额借记或贷记"投资收益"账户,同时,将持有该资产期间累计的公允价值变动净损失或净收益,借记或贷记"投资收益"账户,贷记或借记"公允价值变动损益"账户。

【例4-1】甲股份有限公司2009年4月10日从证券市场购入A公司股票10万股准备短期持有,以银行存款实际支付457 000元,其中含有已宣告发放未领取股利4 000元和相关交易费用3 000元。2009年4月24日,收到现金股利4 000元。2009年4月30日该股票的市价为5元/股,2009年5月18日,甲股份有限公司将所持有的A公司的股票全部出售,共收取款项520 000元。则甲股份有限公司编制相关会计分录如下:

2009年4月10日购入股票时:

借:交易性金融资产——成本 450 000
　　应收股利 4 000
　　投资收益 3 000
　贷:银行存款 457 000

2009年4月24日,收到A公司发放的现金股利时:

借:银行存款 4 000
　贷:应收股利 4 000

2009年4月30日按公允价值(500 000元)调整账面余额(450 000元):

借:交易性金融资产——公允价值变动 50 000
　贷:公允价值变动损益 50 000

2009年5月18日出售A公司股票时:

借：银行存款　　　　　　　　　　　　　　　520 000
　　贷：交易性金融资产——成本　　　　　　　　450 000
　　　　　　　　　　——公允价值变动　　　　　50 000
　　　　投资收益　　　　　　　　　　　　　　　20 000
同时：
借：公允价值变动损益　　　　　　　　　　　　50 000
　　贷：投资收益　　　　　　　　　　　　　　　50 000

二、持有至到期投资

持有至到期投资是指到期日固定、回收金额固定或可确定，且企业有明确意图和能力持有至到期的非衍生金融资产。通常情况下，能够划分为持有至到期投资的金融资产，主要是债权性投资，如从二级市场上购入的固定利率国债、浮动利率金融债券等。

为核算该投资，应设置运用"持有至到期投资"、"应收利息"、"投资收益"等总分类账户，前两个属资产类账户，第三个属损益类账户。在"持有至到期投资"账户下设"成本"、"利息调整"和"应计利息"三个明细账户。

在取得持有至到期投资时，应按该投资的面值，借记"持有至到期投资（成本）"账户，按支付的价款中包含的已到付息期但尚未领取的利息，借记"应收利息"账户，按实际支付的金额，贷记"银行存款"等账户，按借贷的差额，借记或贷记"持有至到期投资（利息调整）"账户。

持有期间，企业应当采用实际利率法和摊余成本对持有至到期投资进行后续计量。所谓实际利率[①]法是指按照金融资产的"实际利率"计算各期利息收入及其摊余成本的方法。所谓摊余成本是指企业金融工具在某一时点（期初或期末）所实际占用的资金额，或者说就是某项投资（或负债）按实际利率法摊销、调整后的账面余额。

期末（资产负债表日），应按该投资的面值乘以票面利率所得的"名义"利息收入，在分期付息的情况下借记"应收利息"账户，在到期一次付息的情况下，借记"持有至到期投资——应计利息"账户，按该投资期初摊余成

[①]　实际利率法中的实际利率是持有至到期投资在初始确认时计算确定的。它是该金融资产在预期存续期间或适用的更短期间内的未来现金流量折现为该金融资产当前账面价值所使用的利率。

本和实际利率计算确定的"实际"利息收入,贷记"投资收益"账户,按借贷方的差额,借记或贷记"持有至到期投资——利息调整"账户。

【例 4-2】 甲股份有限公司 2009 年 1 月 1 日从活跃市场上购入 A 公司当日发行的三年期按年付息到期还本债券,面值共计 10 000 元,实际支付价款 9 742 元(含交易费用 42 元),票面利率 7%(假定实际利率为 8%①),准备一直持有至到期。假定每年(不分月)计提利息,在三年中未发生减值迹象。

2009 年 1 月 1 日,在购入债券时应编制如下会计分录:

借:持有至到期投资——成本　　　　　　　　　　　　　　10 000
　　贷:银行存款　　　　　　　　　　　　　　　　　　　　9 742
　　　　持有至到期投资——利息调整　　　　　　　　　　　　258

每年资产负债表日应确认、计量的名义利息收入、实际利息收入、现金流入及期初、期末摊余成本如表 4-1 所示。

表 4-1　　　　　　　　　　　　　　　　　　　　　　　　金额单位:元

年份	期初摊余成本 (a)= 上期 d	实际利息收入 (b)= a×8%	现金流入（c）	期末摊余成本 (d)= a + b − c
2009	9 742	779.36	700	9821.36
2010	9821.36	785.71	700	9907.07
2011	9907.07	792.93 *	10 700	0

注:* 数字考虑了计算过程中出现的尾差;(c)栏中头两年金额仅为收到的名义利息收入,即"面值×票面利率",最后一年除名义利息收入之外还包括到期收回的本金。

根据表 4-1 中的数据,后续各年的有关会计分录如下:

2009 年 12 月 31 日:

借:应收利息　　　　　　　　　　　　　　　　　　　　700.00
　　持有至到期投资——利息调整　　　　　　　　　　　　79.36
　　贷:投资收益　　　　　　　　　　　　　　　　　　　779.36

在实际收到该年的到期利息时:

借:银行存款　　　　　　　　　　　　　　　　　　　　700
　　贷:应收利息　　　　　　　　　　　　　　　　　　　700

---

① 实际利率 8% 是对方程式"9 742 = 10 000 × (P/F, r, 3) + 10 000 × 7%（P/A, r, 3)"求解的结果。

2010年12月31日：
借：应收利息   700.00
    持有至到期投资——利息调整   85.71
    贷：投资收益   785.71
在实际收到该年的到期利息时：
借：银行存款   700
    贷：应收利息   700
2011年12月31日：
借：应收利息   700.00
    持有至到期投资——利息调整   92.93
    贷：投资收益   792.93
在到期收回本金及最后一年的利息时：
借：银行存款   10 700
    贷：持有至到期投资——成本   10 000
        应收利息   700

三、可供出售金融资产

可供出售金融资产是指初始确认时即被指定为可供出售的非衍生金融资产以及除下列各类资产以外的金融资产：（1）贷款和应收款项。（2）持有至到期投资。（3）以公允价值计量且变动计入当前损益的金融资产。

为核算该投资，应设置运用的账户包括"可供出售金融资产"、"应收股利"、"资本公积"及"投资收益"等账户。前两者为资产类账户，后两者分别为所有者权益类和损益类账户。

(一) 可供出售金融资产为股票的会计处理

在取得可供出售金融资产时，应按其公允价值和交易费用之和，借记"可供出售金融资产（成本）"账户，按支付的价款中包含的已宣告发放但尚未领取的现金股利，借记"应收股利"账户，按实际支付的金额，贷记"银行存款"等账户。

资产负债表日，可供出售金融资产的公允价值高于其账面余额的差额，借记"可供出售金融资产（公允价值变动）"账户，贷记"资本公积（其他资本公积）"账户；公允价值低于其账面余额的差额做相反的会计分录。

出售可供出售金融资产，应按实际收到的金额，借记"银行存款"等账户，按其账面余额，贷记"可供出售金融资产"账户，按应从所有者权益中转出的公允价值累计变动金额，借记或贷记"资本公积（其他资本公积）"账户，按借贷的差额，贷记或借记"投资收益"账户。

【例4-3】甲股份有限公司于2009年12月11日从二级市场购入B公司股票2 000 000股，每股市价10元，每股含已宣告发放未领取的股利0.1元，交易费用共20 000元；初始确认时，该股票划分为可供出售金融资产；12月18日，收到上述股利。2009年12月31日仍持有该股票，该股票当时的市价为12元；2010年1月5日，将该股票售出，售价为每股13元，交易费用共25 000元。假定不考虑其他因素，甲股份有限公司的账务处理如下：

2009年12月11日购入股票时：
借：可供出售金融资产——成本　　　　　　　　　　　　19 820 000
　　应收股利　　　　　　　　　　　　　　　　　　　　　　200 000
　贷：银行存款　　　　　　　　　　　　　　　　　　　　20 020 000

2009年12月18日收到股利时：
借：银行存款　　　　　　　　　　　　　　　　　　　　　200 000
　贷：应收股利　　　　　　　　　　　　　　　　　　　　　200 000

2009年12月31日确认股票价格变动：
借：可供出售金融资产——公允价值变动　　　　　　　　　4 180 000
　贷：资本公积——其他资本公积　　　　　　　　　　　　4 180 000

2010年1月5日出售股票时：
借：银行存款　　　　　　　　　　　　　　　　　　　　25 975 000
　　资本公积——其他资本公积　　　　　　　　　　　　　4 180 000
　贷：可供出售金融资产——成本　　　　　　　　　　　19 820 000
　　　　　　　　　　　——公允价值变动　　　　　　　　4 180 000
　　　投资收益　　　　　　　　　　　　　　　　　　　　6 155 000

（二）可供出售金融资产为债券的会计处理

可供出售金融资产为债券的情况下，一般应在"可供出售金融资产"总分类账户下设置四个明细分类账户：(1)"成本"明细账户：该明细账户核算初始确认为可供出售金融资产的债券的面值。(2)"利息调整"明细账户：该明细账户核算初始入账价值与面值的差额及其各项分摊额。(3)"公允价值变动"明细账户：该明细账户核算债券公允价值账面价值之间的差额。(4)"应计利息"明细账户：该明细账户核算到期一次付息条件下的债券到期应收利息。分期付息，到期一次还本的各项应收债券利息，通过"应收利息"账户核算。

取得的可供出售金融资产为债券投资的，应按债券的账面价值，借记"可供出售金融资产（成本）"账户，按支付的价款中包含的已到付息期但尚未领取的债券利息，借记"应收利息"账户，按实际支付的金额，贷记"银行存款"等科目，按借贷方的差额，借记或贷记"可供出售金融资产（利息调整）"账户。

资产负债表日，首先比照前述的持有至到期投资，计算名义利息收入、实际利息收入和利息调整金额，并编制相应的会计分录（所不同的是将"持有至到期投资"置换成"可供出售金融资产"账户即可）；然后比照上述可供出售金融资产为股票的会计处理方法确认债券期末公允价值的变动，并将该变动调整可供出售金融资产的账面价值及资本公积（其他资本公积）。

出售可供出售金融资产，应按实际收到的金额，借记"银行存款"等科目，按其账面余额，贷记"可供出售金融资产（成本、应计利息）"、贷记或借记"可供出售金融资产（利息调整）"账户，按应从所有者权益中转出的公允价值累计变动金额，借记或贷记"资本公积（其他资本公积）"账户，按上述借贷后的差额，贷记或借记"投资收益"账户。

因该投资的会计处理系前述"持有至到期投资"和股票性"可供出售金融资产"会计处理的结合，受篇幅限制，在此不再另行举例。

四、长期股权投资

所谓长期股权投资是指企业取得并准备较长时间持有的对外股权性投资，主要包括：（1）公司持有的能够对被投资单位实施控制的权益性投资，即对子公司投资。（2）公司持有的能够与其他合营方一同对被投资单位实施共同控制的权益性投资，即对合营公司投资。（3）公司持有的能够对被投资单位施加重大影响的权益性投资，即对联营公司投资。（4）公司对被投资单位不具有控制、共同控制或重大影响、在活跃市场上没有报价且公允价值不能可靠计量的权益性投资。

（一）取得的会计处理

为核算该投资，应设置运用的核心账户是"长期股权投资"和"投资收益"账户，前者为资产类账户，后者为损益类账户。

长期股权投资取得的会计处理应分为企业合并①取得和非企业合并取得两种情况进行。

1. 企业合并取得

(1) 同一控制下企业控股合并②形成的长期股权投资。

合并方以支付现金、转让非现金资产或承担债务方式作为合并对价的，在合并日按照取得被合并方所有者权益账面价值的份额作为初始投资成本，借记"长期股权投资（成本）"账户，按应享有被投资单位已宣告但尚未发放的现金股利或利润，借记"应收股利"账户，按支付的合并对价的账面价值，贷记有关资产或负债账户，按其借贷方的差额，贷记或借记"资本公积（资本溢价或股本溢价）"账户③。

【例4-4】甲股份有限公司2009年8月23日以银行存款60 000 000元，无形资产一项（账面原价为12 000 000元，已提摊销累计为2 000 000元）取得同一集团内D公司60%的股权。合并日D公司的账面所有者权益总额为80 500 000元。甲股份有限公司合并当日起能够对D公司实施控制。合并后D公司仍维持其法人地位继续经营。两家公司在合并前采用的会计政策相同。甲股份有限公司的"资本公积——股本溢价"余额足以冲减长期股权投资的初始投资成本与支付现金、转让非现金资产或承担债务账面价值之间的差额。

长期股权投资初始入账价值 = 80 500 000 × 60% = 48 300 000（元）

作为合并对价的资产账面价值 = 60 000 000 +（12 000 000 - 2 000 000）
= 70 000 000（元）

借：长期股权投资	48 300 000
累计摊销	2 000 000
资本公积——股本溢价	21 700 000
贷：银行存款	60 000 000

---

① 企业合并是将两个或两个以上单独的企业合并形成一个报告主体的交易或事项，分为吸收合并、新设合并和控股合并三种具体形式。只有其中的控股合并才形成长期股权投资。

② 同一控制下的控股合并主要是指同一企业集团成员中一方取得另一方控制权的购并交易或事项，而非同一控制下的控股合并则主要是独立企业之间的一方取得另一方控制权的购并交易或事项。

③ 在借记"资本公积——资本溢价或股本溢价"账户的情况下，若资本公积（资本溢价或股本溢价）不足冲减的，则应借记"盈余公积"、"利润分配（未分配利润）"账户。

　　　　无形资产　　　　　　　　　　　　　　　　　　　　　　12 000 000

　　合并方以发行权益性证券作为合并对价的,应按发行的股份面值总额作为股本,长期股权投资初始投资成本与所发行股份面值总额之间的差额,应当调整资本公积。即合并方在合并日按照取得被合并方所有者权益账面价值的份额,借记"长期股权投资"账户,按应享有被投资单位已宣告但尚未发放的现金股利或利润,借记"应收股利"账户,按发行权益性证券的面值,贷记"股本"账户,按其差额,贷记"资本公积——资本溢价或股本溢价"账户;若为借方差额,则应借记"资本公积——资本溢价或股本溢价"账户,资本公积(资本溢价或股本溢价)不足冲减的,借记"盈余公积"、"利润分配——未分配利润"账户。

　　【例4-5】甲股份有限公司2009年6月30日向同一集团内B公司发行10 000 000股普通股(每股面值1元,市价4.50元),取得并控制B公司100%的股权。合并后B公司仍维持其法人地位继续经营。两家公司在合并前采用的会计政策相同。合并日B公司的账面所有者权益总额为28 050 000元。

　　合并日甲股份有限公司的账务处理如下:

　　长期股权投资初始入账价值 = 28 050 000 × 100% = 28 050 000(元)

　　作为合并对价而发行的权益性证券票面价值 = 10 000 000 × 1 = 10 000 000(元)

　　　　借:长期股权投资　　　　　　　　　　　　　　　28 050 000
　　　　　　贷:股本　　　　　　　　　　　　　　　　　　10 000 000
　　　　　　　　资本公积——股本溢价　　　　　　　　　　18 050 000

　　值得注意的是,按照合并日被合并方账面所有者权益中享有的份额确定长期股权投资的初始成本时,前提是合并前合并方与被合并方采用的会计政策应当一致。如果政策不一致,则应首先按照合并方的会计政策对被合并方的资产、负债的账面价值进行调整,在此基础上计算确定形成长期股权投资的初始投资成本。

　　(2)非同一控制下的控股合并形成的长期股权投资。

　　非同一控制下的控股合并中,购买方应当按照确定的公司合并成本作为长期股权投资的初始投资成本。与同一控制下的控股合并明显不同,非同一控制下的控股合并的合并成本包括购买方付出的资产、发生或承担的负债、发行的权益性证券的公允价值以及为进行公司合并发生的各项直接费用(该直接费用不包括为公司合并发行的债券或承担其他债务支付的手续费及佣金,也不包括公司合并中发行权益性证券发生的手续费及佣金等费用)之和。

购买方在购买日按确定的合并成本,借记"长期股权投资"账户,按应享有被投资单位已宣告但尚未发放的现金股利或利润,借记"应收股利"账户,按支付合并对价的账面价值,贷记有关资产或负债账户;合并方以发行权益性证券作为合并对价的,应按发行的股份面值总额贷记"股本"账户,长期股权投资初始投资成本与所发行股份面值总额之间的差额,贷记"资本公积(股本溢价或资本溢价)"账户;按合并中发生的直接相关费用,贷记"银行存款"等账户;作为对价付出资产的公允价值与账面价值的差额,视同正常资产处置,计入合并当期损益,譬如,非同一控制下的控股合并涉及以库存商品等存货资产作为合并对价的,应按库存商品的公允价值及相应增值税,贷记"主营业务收入"、"应税费(应交增值税)"等账户,同时按其账面价值结转相关的营业成本;如果支付对价为固定资产或无形资产的,则其差额贷记"营业外收入"或借记"营业外支出"等账户。

至于购买方的合并成本与享有被购并方可辨认净资产公允价值的份额之间的差额,在购买日不作特别账务处理,待编制合并会计报表时再作"商誉"或"营业外收入"处理。

【例4-6】甲股份有限公司于2009年6月30日取得A公司80%的股权。为购买A公司,甲股份有限公司以存款支付资产评估、审计及法律咨询服务等费用300万元。合并中,甲股份有限公司作为对价支付的有关资产在购买日的账面价值与公允价值如表4-2所示。

表4-2　　　　　　　　　　2009年6月30日　　　　　　　金额单位:万元

项目	账面价值	公允价值
库存商品	6 000	9 600(不含税)
银行存款	2 400	2 400
合计	8 400	12 000

假定合并前甲股份有限公司与A公司原不存在任何关联方关系,适用增值税税率17%。

甲股份有限公司于购买日应编制如下会计分录:

长期股权投资初始入账价值 = 9 600 × (1 + 17%) + 2 400 + 300 = 13 932(万元)

借：长期股权投资	139 320 000
贷：主营业务收入	96 000 000
应交税费——应交增值税（销项税额）	16 320 000
银行存款	27 000 000
借：主营业务成本	60 000 000
贷：库存商品	60 000 000

2. 非企业合并取得

非企业合并取得形成的长期股权投资包括以支付现金取得的长期股权投资、发行权益性证券方式取得的长期股权投资、投资者投入的长期股权投资以及以债务重组、非货币性资产交换等方式取得的长期股权投资等。其中以支付现金取得的长期股权投资及发行权益性证券方式取得的长期股权投资的会计处理基本上是比照非同一控制下的控股合并的规则进行的。所不同的是，如果投资后的被投资企业成为投资企业的合营企业或联营企业的，则投资方的投资初始成本小于应享有被投资方可辨认净资产公允价值的份额之间的差额，在投资日要作特别账务处理，即借记"长期股权投资（成本）"账户，贷记"营业外收入"账户。

【例4-7】甲股份有限公司于2009年4月10日以协议方式买入乙公司30%的股份，以存款实际支付价款9 640万元，其中含宣告发放未领取股利100万元。另外，在购买过程中支付手续费等相关费用200万元。甲股份有限公司取得该部分股权后，能够对乙公司的生产经营及财务决策施加重大影响（即乙公司成为甲公司的联营企业）。

甲股份有限公司应当按照实际支付的全部购买价款（剔除已宣告未领取股利）和相关费用作为取得长期股权投资的成本，其会计分录为：

借：长期股权投资	97 400 000
应收股利	1 000 000
贷：银行存款	98 400 000

若上例2009年4月10日乙公司的可辨认净资产的公允价值30 000万元，则甲股份有限公司应享有乙公司可辨认净资产的公允价值的份额9 000万元，小于初始投资成本9 740万元，差额740万元则不必作特别处理。

若上例假设2009年4月10日乙公司的可辨认净资产的公允价值35 000万元，则甲股份有限公司应享有乙公司可辨认净资产的公允价值的份额10 500万元，大于初始投资成本9 740万元，差额760万元则还应作如下特别处理：

借：长期股权投资	7 600 000
贷：营业外收入	7 600 000

致于投资者投入的长期股权投资,应当按照投资合同或协议约定的价值作为初始投资成本,但合同或协议约定的价值不公允的除外。以债务重组、非货币性资产交换等方式取得的长期股权投资其初始投资成本应按照《公司会计准则第12号——债务重组》和《公司会计准则第7号——非货币性资产交换》的规定确定。

(二)持有期间的会计处理

长期股权投资持有期间的后续计量主要有两种核算方法可供选择:成本法和权益法。具体选择何种方法对长期股权投资进行后续计量,取决于投资企业对被投资单位的影响程度及是否存在活跃市场、公允价值能否可靠取得等因素。

1. 长期股权投资核算的成本法

成本法是指投资按成本计价的方法。长期股权投资的成本法适用于两种情形:一是对子公司的长期股权投资;二是子公司、合营企业和联营企业以外的,且在活跃市场中没有报价、公允价值不能可靠计量的长期股权投资。

成本法的核算要点:一是初始投资成本一经确认、计量和记录,一般始终保持不变,即使存续期间投资企业在被投资企业的权益因损益发生了较大变化也不对长期股权投资的账面进行相应的调整;二是存续期间通常只在被投资单位宣告分派的现金股利或利润才根据投资企业应享有的部分确认为当期投资收益,并进行相关的会计处理。

【例4-8】甲股份有限公司2008年1月1日以存款2 400万元取得E公司5%的股份准备长期持有,另以存款支付相关税费10万元。E公司为一家未上市公司,其股权不存在活跃的市场价格;根据协议,甲股份有限公司暂不能参与被投资单位的重大生产经营与财务决策;甲股份有限公司取得投资时的投资成本与E公司可辨认净资产公允价值的份额相等;E公司2008年实现净利润3 000万元;2009年4月5日E公司宣告分配现金股利2 000万元(实际发放日期为4月20日);2009年发生亏损1 000万元。

甲股份有限公司的相关会计处理如下:

2008年1月1日,在取得该项投资时:

借:长期股权投资——E公司　　　　　　　　24 100 000
　　贷:银行存款　　　　　　　　　　　　　　　　　24 100 000

2008年末,尽管甲股份有限公司在E公司的权益发生了增长,但不作任何账务处理。

2009年4月5日，E公司在宣告分派的股利时：
借：应收股利——E公司　　　　　　　　　　　　1 000 000
　　贷：投资收益　　　　　　　　　　　　　　　　　　　1 000 000

2009年4月20日，在收到现金股利时：
借：银行存款　　　　　　　　　　　　　　　　1 000 000
　　贷：应收股利——E公司　　　　　　　　　　　　　　1 000 000

2009年末，尽管甲股份有限公司在E公司的权益发生了减少，但仍不作任何账务处理。

2. 长期股权投资的权益法

权益法是指投资以初始投资成本计量后，在投资持有期间根据投资企业享有被投资单位权益的变动，对长期股权投资的账面价值进行相应调整的方法。

一般而言，存续期间投资方在被投资单位的权益变动的原因主要为：被投资单位发生盈利或亏损以及分配现金股利或利润；被投资单位发生其他权益变动，如可供出售金融资产公允价值变动导致的其他资本公积增减。被投资单位发生盈利或亏损意味着投资企业在被投资单位中享有的净资产已经增减变动，且实质上已经发生了投资损益，故应相应调整投资单位的长期股权投资并确认投资损益。同样，被投资单位其他权益变动意味着投资企业在被投资单位中享有的净资产实质上已经增减变动，并因此而使投资单位所有者权益相应增减变动，故应相应调整投资企业的长期股权投资并调整资本公积。

投资企业对合营公司及联营公司的长期股权投资，应当采用权益法核算。
权益法核算的要点如下：

（1）权益法下核算长期股权投资应在"长期股权投资"总账账户下设并运用"——××公司（投资成本）"、"——××公司（损益调整）"和"——××公司（其他权益变动）"三个明细账户。

（2）投资企业取得对联营公司或合营公司的投资以后，对于取得投资时投资成本小于应享有被投资单位可辨认净资产公允价值份额之间的差额，应计入取得投资当期的营业外收入，同时调整增加长期股权投资的账面价值（见例4-7）。需要注意的是，初始投资成本大于取得投资时应享有被投资单位可辨认净资产公允价值份额的部分，不必对长期股权投资的成本进行调整。

（3）投资企业取得长期股权投资后，应当按照应享有或应分担被投资单位实现净利润或发生净亏损①的份额（法规或公司章程规定不属于投资企业的净损益除外），调整长期股权投资的账面价值，并确认为当期投资损益，即借记或贷记"长期股权投资——××公司（损益调整）"账户，贷记或借记"投资收益"账户。

当被投资企业发生超额亏损时，投资企业确认应分担被投资单位发生的损失，原则上应以长期股权投资及其他实质上构成对被投资单位净投资的长期权益减记至零为限，投资企业负有承担额外损失义务的除外。即在发生投资损失时，应借记"投资收益"账户，贷记"长期股权投资——××公司（损益调整）"账户。在长期股权投资的账面价值减记至零以后，考虑其他实质上构成对被投资单位净投资的长期权益，继续确认的投资损失，应借记"投资收益"账户，贷记"长期应收款——××公司"账户；因投资合同或协议约定导致投资企业需要承担额外义务的，按照或有事项准则的规定，对于符合确认条件的义务，应确认为当期损失，同时确认预计负债，借记"投资收益"账户，贷记"预计负债"账户。

（4）当被投资企业宣告发放现金股利或利润时，投资企业应按应分得的现金股利或利润借记"应收股利"账户，按自被投资单位分得的现金股利或利润未超过已确认投资收益部分的，贷记"长期股权投资——××公司（损益调整）"账户，自被投资单位取得的现金股利或利润超过已确认投资收益的部分，贷记"长期股权投资——××公司（投资成本）"账户。当实际收到现金股利或利润时，借记"银行存款"等账户，贷记"应收股利"等账户。

（5）被投资单位在发生除净损益以外所有者权益的其他变动时，投资企业在持股比例不变的情况下，应按照持股比例与被投资单位除净损益以外所有者权益的其他变动中归属于本企业的部分，相应调整长期股权投资的账面价值，同时调整资本公积账面价值，即借记或贷记"长期股权投资——××公司（其他权益变动）"账户，贷记或借记"资本公积——其他资本公积"账户。

【例4-9】以前面列举的例4-8为基础，假设：①甲股份有限公司2008年

---

① 按现行企业会计准则的规定，此处的"被投资单位实现净利润或发生净亏损"在条件允许的情况下，要考虑被投资单位采用的会计政策及会计期间与投资企业的差异性、取得投资时被投资单位的固定资产、无形资产及存货等的公允价值与其账面价值的差异性以及投资企业与被投资企业的关联交易（顺流的和逆流的）等因素进行调整，然后据之再计算应享有的份额。

1月1日投资后取得E公司的股份是25%，而不是5%；②甲股份有限公司能参与被投资单位的重大生产经营与财务决策；③甲股份有限公司与E公司的会计政策及会计期间相同；④甲股份有限公司与E公司在2008年、2009年均未发生关联交易；⑤E公司未发生其他权益变动。其他资料同例4-8。

则E公司为甲股份有限公司的联营企业，甲股份有限公司对该项股权投资应采用权益法进行相关会计处理：

2008年1月1日，在取得该项投资时：

借：长期股权投资——E公司（投资成本）　　　　　24 100 000
　　贷：银行存款　　　　　　　　　　　　　　　　　　　　24 100 000

2008年年末，甲股份有限公司在E公司的权益发生了增长750万元（即30 000 000×25%），应调整投资账面价值，并反映投资收益：

借：长期股权投资——E公司（损益调整）　　　　　7 500 000
　　贷：投资收益　　　　　　　　　　　　　　　　　　　　　7 500 000

2009年4月5日，E公司在宣告分派的股利时：

借：应收股利　　　　　　　　　　　　　　　　　　　5 000 000
　　贷：长期股权投资——E公司（损益调整）　　　　　　　　5 000 000

2009年4月20日，在收到现金股利时：

借：银行存款　　　　　　　　　　　　　　　　　　　5 000 000
　　贷：应收股利　　　　　　　　　　　　　　　　　　　　　5 000 000

2009年年末，甲股份有限公司在E公司的权益减少了250万元（即10 000 00×25%），应调整投资账面价值，并反映投资损失。

借：投资收益　　　　　　　　　　　　　　　　　　　2 500 000
　　贷：长期股权投资——E公司（损益调整）　　　　　　　　2 500 000

（三）处置的会计处理

公司在处置长期股权投资时，应相应结转与所售股权相对应的长期股权投资的账面价值，出售所得价款与处置长期股权投资账面价值之间的差额，应确认为处置损益。即按出售实得价款借记"银行存款"等账户，按处置的长期股权投资的账面价值贷记"长期股权投资"账户，按借贷方的差额贷记或借记"投资收益"账户。在长期股权投资处置后，意味着与该项长期股权投资有关的损益已经实现，因此，采用权益法核算的长期股权投资，原计入资本公积中的金额，在处置时亦应进行结转，将与所出售股权相对应的部分在处置时的资本公积转入当期损益（"投资收益"）。

第二节 资产减值业务

一、流动资产减值业务

能够为企业带来经济利益的流入是资产的本质特征。不能为企业带来经济利益的资产或者带来的经济利益低于其账面价值的资产,事实上已经不具备资产的本质特征,不能再予确认,或者不能再以原账面价值予以确认,否则,会导致资产虚增和利润虚增。因此,当企业资产的可收回金额低于其账面价值时,即表明资产发生了减值,企业应当确认资产减值损失,并把资产的账面价值减记至可收回金额,这即是企业会计应予以确认、计量的资产减值业务。

资产减值业务从内容上看分为流动资产减值业务和非流动资产减值业务。其中流动资产减值业务主要包括应收款项减值业务和存货减值业务。

（一）应收款项减值

应收款项减值的直接原因是坏账①。坏账是指企业无法收回或收回的可能性极小的应收款项。由于发生坏账而产生的损失,称为坏账损失。

应收款项属于金融资产,企业应当在资产负债日对应收款项的账面价值进行检查,有客观证据表明应收款项发生坏账的,应按金融资产减值损失的确认标准确认坏账损失,并按备抵法进行相应的会计处理②。

企业应对单项金额重大的应收款项单独进行减值测试（即个别认定法）,若有客观证据表明其已发生减值,则应当确认减值损失,计入当期损益。对单项金额不重大的应收款项,可以单独进行减值测试,或包括在具有类似信用风险特征的应收款项组合中进行减值测试。单独测试未发生减值的应收款项（包括单项金额重大和不重大的应收款项）,应当包括在具有类似信用风险特征的应收款项组合中再进行减值测试。已单项确认减值损失的应收款项,不应包括在具有类似信用风险特征的应收款项组合中进行减值测试。

---

① 深层次原因很多,既有债务人的,也有债权人自身的,譬如,债务人经营状况恶化、严重财务困难、撤销甚至破产等；债权人的信用政策失败、监管、催收不力等。

② 坏账损失的核算方法有直接转销法和备抵法。直接转销法是指在实际发生坏账时,将坏账损失计入当期损益,同时注销应收款项。备抵法则按期估计坏账损失,计提坏账准备,当某一应收款项全部或部分被确认为坏账时,应根据确认的坏账金额冲减坏账准备,同时转销相应的应收款项金额。现行会计准则规定,企业只能采用备抵法核算坏账损失。

企业对具有类似信用风险特征的应收款项组合再进行减值测试并按期估计坏账损失的方法有三种：应收款项余额百分比法、账龄分析法和销货百分比法。其中应收款项余额百分比法是根据会计期末应收款项的余额和估计的坏账率，估计坏账损失，计提坏账准备的方法；账龄分析法实际上是若干应收账款余额百分比法的组合，它是根据债务人欠账时间长短分类确定不同坏账比率，并计算应计提的坏账准备金额的方法；销货百分比法，是以赊销金额的一定百分比作为估计坏账的方法。这三种方法企业自行确定其中一种并运用。方法一经确定，不得随意变更。

在备抵法下，企业应设置并运用"资产减值损失"和"坏账准备"两个核心账户。其中"资产减值损失"属于损益类账户，专门归集各种因资产减值而发生的损失，其借方登记每期预计发生的资产减值损失，贷方登记每期期末结转到"本年利润"账户中的金额，期末结转后无余额。"坏账准备"属于应收账款等账户的抵减账户，其贷方登记坏账准备的提取数，借方登记坏账准备的转销数，期末贷方余额反映已经提取尚未转销的坏账准备数额。

如果当期应提坏账准备金额大于"坏账准备"账户期末调整前的贷方余额，则应按其差额补提坏账准备；如果当期应提坏账准备金额小于"坏账准备"账户期末调整前的贷方余额，则应按其差额冲减已计提的坏账准备；如果当期应提坏账准备金额为零，则应将"坏账准备"账户的余额全部冲回。如果"坏账准备"账户期末调整前为借方余额，则应按当期应提金额与该借方余额之和补提坏账准备。

企业在提取坏账准备时，借记"资产减值损失（计提的坏账准备）"账户，贷记"坏账准备"账户。在冲减多计提的坏账准备时，借记"坏账准备"账户，贷记"资产减值损失（计提的坏账准备）"账户。

在实际发生坏账时，借记"坏账准备"账户，贷记"应收账款"、"其他应收款"等账户。

应当指出的是，对已确认为坏账的应收款项，并不意味着企业放弃了其追索权，一旦重新收回，应及时入账。如果已确认并转销的坏账以后又收回，则应按收回的金额，借记"银行存款"账户，贷记"坏账准备"账户。

【例4-10】甲股份有限公司从2007年开始计提坏账准备。假定该公司的应收款项均具有类似信用风险特征，公司按一个大的组合采用应收款项余额百分比法估计坏账损失。2007年年末应收款项余额为1 200 000元，该公司坏账准备的提取比例为5%（假设以后每年相同）。

则计提的坏账准备为：1 200 000×5% = 60 000（元）

计提的会计分录为：

借：资产减值损失——计提的坏账准备　　　　　　　　60 000
　　　贷：坏账准备　　　　　　　　　　　　　　　　　　60 000

2008年7月，公司确认A公司所欠一笔16 000元的应收账款无法收回，按程序确认为坏账损失，其会计分录为：

借：坏账准备　　　　　　　　　　　　　　　　　　　16 000
　　　贷：应收账款——A公司　　　　　　　　　　　　　16 000

2008年12月31日，该公司应收款项余额为1 500 000元。按本年年末应收款项余额应保有的坏账准备金额（即坏账准备的余额）为：1 500 000×5%=75 000（元）

年末计提坏账准备前，"坏账准备"账户的贷方余额为：60 000-16 000=44 000（元）

本年度应补提的坏账准备金额为：75 000-44 000=31 000（元）

有关会计分录如下：

借：资产减值损失——计提的坏账准备　　　　　　　　31 000
　　　贷：坏账准备　　　　　　　　　　　　　　　　　　31 000

2009年4月20日，公司上年度已作坏账核销的A公司欠款16 000元中的10 000元又重新收回，款项已存入银行。有关会计分录如下：

借：银行存款　　　　　　　　　　　　　　　　　　　10 000
　　　贷：坏账准备　　　　　　　　　　　　　　　　　　10 000

2009年12月31日，公司应收款项余额为1 200 000元。

本年年末应保有的坏账准备余额为：1 200 000×5%=60 000（元）

年末计提坏账准备前的"坏账准备"账户的贷方余额为：75 000+10 000=85 000（元）

年末应冲销多提的坏账准备金额为：85 000-60 000=25 000（元）

有关会计分录为：

借：坏账准备　　　　　　　　　　　　　　　　　　　25 000
　　　贷：资产减值损失——计提的坏账准备　　　　　　　25 000

（二）存货减值

资产负债表日，企业应对存在减值迹象的存货进行减值测试，若某存货成本高于其可变现净值①，则意味着该存货已经发生减值。为了真实计量资产及

---

① 可变现净值是指在日常活动中，存货的估计售价减去至完工时将要发生的成本、估计的销售费用以及相关税费后的金额。

利润，根据谨慎性原则，对期末存货应当按成本与可变现净值孰低计量，当存货成本低于可变现净值时，存货仍按账面成本计量；当存货成本高于其可变现净值时，存货按可变现净值计量，同时按成本高于可变现净值的差额计提存货跌价准备，计入当期损益。

企业通常应当按照单个存货项目计提存货跌价准备。即资产负债表日，企业将每个存货项目的成本与其可变现净值逐一进行比较，先按其中可变现净值低于成本的差额确定应计提的存货跌价准备，再与已提数进行比较，若应提数大于已提数，则应补提；反之，则冲销。企业计提或冲销的存货跌价准备，均应当计入当期损益。

但是，对于数量繁多、单价较低的存货，可以按照存货类别计提存货跌价准备。与在同一地区生产和销售的产品系列相关、具有相同或类似最终用途或目的，且难以与其他项目分开计量的存货，可以合并计提存货跌价准备。

为核算存货减值业务，企业应设置并运用"资产减值损失"和"存货跌价准备"两个核心账户。其中"资产减值损失"属于损益类账户；"存货跌价准备"属于存货类账户的抵减账户，其贷方登记存货跌价准备的提取数，借方登记存货跌价准备的转销数，期末贷方余额反映已经提取尚未转销的存货跌价准备数额。

资产负债表日，企业根据规则确定存货发生减值的，按存货可变现净值低于成本的差额，借记"资产减值损失——存货跌价损失"账户，贷记"存货跌价准备"账户。

已计提跌价准备的存货价值以后又得以恢复，应在原已计提的存货跌价准备金额内，按恢复增加的金额，借记"存货跌价准备"账户，贷记"资产减值损失——存货跌价损失"账户。

发出存货结转计提的存货跌价准备的，借记"存货跌价准备"账户，贷记"主营业务成本"、"生产成本"等账户。

【例4-11】甲股份有限公司采用成本与可变现净值孰低法对A存货进行期末计量。2009年3月31日，A存货的账面成本为20万元。由于本年以来A存货的市价持续下跌，并在可预见的将来无回升的希望。根据资产负债表日该存货的有关信息资料计算确定的A存货的可变现净值为19万元。

应计提的存货跌价准备 = 200 000 - 190 000 = 10 000（元）

若"存货跌价准备"账户本季末计提前余额为零，则本季计提存货跌价准备10 000元的会计分录为：

借：资产减值损失——存货跌价损失　　　　　　　　　10 000
　　贷：存货跌价准备　　　　　　　　　　　　　　　　10 000

假设 2009 年 6 月 30 日，A 存货的种类和数量、账面成本和已计提的存货跌价准备均未发生变化，2009 年 6 月 30 日，该存货以前减记存货价值的影响因素已经部分消失，其可变现净值上升为 194 000 元，则在 2009 年 6 月末

应计提的存货跌价准备 = 200 000 − 194 000 = 6 000（元）

应冲减已计提的存货跌价准备 = 10 000 − 6 000 = 4 000（元），相关的会计分录如下：

借：存货跌价准备   4 000
    贷：资产减值损失——存货跌价损失   4 000

假设 2009 年 7 月 10 日，公司出售了该批存货，则公司应在确认收入的同时结转该存货的成本与减值准备，会计分录如下：

借：主营业务成本   194 000
      存货跌价准备   6 000
    贷：库存商品——A 商品   200 000

如果该存货系部分出售或领用的，则应按比例结转相应的存货跌价准备。

二、非流动资产减值业务

非流动资产减值业务主要包括持有至到期投资、可供出售金融资产、长期股权投资、固定资产、无形资产、采用成本模式进行后续计量的投资性房地产、生产性生物资产及商誉等资产减值业务。它们大致可分为持有期间可转回的和持有期间不可转回的两大类。

（一）持有期间可转回的资产减值

持有期间可否转回与持有期间价值是否恢复是两个概念。前者是制度层面的概念，是指当资产价值实际恢复时，制度允不允许转回；后者是客观现实层面的概念，是指资产相关的减值因素是否消失，如消失，其价值客观上就得以恢复，否则，客观上就未恢复或未完全得到恢复。从理论上讲，资产发生减值，就应确认并计量、记录该减值；当资产的价值恢复时，就应转回其已计提的减值准备，恢复资产账面价值。但是现行会计规范出于种种考虑并非完全依此设计。

在非流动资产中，持有期间可以转回资产减值的资产主要是持有至到期投资和可供出售的金融资产。

1. 持有至到期投资减值

企业应当在资产负债表日对持有至到期投资的账面价值进行检查，有客观

证据表明该金融资产发生减值的,应当将该金融资产的账面价值与预计未来现金流量现值之间的差额,确认为减值损失,计入当期损益。计算未来现金流量现值所使用的折现率应当采用初始确认该金融资产时计算确定的实际利率。

为核算持有至到期投资减值业务,企业应设置并运用"资产减值损失"和"持有至到期投资减值准备"两个核心账户。其中"资产减值损失"属于损益类账户;"持有至到期投资减值准备"属于持有至到期投资账户的抵减账户,其贷方登记持有至到期投资减值准备的提取数,借方登记持有至到期投资减值准备的转销数,期末贷方余额反映已经提取尚未转销的持有至到期投资减值准备数额。

对于以摊余成本计量的金融资产确认减值损失后,若有客观证据表明该金融资产价值已恢复,且客观上与确认该损失后发生的事项有关,则原确认的减值损失应当予以转回,计入当期损益。但是,转回后的账面价值不应当超过不计提减值准备情况下该金融资产在转回日的摊余成本。

持有至到期投资确认减值后,利息收入应当按照确定减值损失时对未来现金流量进行折现采用的折现率作为利率计算确定。

【例4-12】甲股份有限公司2008年1月1日支付价款955元购入乙公司发行的三年期公司债券,乙公司债券的票面总金额为1 000元,票面利率5%,利息每年年末支付,本金到期支付。甲股份有限公司将该公司债券划分为持有至到期投资。

2008年12月31日,该项投资的账面摊余成本为975元。因乙公司生产经营与财务发生严重困难,经减值测试,该项投资预计未来现金流量的现值为950元。则应确认并计提减值准备25元,其会计分录为:

借:资产减值损失——持有至到期投资减值损失　　　　25
　　贷:持有至到期投资减值准备　　　　　　　　　　　　25

2009年12月31日,该项投资的账面摊余成本为990元。因乙公司生产经营与财务状况得到根本性好转,经减值测试,该项投资预计未来现金流量的现值为1025元。则该项投资的价值得到恢复,应冲回原计提的减值准备,其会计分录为:

借:持有至到期投资减值准备　　　　　　　　　　　　25
　　贷:资产减值损失——持有至到期投资减值损失　　25

2. 可供出售金融资产减值

可供出售金融资产期末是按公允价值计量的,所以平时正常的价格波动不属于该资产的减值或价值恢复,只需按公允价值的变动进行处理即可。因此,分析判断可供出售金融资产是否发生减值，应当注重该金融资产公允价值是否持续下降。通常情况下，如果可供出售金融资产的公允价值发生较大幅度下降（通常是指达到或超过20%的情形），或在综合考虑各种相关因素后，预期这种下降趋势属于非暂时性的（通常是指该资产的公允价值持续低于其成本达到或超过六个月的情形），则可以认定该可供出售金融资产已发生减值，应当确认减值损失。

当可供出售金融资产发生减值时，即使该金融资产没有终止确认，原直接计入所有者权益中的因公允价值下降形成的累计损失，应当予以转出，计入当期损益（即"资产减值损失"账户①）。该转出的累计损失，等于可供出售金融资产的初始取得成本扣除已收回本金和已摊余金额、当前公允价值和原已计入损益的减值损失后的余额。即在确定可供出售金融资产发生减值时，按应减记的金额，借记"资产减值损失"账户，按应从所有者权益中转出原计入资本公积的累计损失金额，贷记"资本公积（其他资本公积）"账户，按借方与贷方的差额，贷记"可供出售金融资产——公允价值变动"账户。

在活跃市场没有报价且其公允价值不能可靠计量的权益性工具投资，在发生减值时，应当将该权益性工具投资或衍生金融资产的账面价值，与按照类似金融资产当时市场收益率对未来现金流量折现确定的现值之间的差额，确认为减值损失，计入当期损益。与该权益性工具挂钩并须通过交付该权益工具结算的衍生金融资产发生减值的，也应当采用类似的方法确认减值损失。

对于已确认减值损失的可供出售债务工具，在随后的会计期间公允价值已上升且客观上与原确认减值损失确认发生的事项有关的，原确认的减值损失应当予以转回，计入当期损益，即应在原确认的减值损失范围内，借记"可供出售金融资产（公允价值变动）"账户，贷记"资产减值损失"账户；可供出售权益工具投资发生的减值损失，不得通过损益转回，应计入资本公积中的其他资本公积，即应在原确认的减值损失范围内借记"可供出售金融资产——公允价值变动"账户，贷记"资本公积——其他资本公积"账户。但是，在活跃市场没有报价且其公允价值不能可靠计量的权益性工具投资，或与该权益工具挂钩并通过交付权益工具结算的衍生金融资产发生的减值损失，不得

---

① 与其他资产减值的会计处理不同的是，该资产在确认减值损失时，不需设置并运用"可供出售金融资产减值准备"账户，即借记"资产减值损失"账户的同时，贷记的不是"可供出售金融资产减值准备"账户，而是贷记"可供出售金融资产（公允价值变动）"账户。

转回。

可供出售金融资产发生减值后，利息收入应当按照确定减值损失时对未来现金流量进行折现采用的折现率作为利率计算确认。

因篇幅所限，可供出售金融资产减值业务的会计处理举例略。

（二）持有期间不可转回的资产减值

我国现行会计准则规定，为防范企业利用资产减值转回操纵利润，规定企业对子公司、联营企业和合营企业的长期股权投资、以成本进行后续计量的投资性房地产、固定资产、生产性生物资产、无形资产、商誉、探明石油天然气矿区权益和井及相关设施等长期资产，在资产负债表日应当判断资产是否存在可能发生减值的迹象。如果资产存在减值迹象的，则应当进行减值测试，估计资产的可收回金额；可收回金额低于账面价值的，应当按照可收回金额低于账面价值的金额，计提减值准备。但所计提的减值准备在持有期间即使其自身价值客观上已恢复也不得转回。

这里的"资产的账面价值"是指资产成本扣减累计折旧（或累计摊销）和累计减值准备后的金额；"资产可收回金额"是指资产"公允价值减去处置费用后的净额"与"资产预计未来现金流量的现值"两者之间的较高者。

企业在估计资产可收回金额时，原则上应当以单项资产为基础，如果企业难以对单项资产的可收回金额进行估计的，则应当以该资产所属的资产组为基础确定资产组的可收回金额。

资产的公允价值是指在公平交易中，熟悉情况的交易双方自愿进行资产交换的金额；处置费用是指可以直接归属于资产处置的增量成本，包括与资产处置有关的法律费用、相关税费、搬运费以及为使资产达到可销售状态所发生的直接费用等，但是财务费用和所得税费用等不包括在内。资产的公允价值减去处置费用后的净额，通常反映的是资产在被出售或者处置时可以收回的净现金收入。

资产预计未来现金流量的现值，应当按照资产在持续使用过程中和最终处置时所产生的预计未来现金流量，选择恰当的折现率对其进行折现后的金额加以确定。

为核算上述长期资产的减值业务，企业应设置并运用"资产减值损失"和"××资产减值准备"等核心账户。其中"资产减值损失"属于损益类账户；"××资产减值准备"属于对应资产账户的抵减账户，贷方登记其准备的提取数，借方登记其准备的转销数，期末贷方余额反映已经提取尚未转销的资产减值准备数额。

当某资产的可收回金额低于其账面价值时，应当将资产的账面价值减记至可收回金额，减记的金额确认为资产减值损失，计入当期损益，同时，计提相应的资产减值准备。即借记"资产减值损失"账户，贷记"长期股权投资减值准备"、"投资性房地产减值准备"、"固定资产减值准备"、"生产性生物资产减值准备"、"无形资产减值准备"、"商誉减值准备"、"油气资产减值准备"等账户。

资产减值损失确认后，减值资产的折旧或者摊销费用应当在未来期间作相应调整，以使该资产在剩余使用寿命内，系统地分摊调整后的资产账面价值（扣除预计净残值）。

各资产减值准备账户累积每期计提的资产减值准备，直至相关资产被处置时才予以转出。

下面仅以固定资产减值业务为代表举例说明，其他资产的可大体比照进行会计处理。

【例4-13】 甲股份有限公司2008年12月20日购入并投入使用大型生产装置一套，原价1080万元，预计净残值80万元，按10年直线法计提折旧。2009年年末该资产账面价值为980万元。由于本公司产品市场在2009年年末出现重大不利变化，使该生产装置发生减值迹象，经减值测试该装置的预计可收回金额为610万元，预计净残值为10万元，预计尚可使用年限为3年。则于2009年年末公司应当确认相应的减值损失370万元（即9 800 000 - 6 100 000），其会计分录为：

借：资产减值损失——固定资产减值损失　　　　　　3 700 000
　　贷：固定资产减值准备　　　　　　　　　　　　　　3 700 000

计提资产减值准备后，该生产装置的账面价值变为610万元，在该生产装置尚可使用寿命内，公司应重新计算折旧额。2010年该公司该生产装置应计提的折旧额为：

（610 - 10）/3 = 200（万元）

会计分录为：

借：制造费用　　　　　　　　　　　　　　　　　　2 000 000
　　贷：累计折旧　　　　　　　　　　　　　　　　　　2 000 000

若到2010年年底，公司对该生产装置进行减值测试预计的可收回金额为480万元，则与该年年底该资产的账面价值410万元相比未发生进一步的减值，相反价值还恢复了70万元，但由于其属于持有的不得转回减值的资产，故不需编制减值恢复的会计分录。

若到 2010 年年底,公司对该生产装置进行减值测试预计的可收回金额为 400 万元,则意味着发生了进一步的减值 10 万元,需要补提固定资产减值准备 10 万元(会计分录与初次计提 370 万元的大体相同,故略),同时要重新计算 2011 年及以后的折旧额。

第三节 营业外收支业务

营业外收支是企业发生的与日常活动无直接关系的各项收支的统称,其对企业的利润总额及净利润产生影响。

一、营业外收入

营业外收入是指企业发生的与日常活动无直接关系的各项利得。营业外收入并不是企业经营资金耗费所产生的,不需要企业付出代价,实际上是经济利益的净流入,不可能也不需要与有关的费用进行配比。营业外收入主要包括:非流动资产(如固定资产、无形资产)处置利得、盘盈(如不明原因的现金盘盈)利得、罚没利得、捐赠利得、确实无法支付而按规定程序批准后转作营业外收入的应付款项、债务重组利得及政府补助利得等。

企业应设置"营业外收入"账户(损益类)核算营业外收入的取得和结转,并可按营业外收入项目进行明细分类核算,期末,将该账户余额转入"本年利润"账户,结转后该账户无余额。

【例 4-14】三鹿公司将收到甲基金会捐赠 100 000 元的转账支票存入银行。其会计分录为:

借:银行存款 100 000
　　贷:营业外收入 100 000

【例 4-15】三鹿公司库存现金清查盘点盘盈 1 000 元,原因待查。其会计分录为:

借:库存现金 1 000
　　贷:待处理财产损溢 1 000

后经反复核查仍无法查明原因,经批准转账。其会计分录为:

借:待处理财产损溢 1 000
　　贷:营业外收入 1 000

【例 4-16】三鹿公司收到 A 公司违反购销合同的违约金 50 000 元,存入银行。其会计分录为：

借：银行存款 50 000
　　贷：营业外收入 50 000

【例4-17】三鹿公司出售设备一台，原价为100 000元，已提折旧50 000元，实际出售价格为80 000元，已收到并存入银行。在出售时以存款支付相关清理费用6 000元。该固定资产未曾计提减值准备。有关会计分录如下：

（1）将设备转入清理，注销其原价和已提折旧：

借：固定资产清理 50 000
　　累计折旧 50 000
　　贷：固定资产 100 000

（2）收到出售价款：

借：银行存款 80 000
　　贷：固定资产清理 80 000

（3）支付清理费用：

借：固定资产清理 6 000
　　贷：银行存款 6 000

（4）结转出售固定资产发生的净收益：

借：固定资产清理 24 000
　　贷：营业外收入 24 000

【例4-18】三鹿公司将拥有的一项专利权出售，取得收入150 000元，应交的营业税7 500元。该专利权的原始价值为180 000元，已累计计提摊销60 000元，已计提减值准备为5 000元。有关会计分录如下：

借：银行存款 150 000
　　无形资产减值准备 5 000
　　累计摊销 60 000
　　贷：无形资产 180 000
　　　　应交税费——应交营业税 7 500
　　　　营业外收入 27 500

二、营业外支出

营业外支出是指企业发生的与日常活动无直接关系的各项损失。主要包括：非流动资产处置损失、盘亏损失、罚没损失、捐赠支出、非常损失及债务重组损失等。

企业应设置"营业外支出"账户（损益类）核算营业外支出的发生和结转，并可按营业外支出项目进行明细分类核算，期末，将该账户余额转入"本年利润"账户，结转后该账户无余额。

【例4-19】三鹿公司向地震灾区捐赠500 000元，以银行存款支付。其会计分录为：

借：营业外支出　　　　　　　　　　　　　　　　　　500 000
　　贷：银行存款　　　　　　　　　　　　　　　　　　500 000

【例4-20】三鹿公司因排污超标被处罚款100 000元，以银行存款支付。其会计分录为：

借：营业外支出　　　　　　　　　　　　　　　　　　100 000
　　贷：银行存款　　　　　　　　　　　　　　　　　　100 000

【例4-21】三鹿公司违反了与B公司的购销合同，以银行存款支付违约金80 000元。其会计分录为：

借：营业外支出　　　　　　　　　　　　　　　　　　 80 000
　　贷：银行存款　　　　　　　　　　　　　　　　　　 80 000

【例4-22】三鹿公司因水灾损失商品一批，总价值200 000元，经批准转作企业非常损失。其会计分录为：

借：营业外支出　　　　　　　　　　　　　　　　　　200 000
　　贷：待处理财产损溢　　　　　　　　　　　　　　　200 000

【例4-23】三鹿公司与C债务人签订协议，因C债务人出现严重财务困难，同意其以存款80 000元清偿所欠100 000元货款，由此解除与其全部债权债务关系。三鹿公司曾为该债权计提5 000元坏账准备。其会计分录为：

借：银行存款　　　　　　　　　　　　　　　　　　　 80 000
　　坏账准备　　　　　　　　　　　　　　　　　　　　 5 000
　　营业外支出　　　　　　　　　　　　　　　　　　　15 000
　　贷：应收账款　　　　　　　　　　　　　　　　　　100 000

【例4-24】三鹿公司经批准报废到期设备一台，原价为500 000元，累计已计提折旧490 000元，未曾计提减值准备。在清理过程中，以银行存款支付清理费用4 000元，收到残料变卖收入6 000元。有关会计分录如下：

（1）固定资产转入清理：

借：固定资产清理　　　　　　　　　　　　　　　　　 10 000
　　累计折旧　　　　　　　　　　　　　　　　　　　　490 000
　　贷：固定资产　　　　　　　　　　　　　　　　　　500 000

(2) 发生清理费用和相关税费：

借：固定资产清理　　　　　　　　　　　　　　　4 000
　　贷：银行存款　　　　　　　　　　　　　　　　　　4 000

(3) 收到残料变价收入：

借：银行存款　　　　　　　　　　　　　　　　　6 000
　　贷：固定资产清理　　　　　　　　　　　　　　　　6 000

(4) 结转固定资产净损益：

借：营业外支出　　　　　　　　　　　　　　　　8 000
　　贷：固定资产清理　　　　　　　　　　　　　　　　8 000

【例4-25】三鹿公司年末对固定资产进行清查时，发现盘亏设备一台。该设备原价60 000元，已计提折旧10 000元，已提减值准备5 000元。后经查明，设备盘亏系责任人未尽职守丢失。经批准，责成责任人赔偿5 000元，其余转作公司损失。有关会计分录如下：

(1) 发现设备丢失：

借：待处理财产损溢　　　　　　　　　　　　　45 000
　　累计折旧　　　　　　　　　　　　　　　　　10 000
　　固定资产减值准备　　　　　　　　　　　　　　5 000
　　贷：固定资产　　　　　　　　　　　　　　　　　60 000

(2) 报经批准后：

借：其他应收款　　　　　　　　　　　　　　　　5 000
　　营业外支出　　　　　　　　　　　　　　　　40 000
　　贷：待处理财产损溢　　　　　　　　　　　　　　45 000

第四节　税费业务

一、流转税

（一）增值税

增值税是指对我国境内单位和个人销售货物、进口货物，或提供加工、修理修配劳务的增值额征收的一种流转税。按照纳税人的经营规模和会计核算的健全程度，增值税纳税人分为一般纳税人和小规模纳税人两种。

1. 一般纳税人增值税的计算与会计处理

按照《中华人民共和国增值税暂行条例》规定，企业购入货物或接受应税劳务支付的增值税（即进项税额），可从销售货物或提供劳务按规定收取的增值税（即销项税额）中抵扣。一般纳税人应纳增值税税额，根据当期销项税额减去进项税额计算确定，其计算公式为：

应纳增值税税额＝当期销项税额－当期准予抵扣的进项税额

当期销项税额若小于当期准予抵扣的进项税额而不足抵扣时，其不足部分可结转下期继续抵扣。

销项税额是指企业销售货物或提供应税劳务，按照销售额和规定的税率计算向购货方或接受劳务方收取的增值税税额。

销项税额＝不含税销售额×增值税税率

不含税销售额 ＝含增值税销售额／（1＋增值税税率）

企业将自产或委托加工的货物用于非应税项目，对外投资、集体福利消费或赠送他人等，应视同销售物资计算销项税额。

进项税额是指企业购入货物（含存货和固定资产，下同）或接受应税劳务所支付或负担的、准予从销项税额中抵扣的增值税税额，通常包括：①为应税项目购进货物，从销售方取得的增值税专用发票上注明的增值税税额；②为应税项目进口货物，从海关取得的完税凭证上注明的增值税税额；③为应税项目购进免税农产品，按买价和13%的扣除率计算的准予抵扣的进项税额；④为应税项目购进货物所付运输费用，根据运费结算单据所列运费金额按7%的扣除率计算的准予扣除的进项税额等。

企业购进货物发生非正常损失以及购进货物改变用途等，其购进时已确认的进项税额应当予以转出，从"进项税额"中扣除。

企业应交的增值税，应在"应交税费"账户下设置"应交增值税"和"未交增值税"两个明细科目进行核算，并在"应交税费（应交增值税）"明细账内，分别设置"进项税额"、"销项税额"、"出口退税"、"进项税额转出"、"已交税金"、"转出未交增值税"、"转出多交增值税"等专栏。

（1）进项税额的账务处理。

购进货物（含进口货物）的进项税额账务处理在第三章采购业务中已有阐述与举例，在此不再赘述。

对购进的免税农业产品，应按购进农业产品的买价和规定的税率或扣除率计算的进项税额，借记"应交税费——应交增值税（进项税额）"账户，按买价减去按规定计算的进项税额后的差额，借记"材料采购"、"原材料"、"库存商品"等账户,按应付或实际支出的价款,贷记"应付账款"、"银行存款"等账户。

【例4-26】甲股份有限公司收购免税农业产品,实际支付买价600 000元。收购的农业产品已验收入库。该公司原材料按实际成本计价核算。该农业产品准予抵扣的进项税额按买价的13%计算确定。该企业应作如下账务处理:

借:原材料   522 000
　　应交税费——应交增值税(进项税额)   78 000
　　贷:银行存款   600 000

企业接受投资、捐赠等方式转入的物资,按专用发票上注明的增值税,借记"应交税费——应交增值税(进项税额)"账户,按投资合同或协议约定价值(合同或协议约定价值不公允的除外),借记"原材料"等账户,按照增值税税额和货物价值的合计数,贷记"实收资本"等账户。

企业接受应税劳务,按专用发票上注明的增值税,借记"应交税费——应交增值税(进项税额)"账户,按专用发票上记载的应当计入加工、修理修配等物资成本的金额,借记"生产成本"、"委托加工物资"、"制造费用"等账户,按应付或实际支付的金额,贷记"应付账款"、"银行存款"等账户。

【例4-27】甲股份有限公司委托外单位修理机器设备,对方开来的专用发票上注明修理费用10 000元,增值税税额1 700元,款项已用银行存款支付。其会计分录为:

借:管理费用   10 000
　　应交税费——应交增值税(进项税额)   1 700
　　贷:银行存款   11 700

(2)进项税额转出的账务处理。

企业购进的货物发生非正常损失,以及购进货物改变用途(如改用于非应税项目、集体福利或个人消费等),其购进时曾记入"应交税费——应交增值税(进项税额)"的进项税额应通过"应交税费——应交增值税(进项税额转出)"账户转入有关账户,借记"待处理财产损溢"、"在建工程"、"应付职工薪酬"等账户,贷记"应交税费——应交增值税(进项税额转出)"账户;属于转作待处理财产损失的进项税额,应与遭受非常损失的购进货物、在产品或库存商品的成本一并处理。

【例4-28】甲股份有限公司所属的职工医院维修领用原材料5 000元,其在购入时支付增值税850元。则相关会计分录为:

借：应付职工薪酬——职工福利 5 850
　　贷：原材料 5 000
　　　　应交税费——应交增值税（进项税额转出） 850

(3) 销项税额的账务处理。

销售存货或提供应税劳务，按实现的营业收入和应收取的增值税税额，借记"应收账款"、"应收票据"、"银行存款"等账户，按应计的增值税税额，贷记"应交税费——应交增值税（销项税额）"账户，按实现的不含税营业收入，贷记"主营业务收入"、"其他业务收入"等科目。发生的销售退回，作相反的账务处理。

【例4-29】甲股份有限公司销售产品一批，销售价格为200 000元（不含增值税税额），实际成本为160 000元；同时取得修配业务收入5 000元（不含增值税），增值税850元，修配业务的成本为2 500元（已入库管理）。提货单和增值税专用发票已交购货方，价税款尚未收到。该销售符合收入确认条件。则相关会计分录如下：

借：应收账款 239 850
　　贷：主营业务收入 200 000
　　　　其他业务收入 5 000
　　　　应交税费——应交增值税（销项税额） 34 850
借：主营业务成本 162 500
　　贷：库存商品 162 500

对于企业将货物交付他人代销；销售代销货物；将自产或委托加工的货物用于非应税项目（如固定资产工程项目等）；将自产、委托加工或购买的货物作为投资投向其他单位；将自产、委托加工或购买的货物分配给股东或投资者；将自产、委托加工的货物用于集体福利或个人消费，将自产、委托加工或购买的货物无偿赠送他人等行为，按照《增值税暂行条例实施细则》的规定，应视为销售货物，计算缴纳增值税。而且除用于本企业非应税项目等少数情况外，一般还应同时视同销售确认营业收入，结转营业成本。

【例4-30】甲股份有限公司领用本公司生产的产品用于在建工程，该产品成本20 000元，不含税公允价值30 000元。该公司适用增值税税率17%。假设组成计税价格与公允价值相同。则相关会计分录如下：

借：在建工程 25 100
　　贷：库存商品 20 000
　　　　应交税费——应交增值税（销项税额） 5 100

【例4-31】甲股份有限公司以本公司生产的产品一批（该产品成本800 000元，市场不含税公允价值1 000 000元，该公司适用增值税税率17%）作为出资投向三联企业。投资合同协议作价1 170 000元。投资后占三联企业注册资本的3%，准备长期持有。

  借：长期股权投资   1 170 000
    贷：主营业务收入   1 000 000
      应交税费——应交增值税（销项税额） 170 000
  借：主营业务成本   800 000
    贷：库存商品   800 000

（4）交纳增值税的账务处理。

企业上交本月的应交增值税，应借记"应交税费——应交增值税（已交税金）"账户，贷记"银行存款"账户。月度终了，如存在应交未交增值税，应将本月应交未交增值税自"应交税费——应交增值税（转出未交增值税）"明细账户转入"应交税费——未交增值税"明细账户，借记"应交税费——应交增值税（转出未交增值税）"账户，贷记"应交税费——未交增值税"账户；若存在多交增值税，则应将本月多交的增值税自"应交税费——应交增值税（转出多交增值税）"明细账户转入"应交税费——未交增值税"明细账户，借记"应交税费——未交增值税"账户，贷记"应交税费——应交增值税（转出多交增值税）"账户。如果企业本月上交以前各期应交未交的增值税，则应借记"应交税费——未交增值税"账户，贷记"银行存款"账户。

【例4-32】假定甲股份有限公司本月累计发生销项税额合计385 000元，进项税额转出55 000元，进项税额300 500元；以银行存款交纳增值税共100 000元，其中缴纳本月应缴增值税80 000元，上月应缴未缴增值税20 000元；则本月缴纳增值税和转出本月未交增值税（385 000 + 55 000 - 300 500 - 80 000 = 59 500）的会计分录如下：

  ①交纳增值税：
  借：应交税费——应交增值税（已交税金）   80 000
    应交税费——未交增值税   20 000
    贷：银行存款   100 000
  ②结转本月未交增值税：
  借：应交税费——应交增值税（转出未交增值税） 59 500
    贷：应交税费——未交增值税   59 500

2. 小规模纳税企业增值税的账务处理

小规模纳税企业应当按照不含税销售额和规定的增值税征收率计算交纳增值税,销售货物或提供应税劳务时只能开具普通发票,不能开增值税专用发票。小规模纳税企业不享有进项税额的抵扣权,其购进货物或接受应税劳务支付的增值税直接计入有关货物或劳务的成本。其他企业从小规模纳税企业购入货物或接受劳务支付的增值税税额,如果不能取得增值税专用发票,也不能作为进项税额抵扣,则应计入购入货物或应税劳务的成本。

小规模纳税企业的销售收入应按不含税销售额计算,其应纳税额应按不含税销售额和规定的税率计算。小规模纳税企业的增值税通过"应交税费——应交增值税"账户核算。

【例 4-33】三友公司为小规模纳税企业,适用的增值税征收率3%。该企业本期购入原材料,按照增值税专用发票上记载的原材料成本为 50 000 元,支付的增值税税额为 8 500 元,已开出等额商业承兑汇票交与卖方,材料已收到验收入库。该企业本期销售产品一批,含税售价为 61 800 元,生产成本为 50 000 元,货款尚未收到。有关账务处理如下:

(1) 购进原材料:

借:原材料　　　　　　　　　　　　　　　　　　　58 500
　　贷:应付票据　　　　　　　　　　　　　　　　　58 500

(2) 销售货物:

不含税销售额 = 61 800 ÷ (1 + 3%) = 60 000 (元)

应交增值税 = 60 000 × 3% = 1 800 (元)

借:应收账款　　　　　　　　　　　　　　　　　　61 800
　　贷:主营业务收入　　　　　　　　　　　　　　　60 000
　　　　应交税费——应交增值税　　　　　　　　　　1 800

借:主营业务成本　　　　　　　　　　　　　　　　50 000
　　贷:库存商品　　　　　　　　　　　　　　　　　50 000

(3) 月末交纳增值税:

借:应交税费——应交增值税　　　　　　　　　　　 1 800
　　贷:银行存款　　　　　　　　　　　　　　　　　 1 800

(二) 消费税

消费税是指在我国境内生产、委托加工和进口应税消费品的单位和个人,按其流转额交纳的一种流转税。我国现行税制规定的应税消费品包括烟、酒及酒精、化妆品、贵重首饰及珠宝玉石、鞭炮和焰火、成品油、汽车轮胎、摩托车、小汽车、高尔夫球及球具、高档手表、游艇、木制一次性筷子、实木地板等 14 大类。消费税有从价定率和从量定额两种征收方法。采取从价定率方法征收的消费税，以不含增值税的销售额为税基，按照税法规定的税率计算。企业的销售收入包含增值税的，应将其换算成不含税的销售额。采取从量定额计征的消费税，根据按税法确定的企业应税消费品的数量和单位应税消费品应缴纳的消费税计算确定。

1. 正常销售应税消费品的消费税的账务处理

消费税属价内税。企业正常销售应税产品应交纳的消费税，借记"营业税金及附加"账户，贷记"应交税费——应交消费税"账户。在退货时，作相反会计处理。

【例4-34】甲申公司3月份销售其生产的摩托车20辆，每辆销售价格10 000元（不含增值税），货款尚未收到，摩托车每辆成本5 000元。摩托车增值税税率17%，消费税税率10%。有关会计分录如下：

应向购买方收取的增值税 = 10 000 × 20 × 17% = 34 000（元）

应交纳的消费税 = 10 000 × 20 × 10% = 20 000（元）

借：应收账款　　　　　　　　　　　　　　　　　　234 000
　　贷：主营业务收入　　　　　　　　　　　　　　200 000
　　　　应交税费——应交增值税（销项税额）　　　 34 000
借：营业税金及附加　　　　　　　　　　　　　　　 20 000
　　贷：应交税费——应交消费税　　　　　　　　　 20 000
借：主营业务成本　　　　　　　　　　　　　　　　100 000
　　贷：库存商品　　　　　　　　　　　　　　　　100 000

2. 视同销售应税消费品的消费税的账务处理

企业以其生产的应税消费品商品用于在建工程、职工福利、对外投资、捐赠等方面，除视同销售计算并交纳增值税外，还应视同销售计算并交纳消费税，借记"在建工程"、"应付职工薪酬"、"长期股权投资"、"营业外支出"等账户，贷记"应交税费（应交消费税）"账户。

【例4-35】三元公司将其生产的应税消费品一批用于在建工程，该批消费品成本为600 000元，计税价格为800 000元。该消费品的增值税税率17%，消费税税率10%。有关会计分录如下：

应交的增值税税额 = 800 000 × 17% = 136 000（元）

应交的消费税 = 800 000 × 10% = 80 000（元）

借：在建工程	816 000	
贷：应交税费——应交增值税（销项税额）		136 000
应交税费——应交消费税		80 000
库存商品		600 000

3. 委托加工应税消费品的账务处理

需要交纳消费税的委托加工物资一般于委托方提货时，由受托方代收代交税款（除受托加工或翻新改制金银首饰按规定外）。委托加工物资收回后，直接用于销售的，应将由受托方代收代交的消费税计入委托加工物资的成本，借记"委托加工物资"等账户，贷记"应付账款"、"银行存款"等科目；委托加工物资收回后用于连续生产另一种应税消费品的，按规定准予抵扣的，应按受托方代收代交的消费税，借记"应交税费（应交消费税）"账户，贷记"应付账款"、"银行存款"等账户。

（三）营业税

营业税是对提供应税劳务、转让无形资产或者销售不动产的单位和个人征收的一种流转税。其中：应税劳务主要指交通运输业、建筑业、金融保险业、邮电通信业、文化体育业、娱乐业及服务业等劳务，但不包括加工、修理修配等劳务。企业应缴纳的营业税，在"应交税费"科目下设置"应交营业税"明细账户核算。

1. 一般应税劳务的营业税账务处理

企业主营业务应交的营业税通过"营业税金及附加"账户核算，附营业务应交的营业税通过"其他业务成本"账户核算。企业按营业额和规定的税率计算出的应交营业税，借记"营业税金及附加"、"其他业务成本"账户，贷记"应交税费（应交营业税）"账户。

【例4-36】三立服务公司某月应税营业额为250 000万元，适用营业税率5%。则该公司该月应交营业税的会计处理为：

借：营业税金及附加	12 500
贷：应交税费——应交营业税	12 500

2. 销售不动产的营业税账务处理

企业销售不动产，应当向不动产所在地主管税务机关申报交纳营业税。企业销售不动产按规定应交的营业税，记入"固定资产清理"账户；房地产开发企业经营房屋不动产所交纳的营业税，记入"营业税金及附加"账户。

3. 转让无形资产的营业税账务处理

企业转让无形资产时，按规定需交纳营业税。按应交纳的营业税，借记"营业外支出"等账户，贷记"应交税费（应交营业税）"账户。见例4-18。

二、企业所得税

企业所得税是根据企业所得额的一定比例上交的一种税金。这里的企业所得额非企业会计意义上的所得额（即利润总额），而是税法意义上的所得额（即应纳税所得额）。企业应交所得税税额的计算公式为：

应交所得税税额 = 应纳税所得额 × 适用所得税税率

式中的"适用所得税税率"一般企业为25%。

式中"应纳税所得额"通常与"利润总额"不完全相等。这是因为会计上规定的"收入"和"费用"与税法上规定的"收入"与"税前扣除项目"在口径或时间上存在一定差异。因口径不一致所导致的差异，通常叫做"永久性差异"，其特点是：一旦产生，不会随时间推移而转回或消失；因时间不一致所导致的差异叫做"暂时性差异"，其特点是：一旦产生，一般会随时间推移而转回或消失。"永久性差异"可依据一定会计期间企业已确认、计量的各项收入和费用（或者说依据利润表），比照税法相关规定逐一分析出来；但"暂时性差异"内容较复杂，且时间跨度往往较长，难以通过利润表准确而全面地分析、查找出来。

"暂时性差异"按其对未来期间应税金额的影响不同，可进一步区分为应纳税暂时性差异和可抵扣暂时性差异。所谓应纳税暂时性差异，是指在确定未来收回资产或清偿负债期间的应纳税所得额时，将导致产生应税金额的暂时性差异；所谓可抵扣暂时性差异，是指在确定未来收回资产或清偿负债期间的应纳税所得额时，将导致产生可抵扣金额的暂时性差异。

目前分析、查找企业"暂时性差异"的较好方法是通过比对企业资产负债表有关资产和负债的账面价值与其计税基础求得。即：

暂时性差异 = 资产或负债的账面价值 − 资产或负债的计税基础

式中"资产或负债的账面价值"即按会计规定核算的并列示于资产负债表"期末余额"栏的金额，譬如，固定资产的账面价值就是期末"固定资产"账户余额减去"累计折旧"和"固定资产减值准备"账户余额后列示于资产负债表"固定资产"项目"期末余额"栏的金额。需要说明的是，未作为资产和负债确认的项目，但若按照税法规定可以确定其计税基础的，可假定其账面价值为零。

式中"资产或负债的计税基础"即按税法规定计算确定的某项资产或负

债的"期末余额"。所得税会计准则对其的标准定义为：资产的计税基础是指企业收回资产账面价值过程中，计算应纳税所得额时按照税法规定可以自应税经济利益中抵扣的金额；负债的计税基础是指负债的账面价值减去未来期间计算应纳税所得额时按照税法规定可予抵扣的金额。

企业发生的亏损，且预计未来五年内能产生足够的纳税所得转回的部分，可视为特殊的可抵扣暂时性差异。

尽管"应纳税所得额"与"利润总额"不完全相等，但现实中，企业"应交所得税税额"和"应纳税所得额"的计算均依赖于"利润总额"。即通常以企业会计上的"利润总额"为基础，考虑上述的"永久性差异"和"暂时性差异"进行纳税调整得出"应纳税所得额"，然后再乘以适用所得税税率求得"应交所得税税额"，计算公式为：

应交所得税税额 =（利润总额 ± 永久性差异 ± 暂时性差异）
　　　　　　　　× 适用所得税税率

应交所得税税额不等于企业所得费用。所得税费用应是企业按会计规则确认的，用以与利润总额配比确定净利润的费用。按现行企业会计准则规定，企业应采用资产负债表债务法核算所得税。资产负债表债务法就是主要以资产负债表为依托，先确定资产、负债的暂时性差异（应纳税暂时性差异与可抵扣暂时性差异），确认相关的递延所得税负债、递延所得税资产、递延所得税费用和递延所得税收益，再结合当期应交所得税税额最终确定当期应记入利润表的所得税费用的方法[①]。企业所得税费用的计算公式为：

所得税费用 = 当期应交所得税税额 + 递延所得税费用 − 递延所得税收益

递延所得税费用 = 当期递延所得税负债增加额 + 当期递延所得税资产
　　　　　　　　减少额

递延所得税收益 = 当期递延所得税负债减少额 + 当期递延所得税资产
　　　　　　　　增加额

【例4-37】三甲公司适用所得税税率为25%，2009年度按企业会计准则核算的税前会计利润总额为1 510万元。经核查、分析，该公司计入当年投资收益的国库券利息收入为100万元，按税法规定该项收入为免税收入；该公司

---

① 应当说明的是，并不是所有的资产、负债账面价值与其计税基础的差额均确认为递延所得税负债或递延所得税资产，譬如，交易发生时既不影响会计利润也不影响应纳税所得额的资产或负债的暂时性差异就不确认，也不是所有确认的递延所得税负债和递延所得税资产对应的递延所得税（费用或收益）都记入利润表所得税费用项目。某些情况下，递延所得税（费用或收益）应直接记入所有者权益项目或企业合并业务所确认的商誉之中。

计入当年营业外支出的税收滞纳金为 80 万元，按税法规定该项支出为不允许税前扣除的项目；该公司年末资产负债表应纳税暂时性差异总额较上年增加 500 万元，可抵扣暂时性差异总额较上年增加 100 万元。假定上述差异的影响均与当年所得税费用有关，除此之外全年无其他纳税调整因素。

则三甲公司 2009 年的所得税的有关计算及会计分录如下：

应纳税所得额 = 15 100 000 − 1 000 000 + 800 000 − 5 000 000 + 1 000 000
           = 10 900 000（元）

应交所得税税额 = 10 900 000 × 25% = 2 725 000（元）

所得税费用 = 2 725 000 + 5 000 000 × 25% − 1 000 000 × 25%
        = 3 725 000（元）

借：所得税费用　　　　　　　　　　　　　　　　　3 725 000
　　递延所得税资产　　　　　　　　　　　　　　　　 250 000
　　贷：应交税费——应交所得税　　　　　　　　　　　　　2 725 000
　　　　递延所得税负债　　　　　　　　　　　　　　　　1 250 000

三、其他税费

（一）资源税

资源税是对我国境内从事原油、天然气、煤炭、金属矿产品和其他矿产品开采以及生产盐的单位和个人征收的一种税。资源税按照应税产品的课税数量和规定的单位税额计算。开采或生产应税产品对外销售的，以销售数量为课税数量；开采或生产应税产品自用的，以自用数量为课税数量。企业按规定应交的资源税，在"应交税费"账户下设置"应交资源税"明细科目核算。

对外销售应税产品应交纳的资源税，借记"营业税金及附加"账户，贷记"应交税费——应交资源税"账户；企业自产自用应税产品应交纳的资源税，借记"生产成本"、"制造费用"等账户，贷记"应交税费——应交资源税"账户。

【例 4-38】三泰公司 2009 年 9 月按规定计算的销售应税产品应交纳资源税 180 万元。其会计分录为：

借：营业税金及附加　　　　　　　　　　　　　　　1 800 000
　　贷：应交税费——应交资源税　　　　　　　　　　　　　1 800 000

（二）城市维护建设税

城市维护建设税是以增值税、消费税、营业税的税额为计税依据征收的一

种税,其纳税人为交纳增值税、消费税、营业税的单位和个人,税率因纳税人所在地不同从1%到7%不等。公式为:

应纳税额 =（应交增值税 + 应交消费税 + 应交营业税）×适用税率

企业应交的城市维护建设税,借记"营业税金及附加"、"其他业务成本"等账户,贷记"应交税费——应交城市维护建设税"账户。

【例4-39】 三和企业2009年10月份实际应上交增值税400 000元,消费税250 000元,营业税50 000元（为附营业务的）。其适用城市维护建设税税率7%。则三和企业的有关计算与会计分录如下:

应交的城市维护建设税 =（400 000 + 250 000 + 50 000）×7%

$\qquad\qquad\qquad\qquad$ = 49 000（元）

借:营业税金及附加　　　　　　　　　　　　　45 500
　　其他业务成本　　　　　　　　　　　　　　 3 500
　　贷:应交税费——应交城市维护建设税　　　　　　49 000

（三）教育费附加

教育费附加是为了发展教育事业而面向企业征收的附加费用。它以企业实际交纳的增值税、消费税和营业税的税额为计算依据,由税务机关负责征收的一项纳税附加费。教育费附加征收率为3%。

企业应交纳的教育费附加,借记"营业税金及附加"、"其他业务成本"等账户,贷记"应交税费——应交教育费附加"账户。

【例4-40】 续前例4-38,则三和企业2009年10月份应交纳的教育费附加的计算与会计分录如下:

应交的教育费附加 =（400 000 + 250 000 + 50 000）×3% = 21 000（元）

借:营业税金及附加　　　　　　　　　　　　　19 500
　　其他业务成本　　　　　　　　　　　　　　 1 500
　　贷:应交税费——应交教育费附加　　　　　　　　21 000

（四）土地增值税

土地增值税是指在我国境内有偿转让土地使用权及地上建筑物和其他附着物产权的单位和个人,就其土地增值额征收的一种税。

企业应交的土地增值税视情况记入不同账户:

（1）企业转让的土地使用权连同地上建筑物及其附着物一并在"固定资产"等账户核算的,转让时应交的土地增值税,借记"固定资产清理"账户,贷记"应交税费——应交土地增值税"账户。

（2）土地使用权在"无形资产"账户核算的，按实际收到的金额，借记"银行存款"账户，按应交的土地增值税，贷记"应交税费——应交土地增值税"账户，同时冲销土地使用权的账面价值，贷记"无形资产"账户，按其差额，借记"营业外支出"账户或贷记"营业外收入"账户。

（五）房产税、城镇土地使用税、车船税、印花税和矿产资源补偿费

房产税是国家对城市、县城、建制镇和工矿区房屋产权所有人征缴的一种税。城镇土地使用税是国家为了合理利用城镇土地，调节土地级差收入，提高土地使用效益，加强土地管理而开征的一种税。车船税是由拥有并且使用车船的单位和个人交纳的一种税。印花税是由纳税人根据规定自行计算应纳税额以购买并一次贴足印花税票的方法交纳的一种税款。矿产资源补偿费是对在我国领域和其他管辖海域开采矿产资源的企业征收的费用。

企业按规定计算应交的房产税、土地使用税、车船使用税、矿产资源补偿费，借记"管理费用"账户，贷记"应交税费——应交房产税（或应交城镇土地使用税、应交车船税、应交房产税、应交矿产资源补偿费）"账户；在实际交纳时，借记"应交税费——应交房产税（或应交城镇土地使用税、应交车船税、应交房产税、应交矿产资源补偿费）"账户，贷记"银行存款"账户。

企业在交纳印花税时，不需要通过"应交税费"账户核算，直接借记"管理费用"账户，贷记"银行存款"或"库存现金"账户。

（六）个人所得税

企业按规定计算的代扣代交个人所得税，借记"应付职工薪酬"账户，贷记"应交税费——应交个人所得税"账户；企业在代为交纳个人所得税时，借记"应交税费——应交个人所得税"账户，贷记"银行存款"账户。

四、期间费用

如第一章所述，费用是指企业在日常活动中发生的、会导致所有者权益减少的、与向所有者分配利润无关的经济利益的总流出。企业的费用主要包括主营业务成本、其他业务成本、营业税金及附加、期间费用和所得税费用等与期间相联系的费用。其应按照权责发生制和配比原则确认，凡应属于本期发生的费用，不论其款项是否支付，均确认为本期费用；反之，不属于本期发生的费

用，即使其款项已在本期支付，也不确认为本期费用。广义的费用还应包括对象为采购的材料、生产的产品等的各项费用（即成本），但其最终也都要转化为与期间相联系的费用。

主营业务成本、其他业务成本、营业税金及附加、所得税费用等的核算已在前面的有关章节已述及并举例，在此仅集中介绍一下销售费用、管理费用和财务费用等期间费用的内容及其会计核算。

（一）销售费用

销售费用是指企业销售商品和材料、提供劳务过程中发生的费用，包括企业销售商品过程中发生的运输费、装卸费、保险费、展览费和广告费，以及为销售本企业商品而专设的销售机构（含销售网点、售后服务网点等）的职工薪酬、业务费、折旧费、固定资产修理费等费用。

企业发生的各种销售费用，通过"销售费用"账户核算。当发生销售费用时，借记"销售费用"账户，贷记"银行存款"、"应付职工薪酬"等账户。期末将本账户余额结转到"本年利润"账户，借记"本年利润"账户，贷记"销售费用"账户，结转后"销售费用"账户无余额。

【例4-41】三和企业为推广其A新产品，用银行存款支付广告费100 000元，展销费80 000元。其会计分录为：

借：销售费用　　　　　　　　　　　　　　　　　　　180 000
　　贷：银行存款　　　　　　　　　　　　　　　　　　180 000

【例4-42】三和企业销售部5月份共发生费用380 000元，其中：销售人员薪酬140 000元，业务费用180 000元（以银行存款支付），销售部专用办公设备折旧费60 000元。其会计分录为：

借：销售费用　　　　　　　　　　　　　　　　　　　380 000
　　贷：应付职工薪酬　　　　　　　　　　　　　　　　140 000
　　　　银行存款　　　　　　　　　　　　　　　　　　180 000
　　　　累计折旧　　　　　　　　　　　　　　　　　　 60 000

（二）管理费用

管理费用是指企业行政管理部门为组织和管理企业生产经营所发生的各种费用，包括企业在筹建期间内发生的开办费、企业的董事会和行政管理部门在企业的经营管理中发生的或者应当由企业统一负担的公司经费（包括行政管理部门的职工工资、修理费、物料消耗、低值易耗品摊销、办公费和差旅费等)、工会经费、待业保险费、劳动保险费、董事会费(包括董事会成员津贴、会议费和差旅费等)、聘请中介机构费、咨询费(含顾问费)、诉讼费、业务招待费、房产税、车船使用税、土地使用税、印花税、技术转让费、矿产资源补偿费、无形资产摊销、研究费用、排污费、生产车间(部门)及行政管理部门发生的固定资产修理等。

企业发生的各种管理费用通过"管理费用"账户核算。当发生各种管理费用时,借记"管理费用"账户,贷记"库存现金"、"银行存款"、"应付职工薪酬"、"长期待摊费用"、"累计摊销"、"累计折旧"、"应交税费"、"其他应付款"等账户。期末将本账户余额结转到"本年利润"账户,借记"本年利润"账户,贷记"管理费用"账户,结转后"管理费用"账户应无余额。

【例4-43】三和企业以银行存款支付业务招待费20 000元。其会计分录为:

借:管理费用 20 000
　　贷:银行存款 20 000

【例4-44】三和企业以存款支付会计人员后续教育培训费16 000元。其会计分录为:

借:管理费用 16 000
　　贷:银行存款 16 000

(三) 财务费用

财务费用是指企业为筹集生产经营所需资金而发生的费用,包括应当作为期间费用的利息支出(减利息收入)、汇兑损益以及相关的手续费等。

企业发生的各种财务费用通过"财务费用"账户核算。当发生各种财务费用时,借记"财务费用"账户,贷记"银行存款"、"应付利息"、"应付债券"、"未确认融资费用"等账户。发生应冲减财务费用的利息收入、汇兑收益,借记"银行存款"、"应付账款"等账户,贷记"财务费用"账户。期末将本账户借方余额结转到"本年利润"账户,借记"本年利润"账户,贷记"财务费用"账户,如期末结转前为贷方余额的做相反会计分录。结转后"财务费用"账户应无余额。

【例4-45】三和企业计提本期的短期借款应负担的利息费用30 000元。其会计分录为:

借:财务费用 30 000
　　贷:应付利息 30 000

【例 4-46】三和企业接开户银行通知，已从本企业账户划转本月银行转账结算手续费共计 15 000 元。其会计分录为：

  借：财务费用   15 000
    贷：银行存款   15 000

【例 4-47】三和企业计提本企业本月带息应收票据的利息收入 3 000 元。其会计分录为：

  借：应收票据   3 000
    贷：财务费用   3 000

第五节　利润形成与分配业务

一、利润的构成

利润是企业一定时期生产经营活动的财务成果。它是综合反映企业工作质量的重要指标，也是衡量企业经济效益高低的主要标志。

企业一定会计期间的利润总额（或亏损）是由营业利润及营业外净收支（即营业外收入减去营业外支出的差额）构成。

营业利润是企业利润的主要来源，主要是由营业收入、营业成本、营业税金及附加、期间费用、资产减值损失、投资收益（或损失）、公允价值变动收益（或损失）等项目构成。用公式表示即：

营业利润 = 营业收入 - 营业成本 - 营业税金及附加 - 销售费用 - 管理费用 - 财务费用 - 资产减值损失 + 公允价值变动收益（- 公允价值变动损失）+ 投资收益（- 投资损失）

营业收入是指企业经营业务所确认的收入总额，包括主营业务收入和其他业务收入。

营业成本是指企业经营业务所发生的实际成本总额，包括主营业务成本和其他业务成本。

资产减值损失是指企业各项资产发生减值所确认的损失。

公允价值变动收益（或损失）是指企业交易性金融资产、交易性金融负债，以及采用公允价值模式计量的投资性房地产、衍生工具、套期保值业务等公允价值变动形成的应计入当期损益的利得或损失。

投资收益（或损失）是指企业以各种方式对外投资所取得的收益（或发生的损失）。

营业外收入是指与企业正常的生产经营活动没有直接关系的按规定应计入当期损益的各项利得。

营业外支出是指与企业正常生产经营活动没有直接关系的按规定应计入当期损益的各项损失。

利润总额 = 营业利润 + 营业外收入 - 营业外支出

在企业一定时期实现的利润总额的基础上,减去所得税费用,就形成企业一定时期的净利润。其计算公式为:

净利润 = 利润总额 - 所得税费用

二、利润形成的会计处理

利润形成的会计处理主要是进行会计期末损益的结转,即在会计期末将各损益账户的本期发生额结转记入"本年利润"账户,以从会计账面体现出企业一定时期生产经营的最终财务成果。

"本年利润"是所有者权益类账户,用以核算和监督企业实现的利润净额或发生的亏损。该账户的贷方登记期末从各收入账户转入的本期实现的各项收入、投资净收益及公允价值变动收益等;借方登记期末从各费用、支出账户转入的本期发生的各项费用、支出、投资净损失、资产减值损失及公允价值变动损失等;期末余额若在贷方,则表示企业实现的净利润;期末余额若在借方,则表示企业发生的净亏损。在年度中间,"本年利润"账户的余额保留在本账户不予结转,表示截至本期累计实现的净利润或发生的净亏损。年末,应将本年度实现的净利润或亏损总额转入"利润分配"账户,结转后该账户应无余额。"本年利润"账户的结构如下:

借方	本年利润	贷方
期末转入的各项费用和损失:	期末转入的各项收入和利得:	
主营业务成本	主营业务收入	
其他业务成本	其他业务收入	
营业税金及附加	投资净收益	
管理费用	公允价值变动收益	
财务费用	营业外收入	
销售费用		
资产减值损失		
公允价值变动损失		
投资净损失		
营业外支出		
所得税费用		
余额:累计发生的亏损	余额:累计实现的净利润	

【例4-48】三立股份有限公司2009年度有关损益类账户累计发生额（或称结转前的余额）如下：

"主营业务收入"账户贷方余额：　　3 000万元
"其他业务收入"账户贷方余额：　　40万元
"营业外收入"账户贷方余额：　　　12万元
"投资收益"账户贷方余额：　　　　160万元
"公允价值变动损益"账户贷方余额　10万元
"主营业务成本"账户借方余额：　　1 400万元
"营业税金及附加"账户借方余额：　20万元
"管理费用"账户借方余额：　　　　284万元
"财务费用"账户借方余额：　　　　320万元
"销售费用"账户借方余额：　　　　300万元
"其他业务成本"账户借方余额：　　32万元
"营业外支出"账户借方余额：　　　16万元
"资产减值损失"账户借方余额：　　10万元
"所得税费用"账户借方余额：　　　132万元

分别将上述账户的贷方余额，从各账户的借方转入"本年利润"账户的贷方，将各账户的借方余额，从各账户的贷方转入"本年利润"账户的借方，其会计分录为：

(1) 借：主营业务收入　　　　　　　30 000 000
　　　　其他业务收入　　　　　　　　　400 000
　　　　营业外收入　　　　　　　　　　120 000
　　　　投资收益　　　　　　　　　　1 600 000
　　　　公允价值变动损益　　　　　　　100 000
　　　贷：本年利润　　　　　　　　　32 220 000
(2) 借：本年利润　　　　　　　　　25 140 000
　　　贷：主营业务成本　　　　　　　14 000 000
　　　　　其他业务成本　　　　　　　　320 000
　　　　　营业税金及附加　　　　　　　200 000
　　　　　管理费用　　　　　　　　　2 840 000
　　　　　财务费用　　　　　　　　　3 200 000
　　　　　销售费用　　　　　　　　　3 000 000
　　　　　资产减值损失　　　　　　　　100 000

营业外支出 160 000
所得税费用 1 320 000

根据上述资料，可以于账面体现出的本期最终财务成果为：

本期营业利润 =（3 000 + 40）–（1400 + 32）– 20 – 284 – 320 – 300 – 10 + 10 + 160 = 844（万元）

本期利润总额 = 844 + 12 – 16 = 840（万元）

本期净利润 = 840 – 132 = 708（万元）

三、利润分配的内容和顺序

利润分配是指企业根据国家有关法律规定和企业章程、投资者协议等，对企业当年可供分配的利润所进行的分配。

可供分配的利润 = 当年实现的净利润 + 年初未分配利润（– 年初未弥补亏损）

利润分配的主要去向及顺序依次是：提取法定盈余公积、提取任意盈余公积、向投资者分配利润。

1. 提取法定盈余公积

公司制企业的法定盈余公积必须按照税后利润的 10% 提取（非公司制企业也可以按照超过 10% 的比例提取），在计算提取法定盈余公积的基数时，不应包括企业年初未分配利润。当公司法定公积金累计额达到或超过公司注册资本的 50% 以上时，可以不再提取法定盈余公积金。

2. 提取任意盈余公积

公司从税后利润中提取法定盈余公积金后，经股东大会决议，还可以从税后利润中提取任意盈余公积金。非公司制企业经类似权力机构批准，也可以提取任意盈余公积金。由于任意盈余公积金是企业自愿留存的收益，所以其提取比例由企业视实际情况而自行确定。

3. 向投资者分配利润或股利

公司弥补亏损和提取公积金后所剩余的税后利润，可将其全部或部分按照出资者（股东）实缴的出资比例或持有的股份比例向出资者（股东）分派利润或股利。未分配完的部分形成留待以后年度分配的利润。

股东会、股东大会或董事会不得违反规定，在公司弥补亏损和提取法定公积金之前向股东分配利润。公司持有的本公司股份（即库藏股份）不得分配利润或股利。

四、利润分配的会计处理

（一）设置运用的主要账户

1. "利润分配"账户

"利润分配"是所有者权益类账户，用以核算和监督企业一定时期内净利润的分配或亏损的弥补以及历年结存的未分配利润（或未弥补亏损）情况。该账户借方登记利润的分配数额以及年末从"本年利润"账户转入的全年累计亏损额；贷方登记年末从"本年利润"账户转入的全年实现的净利润以及弥补的亏损数额。年末贷方余额表示未分配利润，年末借方余额表示未弥补亏损。"利润分配"账户应按利润分配具体内容设明细账，进行明细分类核算。

2. "盈余公积"账户

"盈余公积"是所有者权益类账户，用以核算和监督企业从净利润中提取盈余公积金的增减变动和结存情况。该账户贷方登记盈余公积的提取数；借方登记盈余公积的使用数；期末余额在贷方，表示盈余公积的结存数。

3. "应付股利"（非股份制企业为"应付利润"）账户

该账户属于负债类账户，用以核算和监督企业经董事会或股东大会或类似机构决议确定分配的现金股利（利润）。该账户贷方登记应付股利（应付利润）增加数；借方登记实际支付的现金股利（利润）；期末余额在贷方，表示尚未支付的现金股利（利润）。

（二）利润分配业务的会计处理

【例 4-49】 沿用前例 4-48 资料，三立股份有限公司 2009 年实现净利润 708 万元，公司股东大会决议按净利润的 10% 计提法定盈余公积，按净利润的 15% 计提任意盈余公积，按净利润的 20% 分派现金股利。假定该公司年初利润分配账户无余额。

该项经济业务发生一方面使公司利润分配数额增加，应记入"利润分配"账户的借方；另一方面提取盈余公积金会引起公司盈余公积的增加，应记入"盈余公积"账户的贷方；应向投资者支付的股利引起公司应付股利的增加，应记入"应付股利"账户的贷方，其会计分录为：

借：利润分配——提取法定盈余公积　　　　　　　　　　708 000
　　　　　　——提取任意盈余公积　　　　　　　　　　1 062 000
　　贷：盈余公积　　　　　　　　　　　　　　　　　　1 770 000

借：利润分配——应付现金股利　　　　　　　　　　　　　1 416 000
　　　贷：应付股利　　　　　　　　　　　　　　　　　　　　1 416 000

【例 4-50】续前例，三立股份有限公司年末结转本年实现的净利润 7 080 000元至"利润分配"账户。

年终，公司应将全年实现的净利润由"本年利润"账户转入"利润分配"账户，结转后，"本年利润"账户年终没有余额。其会计分录为：

借：本年利润　　　　　　　　　　　　　　　　　　　　7 080 000
　　　贷：利润分配——未分配利润　　　　　　　　　　　　　7 080 000

【例 4-51】续前例，三立股份有限公司期末结清利润分配所属明细账户的余额，转入"利润分配"（未分配利润）明细账户。

年终，企业应将"利润分配"账户下的其他明细账户的余额转入"未分配利润"明细账户，结转后，除"未分配利润"明细账户有余额外，其他各明细账户均无余额。

借：利润分配——未分配利润　　　　　　　　　　　　　3 186 000
　　　贷：利润分配——提取法定盈余公积　　　　　　　　　　708 000
　　　　　　　　　　——提取任意盈余公积　　　　　　　　1 062 000
　　　　　　　　　　——应付利润　　　　　　　　　　　　1 416 000

结转后，"利润分配——未分配利润"账户借贷方相抵后出现 3 894 000 元的贷方余额，即为该公司留待以后年度分配的利润。

【思考与练习】

一、思考题

1. 什么是交易性金融资产？其会计核算有什么特点？

2. 持有至到期投资有何特点？如何进行其期末应计利息、利息调整金额摊销和投资收益的计算与会计处理？

3. 可供出售金融资产与交易性金融资产、持有至到期投资的联系与区别是什么？如何进行该项金融资产的会计处理？

4. 长期股权投资的初始成本如何确定？其后续核算的成本法与权益法的适用范围和核算要点是什么？

5. 什么是资产减值？为什么要计提资产减值准备，确认资产减值损失？

6. 应收款项减值与存货减值业务的会计处理各是如何进行的？两者相比有何特点？

7. 持有至到期投资减值的迹象有哪些？如何确认其减值额并进行会计处理？

8. 长期资产的减值核算过程是怎样的？其与流动资产相比最主要的不同是什么？

9. 营业外收入和支出的内容是什么？如何进行相关的会计处理？

10. 增值税、消费税和营业税三大流转税的特点各是什么？如何进行相关的会计处理？

11. 什么是所得税会计？暂时性差异如何确定？暂时性差异对应纳税所得、资产、负债和企业所得税费用有何影响？

12. 企业除流转税和所得税外还有哪些税金？如何进行相关的会计核算？

13. 企业利润的构成和形成的会计处理是怎样的？

14. 企业净利润的分配去向与顺序是怎样的？如何进行利润分配的会计处理？

二、练习题

（一）目的：练习交易性投资、持有至到期投资和可供出售金融资产的核算

资料：大江公司20×9年12月发生如下经济业务：

（1）12月1日以交易性目的于二级资本市场购入甲股票10万股，以银行存款实付价款101万元（其中含1万元交易费用）。

（2）12月1日购入W公司当日发行的公司债券，面值1 000万元，三年期，票面利率6%，到期一次还本付息，以银行存款实付价款及交易费共计1 045万元（其中交易费用3万元），经测算实际利率为4.2%。准备持有该债券至到期。

（3）12月5日于二级资本市场购入与本公司存在一定战略关系的A公司股票100万股，以银行存款实付价款805万元（其中含5万元交易费用）。购入该股票是否长期持有要视未来情况发展而定。

（4）12月25日出售10月以交易目的购入的B股票1万股，至出售日，账面价值7万元，累计公允价值变动净收益0.8万元，实收款7.9万元存入银行。

（5）12月31日仍持有月初购入的甲股票，但其市场交易价为12元/股。

（6）12月31日仍持有月初购入的A公司股票，其市场交易价为7.5元/股。

（7）12月31日确认、计量本月1日购入的W公司债券的应计利息和投资收益。

要求：编制上述经济业务的会计分录。

(二) 目的：练习资产减值的会计核算

资料：力达公司系一般纳税人，适用增值税税率17%。20×9年6月该公司发生的部分经济业务如下：

(1) 6月5日有证据表明C公司前欠本公司货款2万元已完全无希望收回，经批准转作坏账损失。

(2) 6月10日出售库存G产品一批，生产成本5万元，不含税售价4万元，实收价税款4.68万元已存入银行。该产品曾计提存货跌价准备1.2万元。

(3) 6月14日追回原已核销的D公司坏账1.5万元，存入银行。

(4) 6月30日公司应收款项余额200万元，预计坏账损失率2%，期末调整前的"坏账准备"账户余额2.2万元。

(5) 6月30日对持有至到期投资进行了减值测试，所持有的E公司债券的预计未来现金流量现值80万元，而其期末摊余成本101万元。

(6) 6月30日对存在减值迹象的Y产品进行了减值测试，该产品账面成本200万元，预计可变现净额150万元，该产品账面已计提跌价准备20万元。

(7) 6月30日对某固定资产进行减值测试，该固定资产账面价值160万元，可收回金额180万元。公司于上年末曾为该固定资产计提减值准备40万元。

要求：编制上述经济业务的会计分录。

(三) 目的：练习长期股权投资的核算

资料：甲上市公司（简称甲公司）发生下列与长期股权投资相关的业务：

(1) 2007年1月9日，购入乙公司有表决权的股票1 000万股，占乙公司股份的10%，对乙公司的财务和经营政策不具有重大影响（但准备长期持有）。该股票每股买入价8元，其中每股含已宣告分派但尚未领取的现金股利0.2元；另外，甲公司在购买股票时还支付相关税费100万元，款项均由银行存款支付。投资时，乙公司净资产公允价值40 000万元。3月15日，收到乙公司宣告分派的现金股利。

(2) 2007年度，乙公司实现利润2 000万元。可供出售的金融资产公允价值变动导致资本公积增加200万元。

(3) 2008年3月1日，乙公司宣告分派2007年度股利，每股分派现金股利0.2元。3月15日，甲公司收到上述现金股利。

(4) 2009年度，乙公司发生亏损600万元。

(5) 2010年6月10日，甲公司出售所持有的乙公司的股票100万股，实得款1 000万元。（假定不考虑相关税费；甲公司售出部分股票后，仍能对乙公司财务与经营政策产生重大影响）。

要求：(1) 请据上述情况选择甲公司对该项投资应采用的核算方法。

(2) 根据上述业务和选定核算方法编制甲公司相关会计分录（假定不考虑长期投资减值因素）。

(3) 若投资后甲公司持有乙公司的股份不是10%而是30%，且对乙公司的财务和经营政策具有重大影响，则甲公司应选择何种核算方法？相应业务的会计分录有何不同？

（四）目的：练习增值税业务的会计核算

资料：A企业为增值税一般纳税企业，2009年4月1日"应交税费——应交增值税"账户无余额，"应交税费——未交增值税"账户有贷方余额10万元。2009年4月，该企业发生的有关业务如下（相关款项均通过银行收讫或付讫）：

(1) 购进原材料一批，增值税发票上注明货款300万元，增值税款51万元。材料已验收入库。

(2) 购进生产用设备一台，增值税发票上注明货款10万元，增值税款1.7万元。设备已验收交付使用。

(3) 购进免税农副产品一批，实际支付价款50万元。可按10%计算进项税额。

(4) 本期销售产品开出增值税发票，价款500万元，销项税额85万元。取得材料销售收入30万元，税额51 000元。

(5) 购入材料一批，增值税发票上注明价款50 000元，税款8 500元。材料已验收入库。本月该批材料全部被转用于厂房建造项目。

(6) 因火灾，库存材料发生毁损一批，其实际成本30 000元。

(7) 企业建造托儿所，领用本厂的产品，其成本10 000元，其不含税售价15 000元。

(8) 企业本月以银行存款上交增值税400 000元（其中10万元为上缴以前月份未交的增值税金）。

(9) 月末结转应交未交或多交的增值税。

要求：(1) 计算本月应交的增值税税额。

(2) 计算月末应交未交或多交的增值税税额。
(3) 根据上述资料编制会计分录（须列出"应交税费"账户的明细账）。

(五) 目的：练习所得税的核算

资料：某企业 20×9 年实现会计利润总额 1 200 万元，经检查分析存在下列纳税调整事项：

(1) 当年实际发生的业务招待费 100 万元，允许税前扣除的业务招待费 60 万元。

(2) 当年因违法经营问题交纳罚款 50 万元。

(3) 年末企业资产负债表项目中账面价值与其计税基础不相等的项目只有三项，它们是"预计负债"项目账面价值 60 万元，计税基础 0 万元；"固定资产"项目账面价值 1 240 万元，计税基础 1 200 万元；"存货"项目账面价值 500 万元，计税基础 580 万元。

(4) 假定：该企业适用的所得税税率 25%，适用资产负债表债务法核算所得税；除上述以外，20×9 年度无其他纳税调整事项；20×9 年初递延所得税资产余额 25 万元，递延所得税负债余额 7.5 万元。

要求：(1) 计算 20×9 年度应纳税所得额和应交所得税。
(2) 计算 20×9 年末递延所得税资产和递延所得税负债期末余额。
(3) 计算 20×9 年度应确认的递延所得税资产和递延所得税负债的金额。
(4) 编制 20×9 年度所得税费用和相关负债确认的会计分录。

(六) 目的：练习利润形成与分配的核算

资料：某企业 2009 年 12 月末损益类科目的余额如下表：

科目名称	贷方余额	科目名称	借方余额
主营业务收入	4 876 000	主营业务成本	2 958 000
其他业务收入	54 590	主营业务税金及附加	56 902
投资收益	72 000	其他业务成本	43 060
公允价值变动损益	83 000	资产减值损失	20 000
营业外收入	20 000	营业费用	84 902
		管理费用	74 919

| 财务费用 | 17 490 |
| 所得税费用 | 65 600 |

该企业无以前年度未弥补亏损,每年按当年净利润的10%计提法定盈余公积;公司董事会决定2009年按当年净利润的50%向投资者分配利润。

要求:请进行该企业利润形成与分配的相关计算与会计处理。

第五章 资产负债表

【教学目的与要求】 通过本章的教学,要求学生了解资产负债表的作用,熟悉资产负债表的结构和内容,了解资产负债表的格式,掌握资产负债表的编制方法。

【教学重点与难点】 资产负债表项目的数字来源、资产负债表各项目的内容和填列方法。

第一节 资产负债表及其作用

一、资产负债表的概念

资产负债表,也称财务状况表,是反映企业在某一特定日期财务状况的会计报表。所谓财务状况是指企业在某一特定日期资产、负债和所有者权益的构成及其相互关系。资产负债表是根据"资产=负债+所有者权益"这一基本的会计恒等式,按照一定的分类标准和次序,把企业特定日期的资产、负债和所有者权益三项要素的所属项目予以适当排列编制而成的。资产及其构成表明投入企业经济资源的运用,负债与所有者权益及其构成表明投入企业经济资源的来源,它们反映的均是某一时点的经济资源存量,因此,资产负债表是为提供企业在某一特定日期的资产、负债、所有者权益及其相互关系,借以反映企业财务状况的一种资源存量的报表。它表明企业在某一特定日期所拥有或控制的经济资源、所承担的现有债务和所有者对净资产的要求权。从反映企业经营资金运动的角度看,它是一种反映企业经营资金运动静态表现的报表,所以也称为静态财务报表。

二、资产负债表的作用

资产负债表是企业重要的财务报表之一,在财务报告体系中具有举足轻重的地位,它所提供的会计信息,对各种不同的使用者都具有十分重要的作用,这些作用主要表现在下列五个方面。

(一) 反映企业的经济资源及其分布情况，以及企业的资本结构

资产负债表把企业的经济资源按经济性质、用途及目的加以分类，如按其流动性划分为流动资产和非流动资产各项目，使用者通过资产负债表，可以清楚地了解企业在某一选定时日所拥有的资产总量及结构。企业的经济资源来自债权人及股东，债权人对企业的资产享有优先受偿的权利，股东享有剩余权益。因此，负债与股东权益相对比重的大小，影响到债权人及股东的相对风险。负债比重越大，债权人所冒的风险就越高。

资本结构是指在企业的资金来源中负债和所有者权益的比值。资产负债表把企业的资金来源划分为负债和所有者权益两大类，而后又进一步将负债划分为流动负债和非流动负债。将所有者权益划分为股本或实收资本、资本公积、留存收益，从而充分反映了企业的资本结构情况。

资产负债表列示了企业在某一特定日期的资产、负债和所有者权益，通过上述三项会计要素的构成及其相互关系的分析，就可以衡量和评价企业的财务状况是否良好，资本结构是否合理。

(二) 可据以评价和预测企业的短期偿债能力

企业的偿债能力是指企业以其资产偿付债务的能力，分为短期偿债能力和长期偿债能力。短期偿债能力是指企业以能及时变现的资产清偿短期债务的能力，短期偿债能力主要取决于资产和负债的流动性。流动性指资产转换成现金的速度或负债离到期清偿日的时间，亦指企业资产接近现金的速度，或负债需要动用现金的期限。资产的流动性则反映资产转换为现金的能力，负债的流动性则反映债务迫近到期日的程度。在资产项目中，除现金外，资产转换成现金的时间越短，速度越快，表明流动性越强。例如，可随时上市交易的有价证券投资，其流动性一般比应收款项强；应收款项的流动性又比存货项目强，因为通常应收款项能在更短的时间内转换成现金，而存货一般转换成现金的速度较慢。负债到期日越短，其流动性越强，表明越早要动用现金。短期债权人关注的是企业是否有足够的现金和是否有足够的资产可及时转换成现金，以清偿短期内行将到期的债务。长期债权人及企业所有者也要评价和预测企业的短期偿债能力，短期偿债能力越低，企业越有可能破产；越没有得到投资回报的保障，越有可能收不回投资。资产负债表分门别类地列示流动资产与流动负债，本身虽未直接反映出短期偿债能力，但通过将流动资产与流动负债的比较，并

借助于报表可以评价和预测企业的短期偿债能力。

（三）可据以评价和预测企业的长期偿债能力

企业的长期偿债能力主要指企业以全部资产清偿全部负债的能力，长期偿债能力主要取决于企业的资本结构和资产负债的比例关系。一般认为资产越多，负债越少，其长期偿债能力越强；反之，若资不抵债，则企业缺乏长期偿债能力。资不抵债往往由企业长期亏损、蚀耗资产引起，还可能因为举债过多所致。所以，企业的长期偿债能力一方面取决于它的获利能力，另一方面取决于它的资本结构。资产负债表按资产、负债和所有者权益三大会计要素分类，列示了重要项目，可据以评价预测企业的长期偿债能力，为管理部门和债权人信贷决策提供重要的依据。

（四）有助于评价、预测企业的财务弹性

财务弹性指企业应付各种挑战、适应各种变化的能力，包括进攻性适应能力和防御性适应能力。进攻性适应能力是指企业有能力和财力去抓住突如其来的获利机会；防御性适应能力指企业在经营危机中生存下来的能力。财务弹性强的企业不仅能从有利可图的经营中获取大量资金，而且可以借助债权人的长期资金和所有者的追加资本获利，一旦需要偿还巨额债务时也不会陷入财务困境，当遇到新的获利能力更高的投资机会时，也能及时筹集所需资金，投资于更高的获利项目。

财务弹性来自于资产的流动性或变现能力；由经营产生资金流入的能力；向投资者和债权人筹措资金的能力；在不影响正常经营的前提下变卖现有资产取得现金的能力。资产负债表所展示的资源分布情形及对资源的请求权，有助于评价、预测企业的财务弹性。

（五）有助于评价、预测企业的经营绩效

企业的经营绩效主要反映在它的获利能力上，获利能力直接影响企业能否有稳定而逐步增长的盈利水平，能否按期向债权人还本付息，能否维持甚至逐步提高股东的投资报酬。衡量企业获利的指标主要有资产报酬率、股东权益报酬率等。

通过对不同时期资产负债表相同项目进行比较，可以了解企业不同时点的财务状况情况，预测企业未来财务状况的发展趋势。将当期资产负债表与前期或者以前各期资产负债表进行比较，可以了解不同时点资产、负债和所有者权

益的变化情况,从中分析变化的规律,并预测企业未来财务状况的发展趋势。

三、资产负债表的局限性

资产负债表虽然有其上述的重要作用,但因为编制方法及内容受到会计准则及会计惯例的影响,具有一定的局限性。资产负债表的局限性主要表现在以下四个方面:

(一) 资产项目计价方法不统一

资产负债表中的资产项目一般应以历史成本为基础报告,但实际上资产项目的计价,由于受到企业会计准则的制约,所采用的方法各有不同。例如,应收账款按扣除坏账准备后的净值列示,存货按成本与可变现净值孰低列示,交易性金融资产按照公允价值进行列示等。由于不同的资产采取不同的计价方法,资产负债表上得出的合计数据缺乏一致的基础,影响会计信息的相关性。

此外,资产负债表所列金额,一些项目不一定是公允价值。例如,固定资产以历史成本扣减累计折旧计价,其账面价值可能与公允价值相去甚远。由于大部分的资产与负债都不是按照公允价值进行计价的,所以根据资产负债表进行财务分析,使得对企业的获利能力的评估将受到歪曲,偿债能力的评估也会出现偏差,而且资产及负债的余额也不一定代表能收到及应偿付的现金数额。

(二) 部分有价值的经济资源未能在资产负债表报告

货币计量是会计的一大特点,会计信息主要是能用货币表述的信息,因此,资产负债表难免遗漏许多无法用货币计量的重要经济资源和义务的信息,如企业的人力资源(包括人数、知识结构和工作态度),固定资产在全行业的先进程度,企业所承担的社会责任等。诸如此类的信息对决策均具有影响力,然而因无法数量化或至少无法用货币计量,会计实务中由于资产负债表中仅包括能加以数量化并以货币表达的经济资源,许多有价值的经济资源均被排除在外。例如,高素质的经营团队、优越的市场地位、良好的公共关系、旺盛的员工士气、高超的研究能力等,都是企业极有价值的资源,但因无法客观地以货币加以计量,所以都不能在资产负债表中加以表达。这些信息对于企业获利能力的评估也是很有帮助的,但是因为未在资产负债表中加以表达,所以使得资产负债表的功能受到限制。

(三) 资产负债表的信息包含了许多主观判断及估计数

资产负债表中部分项目的计价，需要依据主观的判断及估计，例如，应收账款坏账准备计提、固定资产累计折旧和无形资产摊销，分别基于对未来现金流量现值、固定资产使用年限和无形资产摊销期限等因素的估计。估计的数据难免主观，从而影响信息的可靠性。

(四) 运用资产负债表的信息必须依靠报表使用者的专业判断

资产负债表有助于评价和预测企业的长、短期偿债能力和经营绩效，然而，此表本身并不直接披露这些信息，而要靠报表使用者自己加以判断；不同企业所采用的会计政策可能完全不同，所产生的信息当然有所区别，简单地根据报表数据评价和预测偿债能力以及经营绩效，并据以评判优劣，难免有失偏颇。所以，要恰当运用资产负债表提供的信息，并作出正确的评价，并不能仅仅局限于资产负债表信息本身，而要借助其他相关信息。

第二节 资产负债表列报的要求与格式

一、资产负债表列报的要求

(一) 资产负债表列报的总体要求

资产负债表反映企业在某一特定日期所拥有或控制的经济资源、所承担的现有债务和所有者对净资产的要求权。在资产负债表上，企业拥有或控制的经济资源表现为资产；企业所承担的现有债务表现为负债。资产和负债应当按照流动性分别分为流动资产和非流动资产、流动负债和非流动负债列示。流动性通常按资产的变现时间、耗用时间长短或者负债的偿还时间长短来确定，企业应先列报流动性强的资产或负债，再列报流动性弱的资产或负债。企业所有者对净资产的要求权表现为所有者权益，所有者权益包括实收资本（或股本）、资本公积、盈余公积和未分配利润。

银行、证券和保险等金融企业由于在经营内容上不同于一般的工商企业，导致其资产和负债的构成项目也与一般工商企业有所不同，具有特殊性。金融企业的有些资产或负债，在无法严格区分为流动资产和非流动资产的情况下，往往按照流动性顺序列示能够提供可靠且更相关的信息，因此金融企业可以大体按照流动性顺序列示资产和负债。

资产负债表中的资产类至少应当列示流动资产和非流动资产的合计项目；负债类至少应当列示流动负债、非流动负债以及负债的合计项目；所有者权益类应当列示所有者权益的合计项目。

资产负债表遵循了"资产＝负债＋所有者权益"这一会计恒等式，把企业在特定时日所拥有的经济资源和与之相对应的企业所承担的债务及偿债以后属于所有者的权益充分反映出来。因此，资产负债表应当分别列示资产总计项目和负债与所有者权益之和的总计项目，并且这两者的金额应当相等。

(二) 资产负债表列报的具体要求

1. 资产列报的具体要求

资产负债表中的资产反映由过去的交易、事项形成并由企业在某一特定日期所拥有或控制的、预期会给企业带来经济利益的资源。资产应当按照流动资产和非流动资产两大类别在资产负债表中列示，在流动资产和非流动资产类别下进一步按性质分项列示。

(1) 流动资产和非流动资产的划分。

资产负债表中的资产应当分为流动资产和非流动资产列报，因此区分流动资产和非流动资产十分重要。资产满足下列条件之一的，应当归类为流动资产：①预计在一个正常营业周期中变现、出售或耗用。这主要包括存货、应收账款等资产。需要指出的是，变现一般针对应收账款等而言，指将资产变为现金；出售一般针对产品等存货而言；耗用一般指将存货（如原材料）转变成另一种形态（如产成品）。②主要为交易目的而持有。这主要是指交易性金融资产。③预计在资产负债表日起一年内（含一年）变现。④自资产负债表日起一年内，交换其他资产或清偿负债的能力不受限制的现金或现金等价物。在实务中存在用途受到限制的现金或现金等价物，如用途受到限制的信用证存款、汇票存款等，这类现金或现金等价物如果作为流动资产列报，可能高估了流动资产金额，从而高估流动比率等财务指标，影响到使用者的决策。

(2) 正常营业周期。

判断流动资产、流动负债时所称的一个正常营业周期，是指企业从购买用于加工的资产起至实现现金或现金等价物的期间。

正常营业周期通常短于一年，在一年内有几个营业周期，但是，也存在正常营业周期长于一年的情况，如房地产开发企业开发用于出售的房地产开发产品，造船企业制造的用于出售的大型船只等，从购买原材料进入生产，到制造出产品出售并收回现金或现金等价物的过程,往往超过一年,在这种情况下,与生产循环相关的产成品、应收账款、原材料尽管是超过一年才变现、出售或耗用,仍应作为流动资产列示。当正常营业周期不能确定时,应当以一年(12个月)作为正常营业周期。

2. 负债列报的具体要求

资产负债表中的负债反映在某一特定日期企业所承担的、预期会导致经济利益流出企业的现时义务。负债应当按照流动负债和非流动负债在资产负债表中进行列示,在流动负债和非流动负债类别下再进一步按性质分项列示。

(1) 流动负债与非流动负债的划分。

流动负债的判断标准与流动资产的判断标准相类似。负债满足下列条件之一的,应当归类为流动负债:①预计在一个正常营业周期中清偿。②主要为交易目的而持有。③自资产负债表日起一年内到期应予以清偿。④企业无权自主地将清偿推迟至资产负债表日后一年以上。

值得注意的是,有些流动负债,如应付账款、应付职工薪酬等,属于企业正常营业周期中使用的营运资金的一部分。尽管这些经营性项目有时在资产负债表日后超过一年才到期清偿,但是它们仍应划分为流动负债。

(2) 资产负债表日后事项对流动负债与非流动负债划分的影响。

流动负债与非流动负债的划分是否正确,直接影响到对企业短期和长期偿债能力的判断。如果混淆了负债的类别,则将歪曲企业的实际偿债能力,误导报表使用者的决策。对于资产负债表日后事项对流动负债与非流动负债划分的影响,需要特别加以考虑。

企业在资产负债表上对债务流动和非流动划分的总的原则是,应当反映在资产负债表日有效的合同安排,考虑在资产负债表日起一年内企业是否必须无条件清偿。而资产负债表日之后、财务报告批准报出日前的再融资等行为,与资产负债表日判断负债的流动性状况无关。只要不是在资产负债表日或之前所做的再融资、展期或提供宽限期等,都不能改变对某项负债在资产负债表日的分类,因为资产负债表日后的再融资、展期或贷款人提供宽限期等,都不能改变企业应向外部报告的在资产负债表日的合同性(契约性)的义务,该项负债在资产负债表日的流动性的性质不受资产负债表日后事项的影响。企业在资产负债表上对债务流动和非流动的划分时还应注意以下两点:①资产负债表日起一年内到期的负债。对于在资产负债表日起一年内到期的负债,企业预计能够自主地将清偿义务展期至资产负债表日后一年以上的,应当归类为非流动负债;不能自主地将清偿义务展期的,即使在资产负债表日后、财务报告批准报出日前签订了重新安排清偿计划协议,从资产负债表日来看,此项负债仍应当归类为流动负债。②违约长期债务。企业在资产负债表日或之前违反了长期借款协议,导致贷款人可随时要求清偿的负债,应当归类为流动负债。这是因为,在这种情况下,债务清偿的主动权并不在企业,企业只能被动地无条件归还贷款,而且该事实在资产负债表日即已存在,所以该负债应当作为流动负债列报,但是,当贷款人在资产负债表日或之前同意提供在资产负债表日后一年以上的宽限期,企业能够在此期限内改正违约行为,且贷款人不能要求随时清偿时,在资产负债表日的此项负债并不符合流动负债的判断标准,应当归类为非流动负债。

3. 所有者权益列报的具体要求

资产负债表中的所有者权益是企业资产扣除负债后的剩余权益,反映企业在某一特定日期股东投资者拥有的净资产的总额。资产负债表中的所有者权益类一般按照净资产的不同来源和特定用途进行分类,应当按照实收资本(或股本)、资本公积、盈余公积和未分配利润等项目分项列示。

二、资产负债表列报的格式

(一)资产负债表列报的基本格式

资产负债表各项目在表中的排列方法不同,形成了各种各样的资产负债表格式。不同国家或地区的会计准则对资产负债表项目排列及采用的结构存在一定的差别。总体来说,资产负债表列报的基本格式有报告式资产负债表和账户式资产负债表两种基本列报格式。

1. 报告式资产负债表

报告式资产负债表将资产、负债、股东权益项目采用垂直分列的形式。分别有两种形式:依照"资产=权益"的等式和依照"资产-负债=所有者权益"的等式,如表5-1所示。

报告式资产负债表的优点在于便于编制比较资产负债表,即在一张报表中,除列出本期的财务状况外,可增设几个栏目,分别列示过去几期的财务状况。其缺点是资产和权益间的恒等关系并不一目了然。

2. 账户式资产负债表

账户式资产负债表即按照"T"形账户的形式设计资产负债表,将资产列在报表左方(借方),负债及股东权益列在报表右方(贷方),左(借)右(贷)两方总额相等。见表5-2所示。

表 5-1　　　　　　　　　　　不同的报告式资产负债表　　　　　　　　　　单位：元

"资产＝权益"式		"资产－负债＝所有者权益"式	
资产：		资产：	
资产合计	10 000 000	资产合计	10 000 000
权益：		负债：	
负债：			
负债合计	4 000 000	负债合计	4 000 000
所有者权益：			
所有者权益合计	6 000 000	所有者权益：	
权益合计	10 000 000	所有者权益合计	6 000 000

表 5-2　　　　　　　　　　　　账户式资产负债表　　　　　　　　　　　　单位：元

资产		负债及所有者权益	
流动资产：		流动负债	
流动资产合计	4 000 000	流动负债合计	1 000 000
非流动资产：		非流动负债：	
		非流动负债合计	3 000 000
		所有者权益：	
非流动资产合计	6 000 000	所有者权益合计	6 000 000
资产合计	10 000 000	负债及所有者权益合计	10 000 000

　　账户式资产负债表的优缺点与报告式资产负债表正好相反。资产和权益间的恒等关系一目了然，但要编制比较资产负债表要做些旁注可能比较困难。

（二）我国现行资产负债表的格式

根据我国《企业会计准则第 30 号——财务报表列报》的规定，我国现行资产负债表采用账户式的格式，即左侧列报资产，一般按资产的流动性大小排列；右侧列报负债和所有者权益，其中负债一般按要求清偿时间的先后顺序排列，所有者权益一般按其驻留的永久性强弱顺序。账户式资产负债表中的资产各项目的合计等于负债和所有者权益各项目的合计，即资产负债表左方和右方平衡。因此，通过账户式资产负债表，可以反映资产、负债、所有者权益之间的内在关系，即"资产＝负债＋所有者权益"。

资产负债表一般应包括表头、表身和表尾三部分，表头主要包括资产负债表的名称、编制单位、编制日期和金额单位；表身是资产负债表的主体部分，包括资产、负债和所有者权益各项目的名称；表尾主要包括附注资料等。同时企业需要提供比较资产负债表，以便报表使用者通过比较不同时点资产负债表的数据，掌握企业财务状况的变动情况及发展趋势。所以，资产负债表还就各项目再分为"年初余额"和"期末余额"两栏分别填列。一般企业资产负债表的具体格式如表 5-3 所示。

表 5-3　　　　　　　　　　　资产负债表

会企 01 表

编制单位：　　　　　　　年　月　日　　　　　　　　单位：元

资产	期末余额	年初余额	负债和所有者权益	期末余额	年初余额
流动资产：			流动负债：		
货币资金			短期借款		
交易性金融资产			交易性金融负债		
应收票据			应付票据		
应收账款			应付账款		
预付款项			预收款项		
应收利息			应付职工薪酬		
应收股利			应交税费		
其他应收款			应付利息		
存货			应付股利		

续表

资　产	期末余额	年初余额	负债和所有者权益	期末余额	年初余额
一年内到期的非流动资产			其他应付款		
其他流动资产			一年内到期的非流动负债		
流动资产合计			其他流动负债		
非流动资产：			流动负债合计		
可供出售金融资产			非流动负债：		
持有至到期投资			长期借款		
长期应收款			应付债券		
长期股权投资			长期应付款		
投资性房地产			专项应付款		
固定资产			预计负债		
在建工程			递延所得税负债		
工程物资			其他非流动负债		
固定资产清理			非流动负债合计		
生产性生物资产			负债合计		
油气资产			所有者权益：		
无形资产			实收资本（或股本）		
开发支出			资本公积		
商誉			减：库存股		
长期待摊费用			盈余公积		
递延所得税资产			未分配利润		
其他非流动资产			所有者权益合计		
非流动资产合计					
资产总计			负债和所有者权益总计		

第三节 资产负债表的编制

一、资产负债表的编制方法

资产负债表的编制是一个以日常会计核算记录的数据为基础进行再确认的过程,即对日常会计核算记录的数据进行归类、整理和汇总,加工成报表项目的过程。企业编制的资产负债表一般是比较报表,一个项目既要期末的金额,还要填列年初的金额。

(一)"年初余额"栏各项数字的填列方法

表中"年初数"栏内的各项目数字,应根据上年末资产负债表"期末数"栏内所列数字填列。如果本年度资产负债表规定的各个项目的名称和内容同上年度不相一致,则应对上年年末资产负债表各项目的名称和数字按照本年度的规定进行调整,按调整后的数字填入本表"年初数"栏内。

(二)"期末余额"栏各项数字的填列方法

资产负债表"期末数"是指某一会计期末的数字,即月末、季末、半年末或年末的数字。

由于资产负债表是总括反映企业某一特定日期全部资产、负债和所有者权益情况的报表,而各个会计科目的期末余额则是分类反映企业某一特定日期的资产、负债和所有者权益情况的,资产负债表各项目的"期末数"与各会计科目的"期末余额"在反映内容上存在着共性,因此,资产负债表各项目"期末数"应根据各有关会计科目的期末余额填列。然而,资产负债表各项目反映的内容与各个会计科目反映的内容又不完全相同,有的项目反映的内容更概括、更集中。所以,资产负债表各项目"期末数"的数据来源,可以通过以下六种方式取得。

1. 根据总账科目期末余额直接填列

资产负债表中某些项目反映的内容和计算口径与有关总账科目完全一致的,可根据这些总账科目的期末余额直接填列。这样的项目主要有:应收票据、应收股利、应收利息、固定资产清理、长期待摊费用、递延所得税资产、开发支出、短期借款、应付票据、应付职工薪酬、应交税费、应付利息、应付股利、其他应付款、预计负债、递延所得税负债、实收资本(或股本)、资本公积、库藏股、盈余公积等。

2. 根据若干个总账科目期末余额计算后的数字填列

资产负债表中有些项目反映的内容是由几个总账科目分类反映的,应根据若干个总账科目的期末余额计算填列。如"货币资金"项目,根据"库存现金"、"银行存款"、"其他货币资金"三个总账科目的期末余额合计填列。

3. 根据有关明细科目的余额计算填列

资产负债表中有些项目反映的内容是由几个明细科目分类反映的,应根据几个明细科目的期末余额计算填列。如"应收账款"项目,应根据"应收账款"、"预收账款"科目所属各明细科目的期末借方余额合计填列;"应付账款"项目,应根据"应付账款"、"预付账款"科目所属各有关明细科目的期末贷方余额合计填列等。

4. 根据总账科目和明细科目的余额分析计算填列

资产负债表中某些项目不能根据有关总账科目的期末余额直接或计算填列,也不能根据有关总账科目所属明细账户的期末余额直接或计算填列,则需要根据总账户科目和明细科目的余额分析计算填列。如"长期借款"项目,根据"长期借款"总账科目余额扣除"长期借款"科目所属的明细科目中反映的将于1年内到期的长期借款部分分析计算填列;"长期应付款"项目,应根据"长期应付款"科目余额减去"未确认融资费用"、长期应付款中将于1年内到期的部分后填列。

5. 根据有关资产科目与其备抵科目相抵后的净额填列

资产负债表中有些项目是反映某项资产净额的,故应根据该资产科目的期末余额与其备抵科目的期末余额相抵消后的净额填列。如"应收账款"、"长期股权投资"、"持有至到期投资"、"投资性房地产"、"固定资产"、"无形资产"等项目,需要减去对应的"坏账准备"、"长期股权投资减值准备"、"持有至到期投资减值准备"、"投资性房地产累计折旧"、"投资性房地产减值准备"、"累计折旧"、"固定资产减值准备"、"累计摊销"、"无形资产减值准备"等备抵项目科目的余额。

6. 综合运用上述填列方法分析填列

资产负债表中有些项目需要综合运用上述方法分析填列。如"存货"项目,需根据"材料采购"、"原材料"、"库存商品"、"周转材料"、"委托加工物资"、"在途物资"、"发出商品"、"材料成本差异"等总账科目期末余额的分析汇总数,再减去"存货跌价准备"科目余额后的净额填列。

值得注意的是,"代理业务资产"减去"代理业务负债"后的余额在"存货"项目反映；建造承包商的"工程施工"期末余额大于"工程结算"期末余额的差额，应在"存货"项目反映。建造承包商的"工程施工"期末余额小于"工程结算"期末余额的差额，应在"应付账款"项目反映。

（三）资产负债表"期末余额"栏各项目数字的填列方法

资产负债表"期末余额"栏各项目的填列方法如下：

（1）"货币资金"项目。反映企业库存现金、银行结算户存款、外埠存款、银行汇票存款、银行本票存款、信用卡存款、信用证保证金存款的合计数。本项目应根据"库存现金"、"银行存款"、"其他货币资金"科目的期末余额合计填列。

（2）"交易性金融资产"项目。反映企业期末为交易目的持有的各种债券投资、股票投资、基金投资等交易性金融资产以及持有的直接指定为以公允价值计量且其变动计入当期损益的金融资产的公允价值的合计数。本项目应根据"交易性金融资产"科目的期末余额直接填列。但如果企业同时持有作为交易性金融资产的衍生工具的，该项目应该根据"交易性金融资产"科目的期末余额和"衍生工具"科目所属的明细科目的期末余额分析计算填列。

（3）"应收票据"项目。反映企业收到的未到期也未向银行贴现的应收票据，包括商业承兑汇票和银行承兑汇票。本项目应根据"应收票据"科目的期末余额填列。已向银行贴现的应收票据不包括在内，其中已贴现的商业承兑汇票在报表附注中单独披露。

（4）"应收账款"项目。反映企业因销售产品和提供劳务等而应向购买单位收取的各种款项，减去已计提的坏账准备后的净额。本项目应根据"应收账款"科目所属各明细科目的期末借方余额合计，减去"坏账准备"科目中有关应收账款计提的坏账准备期末余额后的金额填列。如"预收账款"科目所属有关明细科目有借方余额的，也应包括在本项目内。"应收账款"科目所属明细科目如有贷方余额的，应包括在"预收账款"项目内。

（5）"预付款项"项目。反映企业预付给供应单位的款项。本项目应根据"预付账款"科目所属各明细科目期末借方余额合计填列。若"应付账款"科目所属明细科目有借方余额的，则也应包括在本项目内。若"预付账款"科目所属有关明细科目有贷方余额的，则应在本表"应付账款"项目内填列。

（6）"应收利息"项目。反映企业因购入并持有交易性金融资产、持有至到期投资、可供出售金融资产等债权性投资而应收取的利息，企业购入的一次还本付息的持有至到期投资在持有期间取得的利息，列示在"持有至到期投资"项目中，不包括在本项目内。本项目应根据"应收利息"科目的期末借方余额填列。

(7)"应收股利"项目。反映企业因权益性投资而应收取的现金股利，企业应收其他单位的利润，也包括在本项目内。本项目应根据"应收股利"科目的期末借方余额填列。

(8)"其他应收款"项目。反映企业对其他单位和个人的应收和暂付的款项，减去已计提的坏账准备后的净额。本项目应根据"其他应收款"科目的期末余额，减去"坏账准备"科目中有关其他应收款计提的坏账准备期末余额后的金额填列。

(9)"存货"项目。反映企业期末在库、在途和在加工中的各项存货的可变现净值，包括原材料、包装物、低值易耗品、在产品、自制半成品、产成品、分期收款发出商品、委托代销商品、受托代销商品等。本项目应根据"物资采购"（或"在途物资"）、"原材料"、"库存商品"、"发出商品"、"周转材料"、"委托加工物资"、"委托代销商品"、"受托代销商品"、"自制半成品"、"生产成本"等科目的期末余额合计，减去"代销商品款"、"存货跌价准备"科目期末余额后的金额填列。材料按计划成本核算的企业，以及库存商品采用计划成本或售价核算的企业，还应根据加减材料成本差异、商品进销差价后的金额填列。

(10)"1年内到期的非流动资产"项目。反映企业持有至到期投资、长期应收款、长期待摊费用等非流动资产中将于1年内到期或摊销的部分。本项目应根据"持有至到期投资"、"长期应收款"、"长期待摊费用"等科目所属相关明细科目的期末余额分析计算填列。

(11)"其他流动资产"项目。反映企业除以上流动资产项目外的其他流动资产的实际成本。本项目应根据有关科目的期末余额填列。

(12)"可供出售金融资产"项目。反映企业期末持有的各种可供出售金融资产的公允价值的合计数。本项目应根据"可供出售金融资产"科目的余额直接填列。但如果企业单独设置"可供出售金融资产减值准备"核算所计提的可供出售金融资产的减值，则本项目应根据"可供出售金融资产"科目与"可供出售金融资产减值准备"科目的余额之差填列。需要注意的是，如果某项可供出售金融资产预期将在未来1年内或超过1年的一个营业周期内转换为现金，则应将之作为流动资产项目列报，而不应包括在"可供出售金融资产"项目之中。

(13)"持有至到期投资"项目。反映企业持有的到期日超过1年（不含

1年）的持有至到期投资的摊余成本和其预计未来现金流量现值两者中的较低者。持有至到期投资中将于1年内到期的部分，应在流动资产类下"1年内到期的非流动资产"项目单独反映。本项目应根据到期日超过1年的持有至到期投资的账面余额减去计提的资产减值准备之后的差额填列。即应根据"持有至到期投资"明细科目的期末余额和"持有至到期投资减值准备"明细科目的期末余额分析计算填列。

（14）"长期应收款"项目。反映企业因融资租赁或采用递延方式且具有融资性质的销售商品和提供劳务等所产生的应收款项中将于1年后才能收回的金额的折现值（即公允价值）。长期应收款中将于1年内（含1年）收回的部分，应在流动资产类下"1年内到期的非流动资产"项目单独反映。本项目应根据"长期应收款"科目和"未确认融资费用"科目所属的明细科目余额分析计算填列。

（15）"长期股权投资"项目。反映企业持有的不准备在1年内变现的各种股权投资的可收回金额。本项目应根据"长期股权投资"科目的期末余额，减去"长期股权投资减值准备"科目的期末余额后的差额填列。

（16）"投资性房地产"项目。反映企业所持有的投资性房地产的摊余成本（当可回收金额小于其摊余成本时为可回收金额）或公允价值。如果企业采用成本模式计量投资性房地产，则本项目应根据"投资性房地产"科目的余额，减去"投资性房地产累计折旧（摊销）"科目的余额和"投资性房地产减值准备"科目的余额之后的差额填列；如果企业采用公允价值模式计量投资性房地产，则本项目应根据"投资性房地产"科目的企业余额直接填列。

（17）"固定资产"项目。反映企业拥有的各种固定资产的摊余成本或可回收金额。融资租入的固定资产也应包括在内。融资租入的固定资产原价还应在会计报表附注中另行反映。本项目应根据"固定资产"科目的期末余额，减去"累计折旧"科目的期末余额和"固定资产减值准备"科目的期末余额之后的差额填列。

（18）"在建工程"项目。反映企业期末各项尚未达到预定可使用状态的基建、更新改造等工程的实际成本或可回收价值。本项目应根据"在建工程"科目的期末余额，减去"在建工程减值准备"科目期末余额后的金额填列。

（19）"工程物资"项目。反映企业为在建工程准备的各种物资的实际成本或可回收金额。本项目应根据"工程物资"科目的期末借方余额，减去"工程物资减值准备"科目期末余额之后的金额填列。

（20）"固定资产清理"项目。反映企业因出售、毁损、对外投资、非货币性资产交换、债务重组、报废等原因转入清理但尚未清理完毕的固定资产的账面价值,以及固定资产清理过程中所发生的清理费用和变价收入等各项金额的差额。本项目应根据"固定资产清理"科目的期末借方余额填列;若为贷方余额,则以"-"号填列。

(21)"生产性生物资产"项目。反映企业(农业)持有的生产性生物资产的账面价值或可回收金额。本项目应根据"生产性生物资产"科目的期末余额,减去"生产性生物资产累计折旧"科目的期末余额和"生产性生物资产减值准备"科目的期末余额之后的金额填列。

(22)"油气资产"项目。反映企业(石油天然气开采)持有的矿区权益和油气资产及相关设施的账面价值。本项目应根据"油气资产"科目的期末余额,减去"累计折耗"科目的期末余额和"油气资产减值准备"科目的期末余额之后的金额填列。

(23)"无形资产"项目。反映企业期末持有的各项无形资产的摊余成本或可收回金额。本项目应根据"无形资产"科目的期末余额,减去"累计摊销"科目的期末余额和"无形资产减值准备"科目期末余额后的金额填列。

(24)"开发支出"项目。反映企业正在进行无形资产研究开发项目的支出中满足资本化条件的部分。本项目应根据"研发支出"科目的期末余额直接填列。

(25)"商誉"项目。反映企业合并中形成的商誉的价值。本项目应根据"商誉"科目的期末余额,减去"商誉减值准备"科目的期末余额之后的金额填列。

(26)"长期待摊费用"项目。反映企业尚未摊销的摊销期限在1年以上(不含1年)的各种费用,如租入固定资产改良支出、大修理支出,以及摊销期限在1年以上(不含1年)的其他待摊费用。长期待摊费中在1年内(含1年)摊销的部分,应在本表"1年内到期的非流动资产"项目填列。本项目应根据"长期待摊费用"科目的期末余额减去将于1年内(含1年)摊销的数额后的金额填列。

(27)"递延所得税资产"项目。反映企业确认的可抵扣暂时性差异产生的递延所得税资产的账面价值。本项目应根据"递延所得税资产"科目的期末借方余额填列。

(28)"其他非流动资产"项目。反映企业除以上资产以外的其他非流动资产的账面价值。本项目应根据有关科目的期末余额计算填列。

(29)"短期借款"项目。反映企业借入尚未偿还的1年期以下(含1年)

的借款。本项目应根据"短期借款"科目的期末贷方余额直接填列。

(30)"交易性金融负债"项目。反映企业承担的交易性金融负债的公允价值。本项目应根据"交易性金融负债"科目的期末余额直接填列。但如果企业同时持有作为交易性金融负债的衍生工具的,该项目应该根据"交易性金融负债"科目的期末余额和"衍生工具"科目所属的明细科目的期末余额分析计算填列。

(31)"应付票据"项目。反映企业为了抵付货款等而开出、承兑的尚未到期付款的应付票据的票面金额。本项目应根据"应付票据"科目的期末余额直接填列。

(32)"应付账款"项目。反映企业因购买原材料、商品和接受劳务供应等而应付给供应单位的款项。本项目应根据"应付账款"科目所属明细科目的期末贷方余额合计填列。若"预付账款"科目所属明细科目期末有贷方余额的,则应填列在本项目内。"应付账款"科目所属明细科目期末若有借方余额,则应在"预付账款"项目中反映。

(33)"预收款项"项目。反映企业预收购买单位的账款。本项目应根据"预收账款"科目所属明细科目的期末贷方余额合计填列。若"预收账款"科目所属有关明细科目有借方余额的,则应在本表"应收账款"项目内填列;若"应收账款"科目所属有关明细科目有贷方余额的,则应包括在本项目内。

(34)"应付职工薪酬"项目。反映企业期末应付未付的职工薪酬。本项目根据"应付职工薪酬"科目期末贷方余额直接填列。"应付职工薪酬"科目期末若有借方余额,则以"-"号表示。

(35)"应交税费"项目。反映企业按照税法定规定应交未交、多交或未抵扣的各种税金,包括增值税、消费税、营业税、所得税、资源税、土地增值税、城市维护建设税、房产税、土地使用税、车船使用税、教育费附加、矿产资源补偿费等。本项目应根据"应交税费"科目的期末余额直接填列。若"应交税费"科目期末有借方余额,则以"-"号填列。

(36)"应付利息"项目。反映企业应付未付的利息,包括短期借款、分期付息到期还本的长期借款、企业债券等应支付的利息。本项目应根据"应付利息"科目的期末贷方余额直接填列。

(37)"应付股利"项目。反映企业尚未支付的现金股利或利润。本项目应根据"应付股利"(或"应付利润")科目的期末余额直接填列。

(38)"其他应付款"项目。反映企业除应付票据、应付账款、预售账款、应付职工薪酬、应付利息、应付股利、应缴税费、长期应付款等以外的其他各项应付、暂收的款项。本项目应根据"其他应付款"科目的期末贷方余额直接填列。

（39）"1年内到期的非流动负债"项目。反映企业各非流动负债科目余额中将于1年内到期的部分。本项目应根据各非流动负债明细科目的期末余额分析计算填列。

（40）"其他流动负债"项目。反映除以上流动负债以外的其他流动负债。本项目应根据有关科目的期末余额计算填列。若"递延收益"科目有期末余额，则可在本项目内反映。若其他流动负债价值较大的，则应在会计报表附注中披露其内容及金额。

（41）"长期借款"项目。反映企业借入尚未归还的1年期以上（不含1年）的借款本息。本项目应根据"长期借款"科目的期末余额，减去其中将于1年内（含1年）偿还的部分之后的金额填列。

（42）"应付债券"项目。反映企业发行的尚未偿还的1年期以上（不含1年）的各种长期债券的本金和利息。本项目应根据"应付债券"科目的期末余额，减去其中将于1年内（含1年）偿还的部分之后的金额填列。

（43）"长期应付款"项目。反映企业除长期借款和应付债券以外的其他各种长期应付款，包括应付融资租入固定资产的租赁费、应分期付款方式购入固定资产等发生的应付款项等。本项目应根据"长期应付款"科目的期末余额，减去"未确认融资费用"科目期末余额，再减去其中将于1年内（含1年）支付的部分之后的金额填列。

（44）"专项应付款"项目。反映企业取得的政府作为企业所有者投入的具有专项或特定用途的款项的期末余额（即尚未转销的金额）。本项目应根据"专项应付款"科目的期末余额直接填列。

（45）"预计负债"项目。反映企业确认的对外提供担保、未决诉讼、产品质量保证、重组义务、亏损性合同等预计负债的期末余额。本项目应根据"预计负债"科目的期末余额直接填列。

（46）"递延所得税负债"项目。反映企业确认的应纳税暂时性差异产生的所得税负债的期末余额。本项目应根据"递延所得税负债"科目的期末贷方余额直接填列。

（47）"其他非流动负债"项目。反映除以上长期负债项目以外的其他长期负债。本项目应根据有关科目的期末余额填列。若其他长期负债价值较大的，则应在会计报表附注中披露其内容及金额。

（48）"实收资本（或股本）"项目。反映企业各投资者实际投入的资本

（或股本）总额。本项目应根据"实收资本"（或"股本"）科目的期末贷方余额填列。

（49）"资本公积"项目，反映企业资本公积的期末余额。本项目应根据"资本公积"科目的期末贷方余额填列。

（50）"库存股"项目。反映企业持有尚未转让或注销的本公司股份金额。本项目应根据"库存股"科目的期末借方余额直接填列。

（51）"盈余公积"项目，反映企业盈余公积的期末余额。本项目应根据"盈余公积"科目的期末贷方余额直接填列。

（52）"未分配利润"项目。反映企业尚未分配的利润。本项目应根据"本年利润"科目和"利润分配"科目的余额计算填列。未弥补的亏损，在本项目内以"－"号反映。

二、资产负债表编制举例

现举例说明资产负债表的编制。

【例5-1】甲股份有限公司为增值税一般纳税人，增值税税率17%，所得税税率25%，原材料按计划成本核算。该公司2009年1月1日有关科目的余额如表5-4所示。

该公司2009年发生的经济业务如下：

（1）收到银行通知，用银行存款支付到期的商业承兑汇票200 000元，增值税已于前期支付。

（2）购入原材料一批，用银行存款支付货款300 000元、增值税进项税额51 000元，款项已付，材料尚未收到。

（3）收到原材料一批，实际成本200 000元，计划成本190 000元，材料已验收入库，货款已于上月支付。

（4）用银行汇票支付采购材料价款，公司收到开户银行转来银行汇票多余款项收账通知。通知上填写的多余468元，购入材料及运费199 600元，支付的增值税税额33 932元。原材料已验收入库，该批原材料计划价格200 000元。

（5）销售产品一批，销售价款600 000元（不含应收取的增值税），该批产品实际成本360 000元，产品已发出，价款未收到。

（6）公司将交易性金融资产（全部为股票投资）30 000元转让，收到本金30 000元，投资收益3 000元，款已存入银行。

（7）购入不需要安装的设备一台，价款172 940元，增值税进项税额

29 060元，价款和税款均以银行存款支付。设备已交付使用。

表5-4　　　　　　　　　　　　科目余额表　　　　　　　　　　　　单位：元

科目名称	借方余额	科目名称	贷方余额
库存现金	4 000	坏账准备	1 800
银行存款	2 560 000	累计折旧	800 000
其他货币资金	248 600	累计摊销	100 000
交易性金融资产	30 000	短期借款	600 000
应收票据	492 000	应付票据	400 000
应收账款	600 000	应付账款	1 907 600
预付账款	200 000	其他应付款	100 000
其他应收款	10 000	应付职工薪酬	220 000
材料采购	450 000	应交税费	73 200
原材料	1 100 000	应付利息	2 000
周转材料——包装物	76 100	长期借款	3 200 000
周转材料——低值易耗品	100 000	其中：1年内到期的长期负债	2 000 000
库存商品	3 360 000	股本（1000万普通股）	10 000 000
材料成本差异	73 900	资本公积	30 000
长期股权投资	500 000	盈余公积	50 000
固定资产	3 000 000	利润分配（未分配利润）	20 000
在建工程	3 000 000		
无形资产	1 300 000		
长期待摊费用	400 000		
合　计	17 504 600	合　计	17 504 600

（8）购入工程物资一批，价款300 000元（含已交纳的增值税），已用银行存款支付。

（9）在建工程应付工资400 000元，应付职工福利费56 000元。应付工程相关税费200 000元。

（10）工程完工，计算应负担的长期借款利息300 000元。该项长期借款为到期一次还本付息借款。

（11）一项在建工程完工，交付生产部门使用，已办理竣工手续，交付使用固定资产价值 2 800 000 元。

（12）基本生产车间一台机床报废，原价 400 000 元，已提折旧 360 000 元，发生清理费用 1 000 元，取得残值收入 1 600 元，均通过银行存款收支。该项固定资产已清理完毕。

（13）从银行借入 3 年期借款 800 000 元，借款已存入银行账户，该项借款用于购建固定资产。

（14）销售产品一批，销售价款 1 400 000 元，应收的增值税销项税额 238 000 元，销售产品的实际成本 840 000 元，货款及税款已收到并已存入开户银行。

（15）公司将要到期的一张面值为 400 000 元的不带息银行承兑汇票（不含增值税），连同解讫通知和进账单交银行办理转账。收到银行盖章退回的进账单一联。款项已存入银行。

（16）收到被投资单位宣告分配的现金股利 60 000 元（该项股权投资采用成本法核算，被投资企业适用所得税税率和本公司一致，均为 25%），款项已存入银行。

（17）公司出售一台不需用设备，收到价款 600 000 元，款项已存入银行。该设备原价 800 000 元，已提折旧 300 000 元，未计提减值准备，不考虑相关税费。该项设备已交付购买单位。

（18）归还短期借款本金 500 000 元，应付利息 25 000 元。

（19）提取现金 1 000 000 元，准备发放工资。

（20）以现金发放工资 1 000 000 元，其中包括发放给在建工程人员的工资 400 000 元。

（21）将应支付的职工工资 600 000 元分配计入成本费用（不包括在建工程应负担的工资）。其中，生产人员工资 550 000 元，车间管理人员工资 20 000 元，行政管理部门人员工资 30 000 元。

（22）将应支付的职工福利费 84 000 元分配计入成本费用（不包括在建工程应负担的福利费 56 000 元）。其中，生产工人福利费 77 000 元，车间管理人员福利费 2 800 元，行政管理部门福利费。

（23）确认应付并计入本期损益的借款利息共 43 000 元。其中，短期借款利息 23 000 元，长期借款利息共 20 000 元，该项长期借款为到期一次还本付息借款。

(24) 基本生产车间生产产品领用原材料，计划成本 1 400 000 元；基本生产车间领用低值易耗品，计划成本 100 000 元，采用一次摊销法摊销。

(25) 结转领用原材料应分摊的材料成本差异，材料成本差异率 5%（超支）。

(26) 本期摊销无形资产价值 120 000 元。

(27) 本期计提固定资产折旧 400 000 元。其中，计入制造费用 340 000 元，计入管理费用 60 000 元。

(28) 收到应收账款 102 000 元（不含增值税），存入银行。期末对应收账款计提坏账准备 1 800 元。

(29) 用银行存款支付产品展览费 20 000 元。

(30) 计算并结转本期完工产品成本 2 564 800 元。没有期初在产品，本期生产的产品全部完工入库。

(31) 用银行存款支付广告费 20 000 元。

(32) 公司采用商业承兑汇票结算方式销售产品一批，价款 500 000 元，增值税销项税额为 85 000 元，收到 585 000 元的不带息商业承兑汇票一张。该部分产品的实际成本为 300 000 元。

(33) 公司将上述不带息商业承兑汇票到银行办理贴现，支付贴现息 40 000 元，贴现后款项已存入银行。

(34) 提取现金 100 000 元，准备支付退休费。

(35) 用现金支付退休职工退休金 100 000 元，该部分退休职工未参加统筹。

(36) 公司本期产品销售应交纳教育附加费 4 000 元。

(37) 用银行存款交纳增值税 200 000 元、教育附加费 4 000 元。

(38) 结转本期产品销售成本 1 500 000 元。

(39) 假定经计算本年所得税费用 204 798 元，不存在递延所得税项目。

(40) 将各收支科目结转本年利润。

(41) 结转本年利润。

(42) 提取法定盈余公积金 47 580.20 元，任意盈余公积金 790.10 元，分配普通股现金股利 64 431.70 元，将利润分配各明细科目的余额转入"利润分配——未分配利润"明细科目。

(43) 偿还长期借款 2 000 000 元。

(44) 用银行存款交纳所得税 194 178 元。

要求：根据上述资料编制会计分录和比较资产负债表。

1. 根据前述业务编制会计分录
（1）借：应付票据 200 000
　　　　贷：银行存款 200 000
（2）借：材料采购 300 000
　　　　应交税费——应交增值税（进项税额） 51 000
　　　　贷：银行存款 351 000
（3）借：原材料 190 000
　　　　材料成本差异 10 000
　　　　贷：材料采购 200 000
（4）借：材料采购 199 600
　　　　银行存款 468
　　　　应交税费——应交增值税（进项税额） 33 932
　　　　贷：其他货币资金 234 000
　　借：原材料 200 000
　　　　贷：材料采购 199 600
　　　　　　材料成本差异 400
（5）借：应收账款 702 000
　　　　贷：主营业务收入 600 000
　　　　　　应交税费——应交增值税（销项税额） 102 000
（6）借：银行存款 33 000
　　　　贷：交易性金融资产 30 000
　　　　　　投资收益 3 000
（7）借：固定资产 172 940
　　　　应交税费——应交增值税（进项税额） 29 060
　　　　贷：银行存款 202 000
（8）借：工程物资 300 000
　　　　贷：银行存款 300 000
（9）借：在建工程 656 000
　　　　贷：应付职工薪酬 456 000
　　　　　　应交税费 200 000
（10）借：在建工程 300 000
　　　　贷：长期借款——应计利息 300 000
（11）借：固定资产 2 800 000
　　　　贷：在建工程 2 800 000

(12)	借：固定资产清理	40 000	
	累计折旧	360 000	
	贷：固定资产		400 000
	借：固定资产清理	1 000	
	贷：银行存款		1 000
	借：银行存款	1 600	
	贷：固定资产清理		1 600
	借：营业外支出——处置非流动资产损失	39 400	
	贷：固定资产清理		39 400
(13)	借：银行存款	800 000	
	贷：长期借款		800 000
(14)	借：银行存款	1 638 000	
	贷：主营业务收入		1 400 000
	应交税费——应交增值税（销项税额）		238 000
(15)	借：银行存款	400 000	
	贷：应收票据		400 000
(16)	借：应收股利	60 000	
	贷：投资收益		60 000
	借：银行存款	60 000	
	贷：应收股利		60 000
(17)	借：固定资产清理	500 000	
	累计折旧	300 000	
	贷：固定资产		800 000
	借：银行存款	600 000	
	贷：固定资产清理		600 000
	借：固定资产清理	100 000	
	贷：营业外收入——处置非流动资产利得		100 000
(18)	借：短期借款	500 000	
	应付利息	25 000	
	贷：银行存款		525 000
(19)	借：库存现金	1 000 000	
	贷：银行存款		1 000 000

（20）借：应付职工薪酬　　　　　　　　　　　　　　1 000 000
　　　　贷：库存现金　　　　　　　　　　　　　　　　　　1 000 000
（21）借：生产成本　　　　　　　　　　　　　　　　　550 000
　　　　　制造费用　　　　　　　　　　　　　　　　　　20 000
　　　　　管理费用　　　　　　　　　　　　　　　　　　30 000
　　　　贷：应付职工薪酬　　　　　　　　　　　　　　　　600 000
（22）借：生产成本　　　　　　　　　　　　　　　　　　77 000
　　　　　制造费用　　　　　　　　　　　　　　　　　　 2 800
　　　　　管理费用　　　　　　　　　　　　　　　　　　 4 200
　　　　贷：应付职工薪酬　　　　　　　　　　　　　　　　 84 000
（23）借：财务费用　　　　　　　　　　　　　　　　　　43 000
　　　　贷：应付利息　　　　　　　　　　　　　　　　　　23 000
　　　　　　长期借款——应计利息①　　　　　　　　　　　20 000
（24）借：生产成本　　　　　　　　　　　　　　　　 1 400 000
　　　　贷：原材料　　　　　　　　　　　　　　　　　 1 400 000
　　　借：制造费用　　　　　　　　　　　　　　　　　 100 000
　　　　贷：周转材料——低值易耗品　　　　　　　　　　 100 000
（25）当期领用原材料应负担的材料成本差异 = 1 400 000 × 5% = 70 000（元）
　　　当期领用低值易耗品应负担的材料成本差异 = 100 000 × 5% = 5 000（元）
　　　借：生产成本　　　　　　　　　　　　　　　　　　70 000
　　　　　制造费用　　　　　　　　　　　　　　　　　　 5 000
　　　　贷：材料成本差异　　　　　　　　　　　　　　　　75 000
（26）借：管理费用——无形资产摊销　　　　　　　　　 120 000
　　　　贷：累计摊销　　　　　　　　　　　　　　　　　 120 000
（27）借：制造费用——折旧费　　　　　　　　　　　　 340 000
　　　　　管理费用——折旧费　　　　　　　　　　　　　60 000
　　　　贷：累计折旧　　　　　　　　　　　　　　　　　 400 000
（28）借：银行存款　　　　　　　　　　　　　　　　　 102 000
　　　　贷：应收账款　　　　　　　　　　　　　　　　　 102 000

---

① 本业务由于是到期还本付息的借款，所以其应计未付利息属于长期负债范围，通过"长期借款"科目核算。如果为分期付息到期还本借款，则其应计未付利息应属流动负债的范围，直接通过"应付利息"科目核算。

　　　　借：资产减值损失——计提坏账准备　　　　　　　1 800
　　　　　　贷：坏账准备　　　　　　　　　　　　　　　　　　　1 800
　（29）借：销售费用　　　　　　　　　　　　　　　20 000
　　　　　　贷：银行存款　　　　　　　　　　　　　　　　　　20 000
　（30）借：生产成本　　　　　　　　　　　　　　　467 800
　　　　　　贷：制造费用　　　　　　　　　　　　　　　　　467 800
　　　　借：库存商品　　　　　　　　　　　　　　　2 564 800
　　　　　　贷：生产成本　　　　　　　　　　　　　　　　　2 564 800
　（31）借：销售费用——广告费　　　　　　　　　　20 000
　　　　　　贷：银行存款　　　　　　　　　　　　　　　　　　20 000
　（32）借：应收票据　　　　　　　　　　　　　　　585 000
　　　　　　贷：主营业务收入　　　　　　　　　　　　　　　500 000
　　　　　　　　应交税费——应交增值税（销项税额）　　　85 000
　（33）借：财务费用　　　　　　　　　　　　　　　 40 000
　　　　　　银行存款　　　　　　　　　　　　　　　 545 000
　　　　　　贷：应收票据　　　　　　　　　　　　　　　　　 585 000
　（34）借：库存现金　　　　　　　　　　　　　　　100 000
　　　　　　贷：银行存款　　　　　　　　　　　　　　　　　 100 000
　（35）借：管理费用——劳动保险费　　　　　　　　100 000
　　　　　　贷：库存现金　　　　　　　　　　　　　　　　　 100 000
　（36）借：营业税金及附加　　　　　　　　　　　　 4 000
　　　　　　贷：应交税费——应交教育附加费　　　　　　　 4 000
　（37）借：应交税费——应交增值税（已交税金）　　200 000
　　　　　　应交税费——应交教育费附加　　　　　　 4 000
　　　　　　贷：银行存款　　　　　　　　　　　　　　　　　 204 000
　（38）借：主营业务成本　　　　　　　　　　　　 1 500 000
　　　　　　贷：库存商品　　　　　　　　　　　　　　　　 1 500 000
　（39）借：主营业务收入　　　　　　　　　　　　 2 500 000
　　　　　　营业外收入　　　　　　　　　　　　　　100 000
　　　　　　投资收益　　　　　　　　　　　　　　　 63 000
　　　　　　贷：本年利润　　　　　　　　　　　　　　　　 2 663 000
　　　　借：本年利润　　　　　　　　　　　　　　　1 982 400
　　　　　　贷：主营业务成本　　　　　　　　　　　　　　 1 500 000

	销售费用	40 000
	营业税金及附加	4 000
	管理费用	314 200
	资产减值损失	1 800
	财务费用	83 000
	营业外支出	39 400

（40）借：所得税费用　　　　　　　　　　　　　　204 798
　　　　　贷：应交税费——应交所得税　　　　　　　　　　204 798
　　　　借：本年利润　　　　　　　　　　　　　　　204 798
　　　　　贷：所得税费用　　　　　　　　　　　　　　　　204 798

（41）借：本年利润　　　　　　　　　　　　　　　475 802
　　　　　贷：利润分配——未分配利润　　　　　　　　　　475 802

（42）①提取法定盈余公积 = 475 802 × 10% = 47 580.20（元）
　　　　借：利润分配——提取法定盈余公积　　　　　47 580.20
　　　　　贷：盈余公积——法定盈余公积　　　　　　　　　47 580.20
　　　②提取任意盈余公积 = 475 802 × 5% = 23 790.10（元）
　　　　借：利润分配——提取任意盈余公积　　　　　23 790.10
　　　　　贷：盈余公积——任意盈余公积金　　　　　　　　23 790.10
　　　③本年分配普通股现金红利 64 431.70（元）
　　　　借：利润分配——应付现金股利　　　　　　　64 431.70
　　　　　贷：应付股利　　　　　　　　　　　　　　　　　64 431.70
　　　④将利润分配各明细科目的余额转入"利润分配——未分配利润"明细科目
　　　　借：利润分配——未分配利润　　　　　　　　135 802
　　　　　贷：利润分配——提取法定盈余公积　　　　　　　47 580.20
　　　　　　　利润分配——提取任意盈余公积　　　　　　　23 790.10
　　　　　　　利润分配——应付现金股利　　　　　　　　　64 431.70

（43）借：长期借款　　　　　　　　　　　　　　2 000 000
　　　　　贷：银行存款　　　　　　　　　　　　　　　2 000 000

（44）借：应交税费——应交所得税　　　　　　　　194 178
　　　　　贷：银行存款　　　　　　　　　　　　　　　　194 178

2. 根据上述资料登记入账后，可得出甲股份有限公司 2009 年 12 月 31 日的科目余额表（如表 5-5 所示）。

表 5-5　　　　　　　　　　　科目余额表　　　　　　　　　　单位：元

科目名称	借方余额	科目名称	贷方余额
库存现金	4 000	坏账准备	3 600
银行存款	1 622 890	累计折旧	540 000
其他货币资金	14 600	累计摊销	220 000
交易性金融资产	0	短期借款	100 000
应收票据	92 000	应付票据	200 000
应收账款	1 200 000	应付账款	1 907 600
预付账款	200 000	其他应付款	100 000
其他应收款	10 000	应付职工薪酬	360 000
材料采购	550 000	应交税费	394 828
原材料	90 000	应付利息	0
周转材料——包装物	76 100	应付股利	64 431.70
周转材料——低值易耗品	0	长期借款	2 320 000
库存商品	4 424 800	其中：一年内到期的长期负债	0
材料成本差异	8 500	股本	10 000 000
长期股权投资	500 000	资本公积	30 000
固定资产	4 772 940	盈余公积	121 370.30
工程物资	300 000	利润分配（未分配利润）	360 000
在建工程	1 156 000		
无形资产	1 300 000		
长期待摊费用	400 000		
合　计	16 721 830	合　计	16 721 830

3. 根据上述资料，编制甲股份有限公司 2009 年 12 月 31 日的资产负债表（如表 5-6 所示）。

表 5-6　　　　　　　　　　　　　　　　资产负债表

会企 01 表

编制单位：甲股份有限公司　　2009 年 12 月 31 日　　　　　　　　　　单位：元

资产	期末余额	年初余额	负债和所有者权益	期末余额	年初余额
流动资产：			流动负债：		
货币资金	1 641 490	2 812 600	短期借款	100 000	600 000
交易性金融资产		30 000	交易性金融负债		
应收票据	92 000	492 000	应付票据	200 000	400 000
应收账款	1 196 400	598 200	应付账款	1 907 600	1 907 600
预付款项	200 000	200 000	预收款项		
应收利息			应付职工薪酬	360 000	220 000
应收股利			应交税费	394 828	73 200
其他应收款	10 000	10 000	应付利息		2 000
存货	5 149 400	5 160 000	应付股利	64 431.7	
一年内到期的非流动资产			其他应付款	100 000	100 000
其他流动资产			一年内到期的非流动负债		2 000 000
流动资产合计	8 289 290	9 302 800	其他流动负债		
非流动资产：			流动负债合计	3 126 859.7	5 302 800
可供出售金融资产			非流动负债：		
持有至到期投资			长期借款	2 320 000	1 200 000
长期应收款			应付债券		
长期股权投资	500 000	500 000	长期应付款		
投资性房地产			专项应付款		
固定资产	4 232 940	2 200 000	预计负债		
在建工程	1 156 000	3 000 000	递延所得税负债		

续表

资产	期末余额	年初余额	负债和所有者权益	期末余额	年初余额
工程物资	300 000		其他非流动负债		
固定资产清理			非流动负债合计	2 320 000	1 200 000
生产性生物资产			负债合计	5 446 859.7	6 502 800
油气资产			所有者权益：		
无形资产	1 080 000	1 200 000	股本（10 000 000 股）	10 000 000	10 000 000
开发支出			资本公积	30 000	30 000
商誉			减：库存股		
长期待摊费用	400 000	400 000	盈余公积	121 370.3	50 000
递延所得税资产			未分配利润	360 000	20 000
其他非流动资产			所有者权益合计	10 511 370.3	10 100 000
非流动资产合计	7 668 940	7 300 000			
资产总计	15 958 230	16 602 800	负债和所有者权益总计	15 958 230	16 602 800

【思考与练习】

一、思考题

1. 什么是资产负债表？它有何重要作用？
2. 我国资产负债表的结构是怎样的？其理论基础是什么？通过它可以提供哪些信息？
3. 资产负债表中的资产类至少应单独列示反映的信息项目有哪些？
4. 资产负债表中的负债类至少应单独列示反映的信息项目有哪些？
5. 流动负债和流动资产的识别标准分别是什么？
6. 资产负债表中各项目填列的依据是什么？各项目排列有何规律性？

二、练习题

（一）目的：练习资产负债表应收账款、预付款项、应付账款和预收款项等四个项目的填列方法。

资料：甲股份有限公司2009年12月31日应收账款总账账户余额400万元（借方），其中，应收A公司500万元（借方），应收B公司100万元（贷方）；应付账款总账账户余额300万元（贷方），其中，应付W公司350万元（贷方），应付Q公司50万元（借方）；预收账款总账账户余额230万元（贷方），其中，预收C公司250万元（贷方），预收D公司20万元（借方）；预付账款总账账户余额150万元（借方），其中，预付丙公司190万元（借方），预付丁公司40万元（贷方）。假如该公司坏账准备账户没有期初余额，坏账准备账户的年末余额1万元为对A公司应收账款计提的坏账准备。

要求：

（1）计算该公司2009年12月31日的资产负债表中，应收账款项目应填列的金额？

（2）计算该公司2009年12月31日的资产负债表中，预付款项项目应填列的金额？

（3）计算该公司2009年12月31日的资产负债表中，应付账款项目应填列的金额？

（4）计算该公司2009年12月31日的资产负债表中，预收款项项目应填列的金额？

（二）目的：练习资产负债表的编制。

资料：长江股份有限公司2009年12月31日的科目余额表如表1所示。

表1　　　　　　　　　　　　　　**科目余额表**　　　　　　　　　　　　单位：元

科目名称	借方余额	科目名称	贷方余额
库存现金	8 000	坏账准备	7 200
银行存款	6 460 924	累计折旧	680 000
其他货币资金	29 200	固定资产减值准备	120 000
交易性金融资产	400 000	累计摊销	240 000
应收票据	26 400	短期借款	2 000 000

续表

科目名称	借方余额	科目名称	贷方余额
应收账款	2 400 000	应付票据	400 000
预付账款	400 000	应付账款	3 815 200
其他应收款	20 000	其他应付款	200 000
材料采购	1 100 000	应付职工薪酬	720 000
原材料	332 200	应交税费	906 924
库存商品	8 489 600	应付股利	128 863
材料成本差异	17 000	长期借款	3 600 000
长期股权投资	1 800 000	股本	20 000 000
固定资产	9 604 000	资本公积	1 040 000
无形资产	4 112 000	盈余公积	499 082
递延所得税资产	30 000	利润分配（未分配利润）	872 055
合　计	35 229 324	合　计	35 229 324

要求：根据上述资料，编制长江股份有限公司 2009 年 12 月 31 日的资产负债表。

（三）目的：练习资产负债表的编制。

资料：伟达股份有限公司 2009 年 12 月 31 日编制资产负债表的有关资料如下：

（1）伟达股份有限公司 2009 年 12 月 31 日有关总账科目余额如表 2 所示。

表 2　　　　　　　　　　　总账科目余额表　　　　　　　　　　单位：元

科目名称	年末余额		科目名称	年末余额	
	借方	贷方		借方	贷方
库存现金	3 000		固定资产	5 800 000	
银行存款	750 000		累计折旧		1 160 000
其他货币资金	350 000		工程物资	80 000	

续表

科目名称	年末余额		科目名称	年末余额	
	借方	贷方		借方	贷方
交易性金融资产	64 000		在建工程	360 000	
应收票据	85 000		无形资产	250 000	
应收账款	700 000		长期待摊费用	75 000	
坏账准备		3 500	递延所得税负债		4 500
预付账款	100 000		短期借款		200 000
其他应收款	5 000		应付票据		120 000
物资采购	450 000		应付账款		350 000
原材料	500 000		预收账款		60 000
周转材料	250 000		应付职工薪酬		18 000
库存商品	280 000		应交税费		102 000
发出商品	20 000		应付股利		21 000
委托代销商品	50 000		应付利息		1 800
材料成本差异		15 000	其他应付款		2 000
生产成本	40 000		长期借款		1 400 000
存货跌价准备		75 000	应付债券		500 000
应收股利	30 000		长期应付款		600 000
应收利息	8 000		预计负债		20 000
持有至到期投资	160 000		股本		5 000 000
持有至到期投资减值准备		10 000	资本公积		201 200
长期股权投资	340 000		盈余公积		510 000
长期股权投资减值准备		90 000	利润分配		286 000

（2）伟达股份有限公司2009年12月31日有关总账科目所属明细科目的余额如表3所示。

表3　　　　　　　　　　　有关明细科目余额表　　　　　　　　　　单位：元

总账科目	明细科目	年末余额 借方	年末余额 贷方
应收账款	应收甲公司账款	875 000	
	应收乙公司账款		175 000
应付账款	应付 A 企业账款		400 000
	应付 B 企业账款	50 000	
预付账款	预付 M 公司账款	120 000	
	预付 N 公司账款		20 000
预收账款	预收 C 企业账款		40 000
	预收 D 企业账款		20 000

（3）其他资料："持有至到期投资"科目年末借方余额 160 000 元中有一年内到期的债券投资 50 000 元；"长期借款"科目年末贷方余额 1 400 000 元中有一年内到期的借款 400 000 元；"应付债券"科目年末贷方余额 500 000 元中有一年内到期的应付债券 200 000 元。

要求：根据上述资料，编制伟达股份有限公司 2009 年 12 月 31 日的资产负债表。

第六章 利 润 表

【教学目的与要求】 通过本章的教学，要求学生了解利润表的作用，熟悉利润表的结构和内容，认识当期营业观与总括收益观的区别，了解每股收益的意义及其表达方式，了解综合收益的意义及其表达方式，掌握利润表的编制方法。
【教学重点与难点】 利润表项目的数字来源、利润表各项目的内容和填列方法。

第一节 利润表及其作用

一、利润表的概念

利润表，也称"收益表"，是反映企业在一定会计期间（如年度、季度、月度）经营成果的会计报表。企业一定会计期间的经营成果一般表现为利润，但也可能表现为亏损，因此，利润表也称损益表。

利润表是根据"收入－费用＝利润"这一会计恒等式，按照各项收入、费用以及构成利润的各个项目分类分项编制而成的。收入是企业在日常活动中形成的、会导致所有者权益增加但与所有者投入资本无关的经济利益的总流入，费用是企业在日常活动中发生的、会导致所有者权益减少但与向所有者分配利润无关的经济利益的总流出，企业在一定期间经济利益的总流入与总流出的差额，就是企业在一定会计期间实现的利润（或发生的亏损），它们反映的是企业一定期间经济利益的流入、流出及其最终结果的财务指标。从反映企业经营资金运动的角度看，它是一种反映企业经营资金运动动态表现的报表，所以也称为动态会计报表。

二、利润表的作用

在市场经济条件下，利润的多少，既是企业投资者及其利害关系人关注的焦点，更是企业生存与发展的关键。利润表所提供的会计信息，对会计报表使用者来说，具有以下五个方面的重要作用：

（一）有助于分析企业的经营成果和获利能力

经营成果通常是一个绝对值指标，是一定期间的营业收入扣抵相关的营业费用（成本）后的余额，体现着企业财富增长的规模。获利能力是一个相对指标，是企业运用一定的经济资源获取经营成果的能力。利润表直接揭示了企业一定会计期间经营成果的形成，而获利能力的信息，则需根据利润表和其他会计报表资料计算而得。根据利润表提供的经营成果数据，报表使用者通过比较企业在不同时期，或同一行业中不同企业在相同时期的有关指标，就可以评价、预测企业的获利能力，并据此作出相关决策。

（二）可以为企业经营成果的分配提供重要依据

现代企业是不同利益集团的结合体，不同的利益集团之所以向企业提供经济资源或参与企业的活动，目的就在于分享企业的经营成果。利润表直接反映了企业经营成果的形成及经营成果各组成部分的具体数额。在一定的经济政策、法律法规和企业分配制度下，利润额的多少决定了各相关利益集团的分享额，如国家的税收收入、股东的股利、经营者的年薪、员工和管理人员的奖金等，企业在进行利润分配时，无论是提取盈余公积，还是制定股利分配政策，都必须以利润表提供的数据作为重要依据。

（三）有助于考核企业管理人员的经营业绩

在现代企业中，由于所有权与经营权是分离的，如何考核管理人员对受托资源的经营管理责任，是一个重大的问题。按照企业所有权与经营权分离的要求，所有者将有关经济资源交付给管理者进行管理，管理者则应履行受托经济责任，运用受托管理的经济资源获取尽可能多的经济利益。利润表中的各项数据，体现了企业在生产经营、融资、投资等活动中的管理效率及经济利益，是对企业经营业绩的综合反映。通过比较前后期利润表上各种收入、费用和利润的增减变动情况，比较各项收入、费用和利润的当期实际与当期预算的符合程度，并分析发生差异的原因，可以据以评价和考核各职能部门和管理人员的业绩。

（四）有助于预测企业未来利润和现金流量

会计报表的使用者为了进行有关的经济决策，都十分关注企业未来现金流量的来源、金额、时间及其不确定性,而企业过去和现在的利润水平和获利能力,与未来的现金流量存在一定的关系。会计报表使用者根据企业提供的利润表,通过比较和分析同一企业不同时期、不同企业同一时期的利润数额和获利能力,了解企业利润增长(或减少)的规模和趋势,预测企业未来现金流量及其不确定性程度,进而作出合理的经济决策。

(五)有助于企业管理人员的未来决策

利润表反映企业在一定会计期间各项收入、费用的发生情况,以及收入与费用配比的结果。企业管理当局通过分析利润表各项目的关系,可以了解企业各项收入、费用与利润之间的消长关系及变动趋势,发现企业在生产经营活动的各个环节中存在的问题,并针对问题分析原因,找出差距,采取改善措施,改善经营管理。

三、利润表的局限

利润表虽然有其上述的重要作用,但因为编制方法及内容受到会计准则及会计惯例的影响,具有一定的局限性。利润表的局限性主要表现在以下五个方面:

(一)部分非货币性的盈利能力无法体现

由于采用货币计量,许多管理当局的努力,对公司的获利能力有重大帮助或提升,却无法可靠地量化,无法在利润表中列示,如企业形象和顾客满意度的提升。

(二)不能真实反映企业的持续盈利能力

由于用历史成本计价,所耗用的资产按取得时的历史成本转销,而收入按现行价格计量,进行配比的收入与费用未建立在同一时间基础上,使利润的计量缺乏内在的逻辑上的统一性,使成本无法得到真正的回收,使资本的完整不能从实物形态或使用效能上得到保证。在物价上涨的情况下,无法区别企业的持有利润及营业利润,常导致虚盈实亏、虚利实分的现象,进而影响企业持续经营能力。

(三)大量估计技术的运用影响了计量的准确性

许多费用必须采用估计数,如坏账费用、产品售后服务成本、折旧年限及残值、或有损失等,可能在以后年度修正。

（四）会计政策选择空间的存在影响了会计利润的可比性

由于会计准则或会计惯例允许采用不同的会计政策,如存货计价按先进先出法或加权平均法,折旧按直线法或年数总和法,使不同企业利润的比较受到影响。

（五）功能性分类影响了未来利润及现金流量的预测

目前利润表多半按功能性分类,如营业成本、销售费用、管理费用等,而并非按活动水准分类,如固定费用、变动费用,不利于预测未来利润及现金流量。

第二节 利润表列报的要求与格式

一、利润表列报的要求

利润表的列报必须充分反映企业经营业绩的主要来源和构成,有助于使用者判断净利润的质量及其风险,有助于使用者预测净利润的持续性,从而作出正确的决策。通过利润表,可以反映企业一定会计期间收入的实现情况,如实现的营业收入有多少,实现的投资收益有多少,实现的营业外收入有多少等;可以反映一定会计期间的费用的耗费情况,如耗费的营业成本有多少,营业税金及附加有多少及销售费用、管理费用、财务费用各有多少,营业外支出有多少等;可以反映企业生产经营活动的成果,即净利润的实现情况,据以判断资本保值、增值等情况。

对于费用,企业应当采用"功能法"列报,即按照费用在企业所发挥的功能进行分类列报,通常分为从事经营业务发生的成本、管理费用、销售费用和财务费用等,并且将营业成本与其他费用分开披露。对企业而言,其活动通常可以划分为生产、销售、管理、融资等,每一种活动上发生的费用所发挥的功能并不相同,因此,按照费用功能法将其分开列报,有助于使用者了解费用发生的活动领域。例如,企业为销售产品发生了多少费用,为一般行政管理发生了多少费用,为筹措资金发生了多少费用,等等。这种方法通常能向报表使用者提供具有结构性的信息,能更清楚地揭示企业经营业绩的主要来源和构成,提供的信息更为相关。

由于关于费用性质的信息有助于预测企业未来现金流量，企业可以在附注中披露费用按照性质分类的利润表补充资料。费用按照性质分类，指将费用按其性质分为耗用的原材料、职工薪酬费用、折旧费、摊销费等，而不是按照费用在企业所发挥的不同功能分类。

此外，由于银行、保险、证券等金融企业的日常活动与一般工商业企业不同，具有特殊性，在这种情况下，可以根据金融企业的特殊性列示利润表项目。例如，商业银行将利息支出作为利息收入的抵减项目、将手续费及佣金支出作为手续费及佣金收入的抵减项目等列示。

二、不同利润计量观

对利润的计量，目前比较流行的利润计量方法有两种：一是根据资产负债表来确定企业的利润，也称资产负债观；二是根据利润表来确定企业的利润，也称收入费用观。

（一）资产负债观

资产负债观是指通过对照前后期资产负债表的所有者权益（净资产）来确定企业在一定期间所实现的利润；所有者权益增加为利润，减少为亏损（但在此期间由所有者追加投资和分红引起的净资产变动除外）。资产负债观的理论基础是资本保全概念，即只有在原资本已得到维持或成本已经弥补之后，才能确认损益。资本保全又分为货币资本保全和实物资本保全。货币资本保全者强调资本是一种货币现象，认为利润等于企业资产超过投入原始资本的货币金额；而实物资本保全者主张资本是一种实物现象，它所代表的是一种实际生产能力，企业资产超过原生产能力的部分为利润。货币资本保全和实物资本保全的区别体现在价格变动对资产、负债影响的处理方面不同，货币资本保全将价格影响金额计入利润，而实物资本保全则将价格影响直接计入所有者权益。

（二）收入费用观

收入费用观是指通过设置收入、费用类账户，遵循配比原则计算当期利润，它以一定期间发生的交易或其他事项所产生的收入及费用之间的差额作为当期的收益。在收入费用观下，本期利润包括的内容在会计理论上存在两种截然不同的观点，即当期营业观和总括收益观。

1. 当期营业观

当期营业观着重反映企业的经营管理水平，即着重于计量企业的效率。效率是指经营企业在获取收益过程中有效地使用了企业的资产；广义地说，是指土地、劳动力、资本和管理等生产要素的适当组合。对效率的评判势必要有一个既定的标准，可以将前期收益或行业的平均收益作为既定标准来据以评判当期经营效率。在当期营业观下，一方面利润的计算特别强调"当期"和"营业"两个词。只有管理上可以控制的价值变化和事项，以及当期决策所产生的结果才可包括在利润的计算之中。不过，这一概念还包括在前一期购买而于当期使用的一些要素。因为每一个分期并不是单独的经济过程，大部分资本设备甚至大多数员工必定是以前期间购入或约定的；当期决策包含对这些要素的正确使用和组合。这个观点的第二个方面是：只有"正常"经营所产生的变化才是相关的。如果净利润仅与正常经营相关，那么，它与其他年度、其他企业的比较就更有意义，而且管理上的相对效率在这里反映得就最为明显。

2. 总括收益观

总括收益观认为，利润是除股利分配和资本交易外特定时期内所有的交易或企业重估价所确认的权益的总变化。也就是说，利润表中所计列的利润数额，既包括营业性利润，也包括非营业性利润。对那些营业和非营业或重复和非重复发生的，均应将其列于利润表上的"期间净利润"项目之前。支持以总括收益观来计量利润的理由主要有：

（1）营业性和非营业性利润的界限不很分明，在一家企业归类为营业性利润的交易，在另一家企业则可能划归为非营业性交易，而且某年度划为营业性的，在下一年度可能就被划为非营业性项目，从而使得企业之间和年度之间的年度利润无从比较。当站在更高的角度上看时，营业利润的定义会变得更加模糊，一些特殊项目从长期来看实际上是很普遍的、重复发生的项目。

（2）在计算净利润时，若忽略不计某些特殊事项或前期调整的借项或贷项，则每年的利润数字就有可能被企业管理当局操纵或平滑，这已被众多事实所证明。

（3）人们认为囊括本年度确认的所有借项和贷项的利润表更易于编制，更易于为使用者所理解。利润表并未受参与管理和编制会计报表者个人判断的影响，从而使财务报表具有客观性和可验证性。可验证性意味着不同的会计人员独立处理同样数据，应得出相同或相似的结果。

（4）如果对年度内利润变化的性质进行了充分揭示，财务报表的使用者或许会比会计人员及管理当局作出更为恰当的分类，进而得出适当的利润量度。从行为角度上讲，会计人员和管理当局的评判标准是难以适用于财务报表各使用者的特定需要的。

当期营业观与总括收益观的一个主要区别是呈报利润的目的不同。尽管当期营业观强调的是当期经营成果或企业的效率以及以此数据来预测将来的经营成果和盈利能力；但总括收益观的支持者则认为，如果以企业连续的整个历史经验为基础，就能同时改善对经营效率和对未来经营成果的预测。由于每期期末时创收活动完成程度不同，所以，单一期间的净利润充其量是根据良好判断所得出的一个估计数而已。由于它具有不可避免的主观性质，单一期间的净利润是暂时性的，它总是有待以后时日的验证。正因为如此，会计理论界及一些职业团体明显地支持总括收益观。

三、利润表列报的格式

（一）利润表列报的基本格式

利润表常见的格式有两种，即单步式利润表和多步式利润表。

1. 单步式利润表

单步式利润表是将本期发生的所有收入汇集在一起，将所有的成本、费用也汇集在一起，然后将收入合计减成本费用合计，得出本期净利润。单步式利润表的格式如表 6-1 所示。

单步式利润表的主要优点，首先是结构简单，便于理解；其次是对收入和费用一视同仁，不分彼此先后，清楚表明各项收入和费用的同等重要性，可以避免收入与费用的配比有先后顺序的误解。但单步式利润表不能提供较为详细的分类利润信息，不利于前后期相应项目的比较和利润各组成部分的结构分析。

2. 多步式利润表

多步式利润表将收入和费用项目按照是否属于日常经营活动加以分类，分步反映净利润的构成内容。多步式的利润表，从总体上将利润总额分为来源于日常活动中的"营业利润"和非日常活动产生的"利得和损失"。在此基础上，减去所得税费用，形成净利润。亦即：第一步，从营业收入出发，减去营业成本、营业税金及附加、管理费用等，得出营业利润；第二步，从营业利润中加上"营业外收入"产生的利得，减去"营业外支出"形成的损失，得出本期利润总额，即税前会计利润；第三步，从税前会计利润中减去所得税，计算出本期净利润。多步式利润表的格式如表 6-2 所示。

表 6-1　　　　　　　　　　　利润表（单步式）

编制单位：××公司　　　　　　20××年　　　　　　　　　　　单位：元

项　目	本期金额	上期金额
一、收入		
营业收入		
公允价值变动收益		
投资收益		
营业外收入		
收入合计		
二、费用		
营业成本		
营业税金及附加		
销售费用		
管理费用		
财务费用		
资产减值损失		
营业外支出		
所得税费用		
费用合计		
三、净利润		

表 6-2　　　　　　　　　　　利润表（多步式）

编制单位：××公司　　　　　　20××年　　　　　　　　　　　单位：元

项　目	本期金额	上期金额
一、营业收入		
减：营业成本		
营业税金及附加		
销售费用		
管理费用		
财务费用		
资产减值损失		
加：公允价值变动收益		
投资收益		
二、营业利润		
加：营业外收入		
减：营业外支出		
三、利润总额		
减：所得税费用		
四、净利润		

多步式利润表的主要优点是可以为报表使用者提供更为有效的预期、决策信息。一般来说,来源于日常经营活动的营业利润,代表着企业的主要经营活动。这部分利润相对稳定、风险较小。而来源于非日常活动中的营业外利润(利得减去损失的余额)通常为偶然所得,本期获得并不意味着以后也会获得,这类利润的稳定性不如营业利润。

(二)我国现行利润表的格式

根据我国《企业会计准则第30号——财务报表列报》和《企业会计准则解释第3号》的规定,我国现行利润表采用多步式利润表的格式。利润表一般应包括表头、表身和表尾三部分,表头主要包括利润表的名称、编制单位、编制期间和金额单位;表身是利润表的主体部分,包括收入、成本费用各项目的名称;表尾主要包括附注资料等。同时企业需要提供比较利润表,以便报表使用者通过比较不同期间利润表的数据,掌握企业盈利情况及发展趋势。所以利润表还就各项目再分为"本期金额"和"上期金额"两栏分别填列。一般企业利润表的具体格式如表6-3所示。

表6-3 利润表 会企02表

编制单位: 20××年 单位:元

项　　目	本期金额	上期金额
一、营业收入		
减:营业成本		
营业税金及附加		
销售费用		
管理费用		
财务费用		
资产减值损失		
加:公允价值变动收益(损失以"-"号填列)		
投资收益(损失以"-"号填列)		
其中:对联营企业和合营企业的投资收益		
二、营业利润(亏损以"-"号填列)		
加:营业外收入		

续表

项　　目	本期金额	上期金额
减：营业外支出		
其中：非流动资产处置损失		
三、利润总额（亏损总额以"－"号填列）		
减：所得税费用		
四、净利润（净亏损以"－"号填列）		
五、每股收益		
（一）基本每股收益		
（二）稀释每股收益		
六、其他综合收益		
七、综合收益总额		

第三节　利润表的编制方法

一、利润表的编制方法

利润表反映企业在一定期间内利润（亏损）的实现情况。表中"上期金额"栏内各项数字，应根据上年度同期利润表"本期金额"栏内所列数字填列。如果上年度同期利润表规定的各个项目的名称和内容同本年度同期不相一致，应对上年度同期利润表各项目的名称和数字按本年度的规定进行调整，填入利润表"上期金额"栏内。

利润表"本期金额"是指某一会计期间的数字，即月度、季度、半年度或年末度的数字。利润表"本期金额"栏内各项目数字的填列方法如下：

（1）"营业收入"项目，反映企业经营业务所取得的收入的净额。本项目应根据"主营业务收入"科目和"其他业务收入"科目的发生额分析填列。

（2）"营业成本"项目，反映企业经营活动发生的实际成本。本项目应根据"主营业务成本"科目和"其他业务成本"科目的发生额分析填列。

（3）"营业税金及附加"项目，反映企业经营活动发生的营业税、消费税、城市维护建设税、资源税、土地增值税和教育费附加等相关的税费。本项目应根据"营业税金及附加"科目的发生额分析填列。

（4）"销售费用"项目，反映企业在销售商品和材料、提供劳务的过程中发生的各项费用。商品流通企业在购入商品等过程中发生的费用也在本项目反映。本项目应根据"销售费用"科目的发生额分析填列。

（5）"管理费用"项目，反映企业为组织和管理企业生产经营所发生的管理费用。本项目应根据"管理费用"科目的发生额分析填列。

（6）"财务费用"项目，反映企业为筹集生产经营所需资金等而发生的筹资费用。本项目应根据"财务费用"科目的发生额分析填列。

（7）"资产减值损失"项目，反映企业计提各项资产减值准备所形成的损失。本项目应根据"资产减值损失"科目的发生额分析填列。

（8）"公允价值变动收益"项目，反映企业交易性金融资产、交易性金融负债，以及采用公允价值模式计量的投资性房地产、衍生工具、套期保值业务等公允价值变动形成的应计入当期损益的净收益。本项目应根据"公允价值变动损益"科目的发生额分析计算填列；若为净损失，则以"－"号填列。

（9）"投资收益"项目，反映企业以各种方式对外投资所取得的净收益。本项目应根据"投资收益"科目的发生额分析计算填列；若为投资净损失，则以"－"号填列。其中的"对联营企业和合营企业的投资收益"项目，反映企业对联营企业和合营企业投资所确认的投资净收益，应根据"投资收益"明细科目的发生额分析填列；若为投资净损失，则以"－"号填列。

（10）"营业利润"项目，反映企业实现的营业利润总额。本项目应根据营业收入减去营业成本、营业税金及附加、销售费用、管理费用、财务费用、资产减值损失，加上公允价值变动收益和投资收益后的余额填列；若余额为负数，即为亏损总额，则应以"－"号填列。

（11）"营业外收入"项目，反映企业取得的各种营业外收入。本项目应根据"营业外收入"科目的发生额分析填列。

（12）"营业外支出"项目，反映企业发生的各种营业外支出。本项目应根据"营业外支出"科目的发生额分析填列。其中的"非流动资产处置损失"项目，反映企业处置非流动资产所发生的损失总额，应根据"营业外支出——处置非流动资产损失"科目的发生额分析填列。

（13）"利润总额"项目，反映企业实现的利润总额。本项目应根据营业利润加上营业外收入，再减去营业外支出后的余额填列；若余额为负数，则为亏损总额，应以"－"号填列。

（14）"所得税费用"项目，反映企业按规定从本期利润总额中扣除的所得税费用。本项目应根据"所得税费用"科目的发生额分析填列。

(15)"净利润"项目,反映企业实现的净利润。本项目应根据利润总额减去所得税费用后的余额填列;若余额为负数,则为净亏损,应以"-"号填列。

(16)"每股收益"项目,反映普通股或潜在普通股已公开交易的企业,以及正处于公开发行普通股或潜在普通股过程中的企业的基本每股收益和稀释每股收益。如果企业不存在稀释性潜在普通股,那么在利润表中只需列示基本每股收益;否则,企业应同时列示基本每股收益和稀释每股收益。

(17)"其他综合收益"项目,反映企业根据企业会计准则规定未在损益中确认的各项利得和损失扣除所得税影响后的净额。

(18)"综合收益总额"项目,反映企业净利润与其他综合收益的合计金额。

由上可见,企业在编制利润表时,应根据利润表的内容和结构特点,关键解决两个问题:一是怎样将有关科目的借贷发生额转化为报表中相应的项目;二是怎样运用报表中各项目之间的数量关系正确计算有关项目的金额。

二、每股收益的作用和计算

(一)每股收益的作用

每股收益通常被用来反映企业的经营成果,衡量普通股的获利水平及投资风险,是投资者、债权人等信息使用者据以评价企业盈利能力、预测企业成长潜力、进而作出相关经济决策的一项重要的财务指标。在进行财务分析时,每股收益指标既可用于不同企业间的业绩比较,以评价企业的相对盈利能力;也可用于企业不同会计期间的业绩比较,以了解企业盈利能力的变化趋势,另外还可用于企业经营实绩与盈利预测的比较,以掌握企业的管理能力。该指标自20世纪50年代在美国兴起后,被广泛应用于美、英、法、德、澳大利亚等国家,成为不同企业间业绩比较的重要参考。

每股收益包括基本每股收益和稀释每股收益两类。基本每股收益仅考虑当期实际发行在外的普通股股份,而稀释每股收益的计算和列报主要是为了避免每股收益虚增可能带来的信息误导。例如,一家公司发行可转换公司债券融资,由于转换选择权的存在,这些可转换债券的利率低于正常同等条件下普通债券的利率,从而降低了融资成本,在经营业绩和其他条件不变的情况下,相对提高了基本每股收益金额。要求考虑可转换公司债券的影响计算和列报稀释每股收益,就是为了能够提供一个更可比、更有用的财务指标。

(二) 基本每股收益的计算

基本每股收益只考虑当期实际发行在外的普通股股份,企业应按归属于普通股股东的当期净利润,除以当期实际发行在外普通股的加权平均数计算基本每股收益。

发行在外普通股加权平均数按下列公式计算:

发行在外普通股加权平均数 = 期初发行在外普通股股数 + 当期新发行普通股股数 × 已发行时间 ÷ 报告期时间 − 当期回购普通股股数 × 已回购时间 ÷ 报告期时间

已发行时间、报告期时间和已回购时间一般按天数计算;在不影响计算结果合理性的前提下,也可以采用简化的计算方法,如按月数简化计算。

新发行普通股股数,应根据发行合同的具体条款,从应收对价之日(一般为股票发行日)起计算确定。通常包括下列情况:①为收取现金而发行的普通股股数,从应收现金之日起计算;②因债务转资本而发行的普通股股数,从停计债务利息之日或结算日起计算;③非同一控制下的企业合并,作为对价发行的普通股股数,从购买日起计算;④同一控制下的企业合并,作为对价发行的普通股股数,应计入各列报期间普通股的加权平均数;⑤为收购非现金资产而发行的普通股股数,从确认收购之日起计算。

【例6-1】A公司2009年年初发行在外的普通股为10 000万股;4月1日新发行普通股5 000万股;11月1日回购普通股3 000万股。A公司当年实现净利润6 000万元,则2009年度基本每股收益计算如下:

发行在外普通股加权平均数 = $10\,000 \times 12/12 + 5\,000 \times 9/12 - 3\,000 \times 2/12$
$= 13\,250$(万股)

或者:

发行在外普通股加权平均数 = $10\,000 \times 3/12 + 15\,000 \times 7/12 + 12\,000 \times 2/12 = 13\,250$(万股)

基本每股收益 = $6\,000/13\,250 = 0.45$(元)

(三) 稀释每股收益的计算

存在稀释性潜在普通股的复杂股权结构的公司,不仅应计算和列报基本每股收益,还应根据稀释性潜在普通股的影响计算和列报稀释每股收益。稀释每股收益是以基本每股收益为基础,假设企业所有发行在外的稀释性潜在普通股均已转换为普通股，从而分别调整归属于普通股股东的当期净利润以及发行在外普通股的加权平均数计算而得的每股收益。

1. 稀释每股收益计算的基本原则

企业存在稀释性潜在普通股的，应分别调整归属于普通股股东的当期净利润和发行在外普通股的加权平均数，并据以计算稀释每股收益。

潜在普通股是指赋予其持有者在报告期或以后期间享有取得普通股权利的一种金融工具或其他合同，包括可转换公司债券、认股权证、股份期权等。

稀释性潜在普通股是指假设当期转换为普通股会减少每股收益的潜在普通股。对于亏损企业而言，稀释性潜在普通股是指假设当期转换为普通股会增加每股亏损金额的潜在普通股。在计算稀释每股收益时，只考虑稀释性潜在普通股的影响，而不考虑不具有稀释性的潜在普通股。

计算稀释每股收益，应根据下列事项对归属于普通股股东的当期净利润进行调整：①当期已确认为费用的稀释性潜在普通股的利息；②稀释性潜在普通股转换时将产生的收益或费用。

上述调整应考虑相关的所得税影响。对于包含负债和权益成分的金融工具，仅需调整属于金融负债部分的相关利息、利得或损失。

在计算稀释每股收益时，当期发行在外普通股的加权平均数应为计算基本每股收益时普通股的加权平均数与假定稀释性潜在普通股转换为已发行普通股而增加的普通股股数的加权平均数之和。

在计算稀释性潜在普通股转换为已发行普通股而增加的普通股股数的加权平均数时，以前期间发行的稀释性潜在普通股，应假设在当期期初转换；当期发行的稀释性潜在普通股，应假设在发行日转换。

2. 当潜在普通股为可转换公司债券时稀释每股收益的计算

可转换公司债券是指发行公司依法发行、在一定期间内依据约定的条件可以转换成股份的公司债券。对于可转换公司债券，可以采用假设转换法判断其稀释性，并计算稀释每股收益。首先，假设这部分可转换公司债券在当期期初（或发行日）即已转换成普通股，从而一方面增加了发行在外的普通股股数，另一方面节约了公司债券的利息费用，增加了归属于普通股股东的当期净利润。然后，用增加的净利润除以增加的普通股股数，得出增量股的每股收益，与原来的每股收益比较。如果增量股的每股收益小于原每股收益，则说明该可转换公司债券具有稀释作用，应计入稀释每股收益的计算中。

在计算稀释每股收益时，以基本每股收益为基础，分子的调整项目为可转换公司债券当期已确认为费用的利息等的税后影响额；分母的调整项目为假定可转换公司债券当期期初（或发行日）转换为普通股的股数加权平均数。

【例6-2】B公司为上市公司，2009年归属于普通股股东的净利润为23 000万元，期初发行在外普通股股数10 000万股，年内普通股股数未发生变化。2009年1月1日，公司按面值发行50 000万元的三年期可转换公司债券，债券每张面值100元，票面固定年利率3%，利息自发行之日起每年支付一次，即每年12月31日为付息日。该批可转换公司债券自发行结束后12个月以后即可转换为公司股票，即转换期为发行12个月后至债券到期日止的期间。转换价格为每股10元，即每100元债券可转换为10股面值1元的普通股。债券利息不符合资本化条件，直接计入当期损益，所得税税率25%。

假设不具备转换选择权的类似债券的市场利率5%，公司在对该批可转换公司债券初始确认时，根据金融工具列报准则的有关规定将负债和权益成分进行了分拆。2009年度稀释每股收益计算如下：

基本每股收益 = 23 000/10 000 = 2.3（元）

每年支付利息 = 50 000 × 3% = 1 500（万元）

负债成分公允价值 = 1 500/(1 + 5%) + 1 500/(1 + 5%)^2 + 51 500/(1 + 5%)^3 = 47 276.75（万元）

权益成分公允价值 = 50 000 − 47 276.75 = 2 723.25（万元）

假设转换所增加的净利润 = 47 276.75 × 5% × (1 − 25%) = 1 772.88（万元）

假设转换所增加的普通股股数 = 50 000/10 = 5 000（万股）

增量股的每股收益 = 1 772.88/5 000 = 0.35（元）

增量股的每股收益小于基本每股收益，可转换公司债券具有稀释作用

稀释每股收益 = (23 000 + 1 772.88) / (10 000 + 5 000) = 1.65（元）

3. 潜在普通股为认股权证、股份期权时稀释每股收益的计算

认股权证是指公司发行的、约定持有人有权在履约期间内或特定到期日按约定价格向本公司购买新股的有价证券。股份期权是指公司授予持有人在未来一定期限内以预先确定的价格和条件购买本公司一定数量股份的权利，股份期权持有人对于其享有的股份期权，可以在规定的期间内以预先确定的价格和条件购买公司一定数量的股份，也可以放弃该种权利。

对于盈利企业，当认股权证、股份期权等的行权价格低于当期普通股平均市场价格时，具有稀释性。对于亏损企业，认股权证、股份期权的假设行权一般不影响净亏损，但增加普通股股数，从而导致每股亏损金额的减少，实际上产生了反稀释的作用，因此，在这种情况下，不应计算稀释每股收益。

在认股权证和股份期权等的行权价格低于当期普通股平均市场价格时，应考虑其稀释性。在计算稀释每股收益时，一般无须调整分子净利润金额，只需要按下列步骤对分母普通股加权平均数进行调整：

（1）假设这些认股权证、股份期权在当期期初（或发行日）已经行权，计算按约定行权价格发行普通股将取得的股款金额。

（2）假设按当期普通股平均市场价格发行股票，计算需发行多少普通股能够带来上述相同的股款金额。

（3）比较行使股份期权、认股权证将发行的普通股股数与按平均市场价格发行的普通股股数，差额部分相当于无对价发行的普通股，作为发行在外普通股股数的净增加。也就是说，认股权证、股份期权行权时发行的普通股可以视为两部分，一部分是按平均市场价格发行的普通股，这部分普通股由于是按市价发行，导致企业经济资源流入与普通股股数同比例增加，既没有稀释作用也没有反稀释作用，不影响每股收益金额；另一部分是无对价发行的普通股，这部分普通股由于是无对价发行，企业可利用的经济资源没有增加，但发行在外普通股股数增加，因此具有稀释性，应计入稀释每股收益中。

（4）将净增加的普通股股数乘以其假设发行在外的时间权数，据此调整稀释每股收益的计算分母。

增加的普通股股数按下列公式计算：

增加的普通股股数＝拟行权时转换的普通股股数－行权价格×拟行权时转换的普通股股数÷当期普通股平均市场价格

公式中的行权价格和拟行权时转换的普通股股数，按有关认股权证合同和股份期权合约确定。公式中的当期普通股平均市场价格，通常按每周或每月具有代表性的股票交易价格进行简单算术平均计算。在股票价格比较平稳的情况下，可以采用每周或每月股票的收盘价作为代表性价格；在股票价格波动较大的情况下，可以采用每周或每月股票最高价与最低价的平均值作为代表性价格。无论采用何种方法计算平均市场价格，一经确定，不得随意变更，除非有确凿证据表明原计算方法不再适用。当期发行认股权证或股份期权的，普通股平均市场价格应自认股权证或股份期权的发行日起计算。

【例6-3】2009年度归属于普通股股东的净利润800万元，发行在外普通股加权平均数1 250万股，该普通股平均每股市场价格5元。2009年1月1日，该公司对外发行300万股认股权证，行权日为2008年3月1日，每份认股权证可以在行权日以4.2元的价格认购本公司1股新发的股份。2009年度每股收益计算如下：

基本每股收益 = 800/1 250 = 0.64（元）
调整增加的普通股股数 = 300 - 300 × 4.2/5 = 48（万股）
稀释每股收益 = 800/（1 250 + 48）= 0.62（元）

4. 股份回购时稀释每股收益的计算

当企业承诺将回购其股份的合同中规定的回购价格高于当期普通股平均市场价格时，应考虑其稀释性。在计算稀释每股收益时，增加的普通股股数按下列公式计算：

增加的普通股股数 = 回购价格 × 承诺回购的普通股股数 ÷ 当期普通股平均市场价格 - 承诺回购的普通股股数

【例6-4】D公司2009年度归属于普通股股东的净利润500万元，发行在外普通股加权平均数为1 000万股。2009年4月1日，该公司与股东签订一份远期回购合同，承诺一年后以每股5.8元的价格回购其发行在外的200万股普通股。假设该普通股2007年4月至12月平均每股市场价格5元。2009年度每股收益计算如下：

基本每股收益 = 500/1 000 = 0.5（元）
调整增加的普通股股数 = 200 × 5.8/5 - 200 = 32（万股）
稀释每股收益 = 500/（1 000 + 32 × 9/12）= 0.49（元）

5. 存在多项潜在普通股时稀释每股收益的计算

企业对外发行不同潜在普通股的，单独考察其中某潜在普通股可能具有稀释作用，但如果和其他潜在普通股一并考察，则可能恰恰变为反稀释作用。例如，某公司先后发行甲、乙两种可转换债券（票面利率和转换价格均不同），甲债券导致的增量股每股收益1.5元，乙债券导致的增量股每股收益3.5元，假设基本每股收益4元。如果分别考察甲、乙两种可转换债券，增量股每股收益小于基本每股收益，两种债券都具有稀释作用。并且，由于增量股每股收益越小，其稀释作用越大，甲债券的稀释作用大于乙债券。然而，如果综合考察甲、乙两种可转换债券，先计入甲债券使得每股收益稀释3.1元，若再计入乙债券则使得每股收益反弹3.4元，因此，乙债券在这种情况下不再具有稀释作用，不应计入稀释每股收益中。

为了反映潜在普通股最大的稀释作用，应按各潜在普通股的稀释程度从大到小的顺序计入稀释每股收益，直至稀释每股收益达到最小值。稀释程度根据增量股的每股收益衡量，即假定稀释性潜在普通股转换为普通股的情况下，将增加的归属于普通股股东的当期净利润除以增加的普通股股数的金额。需要强调的是，企业每次发行的潜在普通股应视做不同的潜在普通股，分别判断其稀释性,而不能将其作为一个总体考虑。通常情况下,股份期权和认股权证排在前面计算,因为其假设行权一般不影响净利润。

对外发行多项潜在普通股的企业应按下列步骤计算稀释每股收益:

(1) 列出企业在外发行的各潜在普通股。

(2) 假设各潜在普通股已于当期期初(或发行日)转换为普通股,确定其对归属于普通股股东当期净利润的影响金额。可转换公司债券的假设转换一般会增加当期净利润金额;股份期权和认股权证的假设行权一般不影响当期净利润。

(3) 确定各潜在普通股假设转换后将增加的普通股股数。值得注意的是,稀释性股份期权和认股权证假设行权后,计算增加的普通股股数不是发行的全部普通股股数,而应是其中无对价发行部分的普通股股数。

(4) 计算各潜在普通股的增量股每股收益,判断其稀释性。增量股每股收益越小的潜在普通股稀释程度越大。

(5) 按潜在普通股稀释程度从大到小的顺序,将各稀释性潜在普通股分别计入稀释每股收益中。分步计算过程中,如果下一步得出的每股收益小于上一步得出的每股收益,则表明新计入的潜在普通股具有稀释作用,应计入稀释每股收益中;反之,则表明具有反稀释作用,不计入稀释每股收益中。

(6) 最后得出的最小每股收益金额即为稀释每股收益。

【例 6-5】 E 公司 2009 年度归属于普通股股东的净利润 37 500 万元,发行在外普通股加权平均数 125 000 万股。年初已发行在外的潜在普通股有:

(1) 股份期权 12 000 万份,每份股份期权拥有在授权日起五年内的可行权日以 8 元的行权价格购买 1 股本公司新发股票的权利。

(2) 按面值发行的 5 年期可转换公司债券 630 000 万元,债券每张面值 100 元,票面年利率 2.6%,每股转股价格 12.5 元。

(3) 按面值发行的三年期可转换公司债券 1 100 000 万元,债券每张面值 100 元,票面年利率 1.4%,每股转股价格 10 元。当期普通股平均市场价格 12 元,年度内没有期权被行权,也没有可转换公司债券被转换或赎回,所得税税率 25%。假设不考虑可转换公司债券在负债和权益成分的分拆。

2009 年度每股收益计算如下:

基本每股收益 = 37 500/125 000 = 0.3(元)

计算稀释每股收益:

①股份期权导致的股份增加数 = 12 000 - 12 000 × 8 ÷ 12 = 4 000(万股)

②发行 2.6% 可转债导致的净利润增加 = 630 000 × 2.6% × (1 - 25%)

$$= 12\,285\,(万元)$$

③发行2.6%可转债导致的股份增加数 = 630 000/12.5 = 50 400(万股)

④发行1.4%可转债导致的净利润增加 = 1 100 000 × 1.4% × (1 - 25%)

$$= 11\,550\,(万元)$$

⑤发行1.4%可转债导致的股份增加数 = 1 100 000/10 = 110 000(万股)

确定潜在普通股计入稀释每股收益的顺序,如表6-4所示。

表6-4　　　　　　潜在普通股计入稀释每股收益的顺序确定表

潜在普通股	净利润增加(万元)	股数增加	增量股的每股收益(元/股)	顺序
期权	—	4 000	—	1
2.6%债券	12 285	50 400	0.244	3
1.4%债券	11 550	110 000	0.105	2

稀释每股收益的计算如表6-5所示。

表6-5　　　　　　稀释每股收益计算表

	净利润	股数	每股收益	稀释效果
基本每股收益	37 500	125 000	0.3	
期权		4 000		
	37 500	129 000	0.291	稀释
1.4%债券	11 550	110 000		
	49 050	239 000	0.205	稀释
2.6%债券	12 285	50 400		
	61 335	289 400	0.212	反稀释

因为最后一项计算的结果为反稀释效果,所以稀释每股收益应为0.205元。

三、利润表编制举例

现举例说明利润表的编制。

【例6-6】根据例5-1中的资料,甲股份有限公司2009年度的有关损益科目的余额如表 6-6 所示。

表 6-6　　　　　　　　　　科目余额表　　　　　　　　　　单位：元

项目	借方发生额	贷方发生额
主营业务收入		2 500 000
主营业务成本	1 500 000	
营业税金及附加	4 000	
销售费用	40 000	
管理费用	314 200	
财务费用	83 000	
资产减值损失	1 800	
投资收益		63 000
营业外收入		100 000
营业外支出	39 400	
所得税费用	204 798	

根据上述所给资料，编制甲股份有限公司 2009 年度的利润表。甲股份有限公司 2009 年度的利润表如表 6-7 所示（假定"上期金额"为已知条件）。

表 6-7　　　　　　　　　　利润表　　　　　　　　　　会企 02 表
编制单位：甲股份有限公司　　　　2009 年　　　　　　　　单位：元

项目	本期金额	上期金额
一、营业收入	2 500 000	2 230 000
减：营业成本	1 500 000	1 300 000
营业税金及附加	4 000	2 300
销售费用	40 000	50 000
管理费用	314 200	300 000
财务费用	83 000	52 000
资产减值损失	1 800	
加：公允价值变动收益（损失以"-"号填列）		

第六章 利 润 表

续表

项　　目	本期金额	上期金额
投资收益（损失以"-"号填列）	63 000	20 000
其中：对联营企业和合营企业的投资收益		
二、营业利润（亏损以"-"号填列）	620 000	545 700
加：营业外收入	100 000	50 000
减：营业外支出	39 400	30 000
其中：非流动资产处置损失	39 400	30 000
三、利润总额（亏损总额以"-"号填列）	680 600	565 700
减：所得税费用	204 798	180 680
四、净利润（净亏损以"-"号填列）	475 802	385 020
五、每股收益		
（一）基本每股收益	0.048	0.039
（二）稀释每股收益		
六、其他综合收益	0	0
七、综合收益总额	475 802	385 020

【思考与练习】

一、思考题

1. 利润表至少应单独列示反映信息的项目有哪些？
2. 利润表中的营业外收入和营业外支出反映的内容分别有哪些？
3. 什么是潜在普通股？我国资本市场上常见的潜在普通股有哪些？
4. 什么是每股收益？利润表中列报每股收益有什么作用？
5. 什么是基本每股收益？基本每股收益怎样计算？
6. 什么是稀释每股收益？稀释每股收益怎样计算？
7. 利润表中其他综合收益包括哪些？

二、练习题

（一）目的：练习基本每股收益和稀释每股收益的计算。

资料：甲股份有限公司2009年1月2日发行面值1 000万元、利率5%的可转换债券，每100元债券可转换面值1元的普通股90股。2009年净利润6 000万元，2009年发行在外普通股5 000万股，所得税税率25%。

要求：计算该公司2009年的基本每股收益和稀释的每股收益。（保留两位小数）

（二）目的：练习基本每股收益和稀释每股收益的计算。

资料：乙股份有限公司2008年度归属于普通股股东的净利润200万元，发行在外普通股加权平均数500万股，该普通股平均市场价格4元。2008年年初，该公司对外发行100万份认股权证，行权日为2009年3月1日，每份认股权证可以在行权日以3.5元的价格认购本公司1股新发的股份。

要求：计算该公司2008年的基本每股收益和稀释的每股收益。（保留两位小数）

（三）目的：练习利润表的编制。

资料：伟达股份有限公司2009年的有关资料如下：

（1）该公司有关损益类科目的本年发生额如表1所示。

表1　　　　　损益类科目本年发生额　　　　　单位：元

科目名称	借方发生额	贷方发生额
主营业务收入	120 000	57 620 000
主营业务成本	26 000 000	80 000
营业税金及附加	7 500 000	
其他业务收入		7 500 000
其他业务成本	2 800 000	
销售费用	7 450 000	
管理费用	4 600 000	
财务费用	1 000 000	
公允价值变动损益		450 000
资产减值损失	150 000	
投资收益	200 000	10 300 000
营业外收入		1 650 000
营业外支出	975 000	
所得税费用	9 906 600	

（2）该公司 2009 年损益类科目的有关明细资料及其他有关资料如下："投资收益"科目中对联营企业的投资收益 2 000 000 元；"营业外支出——处置非流动资产损失"科目的本年发生额 170 000 元；该企业只发行普通股，年初发行在外的普通股股数 8 000 万股，2009 年 5 月 1 日增发普通股 2 000 万股，股份已发行时间按月数计算。

要求：根据上述资料，编制该公司 2009 年度的利润表。

第七章 现金流量表

【教学目的与要求】 通过本章的教学，要求学生了解现金流量表的概念和作用，熟悉现金流量表的分类和编制方法，掌握现金流量表的编制。
【教学重点与难点】 现金流量表的内容及其编制。

第一节 现金流量表及其作用

一、现金流量表的概念

现金流量表是反映企业在一定会计期间现金和现金等价物流入和流出的报表。现金流量表的产生主要是为了满足财务报表使用者对企业现金流量信息的需求。利润表中体现的利润基于权责发生制的核算基础，收入和费用都可能没有真实的现金流入与流出。这就导致企业账上有利润但实际没有现金可供使用的情况发生。众所周知，没有现金支撑的利润是非常脆弱的，许多企业都因为资金链条断裂而导致破产，于是就有了现金流量表。

现金流量表以现金和现金等价物（以下简称"现金"）的流入和流出，反映企业在一定会计期间内的经营活动、投资活动和筹资活动等对现金流量产生的影响，并通过现金流量的变动情况，来揭示企业财务状况变动的原因及结果。从这个意义上讲，现金流量表实际上是以现金为基础编制的财务状况变动表。由于现金流量表反映的是企业一定会计期间现金流入和流出情况，而现金的流入和流出又是企业经营资金运动的一个组成部分，反映的是企业经营资金运动的一种动态表现，因此，现金流量表是一种动态财务报表。

二、现金流量表的编制基础

现金流量表是以现金为基础编制的。这里的"现金"是指企业的现金和现金等价物。

（一）现金

现金是指企业的库存现金以及可以随时用于支付的存款。现金流量表中的"现金"不仅包括"库存现金"账户核算的库存现金，还包括企业"银行存款"账户核算的存入商业银行等金融企业，随时可以用于支付的存款，也包括"其他货币资金"账户核算的外埠存款、银行汇票存款、银行本票存款、信用证存款和在途货币资金等其他货币资金。

应注意的是，银行存款和其他货币资金中有些不能随时用于支付的存款，若不能随时支取的定期存款，则不应作为现金，而应列为投资；提前通知金融企业便可支取的定期存款，则应包括在现金范围内。

（二）现金等价物

现金等价物是指企业持有的期限短、流动性强、易于转换为已知金额现金、价格变动风险很小的投资。现金等价物虽然不是现金，但其支付能力与现金的差别不大，可视为现金。如企业为保证支付能力持有必要的现金，但为了不使现金闲置，可以购买短期债券，在需要现金时，随时可以变现。

一项投资被确认为现金等价物必须同时具备四个条件：期限短、流动性强、易于转换为已知金额现金、价值变动风险很小。其中期限较短，一般是指从购买日起三个月内到期。例如，可在证券市场上流通的三个月内到期的短期债券投资等。

企业应当根据经营特点的具体情况，确定现金等价物的范围，并在财务报表附注中披露确定现金等价物的会计政策，并一贯地保持这种划分标准。这种政策的改变应视为会计政策的变更。

（三）现金流量

现金流量是某一段时期内企业现金流入和流出的数量。如企业销售商品、提供劳务、出售固定资产、向银行借款等取得的现金，形成企业的现金流入；购买原材料、接受劳务、购建固定资产、对外投资、偿还债务等而支付的现金等，形成企业的现金流出。现金净流量则是企业一定时期内现金流入量超过现金流出量的净额。现金流量信息能够表明企业经营状况是否良好，资金是否紧缺，企业偿付能力是否较强，从而为投资者、债权人、企业管理者提供非常有用的信息。

(四) 影响现金流量的因素

企业日常经营业务是影响现金流量的重要因素,但并不是所有的经营业务都影响现金流量。企业的经营业务按其与现金流量的关系可分为以下三类。

1. 现金各项目之间的增减变动,不会影响现金流量净额的变动

这一类业务账务处理的借方、贷方都是现金,因而不会影响现金流量的增减变动。如从银行提取现金、将现金存入银行、用现金购买两个月到期的债券等,均属于现金各项目之间内部资金转换,不会使现金流量增加或减少。

2. 非现金各项目之间的增减变动,也不会影响现金流量净额的变动

这一类业务账务处理的借方、贷方都不是现金,当然也不会影响现金流量的增减变动。如用固定资产清偿债务、用原材料对外投资、用存货清偿债务、用固定资产对外投资等,均属于非现金各项目之间的增减变动,不涉及现金的收支,不会使现金流量增加和减少。

3. 现金各项目与非现金各项目之间的增减变动,会影响现金流量净额的变动

此类业务账务处理的借方、贷方中,一方是现金,另一方不是现金,所以,这类业务必然影响现金流量的增减变动。如用现金支付购买的原材料、用现金对外投资、收回长期债券等,均涉及现金各项目与非现金各项目之间的增减变动,这些变动会引起现金流入和现金支出。

现金流量表主要反映现金各项目与非现金各项目之间的增减变动情况对现金流量净额的影响。非现金各项目之间的增减变动虽然不影响现金流量净额,但属于重要的投资和筹资活动,应在现金流量表的附注中反映。

三、现金流量的分类

为了清晰地揭示各项业务活动影响现金的情况,需要对影响现金的业务活动进行分类列示。影响现金流量的业务活动可分为三大类别,即经营活动、投资活动和筹资活动。

(一) 经营活动及其现金流量

经营活动是指企业投资活动和筹资活动以外的所有交易和事项。经营活动的现金流量包括流入量和流出量。企业所处行业不同,经营活动的认定也就不同,对现金流量的划分也存在差异。一般的工商企业,经营活动主要包括销售商品、提供劳务、经营性租赁、购买商品或接受劳务、制造产品、广告宣传和

推销商品、缴纳税款等。

任何类型的企业在编制现金流量表时，经营活动的现金流量至少应当单独列示下列项目：①销售商品、提供劳务收到的现金；②收到的税费返还；③收到其他与经营活动有关的现金；④购买商品、接受劳务支付的现金；⑤支付给职工以及为职工支付的现金；⑥支付的各项税费；⑦支付其他与经营活动有关的现金。

（二）投资活动及其现金流量

投资活动是指企业长期资产的购建和不包括在现金等价物范围内的投资及其处置活动。这里所指的长期资产是指固定资产、在建工程、无形资产、其他资产等持有期限在一年或一个营业周期以上的资产。这里之所以将"包括在现金等价物范围内的投资"排除在外，是因为已经将包括在现金等价物范围内的投资视同现金。

投资活动主要包括：取得和收回投资，购建和处置固定资产、无形资产和其他长期资产，等等。投资活动一般都会使该时期的现金大量流出，也会导致以后各期的现金流入。

任何企业的现金流量表中投资活动产生的现金流量至少应当单独列示下列项目：①收回投资收到的现金；②取得投资收益收到的现金；③处置固定资产、无形资产和其他长期资产收回的现金净额；④处置子公司及其他营业单位收到的现金净额；⑤收到其他与投资活动有关的现金；⑥购建固定资产、无形资产和其他长期资产支付的现金；⑦投资支付的现金；⑧取得子公司及其他营业单位支付的现金净额；⑨支付其他与投资活动有关的现金。

（三）筹资活动及其现金流量

筹资活动是指导致企业资本及债务规模和构成发生变化的活动。这里所说的"资本"包括实收资本、资本溢价。与资本有关的现金流入与流出项目，包括吸收投资、发行股票、分配利润等。"债务"是指企业对外举债所借入的款项，如发行债券、向金融企业借入款项以及偿还债务等。

筹资活动产生的现金流量至少应当单独列示下列项目：①吸收投资收到的现金；②取得借款收到的现金；③收到其他与筹资活动有关的现金；④偿还债务支付的现金；⑤分配股利、利润或偿付利息支付的现金；⑥支付其他与筹资活动有关的现金。

以上所述的经营、投资和筹资是企业正常发生的三大类经济活动，企业在某一时期现金流量的变化主要是这三类活动的发生所引起的。但是，由于某些原因，企业有时也发生一些非常事件和特殊业务，例如，某些人为或非人为的原因导致企业财产丢失或损失，企业接受捐赠，等等。其中，有些非常或特殊事件给企业造成现金流出，或者带来现金收入。这类事件引起现金流量变化的特点是：①偶然性或不经常发生，即它们同正常的业务活动没有直接的关系；②特殊性，即它们不属于经营、投资和筹资活动的事件；③除特定情况外，它们不会使现金大量流出和流入。

这些引起现金变化的非常和特殊事件，可以统称为"特殊项目"，主要包括非常损失致使现金支出和收入有关的保险赔偿、各种罚款收支、滞纳金支出、自然灾害损失等。根据其性质，可分别归属到经营活动、投资活动和筹资活动的现金流量类别项目中。

四、现金流量表的作用

现金流量表系统地描述了企业当期现金（包括现金等价物）的来龙去脉和增减变化。我们可以将现金流量表看做是资产负债表的补充资料，因为现金流量表反映了企业资产负债表中现金和现金等价物期末与期初之间差额的详细过程。换句话说，资产负债表只是告诉人们，现金和现金等价物的期初数量是多少，期末又是多少，但中间是怎么变化的，资产负债表已经不能讲述原委了，必须从现金流量表中查看端倪。这一点很像利润表是对资产负债表中未分配利润项目期末金额与期初金额之间差额的补充说明。所以，就财务报表间的钩稽关系来说，现金流量表中所有项目的现金流量总额，等于资产负债表中现金（包括现金等价物）的期末金额与期初金额之间的差额。具体说，现金流量表对财务报表使用者来说，具有下列四个方面的重要作用。

（一）有助于分析和评价企业整体财务状况及其变动的原因

企业所从事的经营、投资和筹资活动都影响着企业的财务状况，而这种影响又会通过现金流量的变化而表现出来。一般来说，现金流量表中各部分现金流量结构合理，现金流入和流出无重大异常波动，表明企业的财务状况基本良好。此外，现金流量表不仅反映了企业现金流入和流出情况，还披露了一些重要的不涉及现金收支的投资和筹资活动，这些活动虽然不影响企业的净现金流量，但对企业整体财务状况可能会产生重大影响。因此，将现金流量表提供的现金流量及其他信息与资产负债表提供的财务状况信息联系起来，可以了解和评价企业当前整体财务状况，并揭示导致财务状况变动的原因。

(二）有助于分析和预测企业未来产生现金流量的能力

投资人、债权人进行投资和信贷的主要目的是增加未来的现金流入，因此他们需要财务报表提供相关的信息，以便作出正确的投资和信贷决策。通过现金流量表提供的企业过去的现金流量信息，可以揭示企业过去现金流入和流出情况及其形成的原因，分析企业经营、投资、筹资活动与现金流量之间的关系，评价企业过去生成现金流量的能力，从而预测企业未来现金流量的来源、数量、时间和不确定性，即预测企业未来产生现金流量的能力。

（三）有助于了解和评价企业的支付能力和偿债能力

判断一个企业是否具有支付能力和偿债能力，最关键的就是看其是否能产生净现金流入。企业只有能产生净现金流入，有足够的现金才有能力偿还债务、支付现金股利、发放工资、购买材料等。通过现金流量表提供的现金流量信息，可以对企业现有的支付能力和偿债能力，以及企业对外部资金的需求情况作出可靠的判断。

（四）有助于分析和揭示企业经营净利润与经营活动产生净现金流量之间差异的原因

对一个企业的全部经营期间而言，其经营活动形成的全部净利润应当等于企业的净现金流入。但是，对于一个持续经营的企业来说，为了定期计算损益，会计上必须将企业持续不断的经营活动划分为若干个会计期间，分期编制财务报告。在一定会计期间内，按权责发生制确认损益的时间与现金收付的时间可能不一致，从而导致一定会计期间的当期净利润与当期净现金流量之间出现差异。通过现金流量表可以分析差异产生的原因，揭示出现差异的规律性，以便于报表使用者更合理地预测未来的现金流量，判断净利润的质量与可靠程度。

第二节 现金流量表的格式与列报方法

一、现金流量表的格式

现金流量表是提供企业一定期间现金流量信息的主体。我国《企业会计准则第31号——现金流量表》规定，现金流量表采用报告式的结构，按照现金流量的性质，依次分类反映经营活动产生的现金流量、投资活动产生的现金流量、筹资活动产生的现金流量以及汇率变动影响的现金流量，最后汇总反映企业现金及现金等价物净增加（或减少）额。在各类经济活动产生的现金流量下，还分别按项目反映其现金流入、现金流出和现金流量净额。但下列各项可以按照净额列报：①代客户收取或支付的现金；②周转快、金额大、期限短项目的现金流入和现金流出；③金融企业的有关项目，包括短期贷款发放与收回的贷款本金、活期存款的吸收与支付、同业存款和存放同业款项的存取、向其他金融企业拆借资金，以及证券的买入与卖出等。在有外币现金流量及境外子公司的现金流量折算为人民币的企业，正表中还有"汇率变动对现金的影响额"项目，反映所采用的现金流量发生日的汇率或平均汇率折算的人民币金额与"现金及现金等价物增加额"中外币现金净增加额按期末汇率折算的人民币金额之间的差额。我国一般企业现金流量表的格式如表 7-1 所示。

表 7-1　　　　　　　　　　　　现金流量表　　　　　　　　　　　会企 03 表
编制单位：　　　　　　　　　　　20××年度　　　　　　　　　　　单位：元

项　　目	本期金额	上期金额
一、经营活动产生的现金流量：		
销售商品、提供劳务收到的现金		
收到的税费返还		
收到其他与经营活动有关的现金		
经营活动现金流入小计		
购买商品、接受劳务支付的现金		
支付给职工以及为职工支付的现金		
支付的各项税费		
支付其他与经营活动有关的现金		
经营活动现金流出小计		
经营活动产生的现金流量净额		
二、投资活动产生的现金流量：		
收回投资收到的现金		
取得投资收益收到的现金		

续表

项　　目	本期金额	上期金额
处置固定资产、无形资产和其他长期资产收回的现金净额		
处置子公司及其他营业单位收到的现金净额		
收到其他与投资活动有关的现金		
投资活动现金流入小计		
购建固定资产、无形资产和其他长期资产支付的现金		
投资支付的现金		
取得子公司及其他营业单位支付的现金净额		
支付其他与投资活动有关的现金		
投资活动现金流出小计		
投资活动产生的现金流量净额		
三、筹资活动产生的现金流量：		
吸收投资收到的现金		
取得借款收到的现金		
收到其他与筹资活动有关的现金		
筹资活动现金流入小计		
偿还债务支付的现金		
分配股利、利润或偿付利息支付的现金		
支付其他与筹资活动有关的现金		
筹资活动现金流出小计		
筹资活动产生的现金流量净额		
四、汇率变动对现金的影响		
五、现金及现金等价物净增加额		
加：期初现金及现金等价物余额		
六、期末现金及现金等价物余额		

二、经营活动现金流量的内容及项目列报方法

经营活动产生的现金流量是一项重要的指标，它可以说明企业在不动用外部筹得资金的情况下，通过经营活动产生的现金流量是否足以偿还负债、支付股利和对外投资。经营活动产生的现金流量通常可以采用间接法和直接法两种方法反映。

间接法是以利润表上的净利润为起点，通过调整某些相关项目后得出经营产生的现金流量。从净利润到经营活动的现金流量，要将不涉及现金的收入、费用、营业外收支等有关项目的增减变动进行调整，反映出净利润与经营活动产生的现金净流量之间的关系。间接法和直接法一样，都是编制现金流量表的方法。在我国，间接法编制的现金流量在财务报表的附注中加以披露。

直接法是通过现金收入和现金支出的总括分类，反映来自企业经营活动的现金流量。在采用直接法编制经营活动的现金流量时，是以同一时期的利润表、相关时期的资产负债表以及有关账户的明细资料为依据，以利润表中的营业收入（销售收入）为起算点，分别调整与经营活动有关的流动资产和流动负债的增减变动，将按权责发生制确认的本期各项收支，分析推算为以收付实现制为基础的现金流量。凡账上原分录借记或贷记"库存现金"、"银行存款"、"其他货币资金"等的，在分析中应视其产生原因或运用去向，分别以经营活动现金流量、投资活动现金流量、筹资活动现金流量项目取代。

采用直接法提供的信息，揭示了经营活动产生的现金收支的总额，这是其他财务报表所不能得到的，也正是现金流量表对资产负债表和利润表的不足之处进行的补充，有助于预测和评价企业未来现金流量，而间接法却不具有这一优点。正因为如此，国际财务报告准则鼓励企业采用直接法编制现金流量表。以下内容，均以直接法为例讲解经营活动产生现金流量的主要内容及其列报方法。

（一）销售商品、提供劳务收到的现金

本项目反映企业销售商品、提供劳务实际收到的现金（含销售收入和应向购买者收取的增值税税额），包括本期销售商品、提供劳务收到的现金以及前期销售和前期提供劳务本期收到的现金和本期预收的账款，扣除本期退回本期销售的商品和前期销售本期退回的商品而支付的现金。本项目可以根据"库存现金"、"银行存款"、"应收账款"、"应收票据"、"预收账款"、"主营业务收入"、"其他业务收入"等科目的记录分析填列。在填列这个项目时，

要考虑以下几个因素：

第一，销售商品、提供劳务所取得的收入，包括"主营业务收入"、"其他业务收入"科目贷方发生额。

第二，应收账款和应收票据。如果企业的销货全部属于现销，上期与本期均无应收账款，那么本期的销售净额即等于销售商品或提供劳务收到的现金收入。但是，如果企业存在赊销业务，则本期按权责发生制原则确定的销售收入净额，一般不等于本期从顾客处收到的现金收入，两者的差额会通过"应收账款"、"应收票据"和"预收账款"的余额变动反映出来。

在不考虑预收账款和应收票据的情况下，若本期应收账款增加，即应收账款期末余额大于期初余额，则说明本期的赊销金额超过收回的应收账款，其差额部分尚未收到现金，必须从销售收入净额中扣除应收账款的增加数，以确定销售商品或提供劳务收到的现金收入。反之，若本期应收账款减少了，即应收账款期末余额小于期初余额，则说明本期收回的应收账款超过赊销金额，其差额部分表示现金流入，必须在销售收入净额基础上加上这部分应收账款的减少数，以确定销售商品或提供劳务收到的现金收入。

"应收票据"账户与"应收账款"账户性质一样。

第三，销售退回支付的现金。本期销售退回一般通过"主营业务收入"和"其他业务收入"科目的借方反映，但本期销售退回有的已经支付了现金，有的尚未支付现金，在填列本项目时，应当减去已支付现金的销售退回。

第四，增值税。企业销售商品收到的现金中含的增值税税额也应该包括在本项目中反映。

第五，预收账款。本期收到的预收账款有实际的现金流入，在填列本项目时，应当加上本期预收账款的增加，减去本期预收账款的减少。

第六，核销的坏账损失。如果本期核销的坏账损失是减少应收账款的因素，通常减少应收账款表明收回现金，但核销坏账损失减少的应收账款没有现金流入，那么在填列本项目时，还应减去核销坏账损失而减少的应收账款。如果本期收回前期已核销的坏账损失，那么在填列本项目时，还应当加上本期收回前期已核销的坏账损失。

在填列"销售商品、提供劳务收到的现金"项目时，可根据以下公式计算：

销售商品、提供劳务收到的现金＝本期销售商品或提供劳务收到的现金＋本期收回前期的应收账款＋本期收回前期的应收票据＋本期预收的账款－本期因销售退回而支付的现金＋本期收回前期核销的坏账损失如果用会计科目近似地描述上述关系式，可以表达为：

销售商品、提供劳务收到的现金＝本期销售商品或提供劳务收入－（应收账款期末余额－应收账款期初余额）－（应收票据期末余额－应收票据期初余额）＋（预收账款期末余额－预收账款期初余额）＋本期收回前期核销的坏账损失－本期因销售退回而支付的现金－本期实际核销的坏账损失

需要说明的是，以上用公式描述的"销售商品、提供劳务收到的现金"内容，仅仅是希望借此解释该现金流入项目的填列逻辑。

实际工作中，还需要具体分析所有关于应收项目的具体明细，根据"销售商品、提供劳务收到的现金"的具体内涵一一识别。比如，用存货抵付了应收账款，尽管应收款减少了，但不能简单地认为就是现金流量增加。

所以，无论是上列公式，还是下面所有项目涉及的公式，切记不能机械地照搬套用。某些现金流量项目用公式表达，无外乎是前人的一种经验总结，其逻辑在于通过分析某些会计科目之间的内在联系，简单地推导出各类现金流量。实际工作中各类业务复杂多样，绝非理论上可以完全概括的。

（二）收到的税费返还

本项目反映企业收到的增值税、营业税、所得税、消费税、关税和教育费附加返还款等，可根据"库存现金"、"银行存款"、"应交税费"等科目的记录分析填列。

（三）收到的其他与经营活动有关的现金

本项目反映企业收到的罚款收入、经营租赁收到的租金等其他与经营活动有关的现金流入，金额较大的应当单独列示。本项目可根据"营业外收入"、"营业外支出"、"库存现金"、"银行存款"、"其他应付款"等科目的记录分析填列。

（四）购买商品、接受劳务支付的现金

本项目反映企业购买商品、接受劳务实际支付的现金，包括本期购入商品、接受劳务支付的现金（包括增值税进项税额）以及本期支付前期购入、接受劳务的未付款项和本期预付款项。本期发生的购货退回收到的现金应从本项目中扣除。

本项目可以根据"原材料"、"库存商品"、"应付账款"、"应付票据"、"库存现金"、"银行存款"等科目的记录分析填列。

在填列本项目时，有两种方法。

一种方法是：购买商品、接受劳务支付的现金＝当期购买商品、接受劳务支付的现金＋当期支付前期的应付账款＋当期支付前期的应付票据＋当期预付的账款－当期因购货退回收到的现金

由于这一方法需要根据会计记录逐笔分析，要求企业业务比较简单或已实现会计电算化；否则工作量太大，难以采用。

另一种方法是：购买商品、接受劳务支付的现金，实际上就是支付给供应商的现金，因此，可以根据权责发生制为基础产生的会计记录来确定，即在考虑销售成本、本期商品存货的增减变动以及应付账款、应付票据和预付账款的增减变动三个因素的基础上确定购货所支付的现金。其基本方法是：

在本期销售成本的基础上，考虑商品存货的增减变动，据此调整计算出本期实际购货金额；然后，再在本期实际购货的基础上，考虑应付账款、应付票据、预付账款的增减变动，即可求得购货所支付的现金。其计算公式可表述为：

购买商品、接受劳务支付的现金＝本期销售成本＋（存货期末余额－存货期初余额）＋（应付账款期初余额－应付账款期末余额）＋（应付票据期初余额－应付票据期末余额）＋（预付账款期末余额－预付账款期初余额）－购货退回收到的现金

（五）支付给职工以及为职工支付的现金

本项目反映企业本期实际支付给职工的工资、奖金、各种津贴和补贴等职工薪酬，但是应由在建工程、无形资产负担的职工薪酬以及支付的离退休人员的职工薪酬除外。

（六）支付的各项税费

本项目反映企业本期发生并支付的、本期支付以前各期发生的以及预交的教育费附加、矿产资源补偿费、印花税、房产税、土地增值税、车船使用税、预交的营业税等税费，计入固定资产价值、实际支付的耕地占用税，但本期退回的增值税、所得税等除外。本项目可以根据"应交税费"科目借方发生额分析填列。

（七）支付的其他与经营活动有关的现金

本项目反映企业支付的罚款支出、差旅费、业务招待费、保险费、经营租

赁支付的现金等其他与经营活动有关的现金流出,金额较大的应当单独列示。本项目可根据"管理费用"、"销售费用"、"营业外支出"、"其他应收款"、"制造费用"、"库存现金"和"银行存款"等科目的记录分析填列。

三、投资活动现金流量的内容及项目列报方法

现金流量表中的投资活动包括投资（现金等价物除外）的取得与处置、固定资产的购建与处置、无形资产的购置与转让等。在表中单独反映投资活动产生的现金流量,有助于会计报表使用者了解企业为获得未来收益和现金流量而导致的对外投资或内部长期资产投资的程度,以及以前对外投资所带来的现金流入的信息,便于评价、预测企业投资活动获取现金流量的能力。投资活动现金流量各项目的内容和填列方法如下：

（一）收回投资所收到的现金

本项目反映企业出售、转让或到期收回除现金等价物以外的交易性金融资产、长期股权投资而收到的现金以及收回长期债权投资本金而收到的现金,但长期债权投资收回的利息除外。长期债券投资本金与利息一般易于分清,企业债券利息收入应与本金分开,在"取得投资收益收到的现金"项目中单独反映。

本项目按实际收回的投资额反映。例如,某项权益性投资本金 800 万元,企业出售该投资,收回的全部投资金额 960 万元,本项目即按 960 万元填列；如收回的全部金额 780 万元,本项目即按 780 万元填列。

（二）取得投资收益收到的现金

本项目反映企业因股权性投资而分得的现金股利,从子公司、联营企业或合营企业分回利润而收到的现金以及因债权性投资而取得的现金利息收入,但股票股利除外。本项目可以根据"应收股利"、"投资收益"、"现金"、"银行存款"等科目的记录分析填列。

（三）处置固定资产、无形资产和其他长期资产收回的现金净额

本项目反映企业出售、报废固定资产、无形资产和其他长期资产所取得的现金（包括因资产毁损而收到的保险赔偿收入）,减去为处置这些资产而支付的有关费用后的净额,但现金净额为负数的除外。

（四）处置子公司及其他营业单位收到的现金净额

本项目反映企业处置子公司及其他营业单位所取得的现金减去相关处置费用后的净额。

（五）收到的其他与投资活动有关的现金

本项目反映企业除上述各项以外，与投资活动有关的其他现金流入。其他现金流入如价值较大的，应单列项目反映。本项目可以根据"库存现金"、"银行存款"和其他有关科目的记录分析填列。

（六）购建固定资产、无形资产和其他长期资产所支付的现金

本项目反映企业为购建固定资产、取得无形资产和其他长期资产而支付的现金。购建固定资产项目中，不包括融资租赁租入固定资产所支付的租金。融资租赁租入固定资产所支付的租金，应在筹资活动的现金流量中反映。本项目可以根据"固定资产"、"无形资产"、"在建工程"、"库存现金"、"银行存款"、"其他货币资金"等科目的记录分析填列。

（七）投资支付的现金

本项目反映企业购买股票、除现金等价物以外的债券而支付的现金。本项目可以根据"交易性金融资产"、"长期股权投资"、"持有至到期的投资"、"库存现金"、"银行存款"等科目的记录分析填列。

（八）取得子公司及其他营业单位收到的现金净额

本项目反映企业取得子公司及其他营业单位所支付的现金和相关费用。

（九）支付的与投资活动有关的其他现金

本项目反映除上述各项目以外，与投资活动有关的其他现金流出。其他现金流出如价值较大，应单列项目反映。

四、筹资活动现金流量的内容及项目列报方法

现金流量表中的筹资活动包括权益性投资的吸收与减少、银行借款的借入与偿还、债券的发行与偿还等。在表中单独反映筹资活动产生的现金流量，有助于会计报表使用者了解企业筹资活动产生现金流量的规模与能力，预测投资

人和债权人对企业未来现金流量的需求,以及企业为获得现金流入而付出的代价。筹资活动现金流量各项目的内容和填列方法如下:

(一) 吸收投资收到的现金

本项目反映企业以发行股票、债券等方式筹集资金实际收到的款项,减去直接支付给金融企业的佣金、手续费、宣传费、咨询费、印刷费等发行费用后的净额。本项目可以根据"实收资本(或股本)"、"库存现金"、"银行存款"等科目的记录分析填列。

(二) 取得借款收到的现金

本项目反映企业举借各种短期、长期借款而收到的现金。本项目可以根据"应付债券"、"库存现金"、"银行存款"等科目的记录分析填列。

(三) 收到其他与筹资活动有关的现金

该项目反映企业除上述各项目外所收到的其他与筹资活动相关的现金流入,如接受现金捐赠等。若某项其他现金流入金额较大,则应单列项目反映。本项目可以根据"资本公积"、"库存现金"、"银行存款"等科目的记录分析填列。

(四) 偿还债务所支付的现金

本项目反映企业偿还债务本金所支付的现金,包括偿还金融企业借款本金,归还企业到期债券本金等。本项目按企业当期实际支付的偿债金额填列。对于以非现金偿付的债务,应在会计报表附注中说明。本项目可以根据"短期借款"、"长期借款"、"银行存款"等科目的记录分析填列。

(五) 分配股利、利润或偿付利息支付的现金

本项目反映企业实际支付的现金股利,支付给其他投资单位的利润或用现金支付的借款利息、债券利息。

(六) 支付其他与筹资活动有关的现金

该项目反映企业除上述各项目外所支付的其他与筹资活动有关的现金,如捐赠现金支出、融资租入固定资产支付的租赁费等。若某项其他现金流出金额较大,则应单列项目反映。本项目可以根据"营业外支出"、"长期应付款"、

"库存现金"、"银行存款"等科目的记录分析填列。

五、汇率变动对现金及现金等价物的影响额的分析与列报方法

当该项目反映企业外币现金流量及境外子公司的现金流量折算为人民币时，所采用的现金流量发生日的汇率或平均汇率折算的人民币金额与"现金及现金等价物净增加额"中的外币现金净增加额按期末汇率折算的人民币金额之间的差额。

【例7-1】 飞腾股份有限公司2009年出口产品一批，售价100万美元，结算当日汇率1:6.70；当期进口材料一批，价值50万美元，结算当日汇率1:6.80；资产负债表日汇率为1:6.90。假如当期没有其他业务发生，则：

经营活动流入的现金	1 000 000（美元）
汇率变动	×0.20（=6.90−6.70）
汇率变动对现金流入的影响	200 000（人民币）
经营活动流出的现金	500 000（美元）
汇率变动	×0.10（=6.90−6.80）
汇率变动对现金流出的影响	50 000（人民币）
汇率变动对现金的影响额	150 000（人民币）

财务报表中：

经营活动流入的现金	6 700 000
经营活动流出的现金	3 400 000
经营活动产生的现金流量净额	3 300 000
汇率变动对现金的影响	150 000
现金及现金等价物净增加额	3 450 000

在编制现金流量表时，可对当期发生的外币业务逐笔计算汇率变动对现金的影响，也可不必逐笔计算汇率变动对现金的影响，而采用简化的计算方法，即通过报表补充资料中的"现金及现金等价物净增加额"与正表中"经营活动产生的现金流量净额"、"投资活动产生的现金流量净额"、"筹资活动产生的现金流量净额"三项之和比较，其差额即为"汇率变动对现金的影响"项目的金额。

六、现金流量表编制举例

在具体编制现金流量表时，可以采用工作底稿法或"T"形账户法编制，

也可以直接根据有关科目记录分析填列,以下介绍运用工作底稿法或"T"形账户法编制现金流量表。

(一)工作底稿法编制现金流量表

采用工作底稿法编制现金流量表,就是以工作底稿为手段,以利润表和资产负债表数据为基础,对每一项目进行分析并编制调整分录,从而编制出现金流量表。

在直接法下,整个工作底稿纵向分成三段:第一段是资产负债表项目,其中又分为借方项目和贷方项目两部分;第二段是利润表项目;第三段是现金流量表项目。工作底稿横向分为五栏。在资产负债表部分,第一栏是项目栏,填列资产负债表各项目名称;第二栏是期初数,用来填列资产负债表项目的期初数;第三栏是调整分录的借方;第四栏是调整分录的贷方;第五栏是期末数,用来填列资产负债表项目的期末数。在利润表和现金流量表部分,第一栏也是项目栏,用来填列利润表和现金流量表项目名称;第二栏空置不填;第三、第四栏分别是调整分录的借方和贷方;第五栏是本期数,利润表部分这一栏数字应和本期利润表数字核对相符,现金流量表部分这一栏的数字可直接用来编制正式的现金流量表。

采用工作底稿法编制现金流量表的程序是:

第一步,将资产负债表的期初数和期末数过入工作底稿的期初数栏和期末数栏。

第二步,对当期业务进行分析并编制调整分录。调整分录大体有这样几类:

第一类涉及利润表中的收入、成本和费用项目以及资产负债表中的资产、负债及所有者权益项目,通过调整,将权责发生制下的收入、费用转换为现金基础。

第二类涉及资产负债表和现金流量表中的投资、筹资项目,反映投资和筹资活动的现金流量。

第三类涉及利润表和现金流量表中的投资和筹资项目,目的是将利润表中有关投资和筹资方面的收入和费用列入现金流量表投资、筹资现金流量中去。

此外,还有一些调整分录并不涉及现金收支,只是为了核对资产负债表项目的期末期初变动。

在调整分录中,有关现金和现金等价物的事项,并不直接借记或贷记库存现金,而是分别记入"经营活动产生的现金流量"、"投资活动产生的现金流量"、"筹资活动产生的现金流量"有关项目，借记表明现金流入，贷记表明现金流出。

第三步，将调整分录过入工作底稿中的相应部分。

第四步，核对调整分录，借贷合计应当相等，即资产负债表项目期初数加减调整分录中的借贷金额以后，应当等于期末数。

第五步，根据工作底稿中的现金流量表项目部分编制正式的现金流量表。

【例 7-2】根据例 5-1 和根据例 6-6 所提供的资料，按照工作底稿法，编制甲股份有限公司 2009 年度现金流量表。

采用工作底稿法编制程序，具体步骤如下：

第一步，将资产负债表的期初数和期末数过入工作底稿的期初数栏和期末数栏。

第二步，对当期业务进行分析并编制调整分录。在编制调整分录时，要以利润表项目为基础，从"营业收入"开始，结合资产负债表项目逐一进行分析。本例调整分录如下：

1. 分析调整营业收入

借：经营活动现金流量——销售商品收到的现金　　2 402 000
　　应收账款——货款　　　　　　　　　　　　　　498 000
　　　　　　——增值税　　　　　　　　　　　　　　102 000
　贷：营业收入　　　　　　　　　　　　　　　　2 500 000
　　　应收票据——货款　　　　　　　　　　　　　400 000
　　　应交税费　　　　　　　　　　　　　　　　　102 000

利润表中的营业收入是按权责发生制反映的，应转换为现金收付制。为此，应调整应收账款和应收票据的增减变动。本例应收账款增加 600 000 元，其中"应收账款——货款"增加 498 000 元应减少本期主营业务收入，"应收账款——增值税"增加 102 000 元应与应交税费相对应，而应收票据减少 400 000 元均系货款应加回本期营业收入。

2. 分析调整主营业务成本

借：营业成本　　　　　　　　　　　　　　　　1 500 000
　　应付票据——货款　　　　　　　　　　　　　200 000
　贷：经营活动现金流量——购买商品支付的现金　1 689 400
　　　存货　　　　　　　　　　　　　　　　　　　 10 600

应付票据减少 200 000 元，表明本期用于购买存货的现金支出增加 200 000 元；存货减少 10 600 元，表明本期消耗的存货中有 10 600 元是原先库存的，也即指购买商品支付的现金减少 10 600 元。

3. 计算销售费用付现

借：销售费用 40 000

　　贷：经营活动现金流量——支付的其他与经营活动有关的现金 40 000

本例中利润表所列销售费用与按现金制确认数相同。

4. 调整本年营业税金及附加

借：营业税金及附加 4 000

　　贷：经营活动现金流量——支付各项税费 4 000

5. 调整管理费用

借：管理费用 314 200

　　贷：经营活动现金流量——支付的其他与经营活动有关的现金 314 200

管理费用中包含着不涉及现金支出的项目。此笔分录先将管理费用全额转入"经营活动现金流量——支出的其他与经营活动有关的现金"科目，至于不涉及现金支出的项目，再分别进行调整。

6. 分析调整财务费用

借：财务费用 83 000

　　贷：经营活动现金流量——销售商品收到的现金 40 000

　　　　应付利息 23 000

　　　　长期借款 20 000

本期增加的财务费用中，有 40 000 元是票据贴现利息，由于在调整应收票据时已全额计入"经营活动现金流量——销售商品收到的现金"，所以要从"经营活动现金流量——销售商品收到的现金"项目内冲回，不能作为现金流出。预提费用 23 000 元和长期借款 20 000 元均系利息费用。

7. 分析调整投资收益

借：投资活动现金流量——分得股利或利润收到的现金 60 000

　　　　　　　　　　——收回投资所收到的现金 33 000

　　贷：投资收益 63 000

　　　　交易性金融资产 30 000

投资收益应从利润表项目中调整出来，列入投资活动现金流量中。本例投资收益由两部分组成，即分得现金股利 60 000 元和出售交易性金融资产获利 3 000 元。

8. 分析调整所得税

借：所得税费用　　　　　　　　　　　　　　　　　　　　　204 798
　　贷：应交税费　　　　　　　　　　　　　　　　　　　　　　204 798

将利润表中的所得税费用调入应交税费。

9. 分析调整营业外收入

借：投资活动现金流量——处置固定资产收到的现金　　　　　600 000
　　贷：营业外收入　　　　　　　　　　　　　　　　　　　　　100 000
　　　　固定资产　　　　　　　　　　　　　　　　　　　　　　500 000

在编制现金流量表时，需对营业外收入和支出进行分析，以列入现金流量表的不同部分。本例中营业外收入 100 000 元是处置固定资产的利得，处置过程中收到的现金应列入投资活动现金流量中。

10. 分析调整营业外支出：

借：营业外支出　　　　　　　　　　　　　　　　　　　　　　39 400
　　投资活动现金流量——处置固定资产收到的现金　　　　　　600
　　贷：固定资产　　　　　　　　　　　　　　　　　　　　　　40 000

本例中营业外支出 39 400 元是处置固定资产的损失，处置过程中收到的现金应列入投资活动现金流量中。

11. 分析调整坏账准备

借：资产减值损失　　　　　　　　　　　　　　　　　　　　　1 800
　　贷：应收账款　　　　　　　　　　　　　　　　　　　　　　1 800

计提坏账准备时列入资产减值损失，同时减少了资产负债表中的应收账款但并不影响现金流量。

12. 分析调整固定资产

借：固定资产　　　　　　　　　　　　　　　　　　　　　　　2 972 940
　　应交税费　　　　　　　　　　　　　　　　　　　　　　　　29 060
　　贷：投资活动现金流量——购建固定资产支付的现金　　　　202 000
　　　　在建工程　　　　　　　　　　　　　　　　　　　　　　2 800 000

本期固定资产的增加包括两部分：一是购入设备价款 172 940 元和支付增值税进项税额 29 060 元；二是在建工程完工转入 2 800 000 元。

13. 分析调整累计折旧

借：经营活动现金流量——支付的其他与经营活动有关的现金
　　　　　　　　　　　　　　　　　　　　　　　　　　　　　　60 000
　　　　　　　　　　　——购买商品支付的现金　　　　　　　　340 000
　　贷：固定资产　　　　　　　　　　　　　　　　　　　　　　400 000

本期计提的折旧 400 000 元中，计入管理费用的 60 000 元，计入制造费用的 340 000 元。由于管理费用已在第五笔分录中全额调整到"经营活动现金流量——支付的其他与经营活动有关的现金"中，因此需要补充调整；而制造费用通过分配到产品成本中，也已经计入到存货成本，由于存货的变动已在第二笔分录中全部调整到"经营活动现金流量——购买商品支付的现金"中，所以这里要补充调整。

14. 分析调整在建工程

借：在建工程　　　　　　　　　　　　　　　　　956 000
　　工程物资　　　　　　　　　　　　　　　　　300 000
　　贷：投资活动现金流量——购建固定资产支付的现金　700 000
　　　　长期借款　　　　　　　　　　　　　　　300 000
　　　　应付职工薪酬　　　　　　　　　　　　　 56 000
　　　　应交税费　　　　　　　　　　　　　　　200 000

本期在建工程增加的原因，包括：以现金支付工资 400 000 元、长期借款利息资本化 300 000 元、应付福利费 56 000 元、相关税费 200 000 元均资本化到在建工程成本中。

15. 分析调整无形资产

借：经营活动现金流量——支付的其他与经营活动有关的现金
　　　　　　　　　　　　　　　　　　　　　　120 000
　　贷：无形资产　　　　　　　　　　　　　　　120 000

无形资产在摊销时已计入管理费用，所以应作补充调整。

16. 分析调整短期借款

借：短期借款　　　　　　　　　　　　　　　　　500 000
　　贷：筹资活动现金流量——偿还债务支付的现金　 500 000

偿还短期借款应列入筹资活动的现金流量。

17. 分析调整应付职工薪酬中的工资

借：应付职工薪酬　　　　　　　　　　　　　　　600 000
　　贷：经营活动现金流量——支付给职工以及为职工支付的现金
　　　　　　　　　　　　　　　　　　　　　　600 000

借：经营活动现金流量——购买商品支付的现金　　570 000
　　　　　　　　　　——支付的其他与经营活动有关的现金
　　　　　　　　　　　　　　　　　　　　　　 30 000
　　贷：应付职工薪酬　　　　　　　　　　　　　600 000

本期应付职工薪酬中的应付工资的期末期初差额虽然为零，但并不意味着本期支付给职工的工资为零。上述分录中，由于工资费用分配时已分别计入制造费用和管理费用，所以要补充调整。

18. 分析调整应付职工薪酬中的职工福利费

借：经营活动现金流量——购买商品支付的现金　　79 800
　　　　　　　　　　——支付的其他与经营活动有关的现金　4 200
　　贷：应付职工薪酬　　　　　　　　　　　　　　　84 000

理由同上17。本例中尚未实际支付职工福利费的情况。若本期实际支付了职工福利费，则应将这部分金额列入"经营活动现金流量——支付给职工以及为职工支付的现金"中。

19. 分析调整应交税费

借：应交税费　　　　　　　　　　　　　　　　　　479 110
　　贷：经营活动现金流量——实际交纳的增值税款　　200 000
　　　　　　　　　　　　——支付的所得税款　　　　194 178
　　　　　　　　　　　　——购买商品支付的现金　　 84 932
借：经营活动现金流量——销售商品收到的现金　　　 323 000
　　贷：应交税费　　　　　　　　　　　　　　　　　323 000

这里的第一笔调整分录，是调整实际以现金交纳的增值税款、所得税款以及购货时支付的增值税进项税额；第二笔分录是调整收到的增值税销项税额。为便于分析，企业在日常核算中，应按应交税费的税种分设明细账，以便取得分析所需的数据。

20. 分析调整应付利息费用

借：应付利息　　　　　　　　　　　　　　　　　　 25 000
　　贷：筹资活动现金流量——偿付利息支付的现金　　 25 000

以现金支付利息。

21. 分析调整长期借款

借：长期借款　　　　　　　　　　　　　　　　　2 000 000
　　贷：筹资活动现金流量——偿还债务支付的现金　2 000 000

以现金偿还长期借款。

借：筹资活动现金流量——借款收到的现金　　　　　800 000
　　贷：长期借款　　　　　　　　　　　　　　　　　800 000

举借长期借款。

22. 结转净利润

借：净利润 475 802
　　　贷：未分配利润 475 802
23. 提取盈余公积
借：未分配利润 135 802
　　　贷：盈余公积 71 370.30
　　　　　应付股利 64 431.70
24. 最后调整现金净变化额
借：现金净减少额 1 171 110
　　　贷：货币资金 1 171 110

第三步，将调整分录过入工作底稿的相应部分，如表 7-2 所示。

表 7-2　　　　　　　　　现金流量表工作底稿　　　　　　　单位：元

项目	年初余额	调整分录		年末余额
		借方	贷方	
一、资产负债表项目				
货币资金	2 812 600		(24)1 171 110	1 641 490
交易性金融资产	30 000		(7)30 000	
应收票据	492 000		(1)400 000	92 000
应收账款	598 200	(1)600 000	(11)1 800	1 196 400
预付款项	200 000			200 000
应收利息				
应收股利				
其他应收款	10 000			10 000
存货	5 160 000		(2)10 600	5 149 400
一年内到期的非流动资产				
其他流动资产				
可供出售金融资产				
持有至到期投资				
长期应收款				
长期股权投资	500 000			500 000
投资性房地产				

续表

项　目	年初余额	调整分录 借方	调整分录 贷方	年末余额
固定资产	2 200 000	(12)2 972 940	(9)500 000 (10)40 000 (13)400 000	4 232 940
在建工程	3 000 000	(14)956 000	(12)2 800 000	1 156 000
工程物资		(14)300 000		300 000
固定资产清理				
生产性生物资产				
油气资产				
无形资产	1 200 000		(15)120 000	1 080 000
开发支出				
商誉				
长期待摊费用	400 000			400 000
递延所得税资产				
其他非流动资产				
资产总计	16 602 800			15 958 230
短期借款	600 000	(16)500 000		100 000
交易性金融负债				
应付票据	400 000	(2)200 000		200 000
应付账款	1 907 600			1 907 600
预收款项				
应付职工薪酬	220 000	(17)600 000	(14)56 000 (17)600 000 (18)84 000	360 000
应交税费	73 200	(12)29 060 (19)479 110	(1)102 000 (8)204 798 (14)200 000 (19)323 000	394 828
应付利息	2 000	(20)25 000	(6)23 000	0
应付股利			(23)64 431.7	64 431.7
其他应付款	100 000			100 000

续表

项　目	年初余额	调整分录 借方	调整分录 贷方	年末余额
其他流动负债				
长期借款	3 200 000	(21)2 000 000	(6)20 000 (14)300 000 (21)800 000	2 320 000
应付债券				
长期应付款				
专项应付款				
预计负债				
递延所得税负债				
其他非流动负债				
实收资本（或股本）	10 000 000			10 000 000
资本公积	30 000			30 000
盈余公积	50 000		(24)71 370.3	121 370.3
未分配利润	20 000	(23)135 802	(22)475 802	360 000
负债和股东权益合计	16 602 800			15 958 230
二、利润表项目				
营业收入			(1)2 500 000	2 500 000
营业成本		(2)1 500 000		1 500 000
营业税金及附加		(4)4 000		4 000
销售费用		(3)40 000		40 000
管理费用		(5)314 200		314 200
财务费用		(6)83 000		83 000
资产减值损失		(11)1 800		1 800
公允价值变动收益				
投资收益			(7)63 000	63 000
营业外收入			(9)100 000	100 000
营业外支出		(10)39 400		39 400
所得税费用		(8)204 798		204 798
净利润		(22)475 802		475 802

续表

项　　目	年初余额	调整分录 借方	调整分录 贷方	年末余额
三、现金流量表项目				
(一)经营活动产生的现金流量				
销售商品、提供劳务收到的现金		(1)2 402 000 (19)323 000	(6)40 000	2 685 000
收到的税费返还				
收到其他与经营活动有关的现金				
现金流入小计				2 685 000
购买商品、接受劳务支付的现金		(13)340 000 (17)570 000 (18)79 800	(2)1 689 400 (19)84 932	784 532
支付给职工以及为职工支付的现金			(17)600 000	600 000
支付的各项税费			(4)4 000 (19)394 178	398 178
支付的其他与经营活动有关的现金		(13)60 000 (15)120 000 (17)30 000 (18)4 200	(3)40 000 (5)314 200	140 000
现金流出小计				1 922 710
经营活动产生的现金流量净额				762 290
(二)投资活动产生的现金流量				
收回投资收到的现金		(7)33 000		33 000
取得投资收益所收到的现金		(7)60 000		60 000
处置固定资产、无形资产和其他长期投资所收到的现金净额		(9)600 000 (10)600		600 600
处置子公司及其他营业单位收到的现金净额				

续表

项　　目	年初余额	调整分录 借方	调整分录 贷方	年末余额
收到其他与投资活动有关的现金				
现金流入小计				693 600
购建固定资产、无形资产和其他长期资产支付的现金			(12) 202 000 (14) 700 000	902 000
投资支付的现金				
取得子公司及其他营业单位支付的现金净额				
支付其他与投资活动有关的现金				
现金流出小计				902 000
投资活动产生的现金流量净额				-208 400
(三) 筹资活动产生的现金流量				
吸收投资收到的现金				
取得借款收到的现金		(21) 800 000		800 000
收到其他与筹资活动有关的现金				
现金流入小计				800 000
偿还债务所支付的现金			(16) 500 000 (21) 2 000 000	2 500 000
分配股利、利润或偿还利息支付的现金			(20) 25 000	25 000
支付其他与筹资活动有关的现金				
现金流出小计				2 525 000
筹资活动产生的现金流量净额				-1 725 000
(四) 现金及现金等价物净增加额		(24) 1 171 110		-1 171 110
调整分录借贷合计		18 054 622	18 054 622	

第四步,核对调整分录,借方、贷方合计数均已经相等,资产负债表项目期初数加减调整分录中的借贷金额以后,也已等于期末数。

第五步,根据工作底稿中的现金流量表项目部分编制正式的现金流量表,如表7-3所示。

表7-3　　　　　　　　　　现金流量表　　　　　　　　　会企03表
编制单位:甲股份有限公司　　　　2009年度　　　　　　　　　单位:元

项　目	本期金额	上期金额(略)
一、经营活动产生的现金流量:		
销售商品、提供劳务收到的现金	2 685 000	
收到的税费返还		
收到其他与经营活动有关的现金		
经营活动现金流入小计	2 685 000	
购买商品、接受劳务支付的现金	784 532	
支付给职工以及为职工支付的现金	600 000	
支付的各项税费	398 178	
支付其他与经营活动有关的现金	140 000	
经营活动现金流出小计	1 922 710	
经营活动产生的现金流量净额	762 290	
二、投资活动产生的现金流量:		
收回投资收到的现金	33 000	
取得投资收益收到的现金	60 000	
处置固定资产、无形资产和其他长期资产收回的现金净额	600 600	
处置子公司及其他营业单位收到的现金净额		
收到其他与投资活动有关的现金		
投资活动现金流入小计	693 600	
购建固定资产、无形资产和其他长期资产支付的现金	902 000	
投资支付的现金		
取得子公司及其他营业单位支付的现金净额		

续表

项　　目	本期金额	上期金额(略)
支付其他与投资活动有关的现金		
投资活动现金流出小计	902 000	
投资活动产生的现金流量净额	-208 400	
三、筹资活动产生的现金流量：		
吸收投资收到的现金		
取得借款收到的现金	800 000	
收到其他与筹资活动有关的现金		
筹资活动现金流入小计	800 000	
偿还债务支付的现金	2 500 000	
分配股利、利润或偿付利息支付的现金	25 000	
支付其他与筹资活动有关的现金		
筹资活动现金流出小计	2 525 000	
筹资活动产生的现金流量净额	-1 725 000	
四、汇率变动对现金的影响	0	
五、现金及现金等价物净增加额	-1 171 110	
加：期初现金及现金等价物余额	2 812 600	
六、期末现金及现金等价物余额	1 641 490	

（二）"T"形账户法编制现金流量表

采用"T"形账户法，就是以"T"形账户为手段，以利润表和资产负债表数据为基础，对每一项目进行分析并编制调整分录，从而编制出现金流量表。采用"T"形账户法编制现金流量表的程序如下：

第一步，为所有的非现金项目（包括资产负债表项目和利润表项目）分别开设"T"形账户，并将各自的期末期初变动数过入各账户。

期末期初变动数表示期末余额减去期初余额的差额，该差额实质上就是本期发生额。在设置"T"形账户时，可以将期初和期末数分开列示（如图7-1所示），也可以直接将期末、期初变动数作为一个值列示（如图7-2所示），两种方法没有本质差别。

第七章 现金流量表

项目名称
期初：200 000
期末：300 000

图 7-1

项目名称
差额：100 000

图 7-2

第二步，开设一个大的"现金及现金等价物""T"形账户，每边分为经营活动、投资活动和筹资活动三个部分，左边记现金流入，右边记现金流出。与其他账户一样，过入期末、期初变动数。

第三步，以利润表项目为基础，结合资产负债表分析每一个非现金项目的增减变动，并据此编制调整分录。

第四步，将调整分录过入各"T"形账户，并进行核对，该账户借贷相抵后的余额与原先过入的期末期初变动数应当一致。

第五步，根据大的"现金及现金等价物""T"形账户编制正式的现金流量表。

【例 7-3】仍沿用例 5-1 和根据例 6-6 所提供的资料，按照"T"形账户法，编制甲股份有限公司 2009 年度现金流量表。

采用例 7-2 中编制的调整分录，将调整分录分别过入各"T"形账户中，所有账户借贷相抵后的余额与原先过入的期末期初变动数应当一致。

营业收入	
	2 500 000
	（1） 2 500 000

营业成本	
1 500 000	
（2） 1 500 000	

营业税金及附加

4 000	
(4) 4 000	

销售费用

40 000	
(3) 40 000	

管理费用

314 200	
(5) 314 200	

财务费用

83 000	
(6) 83 000	

资产减值损失

1 800	
(11) 1 800	

投资收益

	63 000
	(7) 63 000

所得税费用

204 798	
(8) 204 798	

营业外收入

	100 000
	(9) 100 000

营业外支出

39 400	
(10) 39 400	

交易性金融资产

	30 000
	(7) 30 000

应收票据

	400 000
	(1) 400 000

应收账款

598 200	
(1) 600 000	(11) 1 800

存货

	10 600
	(2) 10 600

无形资产

	120 000
	(15) 120 000

固定资产

2 032 940	
	(9) 500 000
(12) 2 972 940	(10) 40 000
	(13) 400 000

工程物质

300 000	
(14) 300 000	

在建工程

	1 844 000
(14) 956 000	(12) 2 800 000

短期借款

500 000	
(16) 500 000	

应付票据

200 000	
(2) 200 000	

应付股利

	64 431.7
	(23) 64 431.7

应付职工薪酬

	140 000
	(14) 56 000
(17) 600 000	(17) 600 000
	(18) 8 400

应付利息

2 000	
(20) 25 000	(6) 23 000

长期借款

880 000	
	(6) 20 000
	(14) 300 000
(21) 2 000 000	(21) 800 000

净利润

(22) 475 802	

未分配利润

	340 000
(23) 135 802	(22) 475 802

盈余公积

	71 370.3
	(23) 71 370.3

现金及现金等价物

经营活动现金流入：		经营活动现金流出：	
销售商品收到的现金	(1) 2 402 000	1. 购买商品支付的现金	(2) 1 689 400
	(6) −40 000		(13) −340 000
	(19) 323 000		(17) −570 000
			(18) −79 800
			(19) −84 932
		2. 支付给职工的现金	(17) 600 000
		3. 支付的各种税费	(4) 4 000
		4. 支付的其他与经营活动有关的现金	(3) 40 000
			(5) 314 200
			(13) −60 000
			(15) −120 000
			(17) −30 000
			(18) −4 200
投资活动现金流入：		投资活动现金流出：	
1. 收回投资收到的现金	(7) 33 000	购建固定资产支付的现金	(12) 202 000
2. 取得投资收益收到的现金	(7) 60 000		(14) 700 000
3. 处置固定资产收回的现金	(9) 600 000		
		筹资活动现金流出：	
筹资活动现金流入：		1. 偿还借款支付的现金	(16) 500 000
取得借款收到的现金	(21) 800 000		(21) 2 000 000
		2. 偿付利息支付的现金	(20) 25 000
现金流入	4 178 600	现金流出	5 349 710
		现金流出净额	171 110

第六步，根据上面"现金及现金等价物""T"形账户编制正式的现金流

量表。采用"T"形账户法编制的现金流量表与采用工作底稿法编制的现金流量表数据相同（如表7-3所示），这里不再列示。

第三节　现金流量表附注

一、现金流量表补充资料的编制

根据我国《企业会计准则第31号——现金流量表》的规定，企业应当在报表附注中披露不涉及现金收支的投资和筹资活动、按间接法反映的经营活动产生的现金流量、现金流量净增加额等信息。现金流量表附注一般包括三项内容。

（一）将净利润调节为经营活动现金流量的信息

企业应在现金流量表附注中披露采用间接法将净利润调节为经营活动现金流量的信息。企业至少应单独披露对净利润进行调节的下列项目：资产减值准备、固定资产折旧、无形资产摊销、长期待摊费用摊销、待摊费用、预提费用、处置固定资产、无形资产和其他长期资产的损益、固定资产报废损失、公允价值变动损益、财务费用、投资损益、递延所得税资产和递延所得税负债、存货、经营性应收项目、经营性应付项目。其基本格式如表7-4所示。

表7-4　　　　　　　　　现金流量表补充资料表　　　　　　　单位：元

项　　目	本期金额	上期金额
1. 将净利润调节为经营活动现金流量：		
净利润		
加：资产减值准备		
固定资产折旧、油气资产折耗、生产性生物资产折旧		
无形资产摊销		
长期待摊费用摊销		
处置固定资产、无形资产和其他长期资产的损失（收益以"－"号填列）		
固定资产报废损失（收益以"－"号填列）		
公允价值变动损失（收益以"－"号填列）		
财务费用（收益以"－"号填列）		

续表

项　　目	本期金额	上期金额
投资损失（收益以"-"号填列）		
递延所得税资产减少（增加以"-"号填列）		
递延所得税负债增加（减少以"-"号填列）		
存货的减少（增加以"-"号填列）		
经营性应收项目的减少（增加以"-"号填列）		
经营性应付项目的增加（减少以"-"号填列）		
其他		
经营活动产生的现金流量净额		
2. 不涉及现金收支的重大投资和筹资活动：		
债务转为资本		
一年内到期的可转换公司债券		
融资租入固定资产		
3. 现金及现金等价物净变动情况：		
现金的期末余额		
减：现金的期初余额		
加：现金等价物的期末余额		
减：现金等价物的期初余额		
现金及现金等价物净增加额		

上述这些调整项目的具体内容如下：

（1）"资产减值准备"项目。该项目反映企业当期实际计提的各项资产减值准备。企业在计提各项资产减值准备时，计入了当期资产减值损失，抵减了当期利润，但实际上并没有发生现金流出。为了将净利润调节为经营活动的现金流量净额，当期计提的资产减值准备应加回到净利润中。本项目可以根据"资产减值损失"科目的记录分析填列。

（2）"固定资产折旧、油气资产折耗、生产性生物资产折旧"项目。该项目反映企业本期累计计提的固定资产折旧、油气资产折耗和生产性生物资产折旧。企业在计提固定资产折旧、油气资产折耗和生产性生物资产折旧时，分别计入了生产成本、制造费用或管理费用，计入管理费用的折旧费、折耗费已作为期间费用抵减了当期利润，计入制造费用的折旧费则通过销售成本也抵减了当期利润，但计提折旧或折耗时并没有发生现金流出，所以在调整时应将当期计提的固定资产折旧、油气资产折耗和生产性生物资产折旧加回到净利润中。本项目可根据"累计折旧"、"生产性生物资产累计折旧"、"累计折耗"等科目的贷方发生额分析填列。

（3）"无形资产摊销"和"长期待摊费用摊销"项目。这两个项目分别反映企业本期累计摊入成本费用的无形资产价值及长期待摊费用。无形资产和长期待摊费用在摊销时，计入了管理费用，抵减了当期利润，但并没有发生现金流出，所以在调整时应将本期摊销额加回到净利润中。这两个项目可以根据"累计摊销"、"长期待摊费用"科目的贷方发生额分析填列。

（4）"处置固定资产、无形资产和其他长期资产的损失"项目。该项目反映企业本期处置固定资产、无形资产和其他长期资产的净损失（或净收益）。企业处置固定资产、无形资产和其他长期资产不属于经营活动，但其产生的损益计入了当期净利润，所以所产生的损失在调整时加回到净利润中，所产生的收益在调整时应从净利润中转出。该项目可根据"营业外收入"和"营业外支出"科目所属的有关明细科目的记录分析计算填列；若为净收益，则以"－"号填列。

（5）"固定资产报废损失"项目。该项目反映企业本期发生固定资产盘亏的净损失。企业进行固定资产盘点也不属于经营活动，但其产生的损失计入了当期利润，所以发生的固定资产盘亏，应在调整时加回到净利润中；而发生的固定资产盘盈，一般作为前期差错处理，在按管理权限报经批准之前，应先通过"以前年度损益调整"科目核算，待年末时再转入"利润分配——未分配利润"科目，并不计入当期的利润，因而对固定资产盘盈无须进行调整。该项目可根据"营业外支出"科目所属的明细科目中有关固定资产盘亏损失填列。

（6）"公允价值变动损失"项目。该项目反映企业按要求采用公允价值计量的资产和负债因公允价值变动而确认的、应直接计入当期损益的未实现净损失（损失减利得）。公允价值变动产生的净损失，一般不属于经营活动的损益，也不会导致现金的流出，因此应对其进行调整。该项目应根据"公允价值变动损益"科目的明细记录分析填列；若为净收益，则以"－"填列。

（7）"财务费用"项目。该项目反映企业本期实际发生的应属于投资活动和筹资活动的财务费用。企业发生的财务费用按其性质可以分别归属于经营活动、投资活动和筹资活动。如企业赊销商品发生的现金折扣、应收票据的贴现利息、支付给银行的承兑手续费,以及销售商品和购买材料产生的汇兑损益属于经营活动的财务费用;购买固定资产所产生的汇兑损益属于投资活动的财务费用;支付的借款利息则属于筹资活动的财务费用。在调整时应将属于投资活动和筹资活动的财务费用加回到净利润中。本项目可以根据"财务费用"科目的本期借方发生额分析填列;若为收益,则以"-"号填列。

(8)"投资损失"项目。该项目反映企业对外投资所实际发生的投资损失减去收益后的净损失。企业当期发生的投资损失(或收益)已计入当期损益,但投资活动不属于经营活动,所以在调整时,应将投资损失加回到净利润中;若为投资收益,则应从净利润中减去。本项目可以根据利润表"投资收益"项目的数字填列;若为投资收益,则以"-"号填列。

(9)"递延所得税资产减少"项目。当该项目反映企业因未来期间很可能无法获得足够的应纳税所得额用以抵扣可抵扣暂时性差异时,应减记递延所得税资产并将之确认为所得税费用的金额。这种递延所得税资产的减少导致所得税费用的增加,从而引起当期净利润的减少,但并没有发生实际的现金流出,所以应将其金额加回到净利润中,以计算经营活动的现金净流量。相反,当企业因确认可抵扣暂时性差异产生递延所得税资产或因本期可抵扣暂时性差异增加需要调整增加递延所得税资产余额,且需要同时冲减所得税费用的,应将这种递延所得税资产的增加从净利润中扣除,以计算经营活动的现金净流量。本项目应根据"递延所得税资产"科目的本期发生额分析填列;若为递延所得税资产的增加,则以"-"填列。

(10)"递延所得税负债增加"项目。当该项目反映企业因确认应纳税暂时性差异时,应增加递延所得税负债并确认为所得税费用的金额。这种递延所得税负债的增加导致所得税费用的增加,从而引起当期净利润的减少,但并没有发生实际的现金流出,所以应将其金额加回到净利润中,以计算经营活动的现金净流量。相反,当企业因确认的应纳税暂时性差异减少导致应确认的递延所得税负债减少,从而需要调整减少其余额并同时冲减所得税费用时,应将这种递延所得税负债的减少从净利润中扣除,以计算经营活动的现金净流量。本项目应根据"递延所得税负债"科目的本期发生额分析填列;若为递延所得税负债的减少,则以"-"填列。

(11)"存货的减少"项目。该项目反映企业年末存货比年初存货减少(或增加)的数额。在不存在赊销的情况下,若一定会计期间年末存货比年初存货减少了,则说明本期生产经营过程耗用的存货有一部分是期初的存货,耗用这部分存货并没有发生现金支出,所以在调整时应加回到净利润中;相反,若一定会计期间年末存货比年初存货增加了，则表明当期购入的存货除耗用外还留有余额，即除了当期销售成本中包含的存货发生现金支出外，还为增加存货发生现金支出，所以在调整时应将存货的增加额从净利润中减去。在存在赊购的情况下，还应通过调整应付款项的增减变动来反映赊购对现金流量的影响，即在"经营性应付项目的增加（或减少）"项目中调整。本项目可以根据资产负债表"存货"项目的期初、期末余额的差额填列。若期末数大于期初数的差额，则以"－"号填列。

（12）"经营性应收项目的减少"项目。该项目反映企业经营性应收项目年末余额小于（或大于）年初余额的数额。经营性应收项目主要是指应收账款、应收票据和其他应收款中与经营活动有关的部分（包括应收的增值税销项税额）。若经营性应收项目的年末余额小于年初余额，则说明本期从购货方收到的现金大于本期销售收入，即本期从购货方收取的现金中有一部分是本期收回前期的应收账款和应收票据等，所以在调整时应将经营性应收项目的减少数加回到净利润中；反之，若经营性应收项目的年末余额大于年初数余额，说明本期销售收入大于从购货方收到的现金，即本期销售收入中有一部分没有收到现金，所以在调整时应将经营性应收项目的增加数从净利润中减去。本项目可以根据资产负债表"应收账款"、"应收票据"、"其他应收款"等项目的期初、期末余额的差额填列；若期末数大于期初数的差额，则以"－"号填列。

（13）"经营性应付项目的增加"项目。该项目反映企业经营性应付项目年末余额大于（或小于）年初余额的数额。经营性应付项目主要是指应付账款、应付票据、应付职工薪酬、应交税费、其他应付款中与经营活动有关的部分（包括应付的增值税进项税额）。若经营性应付项目的年末余额大于年初余额，则表明本期购入的存货中有一部分没有支付现金，但在利润表已全数列入销售成本，以及本期计入有关成本费用的职工薪酬、税费中有一部分没有支付现金，所以在调整时应将经营应付项目的增加数加回到净利润中；反之，若经营性应付项目的年末余额小于年初余额，则表明本期支付给供货方的现金大于本期销货成本，以及本期支付的职工薪酬、交纳的税金等现金支出大于本期计入有关成本费用中的职工薪酬和税费，所以在调整时应将经营性应付项目的减少数从净利润中减去。本项目可以根据资产负债表"应付账款"、"应付票据"、"应付职工薪酬"、"应交税费"、"其他应付款"等科目的期初、期末余额的差额填列；若期末数小于期初数的差额，则以"－"号填列。

需要指出的是，在分析存货、经营性应收或应付项目的增加变动时，应注意剔除那些导致其增加或减少但并不产生现金流入或流出的交易或者事项的影响。如企业以库存商品抵偿债务，虽然会导致存货的减少和应付账款的减少，但存货的减少并不会带来现金流入，应付账款的减少也没有导致现金流出。因此，在分析计算这些项目的增减变动额时，应该排除这类交易或事项的影响。

（二）不涉及现金收支的重大投资和筹资活动的信息

不涉及现金收支的重大投资和筹资活动，反映企业一定期间内影响资产或负债但不形成该期现金收支的所有投资和筹资活动的信息。这些投资和筹资活动虽然不涉及当期现金收支，但对以后各期的现金流量有重大影响。例如，企业融资租入设备，将形成的负债计入"长期应付款"账户，当期并不支付设备款及租金，但以后各期必须为此支付现金，从而在一定期间内形成了一项固定的现金支出。

因此，现金流量表准则规定，企业应当在附注中披露不涉及当期现金收支但影响企业财务状况或在未来可能影响企业现金流量的重大投资和筹资活动，主要包括：①债务转为资本，反映企业本期转为资本的债务金额；②一年内到期的可转换公司债券，反映企业一年内到期的可转换公司债券的本息；③融资租入固定资产，反映企业本期融资租入的固定资产。其基本格式如表7-4所示。

（三）现金及现金等价物净变动情况

该项目反映企业一定会计期间现金及现金等价物的期末余额减去期初余额后的净增加额（或净减少额），是对现金流量表中"现金及现金等价物净增加额"项目的补充说明。该项目的金额应与现金流量表"现金及现金等价物净增加额"项目的金额核对相符。其基本格式如表7-4所示。

（四）现金流量表补充资料编制举例

【例7-4】 仍沿用例5-1和例6-6所提供的资料，编制甲股份有限公司2009年度现金流量表补充资料如表7-5所示。

二、影响企业现金流量的其他重要信息的披露

（一）现金和现金等价物有关信息

现金流量表准则要求企业在附注中披露与现金和现金等价物有关的下列信息：①现金和现金等价物的构成及其在资产负债表中的相应金额；②企业持有但不能由母公司或集团内其他子公司使用的大额现金和现金等价物金额。其基本格式如表 7-6 所示。

表 7-5　　　　　　　　　现金流量表补充资料表　　　　　　　　　单位：元

项　目	本期金额	上期金额（略）
1. 将净利润调节为经营活动现金流量：		
净利润	475 802	
加：资产减值准备	1 800	
固定资产折旧、油气资产折耗、生产性生物资产折旧	400 000	
无形资产摊销	120 000	
长期待摊费用摊销		
处置固定资产、无形资产和其他长期资产的损失（收益以"-"号填列）	-100 000	
固定资产报废损失（收益以"-"号填列）	39 400	
公允价值变动损失（收益以"-"号填列）		
财务费用（收益以"-"号填列）	43 000	
投资损失（收益以"-"号填列）	-63 000	
递延所得税资产减少（增加以"-"号填列）		
递延所得税负债增加（减少以"-"号填列）		
存货的减少（增加以"-"号填列）	10 600	
经营性应收项目的减少（增加以"-"号填列）	-200 000	
经营性应付项目的增加（减少以"-"号填列）	34 688	
其他		
经营活动产生的现金流量净额	762 290	
2. 不涉及现金收支的重大投资和筹资活动：		
债务转为资本		
一年内到期的可转换公司债券		
融资租入固定资产		
3. 现金及现金等价物净变动情况：		
现金的期末余额	1 641 490	
减：现金的期初余额	2 812 600	
加：现金等价物的期末余额	0	
减：现金等价物的期初余额	0	
现金及现金等价物净增加额	-1 171 110	

表 7-6　　　　　　　　　现金和现金等价物有关信息　　　　　　　　　单位：元

项　目	本期金额	上期金额
一、现金		
其中：库存现金		
可随时用于支付的银行存款		
可随时用于支付的其他货币资金		
二、现金等价物		
其中：三个月内到期的债券投资		
三、期末现金及现金等价物余额		
其中：母公司或集团内子公司使用受限制的现金和现金等价物		

（二）企业当期取得或处置子公司及其他营业单位现金流量信息

现金流量表准则还要求企业列示当期取得或处置其他营业单位有关现金流量的信息，主要项目包括：取得和处置子公司及其他营业单位的有关信息。其中取得子公司及其他营业单位的有关信息包括：取得的价格、支付现金和现金等价物金额、支付的现金和现金等价物净额、取得子公司净资产等信息。处置子公司及其他营业单位的有关信息包括：处置的价格、收到的现金和现金等价物金额、收到的现金净额、处置子公司的净资产等信息。其基本格式如表 7-7 所示。

表 7-7　　　企业当期取得或处置子公司及其他营业单位现金流量信息表　　单位：元

项　目	金额
一、取得子公司及其他营业单位的有关信息	
1. 取得子公司及其他营业单位的价格	
2. 取得子公司及其他营业单位支付的现金和现金等价物	
减：子公司及其他营业单位持有的现金和现金等价物	
3. 取得子公司及其他营业单位支付的现金净额	

续表

项　　目	金额
4. 取得子公司的净资产	
流动资产	
非流动资产	
流动负债	
非流动负债	
二、处置子公司及其他营业单位的有关信息	
1. 处置子公司及其他营业单位的价格	
2. 处置子公司及其他营业单位收到的现金和现金等价物	
减：子公司及其他营业单位持有的现金和现金等价物	
3. 处置子公司及其他营业单位收到的现金净额	
4. 处置子公司的净资产	
流动资产	
非流动资产	
流动负债	
非流动负债	

【思考与练习】

一、思考题

1. 什么是现金流量？它分为哪几类？
2. 什么是经营活动？经营活动产生的现金流量至少应单独列示反映信息的项目有哪些？
3. 什么是投资活动？投资活动产生的现金流量至少应单独列示反映信息的项目有哪些？
4. 什么是筹资活动？筹资活动产生的现金流量至少应单独列示反映信息的项目有哪些？
5. 现金流量补充资料中采用什么方法列报经营活动产生的现金流量？
6. 企业应在附注中披露现金和现金等价物的哪些信息？

二、练习题

目的：练习现金流量表及其补充资料的编制。

资料：飞跃股份有限公司 2009 年的有关资料如下：

1. 飞跃股份有限公司 2009 年 12 月 31 日资产负债表如表 1 所示。

表 1　　　　　　　　　　　资产负债表　　　　　　　　　会企 01 表

编制单位：飞跃股份有限公司　2009 年 12 月 31 日　　　　　　　单位：元

资　产	期末余额	期初余额	负债及股东权益	期末余额	期初余额
流动资产：			流动负债：		
货币资金	840 480	452 000	短期借款	40 000	20 000
交易性金融资产	144 000	144 000	交易性金融负债	0	0
应收票据	20 000	0	应付票据	20 000	0
应收账款	268 000	360 000	应付账款	340 000	312 000
预付款项	0	0	预收款项	0	0
应收利息	0	0	应付职工薪酬	0	0
应收股利	0	0	应交税费	56 000	132 000
其他应收款	0	0	应付利息	0	0
存货	444 000	360 000	应付股利	0	0
一年内到期的非流动资产	0	0	其他应付款	12 000	24 000
其他流动资产	0	0	一年内到期的非流动负债	0	0
流动资产合计	1 716 480	1 316 000	其他流动负债	0	0
非流动资产：			流动负债合计	468 000	448 000
可供出售金融资产	0	0	非流动负债：		
持有至到期投资	150 000	174 000	长期借款	152 000	32 000
长期应收款	0	0	应付债券	696 000	924 000
长期股权投资	342 000	338 000	长期应付款	0	0
投资性房地产	0	0	专项应付款	0	0
固定资产	872 000	960 000	预计负债	0	0
在建工程	0	0	递延所得税负债	36 000	0
工程物资	0	0	其他非流动负债	0	0
固定资产清理	0	0	非流动负债合计	884 000	956 000
生产性生物资产	0	0	负债合计	1 352 000	1 444 000

续表

资产	期末余额	期初余额	负债及股东权益	期末余额	期初余额
油气资产	0	0	所有者权益：		
无形资产	228 000	420 000	实收资本（股本）	1 200 000	960 000
开发支出	0	0	资本公积	360 000	240 000
商誉	0	0	减：库存股	0	0
长期待摊费用	24 000	48 000	盈余公积	52 000	12 000
递延所得税资产	0	0	未分配利润	368 480	600 000
其他非流动资产			所有者权益合计	1 980 480	1 812 000
非流动资产合计	1 616 000	1 940 000			
资产总计	3 332 480	3 256 000	负债及和所有者权益总计	3 332 480	3 256 000

2. 飞跃股份有限公司2009年度利润表如表2所示。

表2　　　　　　　　　　　　　利润表　　　　　　　　　　会企02表
编制单位：飞跃股份有限公司　　　2009年度　　　　　　　　单位：元

项　　目	本期金额	上期金额（略）
一、营业收入	1 152 000	
减：营业成本	504 000	
营业税金及附加	72 000	
销售费用	108 000	
管理费用	168 000	
财务费用	48 000	
资产减值损失	36 000	
加：公允价值变动收益（损失以"－"号填列）	0	
投资收益（损失以"－"号填列）	－24 000	
其中：对联营企业和合营企业的投资收益	0	
二、营业利润（亏损以"－"号填列）	192 000	
加：营业外收入	96 000	
减：营业外支出	144 000	

续表

项　目	本期金额	上期金额（略）
其中：非流动资产处置损失	144 000	
三、利润总额（损失总额以"－"号填列）	144 000	
减：所得税费用	47 520	
四、净利润（净亏损以"－"号填列）	96 480	
五、每股收益		
（一）基本每股收益	（略）	
（二）稀释每股收益	（略）	
六、其他综合收益	（略）	
七、综合收益总额	（略）	

3. 其他资料：

（1）本年偿还到期的应付债券本金240 000元，支付应付债券利息24 000元。

（2）本年摊销应付债券折价12 000元。

（3）本年支付银行借款利息12 000元。

（4）本年计提固定资产折旧96 000元（假定全部计入管理费用），摊销无形资产12 000元，摊销长期待摊费用24 000元，计提坏账准备36 000元（其他的资产未计提减值准备）。

（5）本年收到被投资单位分来的现金股利36 000元，并冲减长期股权投资的账面价值（该公司长期股权投资采用权益法核算）。

（6）本年摊销持有至到期投资溢价24 000元。

（7）本年用固定资产换取某公司的股票，固定资产原价60 000元，累计折旧20 000元，其公允价值40 000元。

（8）本年出售机器设备一台，其原价828 000元，累计折旧24 000元。销售价款660 000元已存入银行。

（9）本年出售一项专利权，其账面原值200 000元，累计摊销20 000元，实际收到价款276 000元。

（10）本年发行普通股168 000股交换厂房一座，普通股每股面值1元，每股市价1.5元。进行交换时，企业同时支付现金600 000元。厂房的入账价值852 000元。

(11) 本年发放股票股利72 000股,每股面值1元,发放时每股市价1.5元。

(12) 本年用银行存款支付其他应付款12 000元,该款项为上年度应付的保险费。

(13) 本年度用现金支付管理费用36 000元。

(14) 本年度营业成本中的薪酬费用120 000元。

(15) 本年销售商品的销项税额200 000元;购买商品的进项税额112 000元,实际交纳的增值税80 000元。

(16) 本年交纳城市维护建设税156 000元,其中:本年发生的城市维护建设税72 000元,上年度应交未交的城市维护建设税84 000元。

(17) 本年发生的销售费用全部用现金支付。

(18) 本年发生所得税费用47 520元,确认递延所得税负债36 000元,应交所得税11 520元。当年应交所得税已全部交纳。

(19) 本年从税后利润中提取盈余公积40 000元,分派现金股利180 000元,现金股利已全部支付。

(20) 本年从银行借入短期借款20 000元,长期借款120 000元。

(21) "应收账款"科目的年初余额384 000元,年末余额328 000元。

要求:

(1) 根据上述资料,按照工作底稿法编制飞跃股份有限公司2009年的现金流量表。

(2) 根据上述资料,按照"T"形账户法编制飞跃股份有限公司2009年的现金流量表。

(3) 根据上述资料,编制飞跃股份有限公司2009年现金流量表的补充资料。

第八章　所有者权益变动表与报表附注

【教学目的与要求】通过本章的教学，要求学生了解所有者权益变动表的概念，了解所有者权益变动表和附注的作用，熟悉所有者权益变动表的格式与内容以及附注的内容，掌握所有者权益变动表和附注的编制方法。
【教学重点与难点】所有者权益变动表项目的数字来源、所有者权益变动表各项目的内容和填列方法。

第一节　所有者权益变动表

一、所有者权益变动表的概念与作用

（一）所有者权益变动表的概念

所有者权益变动表是反映构成所有者权益（或股东权益）各组成部分当期增减变动情况的报表。该表说明资产负债表中所有者权益（或股东权益）年末比年初发生增减变动的详细情况。通过该表提供的信息，可以了解企业的所有者权益总额及其结构的变动情况，有助于分析企业所有者权益（或股东权益）增减变动的原因，预测企业所有者权益（或股东权益）未来的变动趋势。

在利润表出现之前，人们就是通过资产负债表所有者权益的期末与期初差额计算利润的。利润表出现以后，按照权责发生制的原则，用收入和费用配比的方法计算出利润。利润表使得利润的计算更系统，但利润表也有缺点，它无法反映那些直接计入所有者权益中的经济利益增加，而这种利益增加同样对报表使用者的决策具有重要影响。

（二）所有者权益变动表的作用

所有者权益变动表的作用主要体现在以下两个方面：

1. 反映了所有者权益的结构性信息

所有者权益变动表详细地揭示了所有者权益从期初到期末的所有变化,即有净利润导致的所有者权益变化,也有直接计入所有者权益项目导致的所有者权益变化。尤其是,所有者权益变动表还反映了所有者权益内部项目之间的变化,如提取盈余公积、资本公积转增资本、盈余公积弥补亏损等。这种内部结构变化的信息在其他报表中是无法体现的,但对于报表使用者来说却很重要。

2. 反映了直接计入所有者权益的经济利益增加

所有者权益变动表体现出企业正常生产经营活动导致的所有者权益的变动与非正常活动导致的所有者权益变动。作为直接计入权益的所有者权益变动,比如,计入"资本公积"项目的非日常活动利得,不通过利润表反映,但企业获得的这类资源同样可以成为未来获利源泉,可以提高企业的财务和经营状况水平。所以,所有者权益变动表作为综合收益的报表,可以更全面地展示整体获利能力。

二、所有者权益变动表的列报格式

所有者权益变动表应当全面反映一定时期所有者权益变动的情况,这不仅包括所有者权益总量的增减变动,而且还应当包括所有者权益增减变动的重要结构性信息,以便于报表使用者正确理解所有者权益增减变动的根源。一般而言,所有者权益变动表应当分别列示当期损益、直接计入所有者权益的利得和损失,以及与所有者(或股东)的资本交易导致的所有者权益的变动。我国《企业会计准则第30号——财务报表列报》要求,所有者权益变动表至少应当单独列示反映下列信息的项目:①净利润;②直接计入所有者权益的利得和损失项目及其总额;③会计政策变更和差错更正的累积影响金额;④所有者投入资本和向所有者分配利润等;⑤按照规定提取的盈余公积;⑥实收资本(或股本)、资本公积、盈余公积、未分配利润的期初和期末余额及其调节情况。

为了清楚地反映所有者权益的各个组成部分及其增减变动情况,所有者权益变动表应当以矩阵的形式列示:①导致所有者权益变动的交易或事项;②相关交易或事项对所有者权益各组成部分(包括实收资本、资本公积、盈余公积、未分配利润和库存股)及其总额的影响。此外,为了便于比较,企业还需提供比较所有者权益变动表,分"本年金额"和"上年金额"两栏列示相关数据。所有者权益变动表的具体格式如表8-1所示。

三、所有者权益变动表的内容及列报方法

所有者权益变动表各项目应当根据当期净利润、直接计入所有者权益的利得和损失项目、所有者投入资本和向所有者分配利润、提取盈余公积等情况分析填列。

（一）所有者权益变动表各项目的列报说明

（1）"上年年末余额"项目，反映企业上年资产负债表中实收资本（或股本）、资本公积、盈余公积、未分配利润的年末余额。

（2）"会计政策变更"和"前期差错更正"项目，分别反映企业采用追溯调整法处理的会计政策变更的累积影响金额和采用追溯重述法处理的会计差错更正的累积影响金额。为了体现会计政策变更和前期差错更正的影响，企业应当在上期期末所有者权益余额的基础上进行调整得出本期期初所有者权益，根据"盈余公积"、"利润分配"、"以前年度损益调整"等科目的发生额分析填列。

（3）"本年增减变动额"项目分别反映如下内容：①"净利润"项目，反映企业当年实现的净利润（或净亏损）金额，并对应列在"未分配利润"栏。②"直接计入所有者权益的利得和损失"项目，反映企业当年直接计入所有者权益的利得和损失金额，其中，"可供出售金融资产公允价值变动净额"项目反映企业持有的可供出售金融资产当年公允价值变动的金额，并对应列在"资本公积"栏；"权益法下被投资单位其他所有者权益变动的影响"项目反映企业对按照权益法核算的长期股权投资，在被投资单位除当年实现的净损益以外其他所有者权益当年变动中应享有的份额，并对应列在"资本公积"栏；"与计入所有者权益项目相关的所得税影响"项目反映企业按规定应计入所有者权益项目的当年所得税影响金额，并对应列在"资本公积"栏。③"净利润"和"直接计入所有者权益的利得和损失"小计项目，反映企业当年实现的净利润（或净亏损）金额和当年直接计入所有者权益的利得和损失金额的合计额。④"所有者投入和减少资本"项目，反映企业当年所有者投入的资本和减少的资本。其中："所有者投入资本"项目反映企业接受投资者投入形成的实收资本（或股本）和资本溢价或股本溢价，并对应列在"实收资本"和"资本公积"栏；"股份支付计入所有者权益的金额"项目反映企业处于等待期中的权益结算的股份支付当年计入资本公积的金额，并对应列在"资本公积"栏。⑤"利润分配"下各项目，反映当年对所有者（或股东）分配的利润（或股利）金额和按照规定提取的盈余公积金额，并对应列在

会企02表

所有者权益变动表

编制单位：甲股份有限公司　　　2009年度　　　单位：元

项目	本年金额					上年金额（续）				
	实收资本	资本公积	盈余公积	未分配利润	所有者权益合计	实收资本	资本公积	盈余公积	未分配利润	所有者权益合计
一、上年年末余额	30 000 000	30 000	50 000	100 000						
加：会计政策变更										
前期差错更正										
二、本年年初余额										
三、本年增减变动金额（减少以"－"号填列）										
（一）净利润				472 805	472 805					
（二）直接计入所有者权益的利得和损失										
四、本年年末余额										

"未分配利润"和"盈余公积"栏。其中:"提取盈余公积"项目反映企业按照规定提取的盈余公积;"对所有者(或股东)的分配"项目反映对所有者(或股东)分配的利润(或股利)金额。⑥"所有者权益内部结转"下各项目,反映不影响当年所有者权益总额的所有者权益各组成部分之间当年的增减变动,包括资本公积转增资本(或股本)、盈余公积转增资本(或股本)、盈余公积弥补亏损等项的金额。为了全面反映所有者权益各组成部分的增减变动情况,所有者权益内部结转也是所有者权益变动表的重要组成部分,主要指不影响所有者权益总额、所有者权益的各组成部分当期的增减变动。其中:"资本公积转增资本(或股本)"项目反映企业以资本公积转增资本或股本的金额;"盈余公积转增资本(或股本)"项目反映企业以盈余公积转增资本或股本的金额;"盈余公积弥补亏损"项目反映企业以盈余公积弥补亏损的金额。

(二)上年金额栏的列报方法

所有者权益变动表"上年金额"栏内各项数字,应根据上年度所有者权益变动表"本年金额"栏内所列数字填列。如果上年度所有者权益变动表规定的各个项目的名称和内容同本年度不相一致,应对上年度所有者权益变动表各项目的名称和数字按本年度的规定进行调整,填入所有者权益变动表"上年金额"栏内。

(三)本年金额栏的列报方法

所有者权益变动表"本年金额"栏内各项数字一般应根据"实收资本(或股本)"、"资本公积"、"盈余公积"、"利润分配"、"库存股"、"以前年度损益调整"等科目的发生额分析填列。

四、所有者权益变动表编制举例

现举例说明所有者权益变动表的编制。

【例8-1】根据例5-1资料,甲股份有限公司2009年度所有者权益变动如表8-2所示。

第二节　财务报表附注

一、财务报表附注的作用

附注是财务报表不可或缺的组成部分,报表使用者了解企业的财务状况、经营成果和现金流量,应当全面阅读附注。附注相对于财务报表而言,同样具有重要的作用,其作用主要体现在以下两个方面。

(一)可以提高表内信息的可理解性

财务报表是以表格形式描述企业有关财务状况和经营成果的定量信息,这一特征使财务报表正文所能包含的信息受到限制。财务报表的使用者十分广泛,知识背景、信息需求和侧重点各不相同,几张财务报表并不能满足所有财务报表使用者的需要。借助财务报表附注,对表中数据进行解释,将一个高度概括的数据分解成若干具体项目。并说明产生各项目的会计方法,有利于报表使用者理解财务报表中的信息。

(二)可以增进表内信息的可比性

财务报表是按企业会计准则编制而成的。企业会计准则对某些经济业务规定了多种会计处理方法,并允许企业选择适合本企业实际的会计政策。如存货的计价方法,可以有先进先出法、个别计价法、加权平均法等。选择不同的会计政策,就会导致不同行业或同一行业不同企业所提供的会计信息产生较大的差异。另外,随着环境的变化,企业可能改变既有的会计政策而采用新的会计程序、方法,会计政策的改变自然会影响会计信息的可比性。因此,在财务报告中,通过财务报表附注,用适当的方式来说明企业所选用的会计政策及其变更,有助于提高财务报表的可比性。

必须指出,尽管财务报表附注与表内信息不可分割,共同组成财务报告。但财务报表附注中的定量或定性说明,都不能用来更正报表内的错误,也不能用来代替报表正文中正常的分类、计价或描述,或与正文数据发生矛盾。

二、财务报表附注披露的顺序

财务报表附注并非将财务报表以外的项目不分先后地简单罗列。实际上,就像资产负债表等四张主要报表有其特定的构成和内容一样,财务报表附注也是按照一定的结构进行系统合理的排列和分类,并进行有顺序地披露。

一般企业财务报表附注的主要内容按照先后顺序包括:①企业的基本情况;②财务报表的编制基础;③遵循企业会计准则的申明;④重要会计政策和重要会计估计的说明;⑤会计政策、估计变更和差错更正说明;⑥重要报表项目的说明;⑦或有事项;⑧资产负债表日后事项;⑨关联方关系及其交易。

三、财务报表附注披露的主要内容

按照《企业会计准则第 30 号——财务报表列报》的要求，一般企业财务报表附注应至少披露下列信息。

（一）企业的基本情况

在财务报表附注中应提供的有关企业基本情况的信息主要包括：①企业的注册地、组织形式和总部地址；②企业的业务性质和主要经营活动；③母公司以及集团最终母公司的名称；④财务报告的批准报出者和财务报告批准报出日。

（二）财务报表的编制基础

在财务报表附注中，企业应当说明财务报表的编制是否以持续经营假设为基础。一般而言，如果没有相应的证据表明企业处于非持续经营状态，则企业应当以持续经营为基础对实际发生的交易或事项进行确认和计量，并在此基础上编制财务报表。但是，如果企业的管理层经评估对企业的持续经营能力产生重大怀疑的，则应当在财务报表附注中披露对持续经营能力产生重大怀疑的重要的不确定因素。如果评估后认为持续经营假设不再合理，则企业应当采用其他基础编制财务报表，同时还应在财务报表附注中声明财务报表未以持续经营为基础编制，披露未以持续经营为基础的原因以及财务报表的编制基础。

（三）遵循企业会计准则的声明

企业应当在财务报表附注中就财务报表的编制作出声明，明确说明编制的财务报表符合企业会计准则的要求，真实、公允地反映了企业的财务状况、经营成果和现金流量等，以明确企业编制财务报表所依据的制度基础。

只有在企业遵循了企业会计准则的所有规定时，企业的财务报表才能被称为"遵循了企业会计准则"。否则，企业在财务报表附注中不得作出这种表述。

（四）重要会计政策和会计估计的说明

企业应当在财务报表附注中披露所采用的重要会计政策和会计估计，不重要的会计政策和会计估计可以不披露。在披露重要会计政策和会计估计时，应当披露会计政策的确定依据和财务报表项目的计量基础以及会计估计中所采用的关键假设和不确定因素。

（五）会计政策和会计估计变更以及差错更正的说明

企业应当按照《企业会计准则第 28 号——会计政策、会计估计变更和差错更正》及其应用指南的规定，披露会计政策和会计估计变更以及差错更正的有关情况。

（六）重要报表项目的说明

企业对财务报表重要项目的说明，应当按照资产负债表、利润表、现金流量表、所有者权益变动表及其项目的列示顺序，采用文字和数字描述相结合的方式披露重要项目的详细信息，报表重要项目的明细金额合计应当与报表项目相衔接。企业应在附注中说明的重要报表项目包括：交易性金融资产、应收款项、存货、可供出售金融资产、持有至到期投资、长期股权投资、投资性房地产、固定资产、生产性生物资产和公益性生物资产、油气资产、无形资产、商誉、递延所得税资产或递延所得税负债、资产减值准备、所有权受到限制的资产、交易性金融负债、职工薪酬、应交税费、短期借款、长期借款、应付债券、长期应付款、营业收入、公允价值变动收益、投资收益、资产减值损失、营业外收入、营业外支出、所得税费用、政府补助、每股收益、非货币性资产交换、股份支付、债务重组、借款费用、外币折算、企业合并、租赁、终止经营和分部报告等。

（七）或有事项

或有事项是指过去的交易或者事项形成的，其结果须由某些未来事项的发生或不发生才能决定的不确定事项。企业应当按照《企业会计准则第 13 号——或有事项》的规定在财务报表附注中披露以下两个方面的信息。

1. 与预计负债的相关信息

企业应在附注中披露的与预计负债相关的信息包括：①预计负债的种类、形成原因及其经济利益流出不确定性的说明；②预计负债的期初、期末余额和本期变动情况；③与预计负债有关的预期补偿金额和本期已确认的预期补偿金额。

2. 与或有负债相关的信息

企业应在财务报表附注中披露的与或有负债相关的信息包括：①或有负债的种类及形成原因。②经济利益流出不确定性的说明。③或有负债预计产生的财务影响,以及获得补偿的可能性;无法预计的,应当说明原因。对于未决诉讼和未决仲裁,按上述要求披露全部或部分信息预期会对企业造成重大不利影响的,企业无须披露这些信息,但应当披露该未决诉讼、未决仲裁的性质,以及没有披露这些信息的事实和原因。

一般来说,或有资产不在财务报表附注中披露,但或有资产很可能会给企业带来经济利益时,则应在财务报表附注中予以披露,披露其形成的原因、预期对企业产生的财务影响等。

(八)资产负债表日后事项

资产负债表日后事项是指资产负债表日至财务报告批准报出日之间发生的有利或不利事项。其中,财务报告批准报出日是指董事会或类似机构批准财务报告报出的日期。企业应当按照《企业会计准则第29号——资产负债表日后事项》的规定在财务报表附注中披露以下信息。

企业应当在财务报表附注中披露与资产负债表日后事项有关的下列信息:①财务报告的批准报出者和财务报告批准报出日。按照有关法律、行政法规等规定,企业所有者或其他方面有权对报出的财务报告进行修改的,应当披露这一情况。②每项重要的资产负债表日后非调整事项的性质、内容,及其对财务状况和经营成果的影响。无法作出估计的,应当说明原因。企业在资产负债表日后取得了影响资产负债表日存在情况的新的或进一步的证据,应当调整与之相关的披露信息。

此外,企业还应当披露资产负债表日后,企业利润分配方案中拟分配的以及经审议批准宣告发放的股利或利润。

(九)关联方关系及其交易

关联方关系是指关联方之间的相互关系。关联方关系一般存在于控制或被控制、共同控制或被共同控制、施加重大影响或被施加重大影响以及同受一方控制、共同控制或重大影响的各方。根据我国《企业会计准则第36号——关联方披露》的规定,企业应当按照以下规定进行财务报表附注披露:

第一,企业无论是否发生关联方交易,均应当在附注中披露与母公司和子公司有关的下列信息:①母公司和子公司的名称。母公司不是该企业最终控制方的,还应当披露最终控制方名称。母公司和最终控制方均不对外提供财务报表的,还应当披露母公司之上与其最相近的对外提供财务报表的母公司名称。②母公司和子公司的业务性质、注册地、注册资本(或实收资本、股本)及其变化。③母公司对该企业或者该企业对子公司的持股比例和表决权比例。

第二，企业与关联方发生关联方交易的，应当在附注中披露该关联方关系的性质、交易类型及交易要素。交易要素至少应当包括：①交易的金额。②未结算项目的金额、条款和条件，以及有关提供或取得担保的信息。③未结算应收项目的坏账准备金额。④定价政策。

【思考与练习】

一、思考题

1. 所有者权益变动表有何作用？
2. 简述所有者权益变动表中"本年增减变动额"项目反映的内容。
3. 所有者权益变动表至少应单独列示反映的项目有哪些？
4. 财务报表附注的作用有哪些？
5. 财务报表附注应披露哪些具体内容？

二、练习题

目的：练习所有者权益变动表的编制。

资料：沿用第六章练习题的资料。

要求：编制甲股份有限公司2009年的所有者权益变动表。

第九章 会计规范与会计调整

【教学目的与要求】通过本章的教学,要求学生了解我国会计规范体系的构成,熟悉我国企业会计准则体系的结构和内容,掌握会计信息质量要求,掌握会计政策、会计估计变更和差错更正的会计处理方法,掌握资产负债表日后事项及其处理。

【教学重点与难点】会计政策变更的追溯调整法、重要前期差错更正的追溯重述法、资产负债表日后调整事项的会计处理。

第一节 会计规范

一、会计规范的概念与作用

(一)会计规范的概念

会计规范是一个颇受争议的会计专业术语。杨纪琬、娄尔行和葛家澍认为,"会计规范是一个广义的术语,它包括所有对会计的记录、确认、计量和报告具有制约、限制和引导作用的法律、法规、原则、准则、制度等"。[①] 吴水澎认为,"所谓会计规范是指协调、统一会计处理过程并对不同会计处理方法作出合理的假设、原则、制度等的总和,它是会计行为的标准"。[②] 当前,一般认为,会计规范是指会计业务处理与生成信息过程中的各种会计行为所作的限定和约束,或者说是会计业务处理与信息生成过程中应当遵循的各种规范的总称,其内容涵盖一切对会计运行具有影响的要求,这些要求不仅涉及会计运行本身,而且影响到会计人员、会计内部监管机构等。会计规范的形式则包

---

① 杨纪琬,娄尔行,葛家澍. 会计原理(第四版). 北京:中国财政经济出版社,1998:267.

② 吴水澎. 会计学原理(第一版). 沈阳:辽宁人民出版社,1994:307.

括会计原则、会计准则、会计法规、会计条例和道德守则等。在各个国家，这些法规、政策、准则和制度构成了约束会计工作的一个规范体系，因此，制约一个国家的会计行为的往往不是某项个别的规定或准则，而是一个会计规范体系。在多种多样的会计规范形式中，会计法律形式规范具有强制性，其他规范形式虽不具有法律那样的强制性，但也是会计工作的准绳。① 在我国，会计规范受国家统一会计制度的制约。《中华人民共和国会计法》第50条规定：国家统一的会计制度是指国务院财政部门根据本法制定的有关会计核算、会计机构和会计人员以及会计工作管理的制度。

（二）会计规范的作用

会计信息是一种产品和资源，任何会计信息使用者都期望自己所得到的是对自己决策有效的信息，而信息的使用者很多，包括投资者、债权人、企业经营管理者、政府管理部门等，不同的会计信息使用者对会计信息的数量、质量、形式等的需求是不同的，而且企业外部的会计信息使用者与企业存在着信息不对称，这将危害在会计信息占有上处于劣势的一方以致违反公平原则。不论在何种经济条件下，企业管理当局是会计信息的提供者，而提供会计信息就必须要规范会计信息提供者的行为。因此，会计规范的主要作用是实现会计信息生产的标准化。具体来说，会计规范的作用主要体现在以下三个方面：

1. 会计规范是会计人员从事会计工作、提供会计信息的基本依据

会计规范既包括采用法律形式的具有强制性特征的会计规范，也包括采取自律形式的具有自主性特征的会计规范。会计信息的生产不能是随意的和无规则的，否则，会计信息对于使用者就毫无意义，甚至会由于其误导作用而成为社会的危害。因此，会计规范为设计合理有效的会计工作与行为模式及会计人员对外提供会计信息提供了依据。

2. 会计规范为评价会计行为确定了客观标准

会计规范是会计信息使用者评价会计工作和会计信息质量的基本依据。由于会计信息的生产与有关各方的经济利益密切相关，而且，会计信息的使用者分布在社会各方，会计信息的使用者必然关注会计工作的质量，对特定会计行为及其行为结果持肯定还是否定态度，是对还是错，是好还是坏，都要求在全社会范围内用一个基本一致的标准，对会计工作的质量作出评价。

3. 会计规范是维护社会经济秩序的一种重要武器

---

① 刘燕．会计法（第一版）．北京：北京大学出版社，2001：15.

会计规范是市场经济运行规则的一个组成部分,它是社会各方从事经济活动和从事相应经济决策的重要基础,对于政府维护和保证社会公共资源的合理配置、进行宏观经济调控、管理国有资产等都具有十分重要的作用。

二、我国的会计规范体系

(一) 我国会计规范体系的构成

从企业会计的角度来看①,我国会计规范主要由《中华人民共和国会计法》(以下简称《会计法》)、企业会计准则和会计制度等组成,并已形成了以《会计法》为会计工作根本大法的一个比较完整的体系,如图9-1所示。

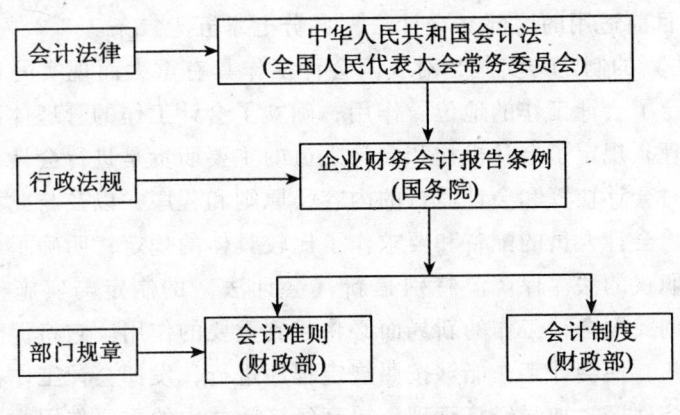

图 9-1 我国会计规范体系图

从图 9-1 可知,我国的会计规范体系由三个层次构成,按照规范的强制力排列。其中,会计法律是由全国人民代表大会及其常务委员会制定的;行政法规是由我国最高行政机关——国务院颁布的;部门规章主要是指国务院财政部门根据法律、法规的规定发布的指导会计工作的具体规定。

(二) 会计法律

法律是由国家最高权力机关——全国人民代表大会及其常务委员会制定的。在会计领域中,属于法律层次的规范主要指《会计法》。它是会计规范体系中最具权威性、最具法律效力的规范,是制定其他各层次会计规范的依据,

---

① 以下介绍的会计规范没有特别说明均指企业会计规范。

是会计工作的基本大法。

《会计法》对我国会计工作的主要方面作出规定,涉及我国会计工作的各个领域。它用法律形式确定了会计工作的地位和作用,对我国会计管理的体制、会计核算和会计监督的对象及内容、会计机构、会计人员的职责和权限以及有关的法律责任作出了明确的规定。这些规定是我国进行会计工作的基本依据。我国的《会计法》经历了多次修订。最早的《会计法》是1985年1月21日经第六届全国人民代表大会常务委员会第九次会议通过,并于1985年5月1日实施。此后,在1993年12月29日第八届全国人民代表大会常务委员会第五次会议上,对其进行了第一次修订。随着社会的发展和经济环境的变化,1999年10月31日召开的第九届全国人民代表大会常务委员会第十二次会议对《会计法》进行了第二次修订,从2000年7月1日起施行,也就是现行的《会计法》。目前适用的这部《会计法》共分七章五十二条。

《会计法》的制定与实施,对我国会计工作具有重大而现实的意义:它用法律形式确定了会计工作的地位、作用;确立了会计工作的管理体制是统一领导和分级管理;规定了会计机构和会计人员的主要职责是进行会计核算和实行会计监督并对会计核算和会计监督的内容、原则和程序,以及与此相联系的会计机构设置、会计人员的配备和要求作了比较具体的规定;明确了会计人员的职权和行使职权的法律保障。特别是新《会计法》的制定与实施,在新形势下,对于开创我国会计工作的新局面必将起到重要的作用。它将保障会计人员依法行使职权,使会计工作能够按照规定程序进行,发挥会计工作在维护社会主义市场经济秩序,加强经济管理,提高经济效益中的重要作用。

(三) 会计行政法规

行政法规是由国家最高行政机关——国务院制定的。会计行政法规是根据会计法律制定,是对会计法律的具体化或对某个方面的补充,一般称为条例。在我国的会计规范体系中,属于会计行政法规的主要有《企业财务会计报告条例》等。《企业财务会计报告条例》是国务院于2000年6月21日发布的,自2001年1月1日起实施。它共分六章四十六条。

(四) 会计部门规章

会计部门规章是指由国家主管会计工作的行政部门——财政部制定的会计方面的规范。制定会计部门规章必须依据会计法律和会计行政法规的规定。

我国现行的会计法律中将国务院财政部门制定的会计部门规章称为"国

家统一的会计制度"。《会计法》第八条明确规定:"国家实行统一的会计制度。国家统一的会计制度由国务院财政部门根据本法制定并公布。"会计制度有广义、狭义之分。广义的会计制度指国家统一的会计制度,包括国务院财政部门依据《会计法》制定的关于会计核算、会计监督、会计机构和会计人员以及会计工作管理的准则、制度、办法等。人们常说的会计制度是指狭义而言,仅为会计核算制度,包括会计科目表及使用说明、会计报表格式及编制说明以及分录举例等,这都是基层会计人员急需的会计基础工作规范和会计事务处理指南。以下主要介绍国家统一的会计核算制度中的《企业会计准则》和《企业会计制度》。

1. 企业会计准则

会计准则亦称"会计标准",是制定会计核算制度和组织会计核算的基本规范。我国的《企业会计准则》包括基本会计准则和具体会计准则两大部分。我国的企业会计准则制定始于1988年,1992年11月我国第一个企业会计准则——《企业会计准则——基本准则》发布,并于1993年7月1日开始施行。从1997年开始,财政部陆续发布了16个具体会计准则。2005年以后,我国加快了企业会计准则制定步伐。2006年2月15日,财政部发布了包括1项基本准则和38项具体准则在内的企业会计准则体系。2006年财政部发布的新企业会计准则体系将由1项基本准则、38项具体准则和具体准则应用指南构成,可划分为三个层次:第一层次为基本准则,第二层次为具体会计准则,第三层次为具体会计准则的应用指南。基本准则在整个准则体系中起统驭作用,主要规范会计目标、会计基本假定、会计基本原则、会计要素的确认和计量等。具体准则又分为一般业务准则、特殊行业的特定业务准则和报告准则三类。具体准则的应用指南主要对会计科目的设置、会计分录的编制和报表的填报等操作层面的内容予以示范性指导。

一般业务准则主要规范各类企业普遍适用的一般经济业务的确认和计量,如存货、固定资产、长期股权投资、无形资产、资产减值、借款费用、收入、外币折算等准则。

特殊行业的特定业务准则主要规范特殊行业中特定业务的确认和计量,如石油天然气开采、生物资产、金融工具确认和计量及保险合同等准则。

报告准则主要规范普遍适用于各类企业通用的报告类的准则,如财务报表列报、现金流量表、合并财务报表、中期财务报告、资产负债表日后事项、分部报告、金融工具列报等准则。

38项具体会计准则的名称等简要信息如表9-1所示。

表 9-1 《企业会计准则——具体准则》（2006）一览表

准则编号	准则名称	准则编号	准则名称
1	存货	20	企业合并
2	长期股权投资	21	租赁
3	投资性房地产	22	金融工具确认和计量
4	固定资产	23	金融资产转移
5	生物资产	24	套期保值
6	无形资产	25	原保险合同
7	非货币性资产交换	26	再保险合同
8	资产减值	27	石油天然气开采
9	职工薪酬	28	会计政策、会计估计变更和差错更正
10	企业年金基金	29	资产负债表日后事项
11	股份支付	30	财务报表列报
12	债务重组	31	现金流量表
13	或有事项	32	中期财务报告
14	收入	33	合并财务报表
15	建造合同	34	每股收益
16	政府补助	35	分部报告
17	借款费用	36	关联方披露
18	所得税	37	金融工具列报
19	外币折算	38	首次执行企业会计准则

企业会计准则应用指南主要对具体准则中的重点、难点和关键点作出解释性规定并附以会计科目和主要账务处理。

另外，为了全面贯彻实施企业会计准则，落实企业会计准则的国际趋同与等效，财政部还根据企业会计准则执行情况和有关问题，适时制定和颁布《企业会计准则解释》，截至 2009 年 6 月 11 日财政部共颁布了 3 号《企业会计准则解释》。

2. 企业会计制度

企业会计制度是关于企业会计核算的制度规范。关于企业会计制度的演变，我国经历了一个较长的历史时期。我国历来重视会计制度建设，近十年来，企业会计制度的改革与发展也折射出我国会计经济环境的变化对会计改革的影响。

2000 年之前的企业会计制度，包括分行业的企业会计制度、分经济成分的企业会计制度。分行业的企业会计制度是 1993 年会计制度改革之后陆续制定和实施的、体现行业经营特点和管理要求的会计制度，主要有《工业企业会计制度》、《商品流通企业会计制度》、《农业企业会计制度》等 13 个行业会计制度；分经济成分的企业会计制度主要包括 1998 年发布的《股份有限公司会计制度》以及关于外商投资企业会计制度等，但这些分行业或分经济成分的会计制度已经或即将完成它们的历史使命，退出会计制度的历史舞台。

根据我国会计制度改革的总体规划，现行的企业会计制度由三项会计制度组成：一是《企业会计制度》；二是《金融企业会计制度》；三是《小企业会计制度》。

《企业会计制度》是 2000 年 12 月 29 日由财政部发布的。该制度 2001 年 1 月 1 日起首先在股份有限公司范围内执行，并将有计划、有目标地、分步骤地在各企业中实施。该制度共十三章一百六十条。

《金融企业会计制度》是 2001 年 11 月 27 日由财政部发布，适用于我国境内依法成立的各类金融企业，包括银行（含信用社）、保险公司、证券公司、信托投资公司、期货公司、基金管理公司、租赁公司、财务公司等。该制度共十五章一百六十四条。

《小企业会计制度》是 2004 年 4 月 27 日由财政部发布，适用于在我国境内依法成立的不对外筹集资金、经营规模较小的企业，主要包括依法设立的个人独资企业、合伙企业及其他经营规模较小的企业。该制度自 2005 年 1 月 1 日起在小企业范围内实施。

应当注意的是，企业及金融企业在执行 2006 年新企业会计准则后，新会计准则将取代《企业会计制度》和《金融企业会计制度》，这两项会计制度将终止执行。但小企业仍将执行《小企业会计制度》，无须执行新企业会计准则。

除了上述专业性会计规范外，影响企业会计工作的还有其他一些相关法规，如《公司法》、《注册会计师法》、《总会计师条例》、《会计基础工作规范》、《会计从业资格管理办法》、《会计人员继续教育暂行规定》、《会计档案管理办法》、《会计电算化管理办法》以及税收法规、证券法规、金融法规等。

三、会计规范对会计信息质量的要求

(一) 会计信息质量的含义

本教材的第一章已经述及会计目标在于为现在和潜在的投资者、债权人、政府部门以及其他用户提供有用的会计信息,以便他们作出合理的投资、信贷、宏观调控和其他相关的决策。因此,会计信息的质量是会计目标能否实现的决定性因素。会计信息是会计作为一个信息系统对外提供的"产品",该"产品"的质量优劣取决于会计信息对使用者是否具有决策有用性及其程度的高低。

会计信息究竟有哪些质量特征?这些质量特征的内涵是什么?它们相互之间有什么联系?各国会计信息使用者的组成不同和对会计信息内容的需求不同,因而各国关于上述问题的解释既有相同点,也存在一定的差别。但总的来看,会计信息的相关性和可靠性是最主要的特征。

(二) 我国企业会计准则对会计信息的质量要求

我国《企业会计准则——基本准则》第二章《会计信息质量要求》提出了可靠性、相关性、明晰性、可比性、及时性、重要性、谨慎性和实质重于形式等八项会计信息质量要求。

1. 可靠性

可靠性是指企业应当以实际发生的交易或事项为依据进行确认、计量和披露,如实反映符合会计确认和计量标准的各项会计要素及其他相关信息,保证会计信息真实可靠、内容完整,让信息使用者可以信赖并据此作出自己的评价和决策。可靠性要求会计信息没有重大错报和漏报,能如实反映它意欲反映的现象或状况的本来面目。

可靠性要求会计信息具备如实反映、可核实性、中立性、完整性等次级质量特征。

(1) 如实反映。如实反映要求会计信息应当与其所要反映的现象或状况保持一致,不能歪曲事实,不能包含重大错报。如实反映旨在减少会计偏差,使会计信息更能恰当地表达经济活动的真实情况,从而使其更具有可靠性。

(2) 可核实性。可核实性要求会计信息能经得起验证,能被证实与其要反映的事项是一致的,由不同的人在采用相同方法的条件下,能得出相同

结论。

（3）中立性。中立性要求会计信息能够不偏不倚地表述企业的财务状况、经营过程和财务业绩，会计人员不能带有主观偏见，不能倾向于某一预定结果或特定利益集团的需要，不能通过选取或歪曲信息来影响使用者的评价和决策。由于会计信息的生成过程包含有很多的识别、判断、选择和估计程序，中立性就是要尽可能地减少个人偏好，避免人为干扰和操纵。

（4）完整性。完整性也称为充分性，要求为反映企业基本的财务状况、经营过程及经营成果、现金流量等所必需的信息得到充分的披露，没有重大漏报。

2. 相关性

相关性是指会计信息能够满足各种会计信息使用者的需要，并与其决策有关。相关性要求企业在生成和提供会计信息的过程中，要考虑各种与企业有利益相关的会计信息使用者的信息需求，要能够提供有关各方具有共性需求的会计信息。会计信息与其使用者的决策需要相关联。我国《企业会计准则——基本准则》的要求，会计信息应当符合国家宏观经济管理的要求，满足有关各方了解企业财务状况和经营成果的需要，满足企业加强内部经营管理的需要。相关性要求会计信息具有预测价值、反馈价值和及时性等次级质量特征。

（1）预测价值。预测价值要求会计信息能够帮助信息使用者预测和评价企业的未来。信息要具有预测价值，不一定非要采取明确的预测形式。关于企业财务状况和以前期间经营业绩的资料经常被使用者利用，作为预测企业未来偿债能力、股利分配能力、薪酬支付能力、兑现到期承诺能力、证券价格变动趋势等的依据。报表编排和项目呈报方式的不同也会影响信息的预测价值，例如，将资产和负债按流动性顺序进行排列，并区分为流动和非流动两部分，可以显著提高资产负债表的预测价值；将收入和费用、经营性损益项目和非经营性损益项目等分开呈报，可以提高利润表的预测价值。

（2）反馈价值。如果会计信息能够被用来证实或纠正信息使用者以前业已作出的评价和决策，那么该信息就具有了反馈价值。例如，根据新获得的信息，企业的盈利能力并没有以前预期的那么高，说明该信息具备了反馈价值。

（3）及时性。相关的信息具有时效性，及时性要求企业对于已经发生的交易或事项，应及时进行确认、计量和披露，不得延后，从而将信息在失去影响决策能力之前及时传递给财务报告使用者，便于其及时使用和决策。

很多情况下，评价单一项目的相关性比较困难，这时需要将项目放入财务报告整体中加以考察，评价其是否有助于提高财务报告整体的相关性。

3. 可理解性

可理解性要求企业提供的会计信息应当清晰明了，便于财务报告使用者理解和使用。可理解性是一个与信息使用者自身素质密切相关的质量特征，需要从两个方面来认识。一方面，财务报告的提供者必须遵循会计准则和其他相关法规编制财务报告，表达要规范统一、措辞要严谨准确、清晰明了，要让使用者便于理解；另一方面，财务报告使用者应具有一定的先导知识，对企业的商业活动、生产经营、会计知识等有所了解，并且愿意花费精力用理性的眼光去努力地研究信息，识别其决策价值。

值得注意的是，在遵循可理解性的要求时，不能仅仅因为一项信息对于某些使用者来说过于难以理解，而将其排除在财务报告之外。毕竟财务报告的使用者是一个广泛的群体，包括财务分析师、投资顾问等领域的专业人士。

4. 可比性

可比性要求企业提供的会计信息应当相互可比。会计实务中，对同一交易或事项的处理可能存在多种可供选择的会计方法。针对同一交易，如果企业在不同时期选择了不同的会计方法，或不同企业选择了不同的会计方法，就会降低会计信息的可比性。为提高可比性，有必要把编制财务报表所采用的会计政策、政策变动情况、政策变动的影响等披露给信息使用者，使其能够鉴别同一企业在不同期间，及不同企业对相同交易或事项所采用会计政策之间的差别。

对于同一企业不同时期发生的相同或相似的交易或事项，应当采用一致的会计政策，不得随意变更，以便前后各期的会计信息具有可比性，这是一贯性原则。一贯性要求并不等同于绝对不变，当采用新政策能显著提高信息质量，或有新会计准则颁布，或会计准则制定机构修订原有准则时，企业应根据要求变更会计政策。若遇会计政策变更，则企业应采用规定的方法和程序处理，披露变更的原因、影响等，以提高可比性。

对于不同企业发生的相同或相似的交易或事项，各企业都应遵循会计准则的统一规定，按照一致的确认、计量和披露标准提供会计信息，确保会计信息口径一致，以提高会计信息在不同企业间的可比性，这是统一性原则。

为方便使用者比较不同期间的会计信息，在财务报告中列报前期的对比数据十分必要。

5. 实质重于形式

实质重于形式要求会计确认、计量和披露必须反映交易或事项的经济实质，而不能仅仅根据其法律形式或外在表现处理，因为交易或事项的经济实质并不总是和其法律形式或外在表现一致。例如，融资租入资产的所有权虽然在法律上不属于承租人,但与所有权有关的主要风险和报酬已实质性地转移给承租人,所以会计上应确认为承租人资产。

6. 重要性

重要性要求企业提供的会计信息应当反映与企业财务状况、经营成果和现金流量有关的所有重要交易或者事项。如果会计信息的漏报或者错报会影响使用者据此作出经济决策的,该信息就具有重要性。实务工作中一般用金额(结合百分比)或性质来判断一个项目的重要性。

实际上,重要性可能成为限制会计信息质量的因素[1]。重要性的运用也是会计人员的职业判断过程,职业判断过程不可避免地会有人为因素和主观成分在里面。对同一事项重要性的判断,在不同的企业,或同一企业的不同时期,判断的结果可能不同。财务报告中对重要事项和不重要事项的呈报方式是不同的,判断结果的不同会影响财务报告披露的质量。

7. 谨慎性

谨慎性要求会计人员在进行会计估计、会计选择和职业判断时,要保持应有的职业谨慎,以避免虚计资产和收益、少计负债和费用,使会计信息尽量保守可靠。由于会计核算经常面临各种不确定性,在表述这些不确定性事项的性质、风险和金额时,就需要进行会计估计,会计估计必须遵循谨慎性要求进行。当然,企业不能借稳健之名设立秘密储备,也不能过分地提取准备,故意压低资产和收益或故意抬高负债和费用,这样就有失中立和如实反映了。

8. 及时性

及时性是指在会计信息对使用者失效以前提供给使用者,以便使用者能有效利用。为此,会计信息应当及时生成、及时提供。根据及时性的要求,企业

---

[1] 另外,效益和成本之间的平衡,也是一种普遍存在的限制会计信息质量的因素。企业通常会考虑提供信息的收益必须超过提供它的成本。信息的提供成本通常包括财务报告的编制和发布成本、审计费用、潜在的法律费用、为竞争对手获知后的不利影响等。对财务报告提供者而言,提供信息的收益可能包括促进公司治理结构的完善、加强内部管理、提高在资本市场中的形象和地位、更容易筹措资金等。对信息使用者而言,通过享有信息,投资者可以更好地安排投资、配置资源,税务部门可以评估企业的纳税、监管部门可以实施更有效的监管等。评价效益和成本实际上是一种判断过程,如果管理当局认为披露某项信息的潜在风险很大,披露的成本可能会大于收益,而该项信息又不是会计准则规定必须披露的,则管理当局通常不愿作更多的披露,从而影响会计信息的充分性。

会计核算必须讲求时效,在信息使用者需要使用时,就能及时将会计信息提供给使用者。

要达到及时性的要求,企业应当在会计信息的生成和提供过程中做到三个及时:一是及时收集会计数据,即在经济业务发生后,应及时取得有关原始凭证;二是应当及时加工处理会计数据,即在取得有关原始凭证后,及时进行确认、计量和记录,并及时编制财务报告;三是及时传递会计信息,即在编制完成财务报告后,应当按规定的时限及时提供给有关方面。在市场瞬息万变,竞争日趋激烈的市场经济条件下,强调会计信息的及时性,显得尤为重要。

在提高信息有用性问题上,会计信息各质量特征并非总是方向一致的,相关的信息不一定可靠,可靠的信息不一定相关。例如,针对不确定事项而言,如果等到所有方面都了解清楚,变为确定的事实以后才予以报告,则信息可能会相当可靠,但对于必须在事中作出决策的使用者来说,相关性就会大大降低,使用价值就很小了。

实务中,在会计信息各质量特征之间进行平衡或取舍,经常是有必要的,这就涉及职业判断的问题,这样做的目的是为最大限度地提高会计信息的总体质量,以便更好地实现财务报告目标。在企业会计准则体系中,大力推动公允价值计量,也是在权衡相关性和可靠性的利弊得失后采取的改进措施。公允价值可以提高信息的相关性,但公允价值不是由真实交易产生的,可靠性没有历史成本那样能够经得起验证。

第二节 会计调整

会计调整是指企业因会计政策变更、会计估计变更、前期差错更正和资产负债表日后事项而对会计记录和财务报表所做的调整。

一、会计政策及其变更的会计处理

(一)会计政策的概念

会计政策是指企业在会计确认、计量和报告中所采用的原则、基础和会计处理方法。会计政策包括会计原则、基础和处理方法,是指导企业进行会计确认和计量的具体要求。

会计原则、会计计量基础和会计处理方法是会计政策的组成部分,对其进行恰当的识别非常重要。例如,《企业会计准则第1号——存货》规定了存货后续计量采用"成本与可变现净值孰低"来谨慎地计量存货在资产负债表日的入账金额。其中,对存货后续计量所采用的"成本与可变现净值孰低"是具体会计原则。该具体会计原则涉及的历史成本和可变现净值属于会计计量基础。当存货成本高于其可变现净值时,应当计提存货跌价准备,具体按照单个存货项目计提,还是按照存货类别计提,属于具体会计处理方法。

(二)重要的会计政策

企业重要的会计政策主要包括:发出存货成本的计量、长期股权投资的后续计量、投资性房地产的后续计量、固定资产的初始计量、生物资产的初始计量、无形资产的确认、非货币性资产交换的计量、收入的确认、建造合同收入与费用的确认、借款费用的处理、企业合并政策以及其他重要的会计政策。

(三)会计政策变更

会计政策变更是指企业对相同的交易或者事项由原来采用的会计政策改用另一会计政策的行为。为保证会计信息的可比性,使财务报表使用者在比较企业一个以上期间的财务报表时,能够正确判断企业的财务状况、经营成果和现金流量的趋势,一般情况下,企业采用的会计政策,在每一会计期间和前后各期应当保持一致,不得随意变更。否则,势必削弱会计信息的可比性。

1. 法律、行政法规或者国家统一的会计制度等要求变更

这种情况是指按照法律、行政法规以及国家统一的会计制度的规定,要求企业采用新的会计政策,则企业应当按照法律、行政法规以及国家统一的会计制度的规定改变原会计政策,按照新的会计政策执行。例如,《企业会计准则第1号——存货》规定,不允许企业采用后进先出法核算发出存货成本,这就要求执行企业会计准则体系的企业按照新规定,将原来以后进先出法核算发出存货成本改为准则规定可以采用的会计政策。又如,《企业会计准则第8号——资产减值》规定,已计提固定资产减值准备不允许转回,这就要求执行企业会计准则体系的企业按照新规定改变原允许固定资产减值准备转回的做法,变更原有会计政策。

2. 会计政策变更能够提供更可靠、更相关的会计信息

由于经济环境、客观情况的改变，企业原采用的会计政策所提供的会计信息，已不能恰当地反映企业的财务状况、经营成果和现金流量等情况。在这种情况下，应改变原有会计政策，按变更后新的会计政策进行会计处理，以便对外提供更可靠、更相关的会计信息。例如，某企业一直采用成本模式对投资性房地产进行后续计量，如果该企业能够从房地产交易市场上持续地取得同类或类似房地产的市场价格及其他相关信息，从而能够对投资性房地产的公允价值作出合理的估计，那么此时采用公允价值模式对投资性房地产进行后续计量可以更好地反映其价值。这种情况下，该企业可以将投资性房地产的后续计量方法由成本模式变更为公允价值模式。

需要注意的是，除法律、行政法规以及国家统一的会计制度要求变更会计政策的，应当按照国家的相关规定执行外，当企业因满足上述第2个条件变更会计政策时，必须有充分、合理的证据表明其变更的合理性，并说明变更会计政策后，能够提供关于企业财务状况、经营成果和现金流量等更可靠、更相关的会计信息的理由。对会计政策的变更，企业仍应经股东大会或董事会、经理（厂长）会议或类似机构批准，并按照法律、行政法规等的规定报送有关各方备案。如无充分、合理的证据表明会计政策变更的合理性，或者未重新经股东大会或董事会、经理（厂长）会议或类似机构批准擅自变更会计政策的，或者连续、反复地自行变更会计政策的，视为滥用会计政策，按照前期差错更正的方法进行处理。

（四）会计政策变更的会计处理

发生会计政策变更，有两种会计处理方法，即追溯调整法和未来适用法，两种方法适用于不同情形。

1. 追溯调整法

（1）追溯调整法的含义及应用步骤。

追溯调整法是指对某项交易或事项变更会计政策，在视同该项交易或事项初次发生时，即采用变更后的会计政策，并以此对财务报表相关项目进行调整的方法。

在采用追溯调整法时，对于比较财务报表期间的会计政策变更，应调整各期间净损益各项目和财务报表其他相关项目，视同该政策在比较财务报表期间上一直采用。对于比较财务报表可比期间以前的会计政策变更的累积影响数，应调整比较财务报表最早期间的期初留存收益，财务报表其他相关项目的数字也应一并调整。因此，追溯调整法，是将会计政策变更的累积影响数调整列报前期最早期初留存收益，而不计入当期损益。

追溯调整法的运用通常由以下几步构成：第一步，计算会计政策变更的累积影响数；第二步，编制相关项目的调整分录；第三步，调整列报前期最早期初财务报表相关项目及其金额；第四步，附注说明。

（2）会计政策变更累积影响数的含义及其计算。

会计政策变更累积影响数是指按照变更后的会计政策对以前各期追溯计算的列报前期最早期初留存收益应有金额与现有金额之间的差额。根据上述定义的表述，会计政策变更的累积影响数可以分解为以下两个金额之间的差额：①在变更会计政策当期，按变更后的会计政策对以前各期追溯计算，所得到列报前期最早期初留存收益金额；②在变更会计政策当期，列报前期最早期初留存收益金额。

上述留存收益金额，包括法定盈余公积、任意盈余公积以及未分配利润等各项目，不考虑由于损益的变化而应当补分的利润或股利。例如，某企业由于会计政策变化，增加了以前期间可供分配的利润，该企业通常按净利润的20%分派股利。但在计算调整会计政策变更当期期初的留存收益时，不应当考虑由于以前期间净利润的变化而需要分派的股利。

在财务报表只提供列报项目上一个可比会计期间比较数据的情况下，上述第2项在变更会计政策当期，列报前期最早期初留存收益金额，即为上期资产负债表所反映的期初留存收益，可以从上年资产负债表项目中获得；需要计算确定的是第1项，即按变更后的会计政策对以前各期追溯计算所得到的上期期初留存收益金额。

累积影响数通常可以通过以下各步计算获得：第一步，根据新会计政策重新计算受影响的前期交易或事项；第二步，计算两种会计政策下的差异；第三步，计算差异的所得税影响金额；第四步，确定前期中的每一期的税后差异；第五步，计算会计政策变更的累积影响数。

【例9-1】2007年12月31日，甲公司购入一幢写字楼用于对外出租以获取租金收入，取得成本为1 500万元。甲公司对该投资性房地产采用成本模式进行后续计量，该写字楼预计使用年限为30年，无净残值。2010年1月1日甲公司决定对该投资性房地产的后续计量模式由成本模式改为公允价值模式，甲公司保存的会计资料比较齐备,可以通过会计资料追溯计算。所得税法允许按照30年采用年限平均法计提折旧,净残值为0。假设甲公司适用所得税税率为25%。

要求:根据上述资料计算甲公司改变投资性房地产后续计量模式后的累积影响数如表9-2所示。

改变投资性房地产后续计量模式后的累积影响数计算表

表9-2　　　　　　　　　　　　　　　　　　　　　　　　　　　单位:万元

时间	成本模式下投资性房地产账面价值	公允价值模式下投资性房地产公允价值	税前差异	所得税影响	累积影响数
2008.12.31	1 450	1 600	(150)	(37.5)	(112.5)
2009.12.31	1 400	1 800	(400)	(100)	(300)

(3)追溯调整法应用举例。

【例9-2】宏远股份有限公司2006年以450万元的价格从股票市场购入A上市公司的股票,其投资目的为赚取二级市场差价(不考虑相关交易费用的影响),2007年1月1日之前宏远股份有限公司对持有的这家上市公司的股票按照成本与市价孰低法进行计量。从2007年起对其以交易为目的从股票市场购入的股票由成本与市价孰低改为公允价值计量,该公司保存的会计资料比较齐全,可以通过会计资料追溯计算。假设所得税税率25%。该公司按净利润的10%提取法定盈余公积,按净利润的5%提取任意盈余公积。

两种方法计量的交易性金融资产账面价值如表9-3所示。

两种方法计量的交易性金融资产账面价值比较表

表9-3　　　　　　　　　　　　　　　　　　　　　　　　　　　单位:万元

时间 \ 会计政策	成本	市价	成本与市价孰低	公允价值
2006.12.31	450	510	450	510

要求：根据上述资料，对宏远股份有限公司的会计政策变更进行会计处理。

①计算改变交易性金融资产计量方法后的累积影响数如表9-4所示；

改变交易性金融资产计量方法后的累积影响数计算表

表9-4 单位：万元

年度	公允价值	成本与市价孰低	税前差异	所得税影响	累积影响数
2006	510	450	60	15	45

宏远股份有限公司2007年12月31日的比较财务报表最早期初为2007年1月1日。

宏远股份有限公司在2006年按公允价值计算的账面价值510万元，按成本与市价孰低计算的账面价值450万元，两者的所得税影响15万元，两者差异的税后净影响额45万元，即为该公司2007年期初由成本与市价孰低改为公允价值的累积影响数。

②编制有关项目的调整分录；

借：交易性金融资产　　　　　　　　　　　　　　　600 000
　　贷：利润分配——未分配利润　　　　　　　　　　450 000
　　　　递延所得税负债　　　　　　　　　　　　　　150 000
借：利润分配——未分配利润　　　　　　　　　　　　67 500＊
　　贷：盈余公积　　　　　　　　　　　　　　　　　 67 500

＊67 500 = 450 000 × 15%

③调整财务报表相关项目。

宏远股份有限公司在编报2007年度的财务报表时，应调增2007年交易性金融资产年初数60万元；调增2007年度递延所得税负债15万元；调增盈余公积6.75万元；调增未分配利润38.25万元。调增2007年公允价值变动收益上年金额60万元；调增所得税费用上年金额15万元；调增净利润上年金额45万元。具体调整如表9-5和表9-6所示。

2. 未来适用法

未来适用法是指将变更后的会计政策应用于变更日及以后发生的交易或者事项，或者在会计估计变更当期和未来期间确认会计估计变更影响数的方法。

《企业会计准则第28号——会计政策、会计估计变更和差错更正》规定，在当期期初确定会计政策变更对以前各期累积影响数不切实可行的,应当采用未来适用法处理。例如,企业因账簿、凭证超过法定保存期限而销毁,或因不可抗力而毁坏、遗失,如火灾、水灾等,或因人为因素,如盗窃、故意毁坏等,可能使当期期初确定会计政策变更对以前各期累积影响数无法计算,即不切实可行,在这种情况下,会计政策变更应当采用未来适用法进行处理。

表 9-5

资产负债表(部分)

2007 年 12 月 31 日　　　　　　　　单位:万元

资产	年初余额			负债及所有者权益	年初余额		
	调整前	调增	调整后		调整前	调增	调整后
交易性金融资产	450	60	510	递延所得税负债	X	15	X + 15
				盈余公积	Y	6.75	Y + 6.75
				未分配利润	Z	38.25	Z + 38.25

表 9-6

利润表(部分)

2007 年　　　　　　　　　　　　　单位:万元

项目	上期金额		
	调整前	调增	调整后
公允价值变动收益	Q	60	Q + 60
所得税费用	W	15	W + 15
净利润	S	45	S + 45

其中,不切实可行是指企业在采取所有合理的方法后,仍然不能获得采用某项规定所必需的相关信息,而导致无法采用该项规定,则该项规定在此时是不切实可行的。

在未来适用法下,不需要计算会计政策变更产生的累积影响数,也无须重编以前年度的财务报表。企业会计账簿记录及财务报表上反映的金额,变更之日仍保留原有的金额,不因会计政策变更而改变以前年度的既定结果,并在现有金额的基础上再按新的会计政策进行核算。

【例 9-3】乙公司原对发出存货采用后进先出法,由于采用新准则,按其规定,公司从 2007 年 1 月 1 日起改用先进先出法。2007 年 1 月 1 日存货的价值 250 万元，公司当年购入存货的实际成本 1 800 万元，2007 年 12 月 31 日按先进先出法计算确定的存货价值 450 万元，当年销售额 2 500 万元，假设该年度其他费用 120 万元，所得税税率 25%。2007 年 12 月 31 日按后进先出法计算的存货价值 220 万元。

乙公司由于法律环境变化而改变会计政策，假定对其采用未来适用法进行处理，即对存货采用先进先出法从 2007 年及以后才适用，不需要计算 2007 年 1 月 1 日以前按先进先出法计算存货应有的余额，以及对留存收益的影响金额。

计算确定会计政策变更对当期净利润的影响数如表 9-7 所示。

表 9-7　　　　　　　当期净利润的影响数计算表　　　　　　单位：万元

项　目	先进先出法	后进先出法
营业收入	2 500	2 500
减：营业成本	1 600	1 830
减：销售费用	120	120
利润总额	780	550
减：所得税费用	195	137.5
净利润	585	412.5
差额		172.5

公司由于会计政策变更使当期净利润增加了 172.5 万元。其中，采用先进先出法的销售成本为：期初存货 + 购入存货实际成本 − 期末存货 = 250 + 1 800 − 450 = 1 600（万元）；采用后进先出法的销售成本为：期初存货 + 购入存货实际成本 − 期末存货 = 250 + 1 800 − 220 = 1 830（万元）。

二、会计估计及其变更的会计处理

（一）会计估计的概念

会计估计是指企业对结果不确定的交易或者事项以最近可利用的信息为基础所作的判断。由于商业活动中内在的不确定因素影响，许多财务报表中的项目不能精确地计量，而只能加以估计。估计涉及以最近可利用的、可靠的信息为基础所作的判断。

（二）重要的会计估计

企业的重要会计估计有：存货可变现净值的确定；采用公允价值模式下的投资性房地产公允价值的确定；固定资产的预计使用寿命与净残值、固定资产的折旧方法；生物资产的预计使用寿命与净残值，各类生产性生物资产的折旧方法；使用寿命有限的无形资产的预计使用寿命与净残值；可收回金额按照资产组的公允价值减去处置费用后的净额确定的，确定公允价值减去处置费用后的净额的方法；可收回金额按照资产组预计未来现金流量的现值确定的，预计未来现金流量及其折现率的确定；合同完工进度的确定；权益工具公允价值的确定；债务人债务重组中转让的非现金资产的公允价值、由债务转成的股份的公允价值和修改其他债务条件后债务的公允价值的确定；债权人债务重组中受让的非现金资产的公允价值、由债权转成的股份的公允价值和修改其他债务条件后债权的公允价值的确定；预计负债初始计量的最佳估计数的确定；金融资产公允价值的确定；承租人对未确认融资费用的分摊；出租人对未实现融资收益的分配；探明矿区权益、井及相关设施的折耗方法；与油气开采活动相关的辅助设备及设施的折旧方法；非同一控制下企业合并成本的公允价值的确定以及其他重要会计估计。

（三）会计估计变更

会计估计变更是指由于资产和负债的当前状况及预期经济利益和义务发生了变化，从而对资产或负债的账面价值或者资产的定期消耗金额进行调整。会计估计变更的依据应当真实、可靠，否则不得进行会计估计变更。可以进行会计估计的前提条件包括以下两个方面：

1. 企业赖以进行估计的基础发生了变化

企业进行会计估计，总是依赖于一定的基础。如果其所依赖的基础发生了变化，则会计估计也应相应发生变化。例如，某企业的一项无形资产摊销年限原定为6年，以后发生的情况表明，该资产的受益年限已不足6年，相应调减摊销年限。

2. 企业取得了新的信息、积累了更多的经验

企业进行会计估计是就现有资料对未来所作的判断，随着时间的推移，企业有可能取得新的信息、积累更多的经验，在这种情况下，企业可能不得不对会计估计进行修订，即发生会计估计变更。例如，某企业原根据当时能够得到的信息，对应收账款每年按其余额的3%计提坏账准备。现在掌握了新的信

息,判定不能收回的应收账款比例已达30%,企业改按30%的比例计提坏账准备。会计估计变更,并不意味着以前期间会计估计是错误的,只是由于情况发生变化,或者掌握了新的信息,积累了更多的经验,使得变更会计估计能够更好地反映企业的财务状况和经营成果。如果以前期间的会计估计是错误的,则属于会计差错,按会计差错更正的会计处理办法进行处理。

(四)会计估计变更的会计处理

企业对会计估计变更应当采用未来适用法处理,即在会计估计变更当期及以后期间,采用新的会计估计,不改变以前期间的会计估计,也不调整以前期间的报告结果。

【例9-4】宏远股份有限公司有一台管理用设备,原值10万元,预计使用寿命5年,无净残值,自2007年1月1日起按直线法计提折旧。2009年1月,由于新技术的发展等原因,需要对原预计使用寿命和净残值作出修正,修改后的预计使用寿命4年,净残值0元。假定税法允许按变更后的折旧额在税前扣除。该企业适用所得税税率25%。

宏远股份有限公司对上述会计估计变更的会计处理如下:

按原估计,每年折旧额2万元,已提折旧2年,共计4万元,固定资产净值6万元,则2009年相关账户的期初余额分别为:"固定资产"账户余额10万元,"累计折旧"账户的余额4万元。固定资产净值6万元。

改变固定资产估计使用寿命后,2009年1月1日起每年计提的折旧费用3 [6÷(4-2)]万元。2009年不必对以前年度已提折旧进行调整,只需按重新预计的尚可使用寿命和净残值计算确定的年折旧费用,编制会计分录如下:

　　借:管理费用　　　　　　　　　　　　　　　　　　　　30 000
　　　　贷:累计折旧　　　　　　　　　　　　　　　　　　　　30 000

三、前期差错及其更正的会计处理

(一)前期差错的概念

前期差错是指由于没有运用或错误运用下列两种信息,而对前期财务报表造成省略或错报:①编报前期财务报表时预期能够取得并加以考虑的可靠信息;②前期财务报告批准报出时能够取得的可靠信息。

（二）前期差错的主要情形

前期差错通常包括计算错误、应用会计政策错误、疏忽或曲解事实以及舞弊产生的影响以及存货、固定资产盘盈等。没有运用或错误运用前述两种信息而形成前期差错的情形主要有以下七种情形：

（1）计算以及账户分类错误。例如，企业购入的五年期国债，意图长期持有，但在记账时记入了交易性金融资产，导致账户分类上的错误，并导致在资产负债表上流动资产和非流动资产的分类也有误。

（2）采用法律、行政法规或者国家统一的会计制度等不允许的会计政策。例如，按照《企业会计准则第17号——借款费用》的规定，为购建固定资产的专门借款而发生的借款费用，满足一定条件的，在固定资产达到预定可使用状态前发生的，应予资本化，计入所购建固定资产的成本；在固定资产达到预定可使用状态后发生的，计入当期损益。

如果企业固定资产已达到预定可使用状态后发生的借款费用，也计入该项固定资产的价值，予以资本化，则属于采用法律或会计准则等行政法规、规章所不允许的会计政策。

（3）对事实的疏忽或曲解，以及舞弊。例如，企业对某项建造合同应按建造合同规定的方法确认营业收入，但该企业却按确认商品销售收入的原则确认收入。

（4）在期末对应计项目与递延项目未予调整。例如，企业应在本期摊销的费用在期末未予摊销。

（5）漏记已完成的交易。例如，企业销售一批商品，商品已经发出，开出增值税专用发票，商品销售收入确认条件均已满足，但企业在期末未将已实现的销售收入入账。

（6）提前确认尚未实现的收入或不确认已实现的收入。例如，在采用委托代销商品的销售方式下，应以收到代销单位的代销清单时确认商品销售收入的实现，若企业在发出委托代销商品时即确认为收入，则为提前确认尚未实现的收入。

（7）资本性支出与收益性支出划分差错。例如，企业发生的管理人员的工资一般作为收益性支出，而发生的在建工程人员工资一般作为资本性支出。如果企业将发生的在建工程人员工资计入了当期损益，则属于资本性支出与收益性支出的划分差错。

需要注意的是，就会计估计的性质来说，它是个近似值，随着更多信息的获得，估计可能需要进行修正，但是会计估计变更不属于前期差错更正。

当企业发现由于没有运用或错误运用编报前期财务报表时预期能够取得并加以考虑的可靠信息和前期财务报告批准报出时能够取得的可靠信息两种信息，而对前期财务报表造成省略或错报，这必然影响会计信息的真实可靠性，必须及时予以更正。

（三）前期差错重要性的判断

如果财务报表项目的遗漏或错误表述可能影响财务报表使用者根据财务报表所作出的经济决策，则该项目的遗漏或错误是重要的。

重要的前期差错是指足以影响财务报表使用者对企业财务状况、经营成果和现金流量作出正确判断的前期差错。不重要的前期差错是指不足以影响财务报表使用者对企业财务状况、经营成果和现金流量作出正确判断的前期差错。

前期差错的重要性取决于在相关环境下对遗漏或错误表述的规模和性质的判断。前期差错所影响的财务报表项目的金额或性质，是判断该前期差错是否具有重要性的决定性因素。一般来说，前期差错所影响的财务报表项目的金额越大、性质越严重，其重要性水平越高。

企业应当严格区分会计估计变更和前期差错更正，对于前期根据当时的信息、假设等作了合理估计，在当期按照新的信息、假设等需要对前期估计金额作出变更的，应当作为会计估计变更处理，不应作为前期差错更正处理。

（四）前期差错更正的会计处理

会计差错产生于财务报表项目的确认、计量、列报或披露的会计处理过程中，如果财务报表中包含重要差错，或者差错不重要但是故意造成的（以便形成对企业财务状况、经营成果和现金流量等会计信息某种特定形式的列报），则应认为该财务报表未遵循企业会计准则的规定进行编报。在当期发现的当期差错应当在财务报表发布之前予以更正。对前期差错的会计处理要区分该前期差错的重要性分别采用不同的方法进行处理。

1. 不重要的前期差错的处理

对于不重要的前期差错，企业不需调整财务报表相关项目的期初数，但应调整发现当期与前期相同的相关项目。属于影响损益的，应直接计入本期与上期相同的净损益项目；属于不影响损益的，应调整本期与前期相同的相关项目。

【例 9-5】宏远股份有限公司在 2009 年 12 月 31 日发现，一台价值 10 万元，应计入固定资产，并于 2008 年 7 月 1 日开始计提折旧的管理用设备，在 2008 年计入了当期费用。该公司固定资产折旧采用直线法，该资产估计使用年限 5 年，假设不考虑净残值因素。

2009 年 12 月 31 日宏远股份有限公司更正此差错的会计分录为：

借：固定资产　　　　　　　　　　　　　　　　　　100 000
　　贷：管理费用　　　　　　　　　　　　　　　　　　70 000
　　　　累计折旧　　　　　　　　　　　　　　　　　　30 000

假设该项差错直到 2014 年 7 月后才发现，则不需要做任何分录，因为该项差错已经抵消了。

2. 重要的前期差错的处理

对于重要的前期差错，企业应当采用追溯重述法更正，但确定前期差错累积影响数不切实可行的除外。追溯重述法是指在发现前期差错时，视同该项前期差错从未发生过，从而对财务报表相关项目进行更正的方法。确定前期差错影响数不切实可行的，可以从可追溯重述的最早期间开始调整留存收益的期初余额，财务报表其他相关项目的期初余额也应当一并调整，也可以采用未来适用法。

企业应当在重要的前期差错发现后的财务报表中，调整前期比较数据。

为采用追溯重述法更正前期发生的重要会计差错，企业需要设置"以前年度损益调整"科目。该科目核算企业本年度发生的调整以前年度损益的事项以及本年度发现的重要前期差错更正涉及调整以前年度损益的事项。

（1）企业调整增加以前年度利润或减少以前年度亏损，借记有关科目，贷记"以前年度损益调整"科目；调整减少以前年度利润或增加以前年度亏损，借记"以前年度损益调整"科目，贷记有关科目。

（2）由于以前年度损益调整增加的所得税，借记"以前年度损益调整"科目，贷记"应交税费——应交所得税"科目；由于以前年度损益调整减少的所得税，借记"应交税费——应交所得税"科目，贷记"以前年度损益调整"科目。

（3）经上述调整后，应将"以前年度损益调整"科目的余额转入"利润分配——未分配利润"科目。"以前年度损益调整"科目如为贷方余额，借记"以前年度损益调整"科目，贷记"利润分配——未分配利润"科目；若为借方余额，则做相反的会计分录。"以前年度损益调整"科目结转后应无余额。

【例 9-6】宏远股份有限公司在 2009 年发现，2008 年公司漏记一项固定资产的折旧费用 50 万元，但在所得税申报表中扣除了该项折旧。假设 2008 年适用所得税税率25%,对上述折旧费用记录了12.5万元递延所得税负债,无其他纳税调整事项。该公司按净利润的10%提取法定盈余公积,按净利润的5%提取任意盈余公积。假定该项差错对宏远股份有限公司的会计信息使用者来说是重要的。

第一步,分析差错的影响数。

2008年少计折旧费用	500 000
少计累计折旧	500 000
多计所得税费用	125 000 *
多计净利润	375 000
多计递延所得税负债	125 000 *
多提法定盈余公积	37 500
多提任意盈余公积	18 750

* 125 000 = 500 000 × 25%

第二步,编制有关项目的调整分录。

①补提折旧

借:以前年度损益调整　　　　　　　　　　　　　　500 000
　　贷:累计折旧　　　　　　　　　　　　　　　　　　500 000

②调整递延税款

借:递延所得税负债　　　　　　　　　　　　　　　125 000
　　贷:以前年度损益调整　　　　　　　　　　　　　　125 000

③将"以前年度损益调整"科目的余额转入利润分配

借:利润分配——未分配利润　　　　　　　　　　　375 000
　　贷:以前年度损益调整　　　　　　　　　　　　　　375 000

④调整利润分配有关数字

借:盈余公积　　　　　　　　　　　　　　　　　　56 250
　　贷:利润分配——未分配利润　　　　　　　　　　　56 250

第三步,调整财务报表相关项目。

宏远股份有限公司在编报2009年财务报表时,应调减资产负债表年初数固定资产50万元;调减递延所得税负债12.5万元;调减盈余公积5.625万元;调减未分配利润31.875万元。应调增利润表营业成本上年金额50万元;调减所得税费用上年金额12.5万元;调减净利润上年金额37.5万元。

具体调整如表9-8和表9-9所示。

表9-8　　　　　　　　　资产负债表（部分）
2009年12月31日　　　　　　　　　　　　单位：万元

资产	年初余额			负债及所有者权益	年初余额		
	调整前	调增	调整后		调整前	调增	调整后
固定资产	K	50	K-50	递延所得税负债	X	12.5	X-12.5
				盈余公积	Y	5.625	Y-5.625
				未分配利润	Z	31.875	Z-31.875

表9-9　　　　　　　　　利润表（部分）
2009年　　　　　　　　　　　　单位：万元

项目	上期金额		
	调整前	调增	调整后
营业成本	Q	50	Q+50
所得税费用	W	12.5	W-12.5
净利润	S	37.5	S-37.5

四、资产负债表日后事项及其会计处理

（一）资产负债表日后事项的概念

资产负债表日后事项是指资产负债表日至财务报表批准报出日之间发生的有利或不利事项。财务报表批准报出日是指董事会或类似机构批准财务报表报出的日期。

资产负债表日后事项包括资产负债表日后调整事项和资产负债表日后非调整事项两种类型。

（二）资产负债表日后调整事项

资产负债表日后调整事项是指对资产负债表日已经存在的情况提供了新的

或进一步证据的事项。调整事项通常包括下列事项：①资产负债表日后诉讼案件结案，法院判决证实了企业在资产负债表日已经存在现时义务，需要调整原先确认的与该诉讼案件相关的预计负债，或确认一项新负债；②资产负债表日后取得确凿证据，表明某项资产在资产负债表日发生了减值或者需要调整该项资产原先确认的减值金额；③资产负债表日后进一步确定了资产负债表日前购入资产的成本或售出资产的收入；④资产负债表日后发现了财务报表舞弊或差错。

（三）资产负债表日后非调整事项

资产负债表日后非调整事项是指表明资产负债表日后发生的情况的事项。非调整事项通常包括下列事项：①资产负债表日后发生重大诉讼、仲裁、承诺；②资产负债表日后资产价格、税收政策、外汇汇率发生重大变化；③资产负债表日后因自然灾害导致资产发生重大损失；④资产负债表日后发行股票和债券以及其他巨额举债；⑤资产负债表日后资本公积转增资本；⑥资产负债表日后发生巨额亏损；⑦资产负债表日后发生企业合并或处置子公司。

（四）资产负债表日后事项的会计处理

企业发生的资产负债表日后调整事项，应当调整资产负债表日的财务报表；企业发生的资产负债表日后非调整事项，不应当调整资产负债表日的财务报表。

资产负债表日后调整事项应当分别以下情况处理：①涉及损益的事项通过"以前年度损益调整"科目核算；②涉及利润分配项目的调整事项，直接在"利润分配——未分配利润"科目核算；③不涉及损益及利润分配的项目，调整相关科目；④通过上述账务处理后，还应当同时调整会计报表相关项目的数字，主要包括：资产负债表日编制的会计报表相关项目的数字、当期编制的会计报表相关项目的年初数。经过上述调整后，如果涉及会计报表附注的，则还应当调整会计报表附注相关项目的数字。

【例9-7】宏远股份有限公司2009年5月销售一批商品，价税合计款项468 000 000元。按照合同规定1个月内收款。由于购货方出现财务困难，该笔销售款迟迟没有收回。当年年底时，宏远股份有限公司对该笔应收款项计提坏账准备23 400 000元。2010年2月26日，宏远股份有限公司得知购货方已经破产清算，估计只能收回价款的40%。按照企业所得税法的规定，宏远股份有限公司对应收账款计提的坏账准备不允许税前扣除。2010年2月26日，宏远股份有限公司的 2009 年年报尚未批准报出。宏远股份有限公司适用的企业所得税税率 25%。宏远股份有限公司按照 10% 计提法定盈余公积。

宏远股份有限公司的会计处理为：

第一步，补提坏账准备。468 000 000 × （1 - 40%） - 23 400 000 = 257 400 000 （元）

借：以前年度损益调整　　　　　　　　　　　　　　257 400 000
　　贷：坏账准备　　　　　　　　　　　　　　　　　　257 400 000

第二步，调整所得税费用。257 400 000 × 25% = 64 350 000 （元）

借：递延所得税资产　　　　　　　　　　　　　　　64 350 000
　　贷：以前年度损益调整　　　　　　　　　　　　　　64 350 000

第三步，将"以前年度损益调整"科目余额转入利润分配。

借：利润分配——未分配利润　　　　　　　　　　　193 050 000
　　贷：以前年度损益调整　　　　　　　　　　　　　　193 050 000

第四步，调整利润分配相关数字。

借：盈余公积　　　　　　　　　　　　　　　　　　19 305 000
　　贷：利润分配——未分配利润　　　　　　　　　　　19 305 000

第五步，调整财务报表相关项目。

宏远股份有限公司在编报 2009 年财务报表时，应调减资产负债表年末数应收账款 25 740 万元；调增递延所得税资产 6 435 万元；调减盈余公积 1 930.5 万元；调减未分配利润 17 374.5 万元。应调增利润表资产减值损失本期数金额 25 740 万元；调减所得税费用本期金额 6 435 万元；调减净利润本期金额 19 305 万元。

具体调整如表 9-10 和表 9-11 所示。

资产负债表（部分）

表 9-10　　　　　　　　　2009 年 12 月 31 日　　　　　　　　单位：万元

资产	期末余额			负债及所有者权益	期末余额		
	调整前	调增（减）	调整后		调整前	调减	调整后
应收账款	K	-25 740	K-25 740	盈余公积	Y	1 930.5	Y - 1 930.5
递延所得税资产	X	6 435	X + 6 435	未分配利润	Z	17 374.5	Z - 17 374.5

利润表（部分）

表 9-11　　　　　　　　　　2009 年　　　　　　　　　　单位：万元

项　目	本期金额		
	调整前	调增（减）	调整后
资产减值损失	Q	25 740	Q + 25 740
所得税费用	W	− 6 435	W − 6 435
净利润	S	− 19 305	S − 19 305

另外，需要读者注意的是，资产负债表日后，企业利润分配方案中拟分配的以及经审议批准宣告发放的股利或利润，不确认为资产负债表日负债，但应当在附注中单独披露。

【思考与练习】

一、思考题

1. 何谓会计规范体系？会计规范体系由哪些具体内容构成？
2. 我国会计规范体系由哪几个层次构成？
3. 我国现行企业会计准则体系由哪几部分构成？
4. 何谓追溯调整法？何谓未来适用法？企业对于会计政策变更的会计处理方法应如何选择？
5. 判断前期差错是否具有重要性的决定性因素是什么？
6. 追溯调整法和追溯重述法有何区别？分别适用怎样的会计调整事项？
7. 资产负债表日后事项的调整事项与非调整事项的主要区别体现在哪里？
8. 简述资产负债表日后调整事项的处理原则和具体会计处理方法。

二、练习题

（一）目的：练习会计政策变更的追溯调整法。

资料：宏远股份有限公司（以下简称"宏远公司"）所得税采用资产负债表债务法核算，所得税税率25%，按净利润的10%提取法定盈余公积。宏远公司拥有一栋办公楼，用于本公司总部办公。2007 年 12 月 30 日，宏远公司与甲企业签订了经营租赁协议，将这栋办公楼整体出租给甲企业使用，租赁期开始日为 2007 年 12 月 31 日，租期 3 年。2007 年 12 月 31 日，该办公楼的账面原值6 000万元，已计提折旧800万元。宏远公司每年收取租金240万元。宏远公司对该投资性房地产采用成本模式计量，预计使用年限30年，预计无净残值，采用年限平均法计提折旧，每年计提折旧200万元。

2010年1月1日起，宏远公司将该投资性房地产由成本模式改为公允价值计量模式，并采用追溯调整法进行处理。已知2008年年末该投资性房地产的公允价值5 600万元；2009年年末该投资性房地产的公允价值6 400万元。

假设按税法规定，该投资性房地产按成本模式计量发生的损益交纳企业所得税。

要求：对宏远公司2010年投资性房地产的会计政策变更采用追溯调整法进行账务处理。

(二) 目的：练习会计估计变更的未来适用法。

资料：海信股份有限公司2008年12月购入一台管理用电子设备作为固定资产使用，原价640万元，预计使用年限5年，预计净残值40万元。在购入时，公司采用直线法计提折旧。2011年1月1日起，折旧方法由直线法改为年数总和法，净残值不变，折旧年限由5年改为4年。假设税法规定按直线法计提的折旧可在所得税前抵扣。

要求：对海信股份有限公司2010年固定资产的会计估计变更采用未来适用法进行账务处理。

(三) 目的：练习重要前期差错的追溯重述法。

资料：飞星股份有限公司2009年6月15日发现2008年度少提管理用固定资产折旧100万元，但在所得税申报表中扣除了该项目。该企业所得税税率25%，按税后净利润的10%提取法定盈余公积金，5%提取任意盈余公积金。假定该项差错对飞星股份有限公司的会计信息使用者来说是重要的。

要求：对飞星股份有限公司2009年发现的2008年少计提固定资产折旧的差错采用追溯重述法进行账务处理。

(四) 目的：练习资产负债表日后调整事项的会计处理。

资料：飞鸽股份有限公司2009年12月20日销售一批商品给乙企业，价款200万元（不含税，增值税税率17%）。飞鸽股份有限公司发出商品后，按正常情况已确认收入，并结转销售成本160万元。此笔货款到年末尚未收到，飞鸽股份有限公司年末对该笔按应收账款计提了11.7万元的坏账准备。2010

年1月18日,由于产品质量问题,本批货物被退回。此时飞鸽股份有限公司2009年年报尚未批准报出。飞鸽股份有限公司和乙企业均为增值税一般纳税人,企业所得税税率25%,均按10%提取法定盈余公积。飞鸽股份有限公司于2010年2月28日完成2009年所得税汇算清缴。

要求:对飞鸽股份有限公司上述销售退回进行账务处理。

第十章 财务报表分析

【教学目的与要求】本章主要介绍财务报表分析的意义、内容与方法，基本财务比率分析和综合财务评价分析的原理与应用。本章教学的目的在于使学生了解财务报表分析的目的、方法和步骤，掌握基本财务比率计算和分析方法，熟悉杜邦分析法和财务比率综合评价法等的应用原理。

【教学重点与难点】本章的教学重点是偿债能力、盈利能力、资产营运能力及现金流量分析；本章的教学难点是财务报表的综合分析与评价。

第一节 财务报表分析的意义、内容与方法

一、财务报表分析的意义

财务报表分析是主要以财务报表数据为依据和起点，采用专门的方法，系统地、相互联系地和综合地解读与评价企业过去和现在的财务报表信息背后所隐藏的深层信息，以便全面地了解过去、评价现在、预测未来，帮助企业利益关系人改善决策的过程。

单一的财务报表一览无余地展示了企业特定会计期间和时点的会计信息，虽然直观且有用，但直接传达的信息容量有限，且有用性不能达到理想的高度。财务报表分析的主要功用则在于"解读"出隐藏在纵向与横向系列财务报表之间、财务报表各项目数据之间的大量"秘密"，传达财务报表表面数据所无法直接传达的对特定的决策人或特定决策项目更有用的信息，以减少决策的不确定性。这也就是财务报表分析的一般意义之所在。

由于财务报表的使用者的多元性，也决定了不同财务报表使用者进行财务报表分析的目的与意义的差异性，进而导致分析角度、重点和方法的多样性。

企业投资者进行财务报表分析的目的与意义侧重于分析企业盈利能力、破产风险和竞争能力，以分析来评价企业经营管理人员的业绩，考核他们作为企业资产的经营者是否称职；分析企业的盈利能力、股价变动和未来发展潜力，

以决定是继续追加投资还是出售、转让股份；分析企业的资本结构，以决定企业的股利分配政策与筹资策略。

企业债权人进行财务报表分析的目的与意义侧重于确保其债权资本的安全和必要的收益。譬如，为决定是否给企业贷款，要分析贷款的报酬和风险；为了解企业的短期偿债能力，要分析其资产的流动性；为了解企业的长期偿债能力，要分析其盈利状况；为决定是否出让债权，要评价其价值等。

企业经营管理人员进行财务报表分析的目的与意义最为全面与综合，几乎囊括所有外部利害关系人财务报表分析的意图。通过分析不仅要评判企业经营业绩、财务状况及其变动，还要预测企业未来的发展趋势，既要为保持企业良好的偿债能力、营运能力和竞争能力服务，又要为科学决策，努力实现企业价值最大化，确保各方利益，构筑和谐的可持续发展的财务与经营环境服务。

除上述之外，企业的利益关系人还包括供应商、政府、雇员、工会、中介机构等。供应商要通过财务报表分析主要了解企业的生产销售前景和信用水平，从而作出是否长期合作、是否应调整对该企业的商业信用政策的决策；政府要通过财务报表分析主要了解企业纳税情况、遵守政府法规和市场秩序的情况以及职工收入和就业状况，以评价现有宏观的调控政策；雇员和工会可借助财务报表分析判断企业盈利与雇员收入、保险、福利之间的相互关系，维护员工的合法权益；中介机构如会计师事务所等，通过对企业的财务报告进行查证、分析，一方面可以识别和控制审计风险，确定审计重点和方法，另一方面可以向各类报表使用者提供相关报告和专业咨询服务等。

二、财务报表分析的内容

目前，企业财务报表分析的内容主要包括以下几个方面：

（1）企业偿债能力分析。即分析财务报表中有关反映企业短期的和长期的偿债能力的信息。

（2）企业资产营运能力分析。即分析财务报表中有关反映企业运用流动资产、非流动资产和全部资产的效率的信息。

（3）企业盈利能力分析。即分析财务报表中有关反映企业运用资产赚取利润能力大小，亦即投入与产出、所费与所得关系与水平的信息。

（4）现金流量分析。即从现金流量的角度分析财务报表中有关反映企业财务风险与经营风险的信息。

（5）企业综合财务分析。即综合财务报表中有关反映企业偿债能力、资产营运能力、盈余能力及现金流量状况的数据，并结合其他相关资料，综合分析评价企业财务风险、经营风险及未来发展前景，并寻找应对措施与预案。

应当指出，完整意义上的财务报表分析应包括对"隐藏"于纵向与横向系列财务报表之间、财务报表各项目数据之间的各类有用信息的分析。譬如，近年来已出现将经营战略分析（包括主要的利润动因分析、经营风险分析、行业分析及公司竞争战略分析等）、经营前景分析（包括财务报表预测和公司评估）纳入财务报表分析的尝试。

三、财务报表分析的基本方法与步骤

（一）财务报表分析的基本方法

财务报表分析的目的是通过运用一定的方法和手段来实现的。不同的分析方法互有短长，综合运用一系列财务报表分析方法可以取长补短，增加财务报表分析的效果。财务报表分析中常用的方法主要有比较法、比率分析法、趋势分析法和因素分析法等。

1. 比较法

比较法是通过比较同质经济指标来揭示经济指标的数量关系和数量差异的一种方法。经济指标的数量关系（大于或小于、增加或减少），代表着生产经营活动的一定状况。经济指标出现了数量差异，预示着存在值得进一步分析的问题。比较法通常有以下三种比较分析形式：

（1）实际指标同计划或定额指标比较。用以揭示实际与计划或定额之间的差异，了解该项指标的计划或定额的完成情况。

（2）本期指标同上期指标或历史最高水平比较。用以确定前后不同时期同一指标的变动情况，了解企业生产经营活动的发展趋势和管理工作的有效性。

（3）本单位指标同国内外先进水平比较。用以找出与先进水平之间的差距，以利寻找原因，改善经营管理，赶超先进水平。

分析是一个过程，没有比较就没有分析。比较是分析问题，进而解决问题的起点。比较法的主要作用，在于提示财务活动中的数量关系和存在的差距，从中发现问题，为进一步分析原因、挖掘潜力指明方向。

应用比较法在对同一性质指标进行数量比较时，要注意所利用指标的可比性。比较双方的指标在内容、时间、计算方法、计价标准上应当口径一致，可以比较。在必要时，可对所用的指标按同一口径进行调整换算。

比较法是最基本也是最直观的分析方法，它不仅本身在财务报表分析中被

广泛应用，而且其他分析方法也大多建立在比较法的基础上的。广义的比较法还包括下面的比率分析法和趋势分析法。

2. 比率分析法

比率分析法是通过计算不同质经济指标之间的比率来揭示经济指标内在联系和经济活动正常度的分析方法。比率是相对数，排除了规模的影响。采用这种分析方法，能够把某些看似不可比但实际上存在内在相关性的经济指标进行对比，并从中解读出决策有用的信息。

比率分析法所计算的比率主要有以下三类：

（1）结构比率。又称构成比率，用以计算某项经济指标的各个组成部分占总体的比重，反映部分与总体的关系。其计算公式为：

$$结构比率 = \frac{总体中某个组成部分数额}{总体数额}$$

利用构成比率指标，可以考察总体中某个部分的形成和安排是否合理，以便协调各项财务活动。

（2）效率比率。用以计算某项经济活动中所费与所得的比例，反映投入与产出的关系。如成本费用与销售收入的比率、成本费用与利润的比率、利润与流动资产平均占用额的比率等。利用效率比率指标，可以进行得失比较，考查经营管理的效率与效益。

（3）相关比率。用以计算部分与总体关系、投入与产出关系之外具有内在相关关系指标的比率，如流动资产与流动负债的比率、负债与权益的比率、净现金流量与流动负债的比率等。利用相关比率指标，可以考察企业单一经济活动或整个经济活动现有状况的合理性，预测未来风险大小，以保障生产经营活动能够顺畅运行。相关比率指标在财务报表分析中应用得十分广泛。

合理运用比率分析法应该注意以下几个问题：一是对比指标要有相关性，将不相关的指标进行对比是没有意义的。二是要正确设定比率指标的评判标准。通常可用的标准有以下几种：①预定目标。它指企业自身制定的、要求在生产经营管理工作中应该达到的相应财务目标比率。将实际完成的比率与预定的目标比率比较，可以确定差异，发现问题，为进一步分析差异产生的原因提供线索。②历史标准。它指本企业在过去生产经营管理中实际完成的财务比率数据。它是企业已经达到的实际水平。将企业本期的比率与历史上已达到的比率对比，可以分析和考查企业财务状况和整个经营活动的改进情况，并预测企业财务活动的发展趋势。③行业标准。它指本行业内同类企业已经达到的水平。行业内同类企业的标准有两种：一种是先进水平，另一种是平均水平。将本企业的财务比率与先进水平比,可以了解同先进企业的差距,发现本企业潜力之所在;将本企业的财务比率与平均水平比,可以了解本企业在行业中所处的位置,明确努力的方向。处于平均水平以下者要追赶平均水平,达到平均水平者应追赶先进水平。④公认标准。它指经过长期实践经验的总结,被广泛认同的某些标准,借以评价企业的现行状况和面临的风险。

3. 趋势分析法

趋势分析法是将数期(两期及以上)财务报表中的相同指标或比率进行对比,确定其增减变动方向、数额和幅度的一种方法。该方法的主要功用在于揭示企业财务状况和生产经营情况的变化,进而为分析引起变化的主要原因、变动的性质,并预测企业未来的发展前景奠定基础。

趋势分析法的具体运用主要有以下三种:

(1)重要财务指标的趋势比较分析。重要财务指标的趋势比较分析,就是重点选取不同时期财务报表中的相同项目数据或依财务报表项目数据计算的不同时期相同的重要的财务比率进行比较,直接观察其绝对额或比率的增减变动情况及变动幅度,考察有关业务的发展趋势,预测其发展前景。

对不同时期财务指标的趋势比较分析,一般通过计算动态比率指标,如利润增长的百分比进行。由于采用的基期数不同,所计算的动态比率指标有两种,即定基动态比率和环比动态比率。定期动态比率是以某一时期的数额为固定的基期数额而计算出来的动态比率;环比动态比率是以每一分析的前期数额为基期数额而计算出来的动态比率。其计算公式如下:

$$定基动态比率 = \frac{分析期数额}{固定基期数额}$$

$$环比动态比率 = \frac{分析期数额}{前期数额}$$

(2)财务报表项目趋势比较分析。财务报表项目趋势比较分析,就是将连续数期的财务报表的全部项目金额并列起来,比较其相同指标的增减变动金额和增减变动幅度,来全面说明企业财务状况、经营成果、现金流量及股东权益等发展变化的一种方法。

财务报表项目全面趋势比较,包括资产负债表比较、利润表比较、现金流量表以及股东权益变动表比较等。在比较时,既要计算出表中有关项目增减变动的绝对额,又要计算出其增减变动的百分比。

(3)财务报表构成的趋势比较分析。财务报表构成的趋势比较分析是在前面所述的财务报表比率分析的基础上发展而来的。它以财务报表比率分析法所计算各个报表项目的结构百分比为基础,通过比较不同时期或不同企业各个财务报表项目的结构百分比的增减变动来判断有关财务指标的变化趋势。这种趋势比较分析比前一种趋势比较分析更能准确地分析企业财务活动的发展趋势。这种方法既可用于同一企业不同时期财务状况的纵向比较,也可用于不同企业之间或与行业平均数之间的横向比较。这种方法能消除不同时期(不同企业)之间业务规模差异的影响。

采用趋势分析法时需要注意以下几个问题:一是用以进行对比的各个时期的指标,在计算口径上必须一致。当经济政策、财务制度发生重大变化而影响指标内容时,应将指标调整为同一口径。二是因偶然因素对财务活动产生的影响,在分析时应加以消除,在必要时对不正常的价格变动因素也要加以调整。三是在分析中若发现某项财务指标存在异常变动,则应重点分析并深入研究其原因。

4. 因素分析法

因素分析法是依据分析指标与其影响因素之间的关系,按照一定的程序和方法,确定各因素对分析指标总差异影响程度的一种技术方法。因素分析法在实务中可分为连环替代法和差额计算法两种具体操作方法。

(1) 连环替代法。

连环替代法的具体计算分析程序如下:

①确定分析指标与其影响因素之间的关系。确定分析指标与其影响因素之间关系的方法,通常是用指标分解法,即将经济指标在计算公式的基础上进行分解或扩展,从而得出各相关因素与分析指标的关系及顺序①。

②根据分析指标的报告期数值与基期数值(或标杆数值②,下同)分别列出其计算因素关系式,并确定其总差异值。

③连环顺序替代。所谓连环顺序替代,就是以基期指标的计算因素关系式基础,用实际指标计算因素关系式中的每一因素的实际数依次顺序地替代其相应的基期数,每次替代一个因素,替代后的因素被保留下来,有几个因素就替代几次,并相应确定计算结果。

④比较每个因素的替代结果,确定每个因素对分析指标的影响程度。比较

---

① 各因素的排列顺序不同,将直接影响最终各因素的影响度评价。目前尽管在各因素如何排列规律的认识上尚有争论,但更多的倾向为数量因素居前,质量因素居后排列。

② 标杆数值既可以是同行业先进数值或平均数值,也可以是本企业报告期的计划或定额数值。

替代结果是连环进行的,即将每次替代所计算的结果与这一因素被替代前的结果进行对比,两者的差额就是替代因素对分析对象的影响程度。

⑤检验分析结果。即将各因素对分析指标的影响值相加,其代数和应等于事先计算确定的报告期数值与基期数值的总差异。

连环替代法,作为因素分析法的主要形式,在实践中应用比较广泛。但是,应用连环替代法过程中必须注意以下几个问题:一是因素分解的相关性问题。即要求分析指标与其影响因素之间必须相关,否则不具备连环替代的基本条件;二是分析前提的假设性问题。即要求分析在某一因素对经济指标差异的影响时,必须假定其他因素不变,否则就不能分清各单一因素对分析对象的影响程度;三是因素替代的顺序性问题。因素分解不仅要求因素确定准确,而且因素排列顺序也不能随意交换,也就是说乘法交换率在此不被认可;四是顺序替代的连环性问题。即在确定各因素变动对分析对象影响时,都是将某因素替代后的结果与该因素替代前的结果对比,一环套一环,不得任意对比。

(2)差额计算分析法。

差额计算分析法是连环替代法的一种简化形式。差额计算分析法的原理与连环替代法实际上是相同的。应用连环替代法应注意的问题,在应用差额计算分析法时同样也须注意。区别只在于分析程序上,差额计算分析法比连环替代法简化,即它可直接利用各影响因素的实际数与基期数的差额,在其他因素不变的假定条件下,计算各该因素对分析指标的影响程度。或者说差额法是将连环替代法计算过程中的前后两个步骤合并为一个步骤进行而已。

因素分析法在财务报表分析中应用颇为广泛,它既可以全面分析各因素对某一经济指标的总体影响,又可以单独分析出某个因素对某一经济指标的影响程度,进而为寻找财务指标出现偏差原因开辟了很好的途径。

(二)财务报表分析的一般步骤

财务报表分析是一个研究和探索的过程。虽然具体分析程序和内容是根据分析目的个别设计的,不存在唯一的通用分析程序,但是分析过程的一般步骤仍具有一定程度的类似性。财务报表分析的一般步骤包括:

1. 明确分析的目的

财务报表分析首先要明确分析的目的,这是分析的出发点和归宿。只有目的明确,才能确定分析的对象、范围和方法,并搜集有关的资料。

2. 搜集有关信息资料

在明确分析目的的基础上,分析人要根据财务报表分析的目的来搜集有关资料与信息。财务报表分析所依据的主要资料数据是财务报表，因此，企业的资产负债表、利润表、现金流量表及所有者权益变更表便是最基本的分析资料来源。需要特别指出的是，企业财务报表之外的资料与信息，如与企业经营活动有关的外部环境信息、企业本身的历史、现状、前景等动态信息，还有国内外同行业先进企业的资料信息等，也是对企业财务报表进行恰如其分的分析与判断所不可或缺的。

3. 选择适当方法进行分析

根据分析的目的，采用相应的方法与手段，对搜集到的资料与信息进行适当的加工、整理、计算与关联，以获取财务报表项目所无法直接传达的重要关系和财务数据信息。

4. 提供分析报告

财务报表分析的最终目的是为会计信息使用者的决策提供更多更有用的信息。因此，财务报表分析的最后步骤是在前述比较和分析的基础上，将分析的结果形成书面文件，向有关方面报告，以满足其决策的需要。

第二节　偿债能力分析

一、短期偿债能力分析

偿债能力是指企业偿还到期债务（包括本息）的能力。偿债能力有短期与长期之分，因此偿债能力分析也相应地包括短期偿债能力分析和长期偿债能力分析。

顾名思义，短期偿债能力分析是从财务报表角度对企业清偿一年内（或超过一年的一个营业周期内）到期的各项债务的能力的分析与评价。

分析判断企业短期偿债能力的关键是企业资产的流动性问题。所谓资产流动性是指在不需要大幅度价格让步的情况下，资产在短期内（通常指一年或超过一年的一个营业周期以内，下同）转换为现金的能力。如果相对于短期债务而言，一个企业在短期内的可变现资产越多，则意味着短期债务的清偿越有保障，短期偿债能力相应地就越强；反之，则弱。

从财务报表角度反映资产流动性的财务指标主要有：流动比率和速动比率。

(一) 流动比率

1. 流动比率的含义及计算

流动比率是流动资产与流动负债的比率。其计算公式为：

$$流动比率 = \frac{流动资产}{流动负债}$$

上式中的流动资产是指在一年或超过一年的一个营业周期以内变现或耗用的资产，主要包括现金、短期投资、应收及预付账款、应收票据和存货等。流动负债是指在一年内或超过一年的一个营业周期内偿还的债务，主要包括短期借款、应付及预收账款、应付票据、应交税费、应付利润、应付股利以及短期内到期的长期负债等。

【例 10-1】甲股份有限公司的资产负债表见第五章的表 5-6。

根据表 5-6 的相关数据，甲股份有限公司 2009 年年末的流动比率为：

$$流动比率 = \frac{8\ 289\ 290}{3\ 126\ 859.70} = 2.65$$

2. 流动比率分析

流动比率是衡量企业短期偿债能力的一个重要财务指标。这个比率越高，表明短期偿债能力越强，流动负债获得清偿的机会越大，安全性也越大；流动比率太低，表明企业缺乏短期偿债能力。

当然，并不能因此鼓励追求过高的流动比率的行为。流动比率太高虽然能说明短期偿债能力强，但也可能表明企业的现金、存货等流动资产有闲置或流动负债利用不足。因此过高的流动比率对债权人有利，但对实现企业财务目标来讲不一定是好事。

一般认为，流动比率维持在 2:1 比较合理。这是因为在流动资产中变现能力最差的存货，其金额约占流动资产总额的一半，剩下的流动性较强的流动资产至少要等于流动负债，企业的短期偿债能力才会有保障。但这并不能成其为判断企业流动比率优劣的绝对标准，实务中仍有不少流动比率接近 1:1 的企业的短期偿债能力却一直保持良好的案例。因此，至于究竟怎样的流动比率水平对于企业才算最佳，实际上应视不同行业、不同企业的具体情况而定。一般来说，应收账款和存货周转快的企业，其流动比率的合理标准可相对降低。各企业在评判该指标时，最好是与该企业历史平均水平、计划水平或同业平均水平对比较为妥当。

(二) 速动比率

1. 速动比率的含义

速动比率是企业的速动资产和流动负债的比率。其计算公式为:

$$速动比率 = \frac{速动资产}{流动负债} = \frac{流动资产 - 存货}{流动负债}$$

公式中的速动资产是指流动资产扣除存货后的部分,主要包括现金、短期投资、应收及预付款项等。

【例 10-2】 仍沿用第五章表 5-6 的相关数据,计算甲股份有限公司 2009 年年末的速动比率为:

$$速动比率 = \frac{8\,289\,290 - 5\,149\,400}{3\,126\,859.70} = 1.00$$

2. 速动比率分析

实务中通常将速动比率作为以流动比率分析企业流动性时的补充。在企业的流动资产中,存货的流动性相对较差,且存货的变现能力存在较大的不确定性,所以,用流动比率来反映偿债能力往往会出现误导。而速动比率由于计算时不包含存货因素,能比流动比率更好地反映企业的变现能力和短期偿债能力。

一般认为正常的速动比率为 1:1,维持在 1:1 以上,才算具有良好的财务状况以及较强的短期偿债能力,并说明企业能较好地应付可能发生的财务危机。当然,这也仅是一般的看法,不构成统一的标准,应用时也要结合行业和企业的具体情况进行分析。

上述两个指标是反映企业资产流动性和短期偿债能力的主要指标,在进行分析时,要注意以下几个问题:一是上述两指标各有侧重,在分析时要结合使用,以便全面、准确地作出判断;二是上述两指标中分母的流动负债必须包括于未来一年内到期的非流动负债;三是对企业短期偿债能力的评估中不能仅以计算结果和设定标准为依据,还必须考虑财务报表中没有列示的因素的影响,如企业借款能力、准备出售的长期资产、或有负债等,在分析时应一并综合考虑后才能得出偿债高低的结论。

二、长期偿债能力分析

企业的长期偿债能力与债务和资产、净资产的关系相关。通常用来分析判断企业长期偿债能力的指标包括资产负债率、股东权益比率、产权比率和已获利息倍数等。

（一）资产负债率

资产负债率又称负债比率，是企业负债总额对资产总额的比率。它表明企业资产总额中，债权人提供资金所占的比重，以及企业资产对债权人权益的保障程度。其计算公式为：

$$资产负债率 = \frac{负债总额}{资产总额} \times 100\%$$

企业的资产总额也就是企业的全部资金总额，资产负债率一方面反映在企业全部资金中有多大的比例是通过借债而形成的，另一方面反映企业资产对债权人权益的保障程度。对债权人来说，最关心的就是借出款项的安全程度。如果这一比率很高，说明投资者投入的资本在全部资金中所占比重很小，而借入资金所占比重很大，企业的风险将主要由债权人来承担。因此，这个比率越高，说明长期偿债能力越差；反之，这个比率越低，则说明长期偿债能力越好。当然，对于企业的股东者来说则不完全相同，其并不希望该比率过低，因为过低的资产负债率意味着股东会承担过大的投资风险，同时在经营环境向好，资本回报率超过负债平均利率的情况下，也不能充分发挥财务杠杆效应，因此股东和经营者往往希望在财务风险适度，不影响进一步筹资的前提下，该比率尽可能高些。

【例10-3】 根据第五章表5-6的相关数据，可计算出甲股份有限公司2009年年末的资产负债率为：

$$资产负债率 = \frac{5\,446\,859.7}{15\,958\,230} \times 100\% = 34.13\%$$

（二）股东权益比率

股东权益比率是企业的所有者权益与资产总额的比率。其计算公式为：

$$股东权益比率 = \frac{所有者权益总额}{资产总额} \times 100\%$$

这一比率反映了在企业全部资金中，企业所有者权益所占的比重。这一比率越高，说明所有者投入的资金在全部资金中所占的比例越大，企业财务风险越小，长期偿债能力越强。因此，从偿债能力角度来看，这一比率越高越好。

【例10-4】 继续沿用第五章表5-6的相关数据，计算甲股份有限公司2009年年末的股东权益比率为：

$$股东权益比率 = \frac{10\ 511\ 370.3}{15\ 958\ 230} \times 100\% = 65.87\%$$

负债总额加股东权益总额等于资产总额，因此股东权益比率与负债比率之和按同口径计算应等于1。股东权益比率越大，负债比率就越小，企业的财务分析风险也就越小。这也进一步说明股东权益比率是从另一个侧面来反映企业财务状况和长期偿债能力的指标。

股东权益比率的倒数，称为权益总资产率，又称权益乘数，说明企业资产总额是股东权益的多少倍。该项比率越大，表明股东投入的资本在资产总额中所占的比重越小，对负债经营的依赖程度越高。该比率的计算公式为：

$$权益乘数 = \frac{资产总额}{所有者权益总额}$$

式中分子与分母的金额在年度内有较大变动的情况下，可考虑使用平均资产总额和平均所有者权益总额计算。

【例10-5】 继续沿用第五章表5-6的相关数据，计算甲股份有限公司2009年年末的权益乘数为：

$$权益乘数 = \frac{15\ 958\ 230}{10\ 511\ 370.3} = 1.52$$

如果用平均资产总额和平均所有者权益总额计算，则2009年甲股份有限公司的权益乘数约为1.58。

（三）产权比率

产权比率，又称负债与股东权益比率，是负债总额与所有者权益之间的比率，是企业财务结构稳健与否的重要标志。它反映企业所有者权益对债权人权益的保障程度。这一比率越低，一方面表明债权人权益的保障程度越高，所承担的风险越小，另一方面表明企业的长期偿债能力越强，获取债权人向企业增加新的借款可能性越大。反之，则相反。其计算公式为：

$$产权比率 = \frac{负债总额}{所有者权益总额} \times 100\%$$

【例10-6】 继续沿用第五章表5-6的相关数据，计算甲股份有限公司2009年年末的产权比率为：

$$产权比率 = \frac{5\ 446\ 859.70}{10\ 511\ 370.3} \times 100\% = 51.82\%$$

上述三项比率是反映企业长期偿债能力的最主要指标。在进行分析时，要注意以下几个问题：一是上述指标没有统一的评判优劣的具体标准。相对于特定企业而言，更可靠的评价标准就是其计划数、历史平均值或同行业平均水平。二是要充分考虑长期存在的经营性租赁、担保责任和或有项目等表外因素对长期偿债能力的影响。三是从长远来看，企业的偿债能力与盈利能力关系密切，盈利能力决定偿债能力，因此，在分析长期偿债能力时，应结合盈利能力的指标来进行。

（四）已获利息倍数

已获利息倍数，又称利息保障倍数，是企业生产经营所获得的息前税前利润与利息费用的比率。它可以反映获利能力对债务偿付的保证程度。企业生产经营所获得的息前税前利润对于利息费用的倍数越大，说明企业支付利息费用的能力越强。反之，则说明支付利息的能力比较弱。因此，债权人常常借助分析已获利息倍数指标来衡量债权的安全程度。该指标的计算公式为：

$$已获利息倍数 = \frac{息前税前利润}{利息费用}$$

公式中的"息前税前利润"是指"利润表"中未扣除利息费用和所得税费用之前的利润，它可以用税后利润加所得税费用再加上利息费用得出。实务中，由于"利润表"中的"财务费用"项目一般未注明其中"利息费用"的数额，所以在计算时通常直接使用"财务费用"项目的金额作为"利息费用"的替代。公式中，分母的"利息费用"与分子的"利息费用"可能不完全相同，它包含当期资本化的利息费用。

【例10-7】根据第五章"例5-1"及第六章表6-7的相关资料及数据，甲股份有限公司2009年度"利润表"中的税后利润475 802元，所得税费用204 798元，利息费用（财务费用）83 000元；另外当年资本化的借款利息300 000元，据之计算甲股份有限公司2009年的已获利息倍数为：

$$已获利息倍数 = \frac{475\ 802 + 204\ 798 + 83\ 000}{83\ 000 + 300\ 000} = 1.99$$

可见从长期看，一个企业若要维持正常偿债能力，已获利息倍数至少应当大于1。与前述指标的评价不同，无论是债权人，还是股东，均希望已获利息倍数越大越好，因为比值越高，对债权人来讲收回债务本息的安全性与稳定性越高，对于股东和经营者来说发生亏损、甚至破产清算的风险越低。此指标若低于1，说明企业实现的利润不足以支付其当期利息费用，不仅表明企业有亏损之忧，更有因不能及时偿付债务本息而被起诉，甚至被强制破产清算风险。究竟企业已获利息倍数应为多少为好，也要根据往年经验结合行业特点来具体作出判断。从稳健的角度出发，除非遇有特殊情况，否则最好比较本企业连续几年的该指标，并选择最低指标年度的数据作为标准。

第三节　资产营运能力分析

一、总资产周转情况分析

资产营运能力分析是主要以财务报表数据为基础，通过计算与分析企业生产经营资金周转速度的有关指标来评价企业资产利用的效率的过程。企业生产经营资金周转速度越快，通常表明企业资产利用的效能越好，效率越高，企业管理人员的经营管理能力越强。资产营运能力分析主要包括总资产周转情况分析、流动资产周转情况分析和固定资产周转情况分析等。

总资产周转情况分析主要是通过计算分析企业的总资产周转次数和周转期进行的。

（一）总资产周转次数

总资产周转次数反映企业全部资产在一定期间所完成循环的次数。它是企业周转额（通常以利润表中的"营业收入"项目金额代表）与平均资产总额（通常以资产负债表期末期初资产总额的简单算术平均数代表）的比率。其计算公式为：

$$总资产周转次数 = \frac{营业收入}{平均资产总额}$$

总资产周转次数若较高，则表明企业全部资产的使用效率较好，生产经营成果自然也不会差。如果周转次数较低，则说明企业利用全部资产进行生产经营的效率不理想，最终企业的获利能力也自然不会好。企业所有的利益关系人（包括股东、债权人、经营者、政府相关部门乃至企业职工个人）一般都期望企业该指标高些。提高该指标的途径是提高营业收入，减少总资产平均占用额。

【例10-8】根据第五章表5-6和第六章表6-7的相关数据，计算甲股份有限公司2009年的总资产周转率为：

$$总资产周转率 = \frac{2\ 500\ 000}{(15\ 958\ 230 + 16\ 602\ 800) \div 2} = 0.1535（次）$$

这说明甲股份有限公司2009年度运用其资产仅获得了相当于资产0.15倍

的营业收入,从一般意义上来说,总资产的周转速度是偏低的。当然要更客观地判断这个结果是否合理,需要同该公司历史水平及该公司所在行业平均水平进行对比才能确定。

(二) 总资产周转期

总资产周转期反映企业全部资产每周转一次所需要的时间(天数)。它是分析期天数与总资产周转率的比率,或者是平均资产总额与分析期天数的乘积与周转额(营业收入)的比率。其计算公式为:

$$总资产周转期(天数) = \frac{分析期天数}{总资产周转次数}$$
$$= \frac{平均资产总额 \times 分析期天数}{营业收入}$$

上式中"分析期天数"是指所分析的财务报表所涵盖的会计期间的天数,如年度财务报表分析所涵盖的会计期间天数为365天(实务中为方便计算往往取整为360天,下同)。总资产周转期越短,说明资产利用效率越高;反之,则说明资产利用效率越低。

二、流动资产周转情况分析

流动资产周转情况分析主要是通过计算分析营业周期、应收账款周转次数与周转天数、存货周转次数与周转天数以及流动资产周转次数与周转天数等进行的。

(一) 营业周期

营业周期是通常指从企业取得存货开始到销售存货并收回现金为止的期间。营业周期的长短取决于应收账款周转天数和存货周转天数。其计算公式如下:

$$营业周期 = 应收账款周转天数 + 存货周转天数$$

一般情况下,营业周期短,说明资金周转速度快;营业周期长,说明资金周转速度慢。

(二) 存货周转次数与周转天数

存货周转次数是企业一定时期的销货成本(一般以"营业成本"代表)与存货平均占用额的比值;存货周转天数是分析期天数与存货周转次数的比

值。其有关计算公式分别为：

$$存货周转次数 = \frac{销货成本}{存货平均占用额}$$

$$存货周转天数 = \frac{分析期天数}{存货周转次数} = \frac{存货平均占用额 \times 分析期天数}{销货成本}$$

其中：存货平均占用额 =（期初存货余额 + 期末存货余额）÷ 2

一定时期内存货周转次数越多，说明存货周转快，存货利用效果好。而存货周转天数越少，说明存货周转快，存货利用效果好。

【例10-9】根据第五章表5-6和第六章表6-7的相关数据，计算甲股份有限公司2009年的存货周转次数与周转天数分别为：

$$存货周转次数 = \frac{1\ 500\ 000}{(5\ 149\ 400 + 5\ 160\ 000) \div 2} = 0.29（次）$$

$$存货周转天数 = \frac{360}{60\ 000} = 1\ 241.38（天）$$

可见，该公司的存货周转速度总体上太慢。当然要更好地评判存货的周转情况，最好还要结合该公司的计划数、历史平均水平和同行业平均水平进行。

（三）应收账款周转次数与天数

应收账款周转次数是企业一定时期的营业收入与应收账款平均占用额的比值；应收账款周转天数是分析期天数与应收账款周转次数的比值。其有关计算公式分别为：

$$应收账款周转次数 = \frac{营业收入}{应收账款平均占用额}$$

$$应收账款周转天数 = \frac{分析期天数}{应收账款周转次数}$$

$$= \frac{应收账款平均占用额 \times 分析期天数}{营业收入}$$

上面的公式中的"营业收入"取自利润表中相应项目的金额。从理论上讲，用以计算应收账款周转次数与天数的周转额应采用赊销收入额为妥。但是一定时期企业的赊销收入不仅财务报表的外部使用人无法取得，就连财务报表的内部使用人准确得到该数据也不易，因此，假定"现金销售"是收账时间为零的赊销，而直接采用"营业收入"项目的金额进行相关的计算与分析，并保持此做法的前后一贯性，也是合乎逻辑的，不会对分析结论产生实质影响。式中"应收账款平均占用额"是期初应收账款与期末应收账款的简单算术平均数。需要说明的是，这里的应收账款既包括资产负债表中的"应收账款"，也包括"应收票据"。

一定时期内应收账款的周转次数越多，说明应收账款周转越快，应收账款的利用效果越好。应收账款周转天数，又称应收账款占用天数、应收账款账龄、应收账款平均收现期，是反映应收账款周转情况的重要指标，周转天数越少，说明应收账款周转越快，利用效果越好。

【例10-10】根据第五章表5-6和第六章表6-7的相关数据，计算甲股份有限公司2009年的应收账款周转次数与周转天数分别为：

$$应收账款周转次数 = \frac{2\ 500\ 000}{(92\ 000 + 1\ 196\ 400 + 492\ 000 + 598\ 200) \div 2}$$
$$= 2.10（次）$$

$$应收账款周转天数 = \frac{360}{2.10} = 171.43（天）$$

（四）流动资产周转次数与周转天数

流动资产周转次数是企业分析期实现的营业收入和该期间流动资产平均占用额的比率。流动资产周转天数是分析期天数与流动资产周转次数的比值。其计算公式分别为：

$$流动资产周转次数 = \frac{营业收入}{流动资产平均占用额}$$

$$流动资产周转天数 = \frac{分析期天数}{流动资产周转次数}$$
$$= \frac{流动资产平均占用额 \times 分析期天数}{营业收入}$$

其中：流动资产平均占用额 =（流动资产期初余额 + 流动资产期末余额）÷2

一定时期内流动资产周转次数越多，说明流动资产周转得越快，利用效果越好。周转一次所需天数越少，说明流动资产周转越快，利用效果越好。周转一次所需天数越少，则相应地流动资产在一定时期内周转次数就会越多。

【例10-11】根据第五章表5-6和第六章表6-7的相关数据，计算甲股份有限公司2009年的流动资产周转次数与周转天数分别为：

$$流动资产周转次数 = \frac{2\ 500\ 000}{(8\ 289\ 290 + 9\ 302\ 800) \div 2} = 0.28（次）$$

$$流动资产周转天数 = \frac{360}{0.28} = 1\ 285.71（天）$$

可见，与前面的存货与应收账款周转情况相联系，甲股份有限公司的流动资产周转速度很慢，需要进一步查找原因。

三、固定资产周转情况分析

固定资产周转情况分析也是通过计算分析固定资产周转次数和周转天数进行的。固定资产周转次数是企业一定时期实现的营业收入与同期固定资产平均净值的比率。其计算公式为：

$$固定资产周转次数 = \frac{营业收入}{固定资产平均净值}$$

其中：固定资产平均净值为资产负债表"固定资产"项目"期末余额"与"期初余额"的简单算术平均数。

固定资产周转次数越高，表明企业固定资产利用越充分，同时也能大体表明企业固定资产投资比较得当，结构较合理。反之，如果固定资产周转次数较低，则表明固定资产使用效率不高，企业的营运能力不强。

在运用固定资产周转次数指标进行分析时，既需要考虑固定资产净值因计提折旧和减值准备而逐年减少的影响，又应顾及因更新重置而突然增加的影响；在不同企业间进行分析比较时，还要考虑采用不同折旧方法对净值的影响等。

固定资产周转天数与前述的流动资产的例子相似，即分析期天数与周转次数的比值，周转天数越少，说明固定资产周转情况越好。在此不再列示其计算公式了。

【例 9-12】 根据第五章表 5-6 和第六章表 6-7 的相关数据，计算甲股份有限公司 2009 年的固定资产周转次数为：

$$固定资产周转次数 = \frac{2\,500\,000}{(4\,232\,940 + 2\,200\,000) \div 2} = 0.78（次）$$

综观甲股份有限公司的资产营运能力分析，该公司的资产周转速度总体不甚理想，但固定资产的周转情况好于流动资产，可见总资产周转速度较慢主要是流动资产周转速度慢所致，而流动资产周转慢的主因在于存货周转速度较慢，其具体原因何在，需要进一步查明。

第四节　盈利能力分析

一、资产盈利能力分析

盈利能力就是企业赚取利润的能力。无论是投资者，还是债权人，都期望企业盈利能力强大。强大的盈利能力是维系企业良好偿债能力和可持续发展的后劲的根本保证,也是企业存在的重要目标所在。企业盈利能力分析是通过计算分析企业资产盈利能力、权益盈利能力和其他盈利能力进行的。

企业资产盈利能力分析是计算分析企业运用资产获取利润的能力的过程。通常用来评价这一能力的指标是资产净利率。

资产净利率是企业净利润与企业平均资产总额的比率。其计算公式为:

$$资产净利率 = \frac{净利润}{平均资产总额} \times 100\%$$

式中资产平均总额为年初资产总额与年末资产总额的平均数。

此项比率越高,表明资产利用的效益越好,企业整体获利能力越强;反之,则表明资产利用的效益不好,企业整体获利能力不强。

此项指标表面上看仅是资产利用效益和效果性指标,但实际上更是一个综合性指标,因为净利润的多少与企业资产多少、资产与资本结构以及经营管理水平等均有密切关系,是企业多方面因素的综合反映。因此,该项指标的分析非常重要,它对于进一步深挖细找企业生产经营过程中存在的问题有重要价值。

【例 10-13】根据第五章表 5-6 和第六章表 6-7 的相关数据,计算甲股份有限公司 2009 年的资产净利率为:

$$资产净利率 = \frac{475\ 802}{(15\ 958\ 230 + 16\ 602\ 800) \div 2} \times 100\% = 2.92\%$$

甲股份有限公司该指标的实际值是否合理,应与该公司前期、与计划、与同行业平均水平和先进水平对比确定。

二、权益盈利能力分析

权益盈利能力分析是计算分析企业运用所有者权益(即净资产)赚取利润能力的过程。通常用来分析评价这一能力的指标是权益净利率。

权益净利润,又称净资产收益率、所有者权益报酬率、股东权益报酬率,是企业净利润与平均所有者权益的比率。其计算公式为:

$$权益净利率 = \frac{净利润}{平均所有者所益} \times 100\%$$

式中"平均所有者权益"是分析期期初与期末所有者权益的平均数。

该指标反映企业运用所有者权益获取利润的水平。该比率越高,表明净资产的收益水平越高,获利能力越强;反之,则收益水平不高,获利能力不强。

【例 10-14】根据第五章表 5-6 和第六章表 6-7 的相关数据,计算甲股份有限公司 2009 年的权益净利率为：

$$权益净利率 = \frac{475\ 802}{(10\ 511\ 370.30 + 10\ 100\ 000) \div 2} \times 100\% = 4.62\%$$

该指标的分析也具有很强的综合性。通过该指标可以进一步分析公司存在的主要问题，其具体分析方法见第六节中的"杜邦财务分析"。

三、其他盈利能力分析

其他盈利能力分析是计算分析企业除上述外的其他所费与所得之间的关系，评价企业赚取利润能力的过程。通常用以分析评价的指标有销售毛利率、销售净利率和成本费用利润率等。

（一）销售毛利率

销售毛利率是营业毛利与营业收入的比率，其计算公式为：

$$销售毛利率 = \frac{营业收入 - 营业成本}{营业收入} \times 100\% = \frac{毛利}{营业收入} \times 100\%$$

销售毛利率反映了毛利与营业收入的对比关系。这一指标越高说明企业盈利能力越强。

【例 10-15】 根据第六章表 6-7 的相关数据，计算甲股份有限公司 2009 年的销售毛利率为：

$$销售毛利率 = \frac{2\ 500\ 000 - 1\ 500\ 000}{2\ 500\ 000} \times 100\% = 40\%$$

（二）销售净利率

销售净利率是净利润和营业收入的比率。其计算公式为：

$$销售净利率 = \frac{净利润}{营业收入} \times 100\%$$

销售净利率反映了净利润和营业收入之间的对比关系，这一指标越高，说明盈利能力越强。

【例 10-16】 根据第六章表 6-7 的相关数据，计算甲股份有限公司 2009 年的销售净利率为：

$$销售净利率 = \frac{475\ 802}{2\ 500\ 000} \times 100\% = 19.03\%$$

（三）成本费用利润率

成本费用利润率是企业利润总额与成本费用总额的比率。它是反映企业生产经营过程中发生的耗费与获得的收益之间关系的指标。其计算公式为：

$$成本费用利润率 = \frac{利润总额}{成本费用额} \times 100\%$$

式中"利润总额"取自利润表相应项目金额，"成本费用额"取自利润表中构成利润总额的各项成本费用支出之和。为更好地反映企业日常生产经营活动的耗费与所得之间的关系，可用利润表中"营业利润"代替"利润总额"，相应地，"成本费用额"仅包括与"营业利润"项目相关的各项成本费用金额之和。

该比率越高，表明企业单位耗费所取得的收益越高。这是一个能直接反映增收节支、增产节约效益的指标。

【例 10-17】根据第六章表 6-7 的相关数据，计算甲股份有限公司 2009 年的成本费用利润率为：

$$成本费用利润率 = \frac{620\ 000}{1\ 943\ 000} \times 100\% = 31.91\%$$

第五节 现金流量分析

一、现金流量的结构分析

现金流量分析是通过对现金流量表项目之间、现金流量表项目与其他财务报表项目之间的内在关系的计算与分析，借以揭示企业财务报表项目不能直接传达的深层财务状况信息的过程。随着现代理财学的发展，"现金至尊"的观念已深入人心。进行现金流量分析也日渐成为传统的财务报表分析的重要补充。从现金流量的角度进行信息采集、加工与分析，并广泛应用于决策之中，已成为企业利益相关者理财与决策、控制与管理的重要组成部分。

现金流量分析主要包括现金流量结构分析、偿债能力分析、获取现金能力分析、现金应变能力分析以及收益质量分析等。

现金结构分析是对各现金流入类别与项目的比重、各现金流出类别与项目的比重以及现金流入与流出的比值进行计算分析的过程。

【例 10-18】根据第七章表 7-3 的相关数据，计算甲股份有限公司 2009 年的现金流量结构分析数据如表 10-1。

表 10-1　　甲股份有限公司 2009 年度现金流量结构分析表

项　　目	本期金额（元）	内部结构（%）	流入结构（%）	流出结构（%）	流入流出比
一、经营活动产生的现金流量					
销售商品、提供劳务收到的现金	2 685 000	100			
收到的税费返还		0			
收到其他与经营活动有关的现金		0			
经营活动现金流入小计	2 685 000	100	64.26		
购买商品、接受劳务支付的现金	784 532	40.80			
支付给职工以及为职工支付的现金	600 000	31.21			
支付的各项税费	398 178	20.71			
支付其他与经营活动有关的现金	140 000	7.28			
经营活动现金流出小计	1 922 710	100		35.94	
经营活动产生的现金流量净额	762 290				1.4
二、投资活动产生的现金流量					
收回投资收到的现金	33 000	4.76			
取得投资收益收到的现金	60 000	8.65			
处置固定资产、无形资产和其他长期资产收回的现金净额	600 600	86.59			
处置子公司及其他营业单位收到的现金净额		0			
收到其他与投资活动有关的现金		0			
投资活动现金流入小计	693 600	100	16.59		
购建固定资产、无形资产和其他长期资产支付的现金	902 000	100			
投资支付的现金		0			
取得子公司及其他营业单位支付的现金净额		0			
支付其他与投资活动有关的现金		0			
投资活动现金流出小计	902 000	100		16.86	

续表

项　目	本期金额（元）	内部结构（%）	流入结构（%）	流出结构（%）	流入流出比
投资活动产生的现金流量净额	-208 400				0.77
三、筹资活动产生的现金流量					
吸收投资收到的现金		0			
取得借款收到的现金	800 000	100			
收到其他与筹资活动有关的现金		0			
筹资活动现金流入小计	800 000	100	19.15		
偿还债务支付的现金	2 500 000	99.01			
分配股利或偿付利息支付的现金	25 000	0.99			
支付其他与筹资活动有关的现金		0			
筹资活动现金流出小计	2 525 000	100		47.20	
筹资活动产生的现金流量净额	-1 725 000				0.32
四、三大活动流入总额	4 178 600		100		
五、三大活动流出总额	5 349 710			100	
六、现金及现金等价物净增加额	-1 171 110				

1. 现金流入结构分析

现金流入结构分析包括三大活动（经营、投资和筹资）流入占总流入的比重分析和三大活动流入的内部构成分析。

该公司总现金流入4 178 600元，其中经营活动现金流入占64.26%，是其主要来源；投资活动现金流入占16.59%，筹资活动现金流入占19.15%，也占有重要地位。

经营活动的现金流入全部来源于销售商品和提供劳务，显示现金流入主渠道的合理性；投资活动的现金流入中收回投资收到的现金占4.76%，取得投资收益收到的现金占8.65%，处置固定资产、无形资产及其他长期资产收到的现金净额占86.59%，意味着投资活动的现金流入的主渠道是对内和对外投资的收回，而非投资回报；筹资活动的现金流入全部为本年度发生的新的银行借款。

2. 现金流出结构分析

与现金流入结构分析相对应,现金流出结构分析包括三大活动(经营、投资和筹资)流出占总流出的比重分析和三大活动流出的内部构成分析。

该公司总现金流出 5 349 710 元,其中经营活动现金流出占 35.94%,投资活动现金流出占 16.86%,筹资活动现金流出占 47.20%,说明除正常的经营活动现金流出占有相当比例外,偿还债务是本年度现金流出的重要去向。

经营活动的现金流出中,"购买商品、接受劳务支付的现金"和"支付给职工和为职工支付的现金"占比居前,分别占 40.80% 和 31.21%,支付的各项税费占 20.71%,支付的其他与经营活动有关的现金占 7.28%,应属正常。投资活动的现金流出全部是用于购买固定资产。筹资活动现金流出中 99.01% 都是用于归还债务。

3. 现金流入与流出比分析

经营活动现金流入流出比为 1.4,表明公司每 1 元现金流出可换回 1.4 元的现金流入。此比值无论公司处于何阶段都应是越大越好。

投资活动现金流入流出比为 0.77,如果公司处于扩张时期则应属正常,如果处于衰退或收缩时期则属不正常。

筹资活动流入流出比为 0.32,表明公司处于还款密集期。

二、现金偿债能力分析

企业偿还债务本息的最终形式应是现金。因此,对债权人来说,最为关心的是企业现金偿债能力。对于投资者和管理当局来说,保持良好的现金偿债能力有助于降低企业的财务风险,创造良好的理财环境。虽然根据资产负债表确定的流动比率、资产负债比率等也能反映企业的偿债能力,但却有很大的局限性,因为流动资产和长期资产中绝大部分为非现金资产,要偿债必须先变现,而很多非现金资产的变现能力具有不确定性,有的甚至根本不能变现。因此,从现金流量的角度去分析企业的偿债能力的结论更具说服力,至少是对依据资产负债表等分析的企业偿债能力的有力补充。常用于反映企业现金偿债能力的指标是现金流动负债比率、现金债务总额比率和现金到期债务比率等。

(一)现金流动负债比率

现金流动负债比率是经营活动的现金流量净额与流动负债的比值,其计算公式为:

$$现金流动负债比率 = \frac{经营现金流量净额}{流动负债}$$

现金流动负债比率反映了企业通过经营活动创造现金流量偿还短期负债的能力，比率越大，则表明企业的短期偿债能力越强。对企业来说，经营活动的现金流量是最重要的，因为债务的偿还、股利或利润的发放，最终都要来源于经营活动的现金流量。因此，对于企业来说，现金流动负债比率越大，说明企业在不需借款的情况下，通过本身的经营活动偿还短期负债的能力越强。

【例 10-19】 根据第五章表 5-6 和第七章表 7-3 的相关数据，计算甲股份有限公司 2009 年的现金流动负债比率为：

$$现金流动负债比率 = \frac{762\,290}{3\,126\,859.70} = 0.24$$

判断这一比率的合理性，应与公司计划水平、历史水平和同行业平均水平对比决定。若该公司历史平均水平为 0.3，本年计划水平为 0.32，则这一比率的实际水平就是偏低的，短期偿债能力未能达到预期。

（二）现金债务总额比率

现金债务总额比率是经营活动的现金流量净额与负债总额的比值，其计算公式为：

$$现金负债总额比率 = \frac{经营现金流量净额}{负债总额}$$

【例 10-20】 根据第五章表 5-6 和第七章表 7-3 的相关数据，计算甲股份有限公司 2009 年的现金负债总额比率为：

$$现金负债总额比率 = \frac{762\,290}{5\,446\,859.70} = 0.14$$

该公司这一比率的实际比值为 0.14，说明公司最大的付息能力是 14%，即当利息高达 14% 时，企业仍有按时支付利息的能力。而只要能按时支付利息，即使发生暂时现金困难，仍能借新债还旧债，维持资金链供应。而现实中高达 14% 的市场利率并不多见，可见公司仍有进一步举债和维系流动性的空间。

（三）现金到期债务比率

现金到期债务比率是经营活动现金流量净额与本期到期债务额的比率。其计算公式为：

$$现金到期债务比率 = \frac{经营现金流量净额}{本期到期债务额}$$

式中"本期到期债务额"特指本期到期且不能展期的债务，包括本期到期的长期债务、本期到期的应付票据等。

该比率越高,表明偿还到期债务的能力越强。

【例 10-21】根据第五章表 5-6 和第七章表 7-3 的相关数据,并假设本期到期不能展期的债务额 400 000 元,则可计算甲股份有限公司 2009 年的现金到期债务比率为:

$$现金到期债务比率 = \frac{762\ 290}{400\ 000} = 1.90$$

如果计划与历史平均水平为 1.8,则说明公司偿还到期债务的能力处于可控范围之内。

三、现金应变能力分析

所谓现金应变能力是指企业现金适应经济环境变化、满足投资机会需要和保障股利支付的能力。反映现金应变能力的指标主要包括现金满足投资比率和现金股利保障倍数。

(一) 现金满足投资比率

现金满足投资比率是企业近 5 年经营现金流量净额之和与近 5 年长短期资本性支出与现金股利支付需求之和的比率。其计算公式为:

$$现金满足投资比率 = \frac{近\ 5\ 年经营现金流量净额之和}{近\ 5\ 年长短期资本支出与现金股利支付需求之和}$$

该比率越大,说明企业适应环境变化和股利支付的资金自给能力越强。若该比率达到或超过 1,则说明企业能以用获取的现金满足经营扩充所需资金;若小于 1,则说明企业要靠外部融资来补充资金,会增大企业风险。

(二) 现金股利保障倍数

现金股利保障倍数是企业每股经营活动现金流量净额与每股现金股利的比率。其计算公式为:

$$现金股利保障倍数 = \frac{每股经营现金流量净额}{每股现金股利}$$

该比率越高,说明企业的现金股利占经营现金流量净额的比重越小,企业靠自身经营支付现金股利的能力越强。

四、获取现金能力分析

获取现金的能力是指获取的经营现金流量净额与投入资源或营业额的比

值。常用于衡量企业获取现金能力的指标有资产现金回收率、每股现金流量和营业现金回收率等，其结果的合理性应与本企业计划水平、历史平均水平和同行业平均或先进水平对比确定。

（一）资产现金回收率

资产现金回收率是经营活动现金流量净额与平均资产总额的比值，其计算公式为：

$$资产现金回收率 = \frac{经营现金流量净额}{平均资产总额} \times 100\%$$

该比率反映了企业利用资产产生现金的能力。比率越高表明资产产生现金的能力越强。一般来说，该比率越高越好。

【例10-22】根据第五章表5-6和第七章表7-3的相关数据，计算甲股份有限公司2009年的资产现金回收率为：

$$资产现金回收率 = \frac{762\ 290}{(15\ 958\ 230 + 16\ 602\ 800) \div 2} \times 100\% = 4.68\%$$

如果计划与历史平均水平为4.8，则说明公司本年度资产现金回收率略微偏低，值得警惕。

（二）每股现金流量

每股现金流量是企业经营活动现金流量净额与流通在外的普通股股数的比值。其计算公式为：

$$每股现金流量 = \frac{经营现金流量净额}{流通在外的普通股股数}$$

如果流通在外的普通股股数在年内有较大变动，则式中"流通在外的普通股股数"应计算其加权平均的数为宜。

每股现金流量反映了企业发行在外的普通股每股所能获得的现金流量，由于短期内现金流量与企业股利支付政策以及资本成本的高低有关，因此，这一比率还可以帮助投资者了解公司在维持期初现金存量的情况下，能发给股东的最高现金股利金额。应注意的是，经营活动的现金流量净额并不能替代利润来评价企业的盈利能力，每股现金流量也不能替代每股盈余的作用。

【例10-23】根据第五章表5-6和第七章表7-3的相关数据，计算甲股份有限公司2009年的每股现金流量为：

$$每股现金流量 = \frac{762\ 290}{10\ 000\ 000} = 0.08$$

（三）营业现金回收率

营业现金回收率是经营现金流量净额与营业收入的比率。其计算公式为：

$$营业现金回收率 = \frac{经营现金流量净额}{营业收入} \times 100\%$$

该比率越高，说明企业单位营业额所产生的现金流量净流入越多，企业获取现金的能力越强；反之，则表明企业获取现金的能力不强。

【例10-24】根据第六章表6-7和第七章表7-3的相关数据，计算甲股份有限公司2009年的营业现金回收率为：

$$营业现金回收率 = \frac{762\ 290}{2\ 500\ 000} \times 100\% = 30.49\%$$

五、收益质量分析

收益质量分析主要是分析会计收益和净现金流量的比率关系。常用于评价收益质量的财务比率是营业收益质量指数。其计算公式为：

$$营业收益质量指数 = \frac{经营现金流量净额}{营业利润}$$

为提高该指数的可比性与效用，式中分母中的"营业利润"不直接取自现行利润表中该项目数据，而是对利润表中该数据的调整数，其调整过程为：以利润表"营业利润"项目金额为基础，减去利润表"公允价值变动收益"（如果是损失则加上）项目金额，减去利润表"投资收益"（如果为损失则加上）项目金额，再加上计入当期营业成本、费用和损失中的非付现发生额，如固定资产折旧、无形资产摊销、资产减值损失等。

该指数如果等于1，则说明营业利润全部收现，收益质量好；该指数如果小于1，则说明一部分利润尚没有取得现金，停留在实物或债权形态，所以收益的质量不够理想。较客观评价一个企业的收益质量，也应该将该指标与计划、历史及同行业的水平对比确定。

第六节 财务报表的综合分析及应用

一、杜邦财务分析体系

前述的财务报表分析方法是以比较分析法为主。虽然通过此法计算单一的财务分析指标也能对企业某一方面的财务状况与能力作出分析与评价，但是其结论是局部的，甚至仍然是表象化的，无法解释其变动的影响因素及各因素的影响程度。事实上，企业的各种财务活动、各项财务指标既相互联系又相互影响。财务报表分析的真正目的也就力图揭示其影响因素及其影响程度，以追根溯源，寻找问题的症结并为解决它而服务。因此，财务报表分析还应该以前面的比较分析为基础，将企业财务活动看做是一个大系统，对系统内各种相互依存、相互作用的因素进行综合分析。

杜邦财务分析体系就是利用各个主要财务比率指标之间的内在联系，来综合分析企业财务状况和盈利能力的方法。这种方法系由美国杜邦公司最先采用，故称杜邦分析法或杜邦系统。杜邦分析法是建立在对综合反映公司综合能力与水平的"权益净利率"的因素分解基础上的。其按我国现行的财务报表口径进行调整的指标分解关系如图10-1所示。

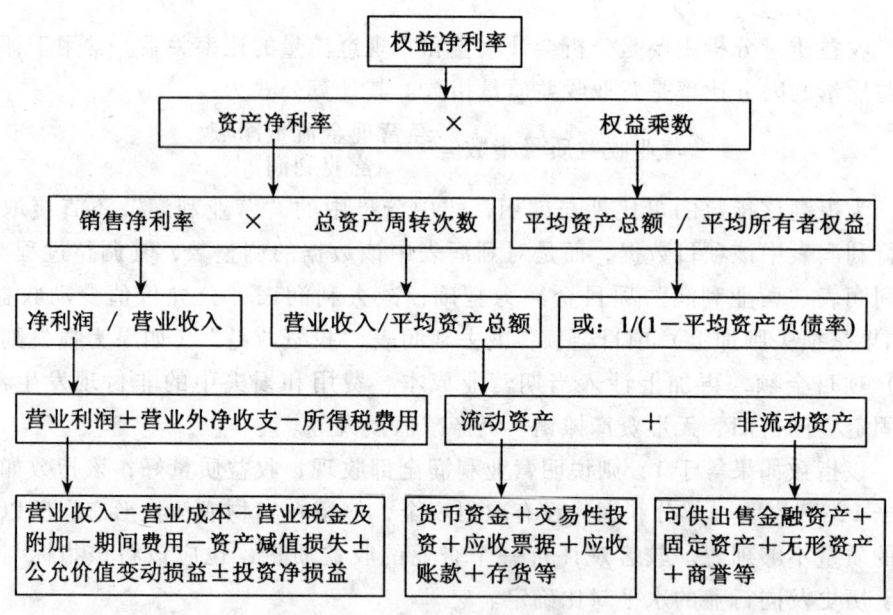

图10-1 杜邦财务分析图解

在图10-1中，包含以下几种主要的指标关系：

权益净利率＝资产净利率×权益乘数

即：$\dfrac{净利润}{平均所有者权益总额} = \dfrac{净利润}{平均资产总额} \times \dfrac{平均资产总额}{平均所有者权益总额}$

资产净利率＝销售净利率×总资产周转次数

即：$\dfrac{\text{净利润}}{\text{平均资产总额}} = \dfrac{\text{净利润}}{\text{营业收入}} \times \dfrac{\text{营业收入}}{\text{平均资产总额}}$

以上两个关系式合并，即表明权益净利率是由三个财务比率直接影响的结果，即：

权益净利率＝销售净利率×总资产周转次数×权益乘数

杜邦财务分析法认为权益净利率能反映所有者投入资金的获利能力，反映企业筹资、投资、资产运营等活动的效率，其综合性最强，是所有者、经营者关心的焦点，也是财务报表分析理所当然的核心。杜邦分析法从严格意义上就是一种因素分析法，其精髓在于不仅要计算出公司本期权益净利率的实际值和与计划水平、历史平均水平、同业平均水平或先进水平的差异，更要从其三大影响因素入手，去分析产生差异的原因。不仅如此，由于其三大影响因素本身也不是孤立的，还要再进一步沿图10-1所示的方向，顺藤摸瓜寻找导致三大因素变动的真正源头，为企业日后采取措施指明方向。可见，综合性、系统性、实用性和有效性是该分析方法的独特与过人之处。也正是因为这一独特与过人之处，才赋予了它广受推崇、经久不衰的旺盛生命力。

【例10-25】仍以本章例10-1至例10-24所举甲股份有限公司的财务报表分析数据，譬如，以2009年的权益净利率4.62%，资产净利率2.92%，权益乘数1.58，销售净利率19.03%，总资产周转次数0.1535为基础，并假设该公司2009年的相关计划数据分别为：权益净利率5.6%，资产净利率3.5%，权益乘数1.6，销售净利率11.67%，总资产周转次数0.3，分析2009年该公司权益净利率较当年计划下降的原因如下：

	权益净利率	＝	资产净利率	×	权益乘数
2009年计划水平	5.60%	＝	3.50%	×	1.60
2009年实际水平	4.62%	＝	2.92%	×	1.58

通过分解分析可以看出，2009年权益净利率未能完成计划的原因有两个：一是资本结构略低于计划，财务标杆效应未达到预期；二是资产利用或成本控制不力，致使资产净利率与计划相差较大。其中，第二个原因是主因。

为寻找资产净利率与计划相差较大的原因，可对资产净利率进一步分解分析如下：

	资产净利率	＝	销售净利率	×	总资产周转次数
2009年计划水平	3.50%	＝	11.67%	×	0.3
2009年实际水平	2.92%	＝	19.03%	×	0.1535

通过分解分析可以看出，虽然实际销售净利率较计划提高了7.36个百分

点，但由此带来的收益仍不足以抵补当年总资产周转速度较计划慢了近1倍所造成的损失，所以资产净利率仍与计划相差0.58个百分点。至于总资产周转速度下降的具体原因，则需进一步通过存货、应收账款等流动资产周转以及固定资产周转等指标的分解分析来揭示。

本例是通过杜邦分析法的原理分析实际权益净利率未能完成计划的原因分析的范例。依此原理，还可将本公司实际权益净利率与本公司上年实际水平、历史平均水平、本行业平均水平或同类企业先进水平对比，以从中找出差距及原因。

二、财务状况综合评价

财务状况综合评价法是先根据财务报表及相关资料计算具有代表性的财务指标的实际值，然后根据这些指标的行业标准值（或本企业历史平均值）和评分值计算每一指标的实际得分并汇总，最后以总得分多少来评价企业整体财务状况的一种综合分析法。该方法是在财务状况综合评价的先驱者之一亚历山大·沃尔的"沃尔评分法"的基础上演化而来的一种应用较为广泛的企业财务综合评价法。

该方法的具体操作大致分为以下四个步骤：

（一）选择具有代表性的财务指标

哪些指标具有代表性，历来存在一些争议。但下列选择原则基本上得到认同：①指标应具有一定的覆盖面。一般来讲，偿债能力指标、盈利能力指标、资产周转情况这几类指标都应选到，而不可只集中选择某一类指标。②指标以"期高性"指标为宜。即一般应选用以高值表示财务状况好的指标，如流动比率、存货周转次数、销售净利率等；而不宜选用以低值表示财务状况好的指标，如资产负债率、产权比率、应收账款周转天数等。这是因为该方法最后是以总得分论高低的，而且得分是越高越好。如果将"期低性"指标纳入综合评价的指标体系，则在技术上将不太好处理。③适当选入一些非财务方面的指标，如职工平均年龄、销售增长率等。④允许选择与附值的差异性。即不强求所有行业、不同时空条件的企业的选择及附值的完全一致性。

【例10-26】仍以本章前面所举甲股份有限公司为例，假设该公司根据其所在行业特点及该公司现行时空条件而选用的代表性指标如表10-2所示。

表 10-2

指　　标	指标的标准值	指标的标准评分值
一、偿债能力指标		
（1）流动比率	2	8
（2）利息保障倍数	3	8
（3）现金到期债务比率	2.5	10
二、盈利能力指标		
（1）销售净利率	11.67%	14
（2）资产净利率	3.5%	14
（3）权益净利率	5.6%	10①
三、资产周转指标		
（1）存货周转次数	0.4	8
（2）应收账款周转次数	3	8
（3）总资产周转率次数	0.3	12
四、其他指标		
（1）销售增长率 12%	4	
（2）大专以上职工的比率	50%	4
合　计	—	100

（二）确定各项财务指标的标准值与标准评分值

财务指标的标准值一般以行业平均数或企业上年数为基准来加以确定。标准评分值根据指标的重要程度来确定，越重要的分数越多，越不重要的分数越少。但所有指标的分数合计应等于 100。

假设甲股份有限公司综合其所在行业特点及该公司历史水平、现行时空条件以及各指标的重要性而事先确定的各项代表性指标的标准值及标准计分值也如表 10-2 所示。

---

① 该指标从重要性上讲大于前两个盈利能力指标，但由于前两个指标已经涉及净利润和净资产因素，为了减少附值的重叠，故适当降低权益净利率的分值。

（三）计算各项指标的实际得分与总得分

总得分与各项指标的实际得分之和。各指标的实际得分是按下列公式来计算的：

$$实际得分 = 指标的标准评分值 \times \frac{指标的实际值}{指标的标准值}$$

【例10-27】根据表10-2 甲股份有限公司财务指标标准值和标准评分值，结合在本章例10-1 至例10-25 所计算分析的有关指标的实际值，并假定该公司职工中有大专以上学历的人占全部职工人数60%，销售增长率12.11%，计算该公司的各项指标的实际得分及总得分如表10-3 所示。

表 10-3

指　　标 ①	标准评分值 ②	标准值 ③	实际值 ④	实际得分值 ⑤ = ② × ④/③
一、偿债能力指标				
（1）流动比率	8	2	2.65	10.60
（2）利息保障倍数	8	3	1.99	5.31
（3）现金到期债务比率	10	2.5	1.9	7.60
二、盈利能力指标				
（1）销售净利率	14	11.67%	19.03%	22.83
（2）资产净利率	14	3.5%	2.92%	11.68
（3）权益净利率	10	5.6%	4.62%	8.25
三、资产周转指标				
（1）存货周转次数	8	0.4	0.29	5.80
（2）应收账款周转次数	8	3	2.1	5.60
（3）总资产周转次数	12	0.3	0.1535	6.14
四、其他指标				
（1）销售增长率	4	12%	12.11%	4.04
（2）大专以上职工的比率	8	50%	60%	9.60
合　　计	100	—	—	97.45

（四）作出综合评价结论

在采用计分综合分析法时，分数若大于100，则说明企业综合财务状况超过行业平均水平或企业历史（或设定）水平，企业财务状况比较好；反之，则说明企业综合财务状况比较差。甲股份有限公司的实际综合得分97.45分，低于设定水平，说明其综合财务状况欠佳。

【思考与练习】

一、思考题

1. 财务报表分析的意义与方法有哪些？
2. 反映企业偿债能力的指标有哪些？偿债能力指标是否越高越好？
3. 反映企业资产营运能力的指标有哪些？如何评价其优劣？
4. 反映企业盈利能力的指标有哪些？盈利能力指标越高是否意味着企业的偿债能力越强？
5. 现金流量分析的意义何在？应从哪些方面开展现金流量分析？
6. 杜邦财务分析法的核心指标是什么？为什么该分析法能受到企业的欢迎？

二、练习题

（一）目的：练习偿债能力比率、资产营运能力比率及盈利能力比率的计算。

资料：开泰公司2009年的资产负债表及利润表如表1和表2所示。

开泰公司资产负债表（简化）

表1　　　　　　　　　　2009年12月31日　　　　　　　　　单位：万元

资产	年末数	年初数	负债与所有者权益	年末数	年初数
流动资产：			流动负债：		
货币资金	4 000	4 500	应付票据	3 000	2 000
交易性金融资产	1 000	800	应付账款	6 000	6 500
应收账款	5 500	4 400	应交税费	2 000	1 000
应收票据	1 000	800	短期借款	1 000	1 000

续表

资　产	年末数	年初数	负债与所有者权益	年末数	年初数
其他应收款	500	800	一年内到期的长期负债	0	10 800
存货	12 000	10 000	流动负债合计	12 000	21 300
流动资产合计	24 000	21 300	非流动负债：		
非流动资产：			应付债券	6 000	6 000
长期股权投资	1 000	1 500	长期借款	4 000	4 000
持有至到期投资	400	600	非流动负债合计	10 000	10 000
可供出售金融资产	600	200	负债合计	28 000	31 300
投资性房地产	2 000	800	股东权益：		
固定资产	18 000	16 000	股本（每股面值1元，发行在外1亿股）	10 000	10 000
无形资产	2 600	2 000	资本公积	2 000	1 700
商誉	1 000	1 000	盈余公积	1 000	100
递延所得税资产	400	600	未分配利润	9 000	900
非流动资产合计	26 000	22 700	股东权益合计	22 000	12 700
资产合计	50 000	44 000	负债与所有者权益合计	50 000	44 000

开泰公司利润表（简化）

表2　　　　　　　　　　　2009年度　　　　　　　　　　单位：万元

营业收入	100 000
减：销售成本	55 000
营业税金及附加	10 000
期间费用（其中利息支出4 000万元）	15 000
资产减值损失	5000
加：公允价值变动收益	600
投资收益	400

	续表
营业利润	16 000
加：营业外净收支	1 000
利润总额	17 000
减：所得税费用	8 000
净利润	9 000
基本每股收益	0.9
稀释每股收益	0.9

要求：计算开泰公司有关偿债能力比率、资产营运能力比率和盈利能力比率（精确到小数点后两位）。

（二）目的：练习杜邦分析法的运用。

资料：三阳公司2009年度有关财务资料如下：

（1）资产负债表资料如表3所示。

表3

资产	年初	年末	负债有所有者权益	年初	年末
货币资金	45	60	负债总额	116	136
应收账款	23	28	所有者权益总额	125	172
存货	22	24			
其他流动资产	21	14			
非流动资产	129	182			
总资产	240	308	负债及所有者权益	240	308

（2）利润表资料如下：全年实现营业收入332万元；营业成本及税金260万元，管理费用14万元，销售费用6万元，财务费用18万元，资产减值损失3万元，无公允价值变动损益、投资收益及营业外净收支。该公司尚处于所得税免税期。

（3）2008年有关财务指标如下：销售净利率11.23%，总资产周转率1.31，权益乘数1.44。

要求：

（1）计算2009年该公司的净资产收益率、资产净利率、销售净利率和权益乘数。

（2）运用杜邦财务分析法综合分析该公司2009年权益净利率指标变动的原因。

（三）目的：练习现金流量分析

资料：三五公司资产总额5 600万元，负债总额2 800万元，其中，本期到期的长期债务和应付票据2 000万元，流动负债800万元，股东权益中股本总额1 600万元，全部为普通股，每股面值1元。当年实现净利润1 000万元，留存盈利比率60%，股利发放均以现金股利支付。公司当年从事经营活动的现金净流量3 000万元，销售收入（含税）12 000万元。

要求：根据上述资料计算下列指标：每股收益、每股股利、现金到期债务比率、现金流动负债比率、现金债务总额比率、营业现金回收比率、每股营业现金流量、资产现金回收率、现金股利保障倍数。

图书在版编目(CIP)数据

会计学/沈烈主编.—武汉：武汉大学出版社,2010.1
管理学通用教材
　ISBN 978-7-307-07459-0

Ⅰ.会… Ⅱ.沈… Ⅲ.会计学—高等学校—教材 Ⅳ.F230

中国版本图书馆 CIP 数据核字(2009)第 226257 号

责任编辑:辛　凯　　　责任校对:刘　欣　　　版式设计:詹锦玲

出版发行：**武汉大学出版社**　　（430072　武昌　珞珈山）
　　　　　　　（电子邮件：cbs22@whu.edu.cn　网址：www.wdp.com.cn）
印刷：武汉中科兴业印务有限公司
开本：720×1000　　1/16　　印张：23.25　　字数：412 千字　　插页：1
版次：2010 年 1 月第 1 版　　2010 年 1 月第 1 次印刷
ISBN 978-7-307-07459-0/F·1338　　　　　定价：30.00 元

版权所有，不得翻印；凡购我社的图书，如有缺页、倒页、脱页等质量问题，请与当地图书销售部门联系调换。